Adjektivvalenz und präpositionale Komplemente

SPRACHE

SYSTEM UND TÄTIGKEIT

Herausgegeben von Hajo Diekmannshenke, Horst Ehrhardt, Iris Kleinbub, Inge Pohl, Karl-Ernst Sommerfeldt und Stephan Stein

BAND 66

PETER LANG
EDITION

Lyubomyr Matsekh-Ukrayinskyy

Adjektivvalenz und präpositionale Komplemente

Eine framebasierte Untersuchung zu Syntax und Semantik der präpositionalen Komplemente bei Adjektiven

PETER LANG
EDITION

Bibliografische Information der Deutschen Nationalbibliothek
Die Deutsche Nationalbibliothek verzeichnet diese Publikation in der Deutschen Nationalbibliografie; detaillierte bibliografische Daten sind im Internet über http://dnb.d-nb.de abrufbar.

Zugl.: Erlangen-Nürnberg, Univ., Diss., 2014

D 29 (n 2)
ISSN 0938-2771
ISBN 978-3-631-65895-6 (Print)
E-ISBN 978-3-653-05259-6 (E-Book)
DOI 10.3726/ 978-3-653-05259-6

Peter Lang Edition ist ein Imprint der Peter Lang GmbH.

Peter Lang – Frankfurt am Main · Bern · Bruxelles · New York · Oxford · Warszawa · Wien

Diese Publikation wurde begutachtet.

www.peterlang.com

Inhaltsverzeichnis

Abkürzungsverzeichnis

aMPZ	absolutes monoprädikatives Zustandsadjektiv
aQUa	absolutes Qualitätsadjektiv
AUTOKOD	autonome Kodierung
BET	Sachverhaltsbeteiligung
FIX	Fixiertheit
IK	Infinitivkonstruktion
K	Komplement
KONT	Sachverhaltskontextualisierung
KONST	Konstanz
NP	Nominalphrase
NS	Nebensatz
MSKONST	Mitwirkung an der Sachverhaltskonstitution
PERSP	Perspektivierung
PO	Präpositionalobjekt
PP	Präpositionalphrase
REKT	Rektion im engeren Sinne
rQUa	relatives Qualitätsadjektiv
TRANSF	Kasustransfer
TV	Testverfahren
*	Das Sternzeichen zeigt einen ungrammatischen Satz an.
+	Vorhandensein von Merkmal
-	Fehlen von Merkmal
	Vererbung (Inheritance)
	Perspektiviert in (Perspective on)
	Verursacht (Causative of)
	Inchoativ für (Inchoative of)
	Nutzung von (Using)
	Unterframe (Subframe)

1. Einleitung

Unter den zahlreichen Arbeiten zu Valenz, den einschlägigen Grammatiken und Handbüchern (u.a. Brinkmann 1962; Helbig 1965, 1979, 1982, 1992; Bondzio 1969; Schumacher 1976, 1986; Engel 1976, 2004; Welke 1988; Zifonun 1997 et al.; Heringer 1973, 1984, 1985, 1996; Eroms 2000; Schumacher et al. 2004; Duden 2006; Eisenberg 2006;) sind die Untersuchungen zur Adjektivvalenz eher spärlich vertreten. Zu den bedeutendsten werden die Arbeiten von Herbst (1983), Sommerfeldt/Schreiber (1983), Sommerfeldt (1981b), Lee (1994), Groß (1996a, 1996b, 1999, 2003) und Zhu (2004) gezählt. Diese beschränken sich allerdings vor allem auf die je nach Entwicklungsstufe der Valenztheorie unterschiedliche Beschreibung der Adjektivvalenz und auf den kontrastiven Vergleich der Valenz deutscher Adjektive mit der der jeweiligen Muttersprache bzw. Zielsprache der Untersuchung (Chinesisch, Englisch, Japanisch, Polnisch). Den präpositionalen Komplementen bei Adjektiven und der Unterscheidung der Komplemente von Supplementen wird nur wenig Aufmerksamkeit geschenkt. In der Forschungsliteratur zu Adjektivvalenz wird die semantische und syntaktische Struktur der präpositionalen Komplemente lediglich im Allgemeinen und im gleichen Umfang wie die der anderen Komplemente beschrieben, den Fragen nach Kriterien und Verfahren zur Unterscheidung dieser Komplemente von anderen Komplementen wird sehr wenig bis gar nicht nachgegangen. Die Erklärung dafür besteht in der Annahme, dass diese Kriterien denen der Verben ähneln und folglich auf dieselbe Weise funktionieren. Die Überprüfung dieser Annahme beschränkt sich aber nur auf einige wenige Beispiele (vgl. Lee 1994: 69–78). Darauf basierend werden folgende für diese Arbeit relevante Fragestellungen formuliert:

- Wie sieht die semantische und syntaktische Struktur der präpositionalen Komplemente bei Adjektiven im Hinblick auf die moderne Valenzforschung aus?
- Welche Unterscheidungskriterien gelten für die obligatorischen und fakultativen Komplemente und Supplemente?
- Durch welche Testverfahren lassen sich diese Unterscheidungskriterien überprüfen?

Als Arbeitshypothese wird die Annahme gewählt, laut welcher, basierend auf dem mehrdimensionalen Valenzbegriff, bei der Beschreibung der semantischen und syntaktischen Struktur der Komplemente auch die kognitive Ebene berücksichtigt werden soll und die Unterscheidungskriterien folglich sowohl semantischer als auch syntaktischer, und vor allem auch kognitiver Natur sind.

Dementsprechend wird über die Valenz sowohl auf der semantischen als auch auf der syntaktischen Ebene und über das der Valenz ähnliche Prinzip[1] auf der kognitiven Ebene gesprochen.

(1) Der Bewerber ist seit einem Jahr mit einer halben Stelle als Prüfer bei dem Beratungsunternehmen angestellt.

(2) Der Bewerber ist in Hamburg wohnhaft.
(2a) *Der Bewerber ist wohnhaft.

In (1) gibt es vier PP: *seit einem Jahr, mit einer halben Stelle, als Prüfer, bei dem Beratungsunternehmen.* Die Phrase *seit einem Jahr* verweist auf den zeitlichen Rahmen des Beschäftigungsverhältnisses, die Phrase *mit einer halben Stelle* bezeichnet die Art der Anstellung, und während die Phrase *als Prüfer* die Position des Angestellten beschreibt, wird in der Phrase *bei dem Beratungsunternehmen* der Ort der Anstellung spezifiziert. Im Rahmen des valenztheoretischen Ansatzes wird hier die Frage gestellt, welche von den präpositionalen Phrasen Komplemente und welche Supplemente sind. Das Komplement wird in der Forschungsliteratur als eine Phrase bezeichnet, die vom Valenzträger abhängt und zur Bildung eines wohlgeformten, grammatisch richtigen, semantisch vollständigen und verständlichen Ausdrucks dient (Zifonun et al. 1997: 1027–1030). Von dieser Definition ausgehend gilt es herauszufinden, welche Kriterien und Testverfahren bei der Ermittlung der Phrasen behilflich sind, die zur Bildung eines wohlgeformten, grammatisch richtigen, semantisch vollständigen und verständlichen Ausdrucks dienen. Ähnliches gilt auch für die Supplemente: Wie, mit welchen Mitteln und auf welcher Ebene lässt es sich überprüfen, ob die in Frage kommende Phrase ein Supplement ist? Wenn aber ein typisches Supplement in der Forschungsliteratur unter anderem als eine zeitliche, örtliche, kausale und modale Kontextualisierung des Satzes beschrieben wird, entsteht, betrachtet man Beispiel (2), folgende Frage: Wie soll die vorliegende Phrase behandelt werden, da sie den Satz nicht nur örtlich kontextualisiert, sondern er ohne sie, wie in (2a) ungrammatisch wird?

---

1 Damit ist gemeint, dass eines der vielen Verfahren der Wissensorganisation im bzw. vom menschlichen Gehirn ähnlich wie die Valenz funktioniert, d.h. die über ein Charakterisierungspotenzial verfügenden Elemente gruppieren um sich die Elemente, die zur Entfaltung der Proposition unentbehrlich sind und bilden auf diese Weise ein System der zentralen und abhängenden Elemente (Zifonun et al. 1997: 677; Anderson 2005: 147–150).

Primäres Ziel dieser Arbeit ist also die Beschreibung der semantischen und syntaktischen Struktur der präpositionalen Komplemente bei Adjektiven unter Berücksichtigung der Ergebnisse der aktuellen Valenzforschung und die Suche nach Kriterien und Testverfahren zur Unterscheidung zwischen obligatorischen und fakultativen Komplementen und Supplementen. Diese sind, wenn man den mehrdimensionalen Valenzbegriff zu Grunde legt, eben nicht nur auf syntaktischer und semantischer Ebene, sondern auch auf kognitiver Ebene zu suchen. Bezüglich der Testverfahren spielen die kognitiven Aspekte vor allem bei der Unterscheidung der obligatorischen von fakultativen Komplementen und bei der Unterscheidung der fakultativen Komplemente von Supplementen eine entscheidende Rolle. Hinsichtlich der kognitiven Aspekte soll unter anderem die Frametheorie zu Rate gezogen werden, welche sich mit der Bedeutungsstruktur des Ausdrucks und der Beschreibung ihrer Elemente im kognitiven System eines Menschen befasst. Es wird ein Untersuchungsmodell ausgearbeitet, das die Angaben zur Argumentstruktur, semantischen und syntaktischen Valenz des entsprechenden Adjektivs und zum Frame, zu welchem dieses Adjektiv gehört, enthält. Zu den weiteren Zielen dieser Arbeit gehört unter anderem auch die Beantwortung der Fragen nach den Rektionsbeziehungen im Satz mit dem Adjektiv als Valenzträger und nach der Struktur des Prädikats, dessen Teil ein Adjektiv ist.

Der Gegenstand der quantitativ-qualitativen Untersuchung ist die geschriebene Sprache. Die Datenanalyse wird auf der Basis des COSMAS-II-Korpus durchgeführt. Aus Platz- und Zeitgründen beschränkt sich die Analyse der Sprachdaten nur auf die Adjektive, welche die Komplemente mit den Präpositionen *an*, *auf*, *mit*, *nach* verlangen.

Die vorliegende Arbeit gliedert sich in neun Kapitel. Nach einer kurzen Einleitung im ersten Kapitel bietet das zweite Kapitel den Überblick über die theoretischen Grundlagen der Arbeit. Im ersten Teil dieses Kapitels wird auf die Valenztheorie im Allgemeinen eingegangen. Neben einem kurzen Überblick über die valenztheoretischen Ansätze werden hier die Ebenen der Valenz vorgestellt und die für jede Ebene charakteristischen Relationen zwischen dem Valenzträger und den von ihm abhängenden Elementen beschrieben. Darüber hinaus werden hier die für jede Ebene spezifischen und für die vorliegende Untersuchung relevanten Aspekte dargestellt, solche wie z.B. die logische Struktur des Prädikats und die propositionalen Repräsentationsmodelle für die logische Ebene, die semantischen Merkmale und die semantischen Rollen für die semantische Ebene, die Rektionstypologie für die syntaktische Ebene. Im zweiten Teil des Kapitels 2 werden die propositionalen Modelle zur Wissensrepräsentation und die Frametheorie vorgestellt und im Hinblick auf die Bedeutung für diese

Untersuchung erläutert. Im Folgeschritt wird die Wortart *Adjektiv* beschrieben. Im Kapitel zur Adjektivvalenz werden die wichtigsten Arbeiten zu Adjektivvalenz mit Augenmerk auf ihre syntaktischen und semantischen Besonderheiten referiert. Das dritte Kapitel besteht in der Formulierung des eigenen Standpunktes. Außer der theoretischen Basis der Arbeit werden hier die Datenbasis, das in dieser Arbeit verwendete Korpus, die bei der Arbeit im Korpus benutzten sowohl korpuseigenen als auch statistischen Operationen und der Untersuchungs- und Beschreibungsansatz vorgestellt und erklärt. Im Kapitel vier geht es um die grammatische und semantische Einteilung der Adjektive mit präpositionalen Komplementen. Bestandteil des fünften Kapitels sind die Verfahren, mit denen überprüft werden soll, inwiefern jeweils eine Relation zwischen Adjektiv, Komplement und Unterscheidungskriterien vorhanden ist. Außer den Testverfahren zur Ermittlung des Präpositionalobjektes im Satz werden hier die spezifischen Testverfahren zur Ermittlung der obligatorischen, fakultativen Komplemente und auch der Supplemente erklärt. Obwohl die hier behandelten Testverfahren in der Valenzforschung bekannt sind, sind sie noch nie im entsprechenden Umfang auf die Komplemente bei Adjektiven angewendet worden. Dies soll deswegen hier geschehen, wobei die Funktionsweise der Testverfahren, Einschränkungen bei der Verwendung und einige besondere Fälle bei der Unterscheidung der Komplemente und Supplemente beschrieben werden. Das sechste Kapitel widmet sich den präpositionalen Komplementen bei Adjektiven. In diesem Kapitel wird auf die qualitative und quantitative Valenz der Adjektive mit präpositionalen Komplementen eingegangen. Damit die Zuordnung der semantischen Rollen und Merkmale zu den Argumenten besser verfolgt werden kann und verständlich wird, wird die semantische Valenz dieser Adjektive im Detail im empirischen Teil (Kapitel 7) im Rahmen der Framebeschreibung behandelt. Da die Form- und Bedeutungsrelationen zwischen dem Adjektiv und dem präpositionalen Komplement einerseits bei der Feststellung des Bindungsgrades des Komplements an das Adjektiv und andererseits bei der Ermittlung der im zweiten Kapitel genannten Unterscheidungskriterien behilflich sind, werden auch sie in diesem Teil beschrieben. Im Kapitel 7 kommen die Ergebnisse der vorherigen Kapitel zum Einsatz. Hier werden die Adjektive gemäß dem im zweiten Kapitel entwickelten Untersuchungsmodell beschrieben. Zuerst werden sie aufgrund ihrer Bedeutung den Frames zugeordnet. Die Entstehung des jeweiligen Frames und seine Bestandteile werden dann erklärt. Weiterhin folgen die Angaben zu den semantischen Rollen und Merkmalen der Argumente des Prädikats und zu morphosyntaktischen Eigenschaften des präpositionalen Komplements. Eine detaillierte Tabelle des semantischen Merkmale und der syntaktischen

Realisierungsmöglichkeiten wird im Anhang 2 angeführt. Im Folgeschritt werden die präpositionalen Komplemente auf ihre Obligatheit bzw. Fakultativität hin ausführlich analysiert. Damit bei der Übersetzung keine Verfälschungen der Framenamen entstehen werden die Namen der Frames in dieser Arbeit auf Englisch angeführt, so wie sie im *FrameNet* stehen. Die Ergebnisse der einzelnen Kapitel werden im Kapitel 8 am Ende der Arbeit noch einmal zusammengefasst, ausgewertet und kritisch gesehen. Darüber hinaus werden hier einige Punkte genannt, an welche weitere Untersuchungen im Bereich der Adjektivvalenz anknüpfen könnten.

2. Die theoretischen Grundlagen

In diesem Kapitel geht es um die theoretischen Grundlagen der vorliegenden Arbeit. Neben einem Überblick über die Valenztheorie werden hier die Ebenen der Valenz mit den ihnen charakteristischen Aspekten, die Form- und die Bedeutungsrelationen, die Prädikat-Argument-Struktur der Proposition, die für die Obligatheit und Fakultativität der Komplemente relevanten Abgrenzungskriterien und die Rektionstypologie behandelt. Im Anschluss werden die Modelle zur Wissensrepräsentation und die wesentlichen Grundzüge der Frametheorie besprochen. Danach wird die Wortart *Adjektiv* abgegrenzt, um abschließend die Adjektivvalenz auf der syntaktischen und semantischen Ebene zu betrachten.

2.1 Die valenztheoretischen Ansätze

Die Valenztheorie wird aus der Dependenzgrammatik abgeleitet, welche auch auf Tesnière (1959) und auch zum Teil auf Hjelmslev (1943), der der Frage der Interdependenz zwischen den Elementen in einem Satz nachgeht, zurückzuführen ist. Die der Dependenzgrammatik zugrundeliegende Idee ist, dass ein Element B von einem anderen Element A abhängt (Ágel 2000: 69) und dass durch die Aufstellung der Elemente in dem gegeben Satz die Verbindungen zwischen diesen erkannt werden können. Diese Verbindungen werden Dependenzrelationen genannt (Ágel 2000: 69). Sie entscheiden über die Funktion der Elemente im Satz (Eroms 2000: 76). Die Dependenzgrammatik setzt sich also im Unterschied zur kategorialen Grammatik, nach der die syntaktischen Strukturen auf die semantisch-funktionalen zurückzuführen sind, und im Unterschied zur Konstruktionsgrammatik, die das regierende und das regierte Element als eine Einheit (Konstruktion) betrachtet, mit der hierarchischen Struktur des Satzes auseinander (Eroms 2000: 75). Das Element A wird als der Kopf des Satzes und das Element B als der vom Kopf abhängige Teil des Satzes verstanden. In Anlehnung an Welke (1995: 163f.) unterscheidet Ágel (2000: 70 und 73f.) zwei Typen von Dependenzrelationen, und zwar die Rektionskonverse und die Endozentrik. Er fasst diese Typen als Sammelbegriffe auf (Ágel 2000: 73). Laut Agel liegen also mehrere Deutungen des Dependenzbegriffes vor (Ágel 2000: 73f.). Da, wie weiter ersichtlich wird, mit der Valenz nur bestimmte Dependenzrelationen beschrieben werden können, kann sie mit der Dependenz nicht gleichgesetzt werden und wird als eine Teilmenge von Dependenz verstanden.

Die Valenzgrammatik nimmt ihren Anfang etwa Mitte des letzten Jahrhunderts mit der Arbeit von Lucien Tesnière „Èlements de syntaxe structurale" (1959).[2] Als eigenständiges grammatisches Konzept zeichnet sie sich durch die Aufhebung des Subjekt-Prädikat-Verhältnisses als zentrale Einheit der Äußerung sowie durch die Verb-Positionierung im Zentrum der Äußerung aus. In Anlehnung an die Elementenlehre der Chemie wird somit das Verb als ein Element verstanden, das eine bestimmte Wertigkeit besitzt und durch seine Eigenschaften andere Elemente an sich bindet. Dadurch entsteht ein wohlgeformter, grammatisch korrekter und inhaltlich vollständiger Ausdruck.

In „Èlements de syntaxe structurale" (1959: 103) unterscheidet Tesnière im Rahmen seiner Verbklassifizierung *actants* und *circonstants*. Die *actants* stehen für die vom Verb abhängigen Phrasen und werden von diesem einerseits zahlenmäßig begrenzt (quantitative Valenz), andererseits qualitativ durch Form und Funktion im Satz (qualitative Valenz) bestimmt. Die *circonstants* hängen nicht vom Verb ab. Sie tragen zum Inhalt des Satzes insofern bei, als sie ihn auf unterschiedliche Weise durch zeitliche, räumliche, modale Angaben kontextualisieren. Die Unterscheidung zwischen *actants* und *circonstants* findet aufgrund von formalen (Wortarten, Kasus) und semantischen (Handlungsträger, Objekt, Adressat) Kriterien (Tesnière 1959: 108ff.) statt.

In der aktuellen Valenzforschung wird die Valenz als die Eigenschaft eines Worts verstanden, Ergänzungen (*actants*) mithilfe semantischer (semantische Valenz) und syntaktischer Relationen (formale Valenz) an sich zu binden. Für die Beschreibung der Valenzeigenschaften eines Wortes ist der Valenzrahmen bestimmend. Ergänzungen sind für die Duden-Grammatik (2009: 776) die Phrasen, deren Erscheinen innerhalb des Valenzrahmens eines Wortes in der Bedeutung dieses Wortes vorangelegt ist und die damit auch von ihr abhängig sind. Laut Duden-Grammatik (2009: 776f.) bestimmt das Wort, welches als Valenzträger auftritt, eine Reihe von semantischen (semantische Rolle) und grammatischen Eigenschaften (formale und funktionale Merkmale) seiner Ergänzungen. Die Angaben (circonstants) sind Phrasen, die den gesamten Satzinhalt, ein Wort in diesem Satz oder eine Phrase modifizieren. Sie hängen nicht von der jeweiligen Bedeutung des Valenzträgers ab und gehören damit nicht zum Valenzrahmen. So verlangt in dem Satz:

(1) [Anna] *stellte* [rasch] [eine Kerze] [auf den Tisch].

---

2 Die Valenzidee ist seit den Arbeiten von Meiner (1781) bekannt, der die Verbindung zwischen dem Prädikat und den von ihm abhängingen Begriffen aus sprachphilosophischer Sicht untersucht hat.

das Prädikat *stellte* drei semantische Rollen, um seine Bedeutung vollständig zu entfalten (semantische Valenz): Eine handelnde Person, eine betroffene Sache und ein räumliches Ziel. Diesen semantischen Rollen entsprechen auf der syntaktischen Ebene die Satzglieder [Anna] – Subjekt im Nominativ, [eine Kerze] – Objekt im Akkusativ, [auf den Tisch] – Präpositionalobjekt mit der Präposition *auf* (formale oder syntaktische Valenz). Die Phrase [rasch] ist in der Bedeutung von *stellte* nicht enthalten (Duden 2009: 775). Sie bezeichnet lediglich die Art und Weise, wie die durch das Prädikat ausgedrückte Handlung ausgeführt wird.

Hans-Werner Eroms (2000) vertritt die Meinung, dass nicht nur Verben eine Valenz besitzen. Die Valenz lasse sich aber am besten durch Verben veranschaulichen, weil diese „viel offensichtlicher ‚unvollständig' oder ungesättigt als Substantive" seien (Eroms 2000: 119). Generell stellt die Valenz bei Eroms ein Bündel von verschiedenen Relationen zwischen dem Zentrum einer Aussage und den von ihm abhängigen Phrasen dar. Das Zentrum eröffnet um sich herum Leerstellen für Elemente bestimmter Klassen und bindet diese durch unterschiedliche Relationen an sich (Eroms 2000: 120). Eroms spricht aufgrund der inhalts- und ausdrucksseitigen Bestimmbarkeit von Wörtern und der Funktionalität des Zeichens von *ausdrucks- und inhaltsseitiger Valenz* sowie von der *Schichtung des Valenzbegriffes*. Wie die Duden-Grammatik unterscheidet Eroms zwischen der syntaktischen und semantischen Valenz. Er verweist aber zudem auf eine *logische und pragmatische Valenz*. Die einzelnen Ebenen sind aufeinander bezogen und schaffen dadurch die *Schichtung* des Valenzbegriffs, der somit logische, semantische, logisch-semantische, semantisch-pragmatische und syntaktische Teilaspekte aufweist. Für Eroms ist die logische Valenz eine abstrakte Stelligkeit eines Konzepts (Prädikat-Argument-Struktur), das eine neutrale logische Grundstruktur hat und in jeder Sprache nachweisbar ist. Für ihn bildet der logisch-semantische Aspekt die Grundlage der Valenz, weil auf dieser Ebene entschieden wird, was ein Prädikat ist, was seine Argumente sind und welche Stelligkeit es aufweist. Sowohl die semantische als auch die syntaktische Ebene fasst Eroms als Reflexion der logischen Ebene auf. Bei der pragmatischen Valenz handelt es sich um den Einfluss des Sprechers und anderer außersprachlicher Faktoren auf die Grundstruktur der Äußerung. Dabei kann der Sprecher entscheiden, welche der im Valenzträger vorangelegten Ergänzungen er, abhängig von seiner kommunikativen Absicht, realisiert und welche nicht. Laut Eroms spielt dieser Aspekt der Valenz vor allem für die Unterscheidung zwischen obligatorischen und fakultativen Ergänzungen eine Rolle (Eroms 2000: 121).

Gerhard Helbig (1992) schließt sich der Annahme an, dass Valenz sowohl auf der syntaktischen und semantischen als auch auf der logischen Ebene nachweisbar ist. Die logische, vorsprachliche Ebene versteht Helbig als ein Vermittlungsglied zwischen der außersprachlichen Realität und der semantisch-syntaktischen Struktur der Sprache. Auf der logischen Ebene sei die Basiseinheit die Prädikat-Argument-Struktur, deren Hauptaufgabe in der Widerspiegelung der Sachverhalte der äußeren Wirklichkeit bestehe. Dadurch werde die universelle Grundlage für den menschlichen Kommunikations- und Verständigungsprozess geschaffen (Helbig 1992: 7). Auf der semantischen Ebene besteht die Valenz laut Helbig in der Auswahl geeigneter Kontextpartner (Komponentenstruktur) und deren Funktion in der Bedeutungsstruktur einer Äußerung (semantische Rolle). Die Analyse auf der syntaktischen Ebene beschäftigt sich mit Füllung, Anzahl und morphosyntaktischer Repräsentation der vom Valenzträger geschaffenen Leerstellen. Die Leerstellen werden durch Phrasen (Aktanten) besetzt, die auf Argumente des Prädikats auf der logischen Ebene zurückzuführen sind. Die Besetzung der Argumentstellen durch Aktanten könne, so Helbig, auf der syntaktischen Ebene obligatorisch oder fakultativ sein. Die obligatorischen Aktanten müssen im Satz erscheinen, weil ohne sie der Satz ungrammatisch wird. Die fakultativen Aktanten sind die Aktanten, die weggelassen werden können, ohne dass das Prädikat seine Bedeutung verändert oder der Satz ungrammatisch wird. Außer den Aktanten gibt es auch Angaben, die Helbig als eigene Prädikationen im semantischen Sinne versteht, weil aus diesen vollständige Sätze gebildet werden können (Helbig 2001: 517). Die Angaben sind mit der Bedeutung des Valenzträgers nicht verbunden und tragen nur zur inhaltlichen Kontextualisierung des Satzes bei. Helbig definiert die Valenz somit als die Fähigkeit eines Wortes, aufgrund seiner Bedeutung bestimmte Leerstellen zu eröffnen, die durch bestimmte Phrasen besetzt werden müssen oder können, wobei zwischen dem Wort (Valenzträger) und den von ihm abhängigen Phrasen Relationen begrifflicher, semantischer und syntaktischer Natur bestehen. Diese bestimmen die Struktur, die Art, die Funktion und die Form der Phrasen auf logischer, semantischer und syntaktischer Ebene.

Für die Unterscheidung zwischen Ergänzungen und Angaben sowie den obligatorischen und fakultativen Ergänzungen werden drei Testverfahren (TV) eingesetzt: Der Reduktionstest (RT), der Folgerungstest (FT) und der Anschlusstest (AT) (u.a. Engel 1976; Helbig 1992; Zifonun et al. 1997; Schumacher et al. 2004). Der RT – andere Bezeichnungen dafür sind ‚Abstrichprobe' oder ‚Weglassprobe' (Bußmann 2008: 789) – dient zur Unterscheidung von

Ergänzungen und Angaben. Bei diesem Test werden einzelne Phrasen eliminiert, um festzustellen, bei welcher Phraseneliminierung der Satz ungrammatisch wird. Diese Phrasen werden dann als Ergänzungen betrachtet. Es liegen aber auch Fälle vor, in denen die in der Bedeutung des Valenzträgers angelegten Phrasen weggelassen werden können, ohne dass der Satz ungrammatisch wird. Um solche Phrasen zu ermitteln, wird der FT eingesetzt. Im Rahmen dieses TV wird die durch den RT entstandene Leerstelle mit neuen Phrasen ergänzt, die die Bedeutung des Prädikats für die weggelassene Phrase zulässt. Lässt sich mit diesen die Stelle der reduzierten Phrase ausfüllen, wird letztere den fakultativen Ergänzungen zugerechnet. Der AT, auch *Geschehen*-Test genannt, dient zur Unterscheidung von fakultativen Ergänzungen und Angaben. Wenn die zu testende Phrase durch *und das x* an den Satz angefügt werden kann, ist sie eine Angabe. Wenn dies nicht der Fall ist, handelt es sich um eine fakultative Ergänzung.

Die Valenzgrammatik hat sich zu einem der einflussreichsten grammatischen Konzepte insbesondere im deutschsprachigen Raum entwickelt (u.a. Brinkmann 1962; Helbig 1965, 1979, 1982, 1992; Bondzio 1969; Schumacher 1976, 1986; Sommerfeldt 1971a, 1971b und 1981b; Engel 1976, 2004; Zifonun 1997 et al.; Heringer 1973, 1984, 1985, 1996; Eroms 2000). Ausgehend von Tesnières Valenzkonzept erfolgt eine Erweiterung, indem im Bereich der *actants* zwischen der obligatorischen und der fakultativen Besetzung der Leerstellen unterschieden wird (u.a. Helbig 1992, Zifonun et al. 1997). Außer der syntaktischen Ebene werden auch andere Ebenen (semantische, logische, pragmatische) einbezogen (Welke 1988; Eroms 2000) und die Eigenschaften des Valenzträgers präzise definiert (Jacobs 1992, 1994), um die unterschiedlichen Relationen zwischen dem Valenzträger und den von ihm abhängenden Phrasen abzugrenzen (Jacobs 1994). Beispielsweise müssen die Rolle des Valenzträgers bei der Unterscheidung von *actants* und *circonstants* bestimmt (Zifonun et al. 1997) und die TV, mit denen diese Unterscheidung erfolgen kann, ausgearbeitet werden (Helbig 1992, Zifonun et al. 1997, Eroms 2000). Im Zuge der Entwicklung der Valenztheorie werden die Grundbegriffe der Valenz unterschiedlich benannt: Für *actant* wird *Komplement* (Zifonun et al., 1997) oder *Ergänzung* (Helbig 1992; Engel 2004), für *circonstant* wird *freie Angabe* (Engel 2004) oder *Supplement* (Zifonun et al. 1997) verwendet. Andere Bezeichnungen für *Valenz* sind *Wertigkeit* (Erben 1964), *Fügungspotenz/Fügungswert* (Admoni 1966) und *Selektion* (Jacobs 1992, 1994).

2.1.1 Die Ebenen und die Relationen

Trotz zahlreicher Untersuchungen bleiben wichtige Fragen der Valenztheorie noch immer aktuell. Zu diesen gehören unter anderen:

(1) *Welche Wortarten treten als Valenzträger auf?*
(2) *Auf welchen Ebenen lässt sich über Valenz sprechen?*
(3) *Wie kann am besten zwischen Ergänzungen und Angaben und obligatorischen und fakultativen Ergänzungen unterschieden werden?*

Diese Fragen müssen aufgrund ihrer Komplexität getrennt voneinander behandelt werden; es besteht aber ein enger Zusammenhang, weil z.B. Frage (1) nicht ohne die Antwort auf Frage (2) beantwortet werden kann. Ein enger Zusammenhang besteht auch zwischen der Unterscheidung von *Ergänzungen* und *Angaben* und der von *obligatorischen* und *fakultativen Ergänzungen*.

In der aktuellen Valenzforschung wird von dem Vorhandensein mehrerer voneinander unabhängiger Relationen ausgegangen, die unter dem Terminus *Valenz* zusammengefasst werden (Jacobs 1992, 1994; Zifonun et al. 1997). Die Ursache für die Ausdifferenzierung unterschiedlicher Relationen im Rahmen des Valenzbegriffs ist hauptsächlich die Frage nach einer tragfähigen Unterscheidung zwischen Ergänzungen und Angaben und obligatorischen und fakultativen Ergänzungen. Während für diese Abgrenzungen zu Beginn der Valenzforschung vor allem die morphosyntaktischen Relationen in Frage kommen, wird in der aktuellen Forschung sowohl von den morphosyntaktischen als auch von den semantisch-pragmatischen Relationen ausgegangen. Dabei werden die semantisch-pragmatischen Relationen als Grundlage der syntaktischen betrachtet (u.a. Helbig 1992: 7–11).

So unterscheidet die IDS-Grammatik zwischen den morphosyntaktischen *Form-* und den semantisch-pragmatischen *Bedeutungsrelationen* (Zifonun et al. 1997: 1027–1043). Die Basis der Abhängigkeitsbeziehung zwischen einer Kerngröße und den von ihr abhängenden Einheiten ist dennoch nicht die semantische Ebene der Bedeutungsrelationen. Obwohl die IDS-Grammatik die Valenz nur der semantischen und syntaktischen Ebene zuschreibt, stellt sie fest, dass ohne einen Rückgriff auf die logische Ebene die Frage nach der Unterscheidung nicht zufriedenstellend beantwortet werden kann (Zifonun et al. 1997: 682–687). Auf der logischen Ebene verortet die IDS-Grammatik die Propositionen, die aus Prädikat-Argument-Strukturen bestehen. Diese agieren im Wesentlichen nach dem Valenzprinzip und bilden die Grundlage für die semantische und syntaktische Ebene (Zifonun et al. 1997: 694). Es ergibt sich folglich die Frage, ob die syntaktischen, semantischen oder logischen bzw. kognitiven Relationen oder die

Interaktion dieser Relationen für die oben genannte Unterscheidung ausschlaggebend sind. In Kapiteln 2.1.1.1, 2.1.1.2, 2.1.1.3 und 2.1.1.4 werden somit die logische bzw. kognitive, semantische, semantisch-pragmatische und syntaktische Ebene, die Relationen auf diesen Ebenen und ihre Rolle bei der zu untersuchenden Unterscheidung diskutiert.

2.1.1.1 Die logische Ebene

Valenz wird aus funktional-syntaktischer und kompositional-semantischer Perspektive als die Fähigkeit bestimmter sprachlicher Ausdrücke (Verben, Substantive, Adjektive) verstanden, eine geweisse Anzahl von Leerstellen zu eröffnen, die unter Anwendung bestimmter Selektionsregeln, koordiniert vom Valenzträger, ausgefüllt werden, damit ein grammatisch korrekter und semantisch (inhaltlich) vollständiger Ausdruck entsteht (Zifonun et al. 1997: 1027). Die Bedeutung des Valenzträgers entscheidet über semantische und grammatische Eigenschaften der Phrasen, mit denen die Leerstellen gefüllt werden. Sie gibt zwar eine Antwort darauf, welche semantische Rolle und welche Komponentenstruktur die geforderten Phrasen haben und welche Form und Funktion sie erfüllen; man findet aber keine Antwort darauf, warum der Valenzträger eine bestimmte Anzahl Phrasen fordert, welche semantische Funktion diese haben und worauf die bestehenden Relationen zwischen Valenzträger und Phrasen sowie zwischen den Phrasen untereinander zurückzuführen sind. Obwohl die IDS-Grammatik vermeidet, die mit dem Wort *Valenz* benannte Eigenschaft *der Ergänzungsbedürftigkeit* oder *der Abhängigkeitsbeziehung* auf der logischen Ebene anzusiedeln, verweist sie darauf, dass dieses Charakteristikum auf der vorsprachlichen, logischen Ebene nachweisbar ist (Zifonun et al. 1997: 682–687). Die Bestandteile dieser Eigenschaft sind auf der Ebene der Logik: *Prädikate*, *Argumente* und *Propositionen*. Das Zentrum der Abhängigkeitsbeziehung stellt das Prädikat dar. Die Argumente repräsentieren die Größen, die vom Prädikat gefordert werden und zusammen mit ihm eine Proposition bilden, die ihrerseits einen gewissen Sachverhalt der äußeren Wirklichkeit wiedergibt.

2.1.1.1.1 Prädikat, Argument und Proposition

Die IDS-Grammatik definiert den Terminus *Prädikat* als zentrale Einheit zur Charakterisierung von Propositionen. Prädikaten werden alle Einheiten zugerechnet, die über ein Charakterisierungspotenzial verfügen; dies sind allen voran die Denotate von Substantiven, Adjektiven und Verben (Zifonun et al. 1997: 677). Die Hauptaufgabe der Prädikate ist die Charakterisierung eines wie auch immer gearteten Objekts.. Für diesen Prozess sind zwei Komponenten notwendig: Der

Prozess der Charakterisierung selbst und der Gegenstand oder die Beziehung zwischen mehreren Gegenständen, auf welche die Charakterisierung gerichtet ist. Durch die Kennzeichnung von Dingen produzieren Prädikate sprachliche Sachverhaltsentwürfe. Die Aufgabe der Prädikate besteht dabei in der Bestimmung von Wahrheitsbedingungen für einen Gegenstand oder für die Beziehung zwischen den Gegenständen der Charakterisierung, mithilfe derer diese als solche identifiziert werden können (Zifonun et al. 1997: 679). Mit anderen Worten muss das über einen Gegenstand oder die Beziehung zwischen den Gegenständen Ausgesagte in der äußeren Wirklichkeit vorhanden und überprüfbar sein. Im Satz

(1) Peter *ist rothaarig.*

wird das Prädikat *rothaarig* [*sein*][3] zur Charakterisierung der Einheit *Peter* verwendet. Damit der ausgedrückte Sachverhalt als wahr gilt, muss die Einheit *Peter* die Bedingungen erfüllen, die im Prädikat *rothaarig* [*sein*] realisiert sind.

Das Prädikat allein kann keinen Sachverhalt entwerfen, weil es seinem Wesen nach unvollständig ist. Deshalb wird es in Anlehnung an die Chemie als „ungesättigt" bezeichnet (Zifonun et al. 1997: 729). Das Prädikat eröffnet Leerstellen, die durch bestimmte Einheiten, Argumente genannt, gefüllt werden. Durch diese Sättigung erhält das Prädikat die Möglichkeit einen Sachverhalt zu entwerfen.

Die IDS-Grammatik definiert das Argument über seine Funktion in der sprachlichen Äußerung. Sie versteht die Argumente als Einheiten, welche das Prädikat zu einer Proposition vervollständigen. Dies geschieht, indem die Argumente Gegenstände entwerfen, sie benennen, auf sie verweisen und vorhergehende Gegenstandsentwürfe fortführen oder nachfolgende Entwürfe antizipieren (Zifonun et al. 1997: 730).

Ein Gegenstandsentwurf gleicht in seiner Natur dem Sachverhaltsentwurf, d.h., es müssen bestimmte Wahrheitsbedingungen erfüllt werden, damit ein Gegenstand entworfen werden kann (Zifonun et al. 1997: 734–757).

(2) *Der geplante Neubau* ist nicht nach jedermanns Geschmack.

(3) *Ein gründliches Überdenken der alten Positionen* ist unausweichlich.
(3a) Die alten Positionen *werden* gründlich *überdacht.*

---

3 Der sprachliche Ausdruck des logischen Prädikats *rothaarig* ist *rothaarig* [*sein*]. Die sprachliche Realisierung des logischen Prädikats wird Prädikatsausdruck genannt (Zifonun et al. 1997: 680). Zur Vereinfachung der Schreibweise wird in dieser Arbeit sowohl für das logische Prädikat als auch für den Prädikatsausdruck das Wort *Prädikat* verwendet. Dabei ist unter der Schreibweise *rothaarig* [*sein*] der Prädikatsausdruck zu verstehen.

Das Entwerfen eines Gegenstandes geschieht nicht durch den ikonischen Verweis auf in der außersprachlichen Wirklichkeit vorhandene Gegenstände oder Situationen. Das Äußere des Ausdrucks ist mit dem Bezeichneten in der äußeren Realität lediglich arbiträr verbunden. Das Wiedererkennen des Bezeichneten findet somit aufgrund der Bedeutung des Wortes und der Gebrauchsregeln für diesen Ausdruck im Sprachsystem statt (Zifonun et al. 1997: 735). So wird in (2) in der Phrase *der geplante Neubau* ein Objekt der äußeren Wirklichkeit beschrieben. Die Ausdrücke *der*, *geplante*, *Neubau* sind nicht unmittelbar bzw. ikonisch mit dem tatsächlich existierenden Objekt verbunden. Nur aus der Bedeutung, die diesen Wörtern zugeschrieben wird, und aus der Bedeutung der Phrase, die sie bilden, geht hervor, dass es sich um ein noch nicht vorhandenes Objekt aus Beton, Stahl, Glas oder Ziegel handelt, dessen Zweck ist, eine Unterkunft oder einen Arbeitsplatz für Menschen zu bieten. Ein Wort mit Charakterisierungspotenzial (Substantiv, Adjektiv, Verb) verfügt folglich auch über ein Entwurfspotenzial. Es bestehen zwei Möglichkeiten, wie ein solches Wort verwendet werden kann, nämlich zur Charakterisierung (als Prädikat) und zum Entwerfen von Gegenständen (als Argument eines Prädikats). Hierzu heißt es in der IDS-Grammatik (Zifonun et al. 1997: 735):

> „Die Möglichkeit doppelter Nutzung ist so zu erklären: Wissen, unter welchen Bedingungen etwas als von bestimmter Art charakterisiert werden kann, heißt immer auch wissen, wie sein muß, was so ist. Damit ist, wer die Bedeutung eines Wortes mit Charakterisierungspotenzial kennt, in der Lage, dieses nicht nur für die Zwecke einer Charakterisierung, sondern ebenso zum Entwerfen von so Geartetem einzusetzen."

Wird das betreffende Wort in der Prädikatsfunktion verwendet, dann wird seine Bedeutung zur Charakterisierung eingesetzt (3a). Erfüllt es die Rolle eines Arguments, dann wird mit der Bedeutung des betreffenden Wortes ein Gegenstand entworfen (3). Das Charakterisierungspotenzial eines Wortes wird zum Gegenstandsentwurfspotenzial transformiert, indem das Wissen, wie etwas beschaffen ist, darauf übertragen wird, wie etwas von gleicher Beschaffenheit sein kann.

Argumente, die Gegenstände benennen, erscheinen als Eigennamen. Diese definiert die IDS-Grammatik (Zifonun et al 1997: 751) auf zweierlei Weise, und zwar als *einfache Eigennamen*, wie Katharina, Pele (5) und als *potentielle Namen*, wie Heidelberg (4). Einfache Eigennamen sind in der Regel die Namen von Individuen. Unter potentiellen Namen versteht die IDS-Grammatik die Wörter oder Ausdrücke, deren Aufgabe es ist, als Bezeichnung für etwas Einzigartiges aufzutreten.

(4) Des Vaterlandes schönste Stadt ist *Heidelberg.*

(5) *Einen Pele* findest du auch in Brasilien nicht an jeder Straßenecke.

Der Verweis auf Gegenstände erfolgt durch Einheiten, die auf der Ausdrucksebene durch Verweisausdrücke *dies, das, den* etc. realisiert werden.

(6) Hast du *die* gesehen?

(7) Die wichtigsten Hersteller von Laserdruckern stellten ihre neuesten Modelle vor. Von *ihnen* ist in nächster Zeit viel zu erwarten, wie man hört.

Solche Ausdrücke werden oft mit Hinweisschildern verglichen, weil sie auf die Richtung bzw. den Ort hindeuten, wo die gebrauchte Größe gefunden werden kann (6 und 7).

Die Fortführung oder die Antizipierung der Gegenstandsentwürfe geschieht durch Anaphern: in der Regel sind es *er, sie, es* u. ä. Diese anaphorischen Ausdrücke nehmen den schon ausgedrückten Gegenstandsentwurf wieder auf (8) oder deuten die kommenden Entwürfe (9) an.

(8) Rita war noch keine sechzehn, als *sie* ihr Elternhaus verließ.

(9) *Ihn* würden die Schergen des Tyrannen nicht fassen, davon war Robin überzeugt.

Das Prädikat entwirft also einen Sachverhalt nur, wenn die Leerstellen, die es eröffnet, von argumenttauglichen Ausdrücken gesättigt werden. Durch die Sättigung des Prädikats repräsentiert dieses den Sachverhalt der außersprachlichen Wirklichkeit. Diese Prädikat-Argument-Interaktion wird Proposition genannt. Laut Bußmann (2008: 558–559) und der IDS-Grammatik (Zifonun et al. 1997: 682–687, 729–730) ist die Proposition als Bedeutungskern einer Aussage zu verstehen, repräsentiert durch das Prädikat und seine Argumente, der unabhängig von ihrer Äußerungsform (Feststellung, Frage, Widerspruch) den Wahrheitswert dieser Aussage bestimmt.

Bei einer vollständigen Proposition werden alle vom konkreten Prädikat geschaffenen Leerstellen ausgefüllt. Es liegt aber auch der Fall vor, in dem nicht alle Argumentstellen ausgefüllt werden. Dabei ändert sich die Bedeutung des Prädikats nicht und das Prädikat bleibt semantisch verständlich. In diesem Fall liegt eine *Elementarproposition* vor. Als das wichtigste Kriterium für die erfolgreiche Ermittlung der Elementarproposition wird in der IDS-Grammatik die autonome Verstehbarkeit der Elementarproposition genannt (Zifonun et al. 1997: 684–686). Damit ist gemeint, dass der Kontext, die vorliegende Situation oder das Allgemeinwissen unberücksichtigt bleiben und nur das Prädikat mit dem verbliebenen Argument bzw. den verbliebenen Argumenten und die Bedeutung, die sich aus dieser Verbindung ergibt, beachtet werden. Wie die weiteren Ausführungen vor allem zu den TV im Bereich der Adjektivvalenz zeigen werden, ist die Feststellung der Elementarproposition, auch *kommunikative Minimaleinheit* genannt (Zifonun et al. 1997: 684), für die Unterscheidung der obligatorischen und fakultativen Komplemente relevant.

Obwohl das Prädikat allein keinen Sachverhalt entwirft, setzt es aufgrund seiner Bedeutungsstruktur, auch logische Struktur des Prädikats genannt (Helbig 1992: 11), den Rahmen für die möglichen Argumente fest. Sie ist somit für die Propositionsermittlung ausschlaggebend.

2.1.1.1.2 Die logische Struktur des Prädikats

In der Arbeit von Gerhard Helbig „Probleme der Valenz- und Kasustheorie" (Helbig 1992) wird die logische Valenz als eine gedankliche Beziehung zwischen logischen Prädikaten (Funktoren) und Argumenten (Leerstellen dieser Prädikate) in Aussagestrukturen verstanden. Die Ebene der logischen Valenz ist im kognitiven System des Menschen angesiedelt. Sie spiegelt die Sachverhalte der außersprachlichen Realität im Bewußtsein des Menschen wider. Auf diese Weise entstehen im kognitiven System logische Prädikate mit einem oder mehreren Argumenten. Die Zahl der Argumente hängt vom Begriffsinhalt des logischen Prädikats ab. Der Begriffsinhalt ist das kognitive Konzept, welches im Bezug auf den außersprachlichen Sachverhalt im kognitiven System eines Menschen entsteht. Die logischen Konzepte finden ihren Ausdruck im Sprachsystem auf der semantischen und der morphosyntaktischen Ebene, wobei zwischen den einzelnen Ebenen keine Isomorphie besteht. Sowohl die semantische als auch die morphosyntaktische Ebene stellen eine Vereinfachung der vorangehenden Ebene dar.

Helbig vertritt die Ansicht, dass die Stelligkeit des logischen Prädikats auf die Anhäufung von elementaren, nicht weiter zerlegbaren Bedeutungskomponenten (Primitivprädikaten) im logischen Prädikat zurückzuführen ist. Eine ähnliche Herangehensweise an die Deutung der Prädikatstruktur wird in den Arbeiten von Dowty (1979) und Jackendoff (1990) vertreten. Jede Bedeutungskomponente verlangt eine gewisse Anzahl von Argumenten (1 bis *n*). Durch die Anhäufung der elementaren Bedeutungskomponenten entsteht ein komplexes logisches Prädikat mit einer gewissen Stelligkeit und einer hierarchischen Konstruktion. Im lexikalisierten Ausdruck werden aber nicht alle in der kognitiven Struktur verankerten Argumente der Bedeutungskomponenten tatsächlich im Sprachsystem realisiert. Helbig weist darauf hin, dass bei der Übertragung der inneren

Struktur des logischen Prädikats auf die semantische Ebene eine Verdichtung des Prädikats und folglich eine Reduktion der Argumenten der Primitivprädikate stattfindet. Zur Veranschaulichung seiner Überlegung führt Helbig ein Beispiel mit dem Lexem *geben* an (Helbig 1992: 11):

Abb. 1: Prädikatstruktur von geben.

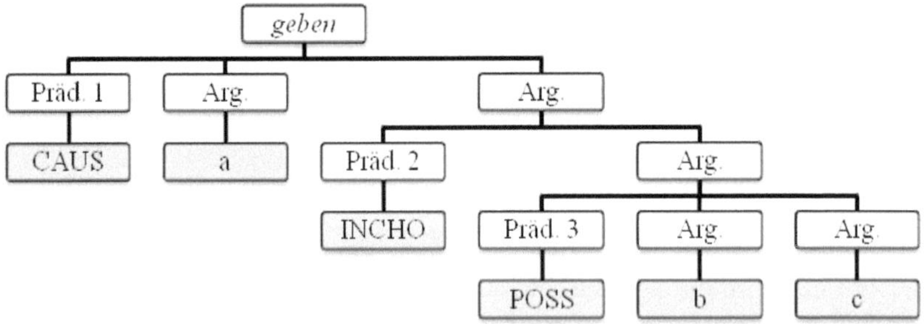

Die Bedeutungsstruktur von *geben* setzt sich laut Helbig aus drei Primitivprädikaten (CAUS, INCHO und POSS) zusammen. CAUS bezeichnet die Veranlassung einer Veränderung, INCHO zeigt den Beginn eines Zustands an und POSS weist auf den Zustand hin, der als Resultat der vorangehenden Handlung eingetreten ist. Jedes der Primitivprädikate verlangt eine gewisse Anzahl an Argumenten. CAUS verlangt ein Argument, das die Handlung veranlasst; INCHO verlangt ein Argument, das den künftigen Zustand bedeutet und POSS verlangt zwei Argumente, die den neuen Besitzer und den Gegenstand des Besitzes bezeichnen. Zwischen den einzelnen Primitivprädikaten besteht eine hierarchische Beziehung: Die Grundlage des Primitivprädikats *geben* bildet das Grundkonzept jeder Handlung, die Veranlassung und die Auflösung (CAUS). Die Auflösung führt zur Veränderung der bestehenden Verhältnisse, im konkreten Fall zum Beginn eines Zustandes (INCHO). Die Veränderung der bestehenden Verhältnisse führt zur Entstehung eines neuen Zustandes (POSS). Das Lexem *geben* verlangt hier drei semantische Kasus: *Agens*, *Patiens* und *Adressat*. Auf der syntaktischen Ebene werden diese entsprechend als Subjekt, Akkusativobjekt und Dativobjekt realisiert. Die Prädikat-Argument-Struktur des Lexems *geben* gilt in der oben dargestellten Form für alle Verben des *Gebens* und ähnelt in der vereinfachten Form einer Framestruktur.[4] Die semantische

4 Vgl. https://framenet2.icsi.berkeley.edu/fnReports/data/frameIndex.xml?frame=Giving.

Ebene stellt die erste Stufe der Versprachlichung der kognitiven Konzepte dar. Sie wird im nächsten Kapitel behandelt.

2.1.1.2 *Die semantische Ebene*

Unter der *semantischen Valenz* werden im Allgemeinen die semantischen Relationen zwischen dem Prädikat und seinen Argumenten, die semantische Füllung und die Funktion der Argumente in einem Ausdruck verstanden. Konkret handelt es sich bei der semantischen Valenz um die Bedeutungsrelationen (Zifonun et al. 1997), die Zahl der semantischen Rollen, die Art dieser Rollen, ihre semantische Beschaffenheit und die Selektionsregeln, nach denen das Prädikat bestimmte Argumente zulässt und andere ausschließt (Welke 1988; Helbig 1992; Eroms 2000; Engel 2004; Duden 2009). Wie Helbig betont, können nicht beliebige Argumente zu beliebigen Prädikaten treten (Helbig 1992: 7), da das Prädikat aufgrund seiner Bedeutung Argumente selegiert, die eine bestimmte Anzahl und Art semantischer Merkmale umfassen. Die Argumente aus dem kognitiven System werden, damit sie im Sprachsystem realisiert werden können, auf der semantischen Ebene durch semantische Kasus repräsentiert. Die semantischen Kasus definieren einerseits die Funktion des Arguments in der Prädikatsstruktur, andererseits dienen sie als eine Art Hülle für die semantischen Merkmale des Prädikatsarguments. Im Hinblick darauf wird in den nächsten Kapiteln das *System der semantischen Merkmale* und *der semantischen Kasus* beschrieben und auf die Bedeutungsrelationen und ihre Rolle bei der Unterscheidung zwischen den Ergänzungen und Angaben sowie zwischen den obligatorischen und fakultativen Ergänzungen eingegangen.

2.1.1.2.1 *Semantische Merkmale*

Mit *semantischen Merkmalen* und mit der Erarbeitung eines einheitlichen Systems semantischer Merkmale[5] haben sich u.a. Katz und Fodor (1963), Weinreich (1963, 1966), Lamb (1964), Nida (1964, 1975a und 1975b) und Coseriu (Coseriu/Geckeler 1974) befasst. Da das System semantischer Merkmale allgemein Einblick in die kognitiven Fähigkeiten des Menschen, in die Strukturierung des Wissens und die Verbindung einzelner Komponenten der Sprache bietet, sind semantische Merkmale nicht nur für Linguisten, sondern auch für Psychologen, Anthropologen, Kognitions- und Neurowissenschaftler interessant. Eine breite

---

5 Die Grundidee der semantischen Merkmale ist der Phonologie entlehnt, in der es darum geht, Phoneme durch distinktive binäre Merkmale eines universalen Systems (Jakobson 1931) zu beschreiben (Löbner 2003: 201).

Anwendung finden semantische Merkmale im Bereich der Beschreibung von Prädikatsargumenten.

Unter dem Terminus des *semantischen Merkmals* ist das kleinste Element der Wortbedeutung zu verstehen. Dieser kleinste Bestandteil der Bedeutung wird auch als *Sem* bezeichnet. Das semantische Merkmal kann weiter mit Bedeutungsatom, Bedeutungskomponente oder Element des Begriffes bzw. Inhalts (Raible 1981: 29; Bußmann 2008: 618) umschrieben werden. Die Bedeutung eines Worts besteht bzw. kann aus vielen semantischen Merkmalen bestehen. Die Bündelung von semantischen Merkmalen bildet die Bedeutung eines Wortes. Dieses Merkmalsbündel wird als *Semem* bezeichnet (Raible 1981: 29; Mudersbach 2002: 50). Es gibt semantische Merkmale, die eine klassenbildende Funktion besitzen. Solche Merkmale werden *Klasseme* genannt. Klasseme sind vor allem bei der Beschreibung der semantischen Felder wichtig, weil sie als Oberbegriff eines semantischen Feldes dienen können (Löbner 2003: 204 und 210). Ein semantisches Feld umfasst sinnverwandte Wörter und wird durch Sinnspannungen und Oppositionen aufgebaut. Damit das semantische Feld zusammenhält, müssen formal gesehen alle Elemente im semantischen Feld mindestens ein semantisches Merkmal gemeinsam haben (Wotjak 1975: 3; Löbner 2003: 205). In der metaphorischen Beschreibung mit Begriffen aus der Chemie tritt das semantische Merkmal als ein Atom und die Bedeutung eines Wortes, die viele semantische Merkmale umfasst bzw. umfassen kann, als ein Molekül auf.

Im Idealfall sollen semantische Merkmale vier Eigenschaften besitzen, damit ein tragfähiges System aufgebaut werden kann. Diese Merkmale sollen *elementar*, *generell*, *sprachlich motiviert* und *universell* sein (Löbner 2003: 204–210). Unter *elementar* wird verstanden, dass das Merkmal nicht weiter zerlegbar ist. Aufgrund der Komponentenanalyse werden die Merkmale extrahiert, welche die Bedeutung des Wortes so detailliert wie möglich beschreiben und für das entsprechende Wort nicht weiter zerlegbar sind. Die Eigenschaft *generell* meint, dass die Merkmale, die in das System aufgenommen werden, allgemeine Eigenschaften erfassen und zur Analyse vieler Elemente eingesetzt werden können. Die Elemente im System müssen zusammenhängend sein und dürfen nicht frei erfunden werden. Sprachliche Motiviertheit bedeutet, dass das System der semantischen Merkmale auf sprachlichen Daten basiert und nicht mit dem Weltwissen interferiert.[6] Bei der semantischen Analyse geht es primär darum, die Beziehungen zwischen den einzelnen Elementen im kognitiven System festzustellen und nicht

6 Zum Unterschied zwischen dem semantischen Wissen und dem Weltwissen siehe Löbner (2003: 300–309).

nur die Dinge zu nennen, die in der realen Welt existieren. Die sprachliche Motiviertheit wird als wichtigste Eigenschaft der semantischen Merkmale betrachtet (Löbner 2003: 206ff.). Unter der Fähigkeit der semantischen Merkmale, *universell* zu sein, versteht man, dass solche semantischen Merkmale in allen Sprachen nachgewiesen werden können. Zu den universellen Merkmalen gehören z.B. materiell, immateriell, belebt, nicht belebt etc. Es gibt eine begrenzte Anzahl von semantischen Merkmalen, die in allen Sprachen präsent sind. Je genauer aber die semantische Analyse vorgenommen wird, desto deutlicher werden auch die Unterschiede im Aufbau verschiedener Sprachen. Das System der semantischen Merkmale ist nicht hierarchisch strukturiert. Ein mentales Lexikon ist im Anschluss an jegliche Systeme der semantischen Analyse und dementsprechend dem System der semantischen Merkmale mehrdimensional organisiert, mit flexiblen und dynamischen Hierarchien (Raible 1981: 29f.). Die Elemente des Lexikons interagieren auf unterschiedliche Weise miteinander. Die hierarchische Struktur der Lexikonbestandteile hängt vom Ausgangselement der Analyse ab (Löbner 2003: 210). Löbner selbst weist darauf hin, dass es sich als nicht möglich herausstellt, Merkmale zu finden, die alle vier Eigenschaften besitzen (Löbner 2003: 209). Es ergeben sich folglich Probleme bei der Analyse von sprachlichen Daten mithilfe semantischer Merkmale.

Unter anderem verweist Löbner darauf, dass die vollständige Zerlegung lexikalischer Einheiten in binäre Merkmale schwierig sei, weil zum Beispiel nicht klar sei, wie sich die Kohyponyme in großen Taxonomien, wie bei Tieren, durch binäre Merkmale beschreiben lassen (Löbner 2003: 204). Löbner behauptet auch, dass die Eigenschaft *sprachliche Motiviertheit* zu den Eigenschaften *elementar*, *generell* und *universell* manchmal in Widerspruch stehen könne. So sei z.B. das Merkmal [PFERD] wegen des Vorhandenseins von Wörtern wie *Stute*, *Fohlen*, *Schimmel*, *reiten*, *wiehern* sprachlich motiviert, aber weder elementar noch generell (Löbner 2003: 208), denn es kann weiter zerlegt werden. Laut Löbner ist ein weiterer Kritikpunkt die Beobachtung, dass die Zerlegung aller lexikalischen Bedeutungen in elementare Komponenten psychologisch unwahrscheinlich sei, weil aufgrund der Eigenschaften der so genannten Basiskategorien (Löbner 2003: 274–276) die Verarbeitungszeit für Unterbegriffe kürzer sei als für Oberbegriffe. Das könne wiederum ein Beweis dafür sein, dass die Konzepte, die im kognitiven System als Bedeutungen verankert sind, nur einmal gespeichert seien und nicht so oft, wie es Begriffe gebe, die über dieses Konzept als Komponente verfügen (Löbner 2003: 209). Das bedeutet, dass das aufgrund seiner Bedeutungsstruktur weder elementare noch generelle Konzept selbst als semantisches Merkmal zur Bedeutungsbeschreibung eines gegebenen Wortes auftreten kann. Auf das

Problem der Ähnlichkeit des Sems mit dem Semem weist auch Raible (Raible 1981: 29) hin. Laut Raible lasse sich dieses Problem in Verbindung mit der ebenfalls problematischen Forderung der Generalität verdeutlichen. So ist das Sem für das Wortpaar *essen* und *fressen* entsprechend [menschlich] und [tierisch]. Das Sem [menschlich] kann aber in weitere Seme wie [belebt] und [konkret] zerlegt werden (Raible 1981: 29f.). Dies steht mit der Forderung an das semantische Merkmal, elementar zu sein, in Widerspruch. Raible nennt ein weiteres Problem, das zur Relativierung des Sem-Begriffes führt, nämlich, dass von Semen immer nur im Hinblick auf bestimmte Sememe (z. B. [männlich] und [weiblich] sind minimal-distinktive Seme nur für das Wortpaar *Mann* und *Frau*) gesprochen werden solle (Kotschi 1974: 107–133), um die Überlappung des Sems mit dem Semem zu vermeiden (Raible 1981: 30). Ein weiterer Kritikpunkt ist nach Löbner die Unmöglichkeit, mehrstellige Prädikate, also die meisten Verben, relationale Nomen und mehrstellige Adjektive mit semantischen Merkmalen zu beschreiben, weil ein binäres Merkmal ein einstelliges Prädikat voraussetze (Löbner 2003: 211). Bei der Beschreibung des Bedeutungsunterschieds zwischen *kaufen* und *mieten* ließe sich zwar mit dem Merkmal [PERMANENT] ein Aspekt der Bedeutung dieser Wörter feststellen, aber eine dreistellige Prädikation, und zwar die Beziehung zwischen dem Vorbesitzer, dem Nachbesitzer und dem Besitz, sei über semantische Merkmale nicht ermittelbar (Löbner 2003: 211). Trotz der vielen Kritikpunkte erweisen sich die semantischen Merkmale als sehr nützlich bei der Beschreibung semantischer Daten. Obwohl es zahlreiche Versuche gab, ist es bis jetzt noch nicht gelungen, ein einheitliches System der semantischen Merkmale zu entwickeln. Zu einem solcher Versuche zählt das System von Engel (Engel 2004: 188–189), das im Folgenden vorgestellt wird.

Engels System wird in der vorliegenden Arbeit als Grundlage für die Beschreibung der semantischen Komponentenstruktur der Argumente von Adjektiven verwendet, weil die in diesem System vorgeschlagenen Merkmale über drei der oben erwähnten Merkmalseigenschaften verfügen. So sind sie *generell*, weil sie als Klasseme auftreten können und somit allgemeine Eigenschaften vieler und zwar sowohl materieller als auch immaterieller Elemente ausdrücken. Da die Merkmale eben allgemeine für alle bzw. viele Repräsentanten der gegebenen Kategorie charakteristische Eigenschaften beschreiben und sich diese Beschreibung nicht mit dem enzyklopädischen Wissen über diese Elemente überlappt, sind sie außerdem *sprachlich motiviert*. Das Vorhandensein der Eigenschaft *universell* lässt sich damit begründen, dass man Wörter für materielle Dinge, immaterielle Erscheinungen, menschliche Wesen, Institutionen, Tiere, Pflanzen, unbelebte zählbare und unbelebte unzählbare Dinge, aktivische Sachverhalte, Zustände,

Denkkategorien und Maßeinheiten in den meisten, wenn nicht allen Sprachen nachweisen kann, denn sie spiegeln die sprachenunabhängigen Erscheinungen der Wirklichkeit wider. Die von Engel ausgearbeiteten Merkmale lassen sich in weitere Merkmale zerlegen, wie z.B. [mat] in [hum], [inst], [zool], [plant], [geg], [mas], deshalb besitzen sie die Eigenschaft *elementar* nicht.

Tab. 1: System der semantischen Merkmale nach Engel (Engel 2004: 188–189)

mat	materiell, sinnlich wahrnehmbar
hum	menschlich
inst	Institution, von Menschen geschaffen
zool	tierisch
plant	pflanzlich
geg	unbelebt + zählbar
mas	unbelebt + nicht zählbar
immat	immateriell, nicht sinnlich wahrnehmbar
sachv	Sachverhalt
akt	Vorgang, Tätigkeit, Handlung
stat	Zustand
intell	Denkkategorie, Maßeinheit u.a.
sonst	Sonstiges (für weitere, noch nicht vorhersehbare Fälle)

In seinem System legt Engel unterschiedliche Ebenen der semantischen Merkmale fest. Zuerst unterscheidet er zwischen dem Merkmal [mat] und [immat]. Die Abkürzung [mat] steht hier für materiell, sinnlich wahrnehmbar. Dieses Merkmal umfasst die in der materiellen Welt existierenden Entitäten, welche mit Sinnesorganen wahrgenommen werden. Das Merkmal [mat] wird weiter in die Merkmale [hum], [inst], [zool], [plant], [geg], [mas] untergliedert. Das Merkmal [hum] bezieht sich auf die menschlichen Lebewesen. Das Merkmal [inst] steht für die von Menschen geschaffenen Institutionen. Mit den Merkmalen [zool] und [plant] werden entsprechend Tiere und Pflanzen umschrieben. Die Merkmale [geg] und [mas] stehen für unbelebte zählbare bzw. unzählbare Gegenstände. Dem Merkmal [mat] steht das Merkmal [immat] gegenüber, das in der Regel Sachverhalte [sachv] oder Denkkategorien, Maßeinheiten [intell] beschreibt. Die Sachverhalte werden dann in aktivische [akt] oder stativische [stat] untergliedert. Die aktivischen Sachverhalte umfassen verschiedene Vorgänge, Tätigkeiten und Handlungen. Das Merkmal [stat] bezeichnet die Zustände, in denen sich die Objekte befinden. Bei Bedarf können die Merkmale weiter spezifiziert werden. Am Ende eines solchen Systems werden die konkreten Wörter angegeben. Die semantische Komponentenanalyse mithilfe dieses Systems wird im Folgenden am Beispiel der Argumenten der Adjektive *eifersüchtig* und *identisch* erklärt.

Die Bedeutung des Adjektivs *eifersüchtig* wird im Duden-Wörterbuch als *von Eifersucht erfüllt, bestimmt* beschrieben (Duden 2011: 471). Eifersucht bezeichnet laut Duden eine *starke, übersteigerte Furcht, jmds. Liebe od. einen Vorteil mit einem anderen teilen zu müssen od. an einen anderen zu verlieren*. Die Bedeutung dieser Wörter weist eine relationale Struktur auf: Sie verweist auf ein Gefühl, das jemand aus einem bestimmten Grund empfindet. Die Ursache für dieses Gefühl kann sowohl eine materiell existierende, als auch eine abstrakte, sinnlich nicht wahrnehmbare Größe sein. Aus dieser Beschreibung lassen sich folglich für *eifersüchtig* folgende semantische Merkmale extrahieren [mat], [immat], [hum], [zoll], [intell]. Das Vorhandensein dieser Merkmale im Adjektiv lässt eine relativ große Variation der Argumente zu, wie anhand der Korpusbelege (10) bis (15) erkennbar ist.

(10) Alle lieben Tsavo, mit Ausnahme von Böke-Hund Benny, der ist tierisch eifersüchtig auf die Streicheleinheiten, die Frauchen dem liebenswerten Koloss zukommen lässt.
(M00/MAR.06874 Mannheimer Morgen, 29.03.2000)

(11) „Ich habe mich vernachlässigt gefühlt, ich war eifersüchtig auf die Kazen“ sagte Tayab S. vor Gericht.
(M00/APR.14729 Mannheimer Morgen, 28.04.2000)

(12) Nach und nach macht man ihnen verständlich, daß das Regime, dem sie treu gedient haben, sich nicht mit ihrem Eifer zufriedengeben konnte, daß es auf ihren Glauben eifersüchtig war.
(R98/SEP.74060 Frankfurter Rundschau, 16.09.1998)

(13) In Jütland ist man ohnedies eifersüchtig auf den Flirt der Hauptstadt mit den Schweden.
(R99/AUG.64062 Frankfurter Rundschau, 13.08.1999)

(14) Auch nach der Trennung sind Frauen oft eifersüchtig auf das Glück des Ex-Partners.
(M05/JUL.55614 Mannheimer Morgen, 07.07.2005)

(15) Ist Freundin Linda nicht manchmal eifersüchtig auf die lebhafte Konkurrenz?
(M05/AUG.66024 Mannheimer Morgen, 13.08.2005)

Das als Subjekt ausgedrückte *Experiencer*-Argument bezeichnet ein Lebewesen [zool] (10) und [hum] (11, 13, 14, 15) oder eine Institution [inst] (12). Das als

PO realisierte *Stimulus*-Argument bezeichnet die Größe, die im *Experiencer* eine psychische Reaktion auslöst und sowohl sinnlich wahrnehmbar [mat], [hum], [zool] und [mas] (11) als auch sinnlich nicht wahrnehmbar [immat], [intell], [sachv], [akt] ist (10, 12, 13, 14, 15). Im Adjektiv *eifersüchtig* sind alle in dessen Argumenten vertretenen semantischen Merkmale *mat, hum, mas, immat, sachv, akt, intell* enthalten und werden unter den Argumenten verteilt. Das *Experiencer*-Argument kann aber z.B. kein immaterieller Zustand, keine Handlung oder keine Denkkategorie sein (16, 17).

(16) **Die Liebe* ist eifersüchtig.

(17) **Das Glück* ist eifersüchtig.

Bei Adjektiven wie *eifersüchtig* tritt als *Experiencer*-Argument ausschließlich die Größe auf, die Lebewesen bezeichnet. Da solche Adjektive in erster Linie einen psychischen Zustand bezeichnen, in dem sich nur Lebewesen befinden können, sind die Größen mit den Merkmalen [immat] als *Experiencer*-Argument nicht möglich. Das *Stimulus*-Argument hingegen weist, wie aus den Beispielen ersichtlich ist, so gut wie keine Selektionsbeschränkungen auf, weil der Grund für den emotionalen Zustand sowohl materieller als auch immaterieller Art sein kann.

Das Adjektiv *identisch* verhält sich bei der Selektion seiner Argumente anders. Dieses Adjektiv drückt Vereinbarkeit bzw. Kompatibilität zwischen zwei oder mehreren Größen aus.

(18) Diese Stammzellen, [...], sind genetisch vollkommen identisch mit dem Spender der Körperzelle.
(SPK/J05.01087 spektrumdirekt, 23.08.2005)

(19) Das Softball ist in den Grundzügen identisch mit Baseball, allerdings ist das Spiel etwas entschärft und damit auch weniger gefährlich.
(M01/JUL.56069 Mannheimer Morgen, 31.07.2001)

(20) Der Token-Ring-Switch Crossfire 8605 ist vom Innenleben her identisch mit dem 8600.
(C98/DEZ.05497 COMPUTER ZEITUNG, 10.12.1998)

(21) Mit im HSG-Team, welches auch identisch mit dem Seniorenteam der HSG ist, spielte auch u.a. ihre Tochter Petra Welz-Lechler sowie Angela Boysen, die Frau des weitbekannten ehem. Fußballprofis und aktuellen Trainer der Offenbacher Kickers.
(M99/APR.25822 Mannheimer Morgen, 23.04.1999)

(22) Artikel 1: „Verboten sind alle Eingriffe, die das Ziel haben, ein menschliches Wesen zu schaffen, das mit einem anderen menschlichen Wesen, sei es lebendig oder tot, genetisch identisch ist."
(R98/JAN.02727 Frankfurter Rundschau, 13.01.1998)

(23) Die Anzahl der Scheiben, die identisch ist mit der Zahl der Köpfe, fließt in die Berechnung der Nettospeicherkapazität ein.
(C98/APR.01586 COMPUTER ZEITUNG, 02.04.1998)

Sowohl das als Subjekt realisierte Argument als auch das als PO realisierte Argument teilen ähnliche Merkmale, die in der Bedeutung des Adjektivs *identisch* enthalten sind. Adjektive wie *identisch* besitzen die semantischen Merkmale, die sinnlich wahrnehmbare und sinnlich nicht wahrnehmbare Objekte der Realität bezeichnen. Darüber hinaus genügt es bei solchen Adjektiven, nur das Merkmal *belebt* anzugeben und nicht weiter zu differenzieren, weil sowohl das Subjekt-Argument als auch das PO-Argument Menschen, Tiere oder Pflanzen bezeichnen kann (18, 22). Es können auch unbelebte Gegenstände (20) oder Institutionen (21) verglichen werden. Dasselbe gilt auch für nicht-sinnlich wahrnehmbare Objekte der Realität: Sowohl Sachverhalte als auch Denkkategorien können als Argumente auftreten und miteinander verglichen werden (19, 23).

Neben den semantischen Merkmalen gehören zu einer semantischen Analyse der Argumente auch die semantischen Rollen. Diese werden im nächsten Kapitel vorgestellt und erklärt.

2.1.1.2.2 Semantische Rollen

Die Idee der semantischen Kasus ist im Rahmen der Kasusgrammatik entwickelt worden. Die Kasusgrammatik ist in den 1960-er Jahren des letzten Jahrhunderts in den USA entstanden und ist vor allem auf die Arbeit von Charles Fillmore „The Case for Case" (1968) zurückzuführen. In dieser Arbeit macht Fillmore Vorschläge für unifizierte Regeln der Identifizierung, eine einheitliche Bezeichnung, eine Hierarchisierung der semantischen Komponenten sowie zur nachvollziehbaren Unterscheidung einzelner Kasus auf der Tiefenebene der Sprache. Hier hat Fillmore u.a. auch den Versuch unternommen, die Zusammenhänge zwischen der Bedeutungs- und der Formebene zu finden. Die Kasusgrammatik ist ein semantisch-syntaktisches Grammatikmodell, in welchem eine bestimmte Zahl der semantischen Kasus einer Reihe von Mustern auf der syntaktischen Ebene entspricht, in denen sie realisiert werden können. Die Grundlage für die Entwicklung des Konzepts *semantischer Kasus* bildet in erster Linie die Beobachtung, dass, obwohl sich die Systeme der morphologischen Kasus in unterschiedlichen Sprachen voneinander unterscheiden (manche Sprachen haben vier morphologische Kasus, andere sechs, andere weniger oder mehr), die Bedeutung, die die jeweiligen Kasus zum Ausdruck bringen, in diesen grammatischen Systemen ähnlich zu sein scheint. Fillmore (1968: 3) spricht in diesem Kontext über so genannte *covert categories*:

> „The second assumption I wish to make explicit is *the importance of covert categories*. Many recent and not-so-recent studies have convinced us of the relevance of grammatical properties lacking obvious ‚morphemic' realizations but having a reality that can be observed on the basis of selectional constraints and transformational possibilities. We are constantly finding that grammatical features found in one language show up in some form or other in other languages as well, if we have the subtlety it takes to discover covert categories."

Vor Fillmore ist diese Beobachtung explizit bereits in der Arbeit von Frank Blake „A semantic analysis of case" (1930: 35) aufgegriffen worden, in der dieser über Form, Funktion und Bedeutung der Kasus spricht (Fillmore 2003: 458). Er vertritt die Meinung, dass die Bedeutung und Funktion der Kasus universal sei, die Form der Kasus dagegen von der morphologischen Beschaffenheit der jeweiligen Sprache abhänge. Diesen Überlegungen liegt die Annahme zugrunde, dass alle Sprachen in ihrer Tiefenstruktur auf eine gemeinsame Basis zurückgehen und in ihren Grundstrukturen gleich sind. Die Dependenzgrammatik stellt eine weitere Grundlage für das Konzept *semantischer Kasus* dar. Der Sachverhalt, der durch das Prädikat ausgedrückt wird, ist im Kontext der Dependenzgrammatik als „ein kleines Drama" (Tesnière 1959: 102) beschrieben worden. Dieses Drama umfasst das Prädikat und die Teile des Satzes, die vom Prädikat abhängig sind und als Mitspieler dieses Prädikats gelten. Eine wichtige Unterscheidung, die in der Dependenzgrammatik vorgeschlagen wird, ist die Einteilung in die Elemente, die im Rahmen der Valenztheorie als Ergänzungen und Angaben bekannt sind. Ein weiteres wichtiges Prinzip der Dependenzgrammatik ist die Auflösung der Subjekt-Verb-Dichotomie und die Gleichstellung aller Elemente im Satz. Durch diese Auflösung wird das Prädikat zum Zentrum des Satzes, wobei es Elemente um sich herum gruppiert bzw. gruppieren muss, damit seine Bedeutung entfaltet und verstanden wird. Das ist als weiterer Hinweis auf die Existenz bestimmter Größen auf der Bedeutungsebene der Sprache gedeutet worden, die für die Produktion inhaltlich vollständiger und korrekter Aussagen verantwortlich sind. Ein weiteres Argument ist die Notwendigkeit, die Beschreibungsmodelle für die semantische Organisation der Sätze zu unifizieren und ein Verfahren zur Identifizierung der einzelnen semantischen Kasus zu finden (Fillmore 2003: 459).

Generell wird unter dem Terminus *semantischer Kasus* eine feste semantische Relation zwischen dem Prädikat und seinem Argument innerhalb einer Phrase auf der Ebene der Tiefenstruktur verstanden, die auf der syntaktischen Ebene durch den morphologischen Kasus repräsentiert wird. Fillmore fasst die semantischen Kasus als universelle, eventuell angeborene Konzepte auf, aufgrund derer die Menschen über Handlungen, die daran Beteiligten, durch die Handlungen verursachten Veränderungen sowie über Ort und Zeit dieser Handlungen urteilen. (Fillmore 1968: 24):

> „The case notions comprise a set of universal, presumably innate, concepts which identify certain types of judgements human beings are capable of making about the events that are going on around them, judgements about such matters as who did it, who it happened to, and what got changed."

Als Ausgangsbasis für semantische Kasus wird das Prädikat gesehen. Das Prädikat, in der Regel ein Verb (aber auch ein Adjektiv oder Substantiv), regiert eine bestimmte Anzahl der Argumente und versieht diese aufgrund seiner Bedeutung mit bestimmten semantischen Markierungen. Die Bedeutung eines konkreten Prädikats setzt sich aus einer bestimmten Zahl von Prädikatoren zusammen. Diese entscheiden, wie viele Argumente das Prädikat regiert und welche semantischen Markierungen diese Argumente erhalten. Die Zahl der Prädikatoren im Prädikat entscheidet über die Zahl der semantischen Relationen, die das Prädikat mit seinen Argumenten herstellt. Letzteres stellt den propositionalen Kern eines einfachen Satzes dar. Die semantischen Markierungen sind unter dem Namen der semantischen Rollen bekannt. Sie werden als angeborene oder erlernte Konzepte gedeutet.

In „The Case for Case" (1968) unterscheidet Fillmore sechs semantische Kasus. Das sind *Agentive*, *Instrumental*, *Dative*, *Objective*, *Factitive* und *Locative*. Der semantische Kasus *Agentive* repräsentiert bei Fillmore einen belebten Initiator einer Handlung, die durch das Prädikat ausgedrückt wird. *Instrumental* steht für die Kraft oder das Objekt, die in die Handlung involviert sind bzw. mit denen der *Agentive* diese Handlung ausführt. *Dative* bezeichnet das belebte Wesen, das durch die Handlung oder den Zustand des Prädikats betroffen wird. *Factitive* steht für das Objekt oder ein belebtes Wesen, das aus der Bedeutung der im Prädikat ausgedrückten Handlung oder des Zustands hervorgeht (z.B. Er ist Arzt). Der Kasus *Locative* repräsentiert die Lage oder die räumliche Orientierung. *Objective* gilt als semantisch am neutralsten und repräsentiert Elemente, die von der Handlung oder dem Zustand des Prädikats betroffen werden. Diese Ausdifferenzierung war der erste Versuch, ein einheitliches System der semantischen Kasus anzubieten. Viele von diesen Kasus sind aber sehr allgemein und ungenau beschrieben worden. Wie Fillmore betont hat, ist dieses System unvollständig und sollte durch weitere semantische Kasus ergänzt werden (Fillmore 1968: 86–88). Die Arbeit von Fillmore „The Case for Case" hat eine rege Diskussion über die semantischen Kasus ausgelöst. Hier seien vor allem Anderson (1971), Jackendoff (1987), Lakoff (1971, 1972), McCawley (1970a und 1970b), Dowty (1991) genannt, im deutschsprachigen Raum u.a. Helbig/Schenkel (1983), Engel (2004) oder von Polenz (2008).

In seinen späteren Arbeiten zu semantischen Kasus konzentriert sich Fillmore vor allem auf die genauere Differenzierung der einzelnen semantischen Kasus und die Ausarbeitung seines Frame-Modells, das als Folgeschritt im Bereich der semantischen Beschreibung von natürlichen Sprachen verstanden wird. Der semantische Kasus *Dative* wird in der Arbeit „Types of Lexical Information" (1971c) in drei semantische Kasus aufgegliedert: *Experiencer*, *Goal* und *Object*. *Experiencer* repräsentiert den Träger eines kognitiven, emotionalen oder sensorischen Zustandes. Die semantischen Kasus *Goal* und *Object* sind immer noch nicht genau ausdifferenziert und bezeichnen das Resultat bzw. Ziel einer Handlung. In späteren Arbeiten von Fillmore, „Some Problems for Case Grammar" (1971a), „Space" (1975)", „The Case for Case Reopened" (1977a), „Topics in Lexical Semantics" (1977b), werden die semantischen Kasus *Agent*, *Instrument*, *Experiencer*, *Object* genauer ausdifferenziert und erweitert. *Patient* ersetzt den Kasus *Object* und bezeichnet die Größe, die sich entsprechend der Bedeutung des Prädikats in einem Zustand befindet oder die Veränderung des Zustands erleidet. Darüber hinaus werden zusätzlich die semantischen Kasus (*Location*, *Source*, *Time*, *Path*) benannt, welche die zeitliche und räumliche Einbettung der Handlung hervorheben. Diese semantischen Kasus gehen aus dem semantischen Kasus *Locative* hervor und bezeichnen entsprechend den Ort, wo die Handlung bzw. Bewegung beginnt (*Source*), das Ziel der Handlung bzw. Bewegung (*Goal*), die Trajektorie der Handlung bzw. Bewegung (*Path*) und die Zeit, die für eine Handlung benötigt wird oder während der sich die entsprechende Größe in einem Zustand befindet (*Time*). Da aber jede Handlung in Zeit und Raum stattfindet, werden diese Angaben in der Regel nicht durch Argumente, sondern durch Adjunkten ausgedrückt. Deshalb gehören diese Kasus zum ständigen Diskussionsmaterial im Bereich semantische Kasus. Es gibt aber Prädikate, bei denen die Bedeutung des Prädikats (z.B. *wohnen*, *dauern*, *sesshaft*) die zeitliche und räumliche Kontextualisierung der Handlung enthält. Aus diesem Grund sind diese semantischen Kasus aus dem System nicht eliminiert worden und werden bei der Beschreibung der Prädikate verwendet, die diese Art der Angaben enthalten. Weiterhin hat Fillmore das System der semantischen Kasus um *Stimulus*, *Theme*,

Content, *Beneficiary* erweitert. Das Basissystem der semantischen Kasus nach Fillmore sieht dementsprechend wie folgt aus:

Tab. 2: Das System der semantischen Kasus nach Fillmore (Fillmore 2003: 464)

Agent	Der Auslöser eines Ereignisses.	*Sophie* zerbach das Fenster.
Instrument	Die Größe, die unmittelbar die Veränderung verursacht.	Sophie zerbrach das Fenster *mit dem Hammer*. *Der Hammer* zerbrach das Fenster.
Stimulus	Der Verursacher oder der Stimulus von einem psychischen Ereignis.	*Der Donner* erschreckte Sophie.
Patient	Die Größe, die sich abhängig von der Prädikatsbedeutung entweder in einem Zustand befindet oder eine Zustandsveränderung erlebt.	Der Blitz zerbrach *das Fenster*.
Theme	Die Größe, der die Prädikatsbedeutung eine bestimmte Position, Lage oder einen Platz oder zuweist.	*Sophie* dreht sich um. *Sophie* steht am Baum.
Experiencer	Die Größe, die sensorische, kognitive oder emotionale Erfahrung erlebt.	*Sophie* ist erschrocken. *Sophie* mag Schokolade. *Sophie* denkt nach.
Content	Der Inhalt des kognitiven Zustandes oder des Ereignisses.	Sophie vergaß *ihre Handynummer*.
Beneficiary	Die Größe zugunsten oder im Auftrag derer der Agent die Handlung ausführt.	Sophie schrieb einen Brief *für ihre Großmutter*.
Source	Der Ausgangspunkt einer Bewegung, einer Handlung oder eines Ereignisses.	Sophie verließ *ihr Büro*.
Goal	Das Ziel einer Bewegung, Handlung oder eines Ereignisses.	Sophie geht *nach Hause*.
Path	Die Trajektorie einer Bewegung, Handlung oder eines Ereignisses.	Sophie geht *entlang der Brücke* heim.

Im deutschsprachigen Raum ist vor allem das System der semantischen Kasus von Helbig (2001: 468–472) und von von Polenz (2008: 167–174) zu erwähnen. In seinem System nimmt Helbig eine genaue Differenzierung der semantischen Kasus vor.

Tab. 3: Das System der semantischen Kasus nach Helbig (Helbig 2001: 468–472)

Agens (Ag)	Als belebt vorgestellter Urheber einer Handlung, Träger einer Tätigkeit, Täter.	Das Projekt stammt *von einem Physiker.*
Ursache (Caus)	Unbelebter Verursacher einer Kausalbeziehung.	*Das Laub* raschelt.
Patiens (Pat)	„Affiziertes Objekt", wird durch Agens in Zustand, Beschaffenheit oder Lage verändert.	*Die Milch* kocht.
Vorgangsträger (VT)	Die Größe, die durch Vorgang in Zustand oder Beschaffenheit verändert wird	*Das Kind* entwicklet sich gut.
Zustandsträger (ZT)	Die Größe, die durch verbales Geschehen nicht verändert wird.	*Die Wäsche* ist trocken.
Resultat (R)	„Effiziertes Objekt" bzw. „Subjekt", entsteht erst im Verlaufe des verbalen Geschehens.	*Das Haus* wird jetzt gebaut.
Adressat (Ad)	Die Zielgröße einer Handlung.	Der Lehrer hilft *dem Schüler.*
Instrument (al) (I)	Mittel, das ein dahinter stehendes Agens voraussetzt.	*Das Messer* schneidet das Brot.
Lokativ (Ort) (Loc)	Er bezeichnet Ort, Platz, Stelle.	Er betritt *das Zimmer.*
lokalisierter Gegenstand (LG)	Es wird ein Gegenstand und sein Standort genannt.	*Viele Bücher* sind in der Kiste.
Träger psychischer Prozesse (Tps)	Es wird die Größe genannt, die einen gewissen Gemütszustand hat.	Das Gewitter erschreckte *das Kind.*
Gegenstand (und Auslöser) psychischer Prozesse (Gps)	Es wird der Gegenstand oder die Erscheinung genannt, die den psychischen Prozess auslöst.	*Das Gewitter* erschreckte das Kind.
Träger physischer Prozesse (Tph)	Die Größe, die einem Vorgang oder Zustand unterliegt	*Der Finger* blutet.
Erkenntnisträger (ET)	Es wird der Träger einer Erkenntnisbeziehung genannt.	*Der Chemiker* weiß eine bessere Lösung.
Erkenntnisgegenstand (EG)	Es wird der Gegenstand einer Erkenntnisbeziehung genannt.	Der Chemiker weiß *eine Lösung.*

Wahrnehmungsträger (WT)	Es wird der Träger einer Wahrnehmungsbeziehung genannt.	*Die Psychologin* beobachtet das Kind.
Wahrnehmungs-gegenstand (WG)	Es wird der Gegenstand einer Wahrnehmungsbeziehung genannt.	Die Psychologin beobachtet *das Kind.*
Relationsträger (dominierendes und untergeordnetes Glied einer Zuordnungsbeziehung) (RTd, RTu)	a) Dominierendes Glied einer Zugehörigkeit – z.B. Ganzes-Teil, Lebewesen-Körperteil, Besitzer-Besitztum. b) Untergeordnetes Glied – umgekehrt.	a) *Das Institut* hat zwei Abteilungen b) Dieses Institut hat *zwei Abteilungen.*
Existenz (EX)	Verfügbarkeit oder Vorhandensein eines Gegenstandes oder Ereignisses.	Es fand *ein Kongress* statt.
Inhalt (Ihn)	Hiermit wird der Inhalt der Handlung oder des Zustands beschrieben.	Der Angeklagte war *der Fahrerflucht* schuldig
Privativ (Priv)	Ein nicht vorhandener Teil eines Ganzen wird genannt.	Das Kind bedarf *besonderer Fürsorge.*

Auch von Polenz führt eine genaue Differenzierung durch (2008: 170–172). Sein System unterscheidet sich aber von denen Fillmores und Helbigs. Neben den semantischen Kasus, die auch im System von Fillmore und Helbig enthalten sind, u.a. *Agentiv* (*Agens*), *Betroffener* (*Patiens*) und *Instrument* (*Instrument*) ergänzt von Polenz sein System mit weiteren semantischen Kasus, wie zum Beispiel: *Comitativ, Substitutiv, Additiv, Temporativ*. Das vollständige System der semantischen Kasus nach von Polenz enthält 19 semantische Kasus, und zwar:

Tab. 4: Das System der semantischen Kasus nach von Polenz (von Polenz 2008: 170–172)

Agens/Agentiv/ Handelnder (AG)	Person, die eine Handlung ausführt.	*Er* nahm die Regenrinne.
Experiens/ Erfahrender (EXP)	Person, die einen psychischen Vorgang oder Zustand an sich erfährt.	*Er* kann überrascht sein.
Patiens/ Betroffener (PAT)	Person als betroffenes Objekt einer Handlung.	Zum Schutze *der Jugend*

Benefaktiv/ Nutzniesser bzw. Geschädigter (BEN)	Person, zu deren Nutzen/Vorteil oder Schaden/Nachteil eine Handlung ausgeführt wird.	Filmförderung, die *uns* Filme beschert hat.
Contraagens/ Partner (CAG)	Person, auf die hin eine Handlung als Interaktion gerichtet ist.	Interview mit der Monatszeitschrift *'Evangelische Kommentare'*
Comitativ/ Begleitender (COM)	Person, die mit dem Agens zusammen eine Handlung ausführt.	Er floh *mit seiner jüdischen Familie.*
Substitutiv/ Ersetzter (SUB)	Person oder Sache, an deren Stelle eine andere Person oder Sache bei einer Handlung oder einem Vorgang tritt.	Ich spreche hier *für alle Mitglieder.*
Affiziertes Objekt/ Betroffenes (AOB)	Person oder Sache, die von einer Handlung oder einem Vorgang betroffen wird, durch die/den auf sie eingewirkt wird.	*Keine anderen Götter* neben mir haben
Effiziertes Objekt/ Resultat/ Produkt (EOB)	Person oder Sache, die durch eine Handlung oder einen Vorgang entsteht.	Marxens *Theorie*
Instrument (IN)	Person, Sache oder Handlung2, die bei einer Handlung1 von Agens als Instrument (Werkzeug, Mittel, Methode, Verfahren) zur Erreichung des Handlungszwecks1 benutzt wird.	Kriegsdienst *mit der Waffe*
Causativ/ Ursache (CAU)	Sachverhalt1, der die Ursache für einen Sachverhalt2 darstellt, auch als kausale(r) Zustand bzw. Aussageverknüpfung erklärbar.	Überrascht *von der Härte*
Partitiv/Teil (PAR)	Etwas, das Teil von etwas ist.	Das Thema hat *zwei Seiten.*
Possessiv/ Besitz (PO)	Etwas, das im Besitz oder in der Verfügunng von jemandem ist.	Alles, *was* dein Nächster hat.
Additiv/Hinzu-gefügtes (ADD)	Etwas, das bei einer Handlung zu einer Person oder Sache hin bewegt wird, sodaß es danach in einer Teil-, Besitz- oder Verfügungsbeziehung dazu steht.	*Kostenloses Probeexemplar* durch Herzog GmbH

Privativ/ Entferntes (PRI)	Etwas, das bei einer Handlung oder einem Vorgang aus einer Teil-, Besitz- oder Verfügungsbeziehung zu einer Person oder Sache entfernt wird.	Er hat *viel Haar* verloren.
Locativ/Ort/ Raum (LOC)	Ort oder Raum, in/an dem ein Sachverhalt geschieht bzw. der Fall ist.	*Oben im Himmel*
Origativ/ Ursprung (OR)	Ort oder Raum, von woher eine Handlung oder ein Vorgang geschieht.	Eine Bauerntochter *aus Pommern*
Direktiv/Ziel (DIR)	Ort oder Raum, wohin eine Handlung oder ein Vorgang geschieht.	*Nach Frankreich* fliehen
Temporativ/ Zeit (TE)	Zeitpunkt oder Raum, an/in dem eine Handlung oder ein Vorgang geschieht bzw. ein Zustand der Fall ist.	*Sechs Tage* sollst du arbeiten.

Der Vergleich dieser Systeme legt die unterschiedliche Strukturierung und Gliederung der semantischen Markierungen offen. Teilweise werden semantische Markierungen zusammengefasst (*lumping*) oder genauer ausdifferenziert (*splitting*). Dadurch wird das Problem der Bezeichnung der kognitiven Relationen zwischen dem Prädikat und seinen Argumenten mit sprachlichen Mitteln deutlich. Die semantischen Markierungen, die auf der kognitiven Ebene zustande kommen, mögen universell sein, ihre Bezeichnung auf der sprachlichen Ebene hängt jedoch von den Konventionen der unterschiedlichen Sprachsysteme und auch von der subjektiven Einflussnahme der Forscher auf die Benennung der Markierungen ab. So umfasst zum Beispiel der Kasus *Experiencer* folgende Kasus aus dem System Helbigs: ZT, Tps, Tph, ET, WT. Der Kasus *Content* ist im System Helbigs durch die Kasus Gps, EG, WG vertreten und im System von Polenz' fehlt dieser Kasus. Der Kasus *Loc* aus dem System Helbigs wird im Fillmorschen System durch *Source*, *Goal*, *Path* ausgedrückt. Und von Polenz unterscheidet neben dem Kasus LOC auch OR, DIR, die unterschiedliche Ausrichtungen der Handlung bezeichnen. Während Fillmore den semantischen Kasus *Beneficiary* und *Patient* deutlich trennt, verweist von Polenz darauf, dass sich die Kasus PAT, BEN, CAG und auch AOB in seinem System überschneiden, weil in jedem dieser Kasus die Handlungsausrichtung auf eine Person oder Sache betont wird. Im Unterschied dazu grenzt Helbig nur *Pat* aus, um die Person oder Sache zu bezeichnen, auf die *Ag* einwirkt, um deren Zustand, Beschaffenheit oder Lage zu verändern. Darüber hinaus führt von Polenz auch den Kasus TE auf, welcher sich wie in dem von ihm angeführten Beispiel eher zur Beschreibung der Adjunkte und nicht der Argumente eignet. Im Gegensatz zum System von Polenz' ist der Nachteil des Systems Helbigs und Fillmores, dass sie sie nicht korpusbasiert beschrieben haben, sondern die Prädikate mit ihren Argumenten auf der Basis des linguistischen Expertenwissens analysieren, was die Anwendung dieser Systeme wesentlich einschränkt und nicht erlaubt, sie ohne Weiteres zur Beschreibung der Argumente anzuwenden.

Im Kontext von semantischen Frames werden die semantischen Kasus im Rahmen des *FrameNet*-Projektes der Universität Berkeley entwickelt und bearbeitet. Die Zahl der Frames beträgt aktuell mehr als 1000. Diese ist aber nicht endgültig, da im Laufe der Forschung im Rahmen des *FrameNet*-Projektes immer neue Frames erschlossen werden, innerhalb derer die Möglichkeit besteht, neue semantische Kasus zu benennen. Deshalb kann die endgültige Zahl der semantischen Kasus nicht festgesetzt werden. Die aktuellste Liste der semantischen Kasus ist auf der Internet-Seite des *FrameNet*-Projektes[7] zu finden. Die semantischen Kasus werden nicht einzeln aufgelistet und erläutert, sondern im jeweiligen Frame benannt und mit Beispielen veranschaulicht.

Die Idee der semantischen Kasus wurde von Beginn an mehrfach und aus unterschiedlichsten Perspektiven kritisiert. Zu den wichtigsten Kritikpunkten gehören die Fragen nach der Zahl und dem zuverlässigen Überprüfungssystem der semantischen Kasus. Weitere Diskussionsfragen beziehen sich auf die Hierarchie der semantischen Kasus und den Umfang einzelner semantischer Kasus, die zusammengefasst (Lumping) oder aufgeteilt werden (Splitting) sollen. Eine wichtige Rolle in der Diskussion nimmt die Frage ein, ob auch die Angaben (Adjunkte) mit den semantischen Kasus beschrieben werden sollen. Eine weitere Frage ist die Zahl und die Abgeschlossenheit der Liste der semantischen Kasus. Wie von Polenz betont, hänge die Zahl der semantischen Kasus von den Anwendungszwecken ab. Die Zahl dieser Kasus variiere, je nachdem ob sie zum Beispiel für die Beschreibung bestimmter syntaktischer Probleme, für die Wortbildung, für die Lexikographie, die Stilistik oder für linguistische Datenverarbeitung verwendet werden (von Polenz 2008: 169). Das Problem liegt auch darin, dass jedes Sprachsystem charakteristische Besonderheiten im Aufbau des lexikalischen Systems, in der Widerspiegelung der äußeren Realität im kognitiven System und folglich in der Realisierung der jeweiligen Sprache auf der semantischen und syntaktischen Ebene aufweist (von Polenz 2008: 169). Es ist aus diesem Grund unmöglich, ein universelles System an semantischen Kasus auszuarbeiten, mit dem jedes Prädikat in jeder möglichen Sprache beschrieben wird. Fillmore hierzu (2003: 472):

---

7 http://framenet.icsi.berkeley.edu/.

„In the view of Frame Semantics that can be seen as a descendant of Case Grammar, the number of constellations of "cases" or "slots" cannot be specified in advance, since they seem to be unlimited, or limited only by the needs of the surrounding and supporting culture. That said, it would appear that the frames just listed from the background of a very large number of the frames that can be developed for semantic description."

Die Anzahl der semantischen Kasus kann nicht vorausgesagt werden, weil sie unbegrenzt scheint. Die entscheidende Rolle für die Zahl der Frames und dementsprechend für die Zahl der semantischen Kasus spielt die Kultur, in der die entsprechende Sprache funktioniert, die Menschen, die sich dieser Sprache bedienen, ihre Erfahrung, Lebensweise, der Entwicklungstand der Gesellschaft und viele andere außersprachliche Phänomene. Es wird aber ein begrenztes Inventar von universellen semantischen Kasus angenommen, das in jedem auf der Welt existierenden Sprachsystem nachgewiesen werden kann. Diese Behauptung beruht auf der Vermutung, dass ein Mensch als Lebewesen bestimmte Handlungen (*Agens, Stimulus*) ausführen muss, damit er überleben kann. Dabei erleiden ein anderer Mensch oder ein bestimmter Gegenstand Veränderung (*Patient, Theme*), die Handlungen werden mit bestimmten Instrumenten (*Instrument*) ausgeführt. Von den Handlungen kann nicht nur unmittelbar die tätige Person Nutzen gewinnen, sondern auch eine andere Person, die zu einer Gemeinschaft gehört (*Beneficiary*). Das Lebewesen kann sich beispielweise auch in einem bestimmten Zustand (*Experiencer*) befinden, der durch etwas verursacht worden ist (*Content*).

Obwohl sich mit den semantischen Merkmalen und den semantischen Kasus entsprechend die Form und die Funktion der in Frage kommenden Phrasen ausreichend beschreiben lässt, hilft eine solche semantische Analyse bei der Unterscheidung der Argumente von den Adjunkten und weiter bei der Unterscheidung der obligatorischen von den fakultativen Komplementen wenig weiter. Für eine solche Unterscheidung werden auf der semantischen Ebene die Bedeutungsrelationen eingesetzt. Diese werden im Folgeschritt beschrieben und erklärt.

2.1.1.2.3 Bedeutungsrelationen

Auf der semantischen Ebene werden in der IDS-Grammatik fünf Bedeutungsrelationen unterschieden: *Sachverhaltsbeteiligung* (BET), *Mitwirkung an der Sachverhaltskonstitution* (MSKONST), *Sachverhaltskontextualisierung* (KONT), *Perspektivierung* (PERSP) und *autonome Kodierung* (AUTOKOD).

Bei der Bedeutungsrelation *Sachverhaltsbeteiligung* geht es um die Handlung und um die Argumente, ohne die diese Handlung nicht denkbar wäre (vgl. 24, 24a und 24b).

(24) Herr von Ribbeck gab dem Jungen eine Birne.[8]
(24a) *Herr von Ribbeck gab dem Jungen.
(24b) *Herr von Ribbeck gab eine Birne.

Die Argumente sind die sprachlichen Konkretisierungen in Form von Phrasen (Satzgliedern). Auf der syntaktischen Ebene können sie als obligatorische oder fakultative Komplemente realisiert werden. Auf der Ebene der Formrelationen kann ihr Komplementstatus durch *Fixiertheit*, *Rektion im engeren Sinne* bzw. *Konstanz* ermittelt werden (vgl. Kapitel 2.1.1.4.2).

Wenn zur Darstellung der Bedeutung des Valenzträgers bestimmte zusätzliche Angaben zum Inhalt benötigt werden, spricht man von einer *Sachverhaltskonstitution.* Diese Angaben zum Inhalt werden in einem Satz durch Phrasen konkretisiert. Man sagt, sie leisten einen Beitrag zur Sachverhaltskonstitution. Den Phrasen wird ein gewisser Komplementcharakter zuerkannt. Bei dieser Relation handelt es sich um die Aktualisierung des semantischen Wissens. Aufgrund der erlernten Strukturen wird entschieden, ob die relevanten Angaben in Form von Phrasen (Argumenten) ein Bestandteil des Sachverhaltes sind oder nicht. Dieser Komplementgrad wird durch weitere formale Indizien (*Fixiertheit*, *Kasustransfer*) erhärtet. In der IDS-Grammatik wird folgendes Beispiel angeführt:

(25) Herr Müller *gab/schenkte/verkaufte/vermietete* dem jungen Mann einen Wagen.[9]

Beim Vergleich mit den oben angeführten Verben kann folgender Unterschied festgehalten werden. *Geben* und *schenken* unterscheiden sich von den Verben *verkaufen* und *vermieten* darin, dass *verkaufen* und *vermieten* in ihrer Bedeutung den Preis implizieren. Diese Angaben besitzen die Verben *geben* und *schenken* nicht. Das Verb *vermieten* impliziert zusätzlich noch die Zeitdauer. Wenn somit das Verb *vermieten* im Satz seine vollständige Bedeutung entfaltet, entsteht folgender Satz (25a):

---

8 http://hypermedia.ids-mannheim.de/call/public/sysgram.ansicht?v_typ=d&v_id=4539.

9 http://hypermedia.ids-mannheim.de/call/public/sysgram.ansicht?v_typ=d&v_id=4539.

(25a) Herr Müller vermietet dem jungen Mann für zwei Monate einen Wagen für 100,- Euro.

Dieser Satz ohne Inhaltsangaben zu Preis und Zeitdauer lautet (25b):

(25b) Herr Müller vermietet dem jungen Mann einen Wagen.

Semantisch gesehen ist der Satz nicht vollständig, er wird aber trotz der fehlenden Information als grammatisch korrekt eingestuft. Der Sachverhalt entfaltet seine Bedeutung nur dann vollständig, wenn alle Bestandteile des Sachverhalts explizit genannt werden.

Sachverhaltskontextualisierung liegt vor, wenn der durch das Prädikat und seine Argumente entworfene Sachverhalt durch bestimmte kontextuelle Spezifikationen in Form einer Phrase ergänzt wird.

(26) Ich jogge morgens vor der Arbeit *im Wald.*

(27) Wir machen *eine Stunde lang* Aerobics.

(28) *Weil ich meine Brille vergessen hatte,* konnte ich das Etikett nicht lesen.

(29) *Zur Freude der Kinder* erzählte Onkel Jakob eine weitere Geschichte aus seiner Jugend.[10]

Diese Spezifikationen können u.a. räumlichen (26), zeitlichen (27), kausalen (28) oder konsekutiven (29) Charakters sein. Sie werden nicht aus der Bedeutung des Valenzträgers hergeleitet, bringen aber den Sachverhalt in einen bestimmten Kontext. Diese Phrasen sind Supplementkandidaten.

Über die *Perspektivierung* wird gesprochen, wenn es um die Hervorhebung einer bestimmten Rolle durch den Valenzträger im Satz geht. Es wird unterschieden zwischen der starken Perspektivierung (++PERSP) in (30) und der schwachen Perspektivierung (+PERSP) in (30a). Die Beispiele verdeutlichen den Unterschied:

(30) Das Buch kostet *20,- Euro.*
(30a) Er kauft das Buch *für 20,- Euro.*

Die relevante Phrase in diesen Sätzen ist *20,- Euro*, also der Betrag. In dem Satz mit dem Valenzträger *kosten* ist die Phrase stark perspektiviert, sie ist absolut fixiert und kaum weglassbar. Diese Eigenschaft der Phrase hängt mit der Bedeutung des Valenzträgers zusammen. In dem Satz mit dem Valenzträger *kaufen* ist

---

10 http://hypermedia.ids-mannheim.de/call/public/sysgram.ansicht?v_typ=d&v_id=4539.

die Phrase *20,- Euro* schwach perspektiviert, weil sie weglassbar ist, ohne dass der Satz grammatisch falsch und semantisch unverständlich wird. Hier ist die Phrase *das Buch* stark perspektiviert, weil bei der Weglassung dieser Phrase der Satz grammatisch und semantisch unkorrekt wird. Je schwächer die Perspektivierung ist, desto größer ist die Wahrscheinlichkeit, dass der jeweilige Komplementkandidat weglassbar ist. Die starke Perspektivierung hängt mit der Fixiertheit zusammen und bezieht sich auf Phrasen, die am Sachverhalt beteiligt sind oder ihn mit konstituieren, nicht aber auf die Phrasen, die sachverhaltskontextualisierend sind.

Autonome Kodierung meint eine autonome satzsemantische Information. Einige Phrasen besitzen diese Information unabhängig vom Valenzträger im Satz. Sehr oft ist eine Präposition ein Bestandteil dieser Phrase. Die Phrasen mit nicht autonomer satzsemantischer Information sind Teil einer Fügung oder Komplemente des Valenzträgers. Die Kriterien *Sachverhaltskonstituierung* und *Grad der Fixiertheit* entscheiden, ob die Phrase mit autonomer Kodierung als Komplement oder Supplement eingestuft werden kann.

(31) Ich arbeite nur *für viel Geld.*
(31a) Ich erhalte wenig Leistung *für viel Geld.*

Der Ausdruck *für viel Geld* enthält in beiden Sätzen (31 und 31a) autonom dieselbe satzsemantische Angabe. Man könnte sie als *im Gegenzug zu/als Gegenleistung zu/im Austausch gegen* umschreiben (Zifonun et al. 1997: 1040). Die Phrase ist nicht mit dem Valenzträger verbunden und dieser hat auch keinen Einfluss auf die Phrase. Sie behält in jedem Kontext ihre Bedeutung, und zwar: Es geschieht etwas für viel Geld.

Die Relation AUTOKOD ist ein problematisches Konzept. So ist es manchmal schwierig, die autonom kodierten Ausdrücke von den nicht autonom kodierten zu unterscheiden. Es muss in jedem konkreten Fall unter Berücksichtigung der Bedeutung des Valenzträgers entschieden werden, ob die Phrase autonom satzsemantisch kodiert ist oder nicht. In der IDS-Grammatik (Zifonun et al. 1997: 1042) wird betont, dass auch die autonom kodierten Phrasen manchmal am Sachverhalt beteiligt sein können. Dies ist beispielweise beim Verb *wohnen* oder bei Adjektiven wie *wohnhaft* (32 und 32a) der Fall.

(32) Ich bin *in dieser Stadt* wohnhaft.
(32a) *Ich bin wohnhaft.

In (32) ist die PP *in dieser Stadt* autonom satzsemantisch kodiert, weil sie ihre Bedeutung auch außerhalb des Satzes beibehält. In (32) benötigt der Valenzträger zusätzliche Angaben, um seine Bedeutung vollständig zu entfalten. Es handelt sich hier um notwendige Lokalangaben, die als Komplemente gesehen werden können. Diese Phrasen gehören zur Bedeutung des Valenzträgers und können den Sachverhalt mit konstituieren.

Die in der IDS-Grammatik beschriebenen Relationen basieren im Wesentlichen auf den Arbeiten von Jacobs (1992, 1994), in welchen für die Mehrdimensionalität des Valenzbegriffs plädiert wird. Laut Jacobs ist die Valenz keine einheitliche Relation auf einer der Sprachbeschreibungsebenen. Vielmehr handelt es sich um eine Art Anhäufung eigenständiger Selektionseigenschaften eines Ausdrucks, die im prototypischen Fall zusammen vorkommen und untereinander interagieren (Jacobs 1992: 33–41). Zu diesen Relationen zählt Jacobs auf der semantischen Ebene *die Beteiligtheit* (BET), *die Argumenthaftigkeit* (ARG) und *die inhaltliche Spezifizität* (INSP).

Unter *Beteiligtheit* versteht Jacobs die Komponente eines Ausdrucks, die an einem im Prädikat ausgedrückten Vorgang oder Zustand teilnimmt und ohne welche das Prädikat entweder unvollständig ist oder seine Bedeutung verändert. Darüber hinaus unterscheidet Jacobs basierend auf Tesnières Schauspiel-Metapher auch die Komponenten des Satzes, die im Satz erscheinen können, zur Entfaltung der Prädikatsbedeutung aber nicht beitragen und den Satz nur in einen größeren Kontext einbetten. Hierzu Jacobs:

> „Beteiligte Entitäten sind also all jene, die am Y-Vorgang oder -Zustand[11] mitwirken oder von ihm direkt oder indirekt betroffen sind. Alle Entitäten dagegen, die, wenn sie im Satz überhaupt erwähnt werden, zur Einordnung des Y-Vorgangs/Zustands in einen größeren Zusammenhang dienen, z.B. in einen temporalen, lokalen, kausalen oder finalen Zusammenhang, sind an diesem Vorgang/Zustand im hier relevanten Sinne nicht beteiligt. Sie bilden den ‚Grund', vor dem sich die beteiligten Entitäten als ‚Gestalten' abheben. Auch rechne ich die Art und Weise, in der ein Vorgang vollzogen wird, zu den nicht-beteiligten Entitäten." (1994: 16)

Diese Relation dient als Grundlage für die in der IDS-Grammatik beschriebenen Bedeutungsrelationen, die *Sachverhaltsbeteiligung* (BET) und die *Sachverhaltskontextualisierung* (KONT). Aus der Relation Beteiligtheit erschließt sich auch die grundlegende Unterscheidung zwischen Ergänzungen und Angaben: Die Komponenten des Satzes, die am Vorgang oder am Zustand beteiligt sind, d.h. die Bedeutung des Prädikats entfalten, sind die Ergänzungen. Die Komponenten, die zur Bedeutungsentfaltung des Prädikats nicht notwendig sind, gelten als Angaben.

11 Fußnote von Jacobs (1994: 16): „Ich verwende hier den Begriff „Vorgang" in einem weiten Sinne (etwa so wie Mourelatos 1981), nach dem alle Handlungen, Prozesse und Ereignisse Vorgänge sind."

Die IDS-Relation *Mitwirkung an der Sachverhaltskonstitution* (MSKONST) schließt an die Jacobsche Relation *Argumenthaftigkeit* (ARG) an. Diese hat für Jacobs einen logischen Hintergrund. Sie beschreibt die Komponenten, die in die Prädikation integriert, aber aus der semantischen Repräsentation der Elementarproposition nicht erschließbar sind, weil sie keine unabdingbaren Komponenten der Prädikation sind, sondern die Bedeutung des Prädikats zusätzlich entfalten und konkretisieren. Solche Komponenten können leicht mit den Angaben, die als selbständige Prädikationen auftreten, verwechselt werden:

> „Oft kann man nämlich in intuitiv korrekten Darstellungen der Proposition eines Satzes einen Begleiter eines Prädikats P sowohl als Argument desselben auffassen als auch als Prädikat über den von P zusammen mit seinen anderen Begleitern bezeichneten Vorgang oder Zustand." Jacobs (1994: 17)

Um das zu verhindern, verweist Jacobs auf die Nicht-Paraphrasierbarkeit der fraglichen Komponente in eine selbständige Verbalphrase *und das geschieht X*, wobei *X* für die in Frage kommende Phrase steht.

Die Jacobsche Relation *inhaltliche Spezifizität* (INSP), die sich u.a. auf den Terminus *Selektionsbeschränkung* bezieht, ist nicht nur einer IDS-Relation zuzurechnen. Sie dient als eine Voraussetzung der Verbindung des Prädikats mit seinen Argumenten und ist damit auch die Grundlage der semantischen Verträglichkeit beider:

> „Dabei gilt für alle S und alle Konstituenten X und Y von S: INSP(X,Y) in S gdw. es mindestens ein Inhaltsmerkmal M von X gibt, für das gilt: Dass ein Ausdruck mit dem Inhaltsmerkmal M als Begleiter von Y in S fungieren kann, ist eine spezifische Eigenschaft von Y." Jacobs (1994: 22)

Dass z.B. das *Experiencer*- und *Stimulus*-Argument des Adjektivs *eifersüchtig* die semantischen Merkmale entsprechend [mat], [hum] und [mat], [hum], [zool], [mas], [immat], [intell], [sachv], [akt] hat, ist nicht durch grammatische oder andere Regeln des Sprachsystems zu erklären, sondern auf die Wahrnehmung und Speicherung der Objekte und der Zusammenhänge der außersprachlichen Wirklichkeit durch die Zuordnung dieser Merkmale im kognitiven System eines Menschen zurückzuführen. Diese Angaben müssen aus diesem Grund im Lexikoneintrag zu diesem Adjektiv festgehalten und gespeichert werden.

Ein weiterer wichtiger Aspekt bei der Unterscheidung zwischen obligatorischen und fakultativen Komplementen ist der pragmatische Einfluss des Sprechers auf die Äußerung. Die Ebene, auf der die pragmatische Interferenz im Bereich der Valenz untersucht wird, wird als semantisch-pragmatische Ebene bezeichnet.

2.1.1.3 *Die semantisch-pragmatische Ebene*

Unter pragmatischer Valenz wird der Entscheidungsprozess eines Sprechers in Anbetracht der konkreten kommunikativen Situation und seines Wunsches, eine Aussage an der Oberflächenstruktur der Sprache zu realisieren oder nicht, verstanden (Růžička 1978: 51; Majorin 2008: 55ff.). Damit ist gemeint, dass der Sprecher bewusst die syntaktische Struktur der Aussage verletzt, um ein gewisses Ziel zu erreichen. Die pragmatische Seite der Valenz hänge nach Helbig somit stark, aber nicht ausschließlich mit der Frage nach Obligatheit und Fakultativität der Komplemente zusammen, wobei sie keinen direkten Einfluss darauf ausübe. Sie bediene sich der Differenzierung in obligatorische und fakultative Komplemente, die mithilfe der syntaktischen, semantischen und logischen Operationen durchgeführt wird (Helbig 1992: 47f.). Zu den wichtigsten Fällen der pragmatischen Valenz werden in der Forschungsliteratur folgende gezählt:

1. Weglassbarkeit bei Vorerwähnung im Text (Analepse):

(33) Hat Herr Müller an der Veranstaltung teilgenommen? Ja, er hat teilgenommen.

2. Weglassbarkeit bei situativer Eindeutigkeit (situative Ellipse):

(34) Bitte im Sekretariat abgeben! (als Vermerk auf einem Schriftstück)

3. Weglassbarkeit bei Kontrastierung des Valenzträgers mit einem anderen Verb:

(35) Wohnst du noch oder lebst du schon?

Weggelassen wird in (35) ein Orts- (*Irgendwo?*) oder ein Artadverb (*Irgendwie?*) von *wohnen*.

4. Weglassbarkeit bei Modalisierung des Valenzträgers:

(36) * Ich schmecke.

Die NP im Akkusativ von *schmecken* in der Bedeutung *etwas mit dem Geschmackssinn empfinden* kann nicht weggelassen werden (36).

(37) Ich kann wieder schmecken.

Nur wenn *schmecken* in der gleichen Bedeutung in Kombination mit dem Modalverb *können* verwendet wird (37), kann die NP im Akkusativ weggelassen werden. In (37) könnte es sich z.B. um die Wiedererlangung des Geschmackssinns nach einer Erkrankung handeln.

5. Weglassbarkeit bei einem generellen Charakter der Satzaussage:

(38) Geben ist schöner als nehmen.

In (38) werden alle Komplemente von *geben* und *nehmen* weggelassen, und zwar das K_{sub}, das K_{dat} und das $K_{präp}$. Da es bei einer generellen Aussage keine Rolle spielt, an wen etwas gegeben, von wem etwas genommen, oder was gegeben/genommen wird, ist ein Weglassen möglich.

6. Weglassbarkeit bei habituellem Charakter der Aussage:

(39) Immer sorgt er sich!

Weggelassen wurde die PP (*um jemanden/etwas*). Da in dieser Aussage nicht die Größe wichtig ist, auf die die Handlung sich richtet, sondern die Handlung selbst, d.h., dass sich die entsprechende Person Sorgen macht, und zwar unabhängig von spezifischen Gründen, wird diese Aussage als Beschreibung des typischen Verhaltens verwendet. Somit kann die konkretisierende Ergänzung weggelassen werden.

7. Weglassbarkeit bei lexikalisierter Ellipse:

(40) Die Suppe schmeckt gut/salzig/schlecht/ ....
(40a) Die Suppe schmeckt.
(41) Das Buch kostet viel/wenig/20 Euro/ ....
(41a) Das Buch kostet.

Wenn das Adverb weggelassen wird, dann bedeutet der Satz (40a) immer *die Suppe schmeckt gut* und der Satz (41a) *das Buch kostet viel.* Diese Ellipsen sind usualisiert und werden von den Sprechern einer Sprachgemeinschaft als grammatisch korrekt empfunden und mit der genannten Bedeutung erkannt und akzeptiert.

Eine weitere Ebene der Valenz ist die syntaktische Ebene. Diese wird im nächsten Kapitel besprochen.

2.1.1.4 Die syntaktische Ebene

Die syntaktische Valenz wird generell in quantitative und qualitative Valenz gegliedert (Welke 1988: 11–20; Helbig 1992: 7–10). Unter quantitativer Valenz versteht man die Zahl der vom Valenzträger geforderten Ergänzungen. Die qualitative Valenz beschreibt die syntaktische Form und Funktion der Ergänzungen. Neben dem System der möglichen Ergänzungstypen (Zifonun et al 1997: 1073–1118; Eroms 2000: 171–214; Engel 2004: 90–104) befassen sich die

Forscher verstärkt mit den sogenannten morphosyntaktischen Satzbauplänen (Helbig 1992: 126–148, 2001: 522–535; Lee 1994: 236ff.; Engel 2004: 104–117), in welchen erstens die Zahl und zweitens die morphosyntaktische Beschaffenheit der Ergänzungen beschrieben werden. Die Motivation für die Ermittlung der morphosyntaktischen Satzstrukturen stellt die Erkenntnis dar, dass zwischen der semantischen und der syntaktischen Ebene keine Isomorphie besteht und daraus folgt, dass die semantische Valenz nicht direkt auf die syntaktische Ebene abbildbar ist (Welke 1988: 15–16; Helbig 1992: 9). Durch die Ermittlung der syntaktischen Modelle wird somit versucht die Form des Inhalts festzuhalten. Mit den morphosyntaktischen Satzbauplänen scheint die syntaktische Seite der Valenz ausreichend beschrieben zu sein. Die syntaktische Ebene ist allerdings die Ebene, auf welcher die Unterscheidung zwischen den obligatorischen und den fakultativen Ergänzungen sichtbar wird. Somit besteht eine der Aufgaben im Bereich der syntaktischen Valenz darin, Kriterien und Verfahren für eine solche Unterscheidung auszuarbeiten. Wie aus den unten angeführten Erläuterungen ersichtlich wird, hängt die syntaktische Valenz stark mit den rektionalen Beziehungen innerhalb eines Satzes zusammen. Das Ziel des nächsten Kapitels ist es deshalb, diese rektionalen Beziehungen zu beschreiben und das Verhältnis zwischen syntaktischer Valenz und Rektion aufzuzeigen. Im Folgeschritt wird in diesem Kapitel auch auf die Formrelationen eingegangen, auf die bei der Unterscheidung zwischen Komplementen und Supplementen und obligatorischen und fakultativen Komplementen auf der syntaktischen Ebene zurückgegriffen wird.

2.1.1.4.1 Die Rektionstypologie

In diesem Kapitel werden die Fragen zum Verhältnis von Valenz und Rektion, zu Rektionsbeziehungen innerhalb des Satzes mit dem Adjektiv als Hauptvalenzträger und zum Subjektproblem in solchen Sätzen behandelt. Zuerst wird auf die Rektionstypologie eingegangen. In dieser Typologie handelt es sich um verschiedene Typen von Rektionsbeziehungen zwischen den Elementen im Satz. Es werden im Allgemeinen drei Dimensionen des Rektionsbegriffes unterschieden.

Tab. 5: Rektionstypologie (Ágel 2000: 54)

Intension		**Typ des Rektums**		**Typ des Regens**	
formal	funktional	Kasusformen	Kasus- und Statusformen	kategorial	lexikalisch

Die erste Dimension beschäftigt sich mit der Intension des Rektionsbegriffes, d. h. mit der Frage, ob die Rektion formal oder funktional zu verstehen ist. In der zweiten Dimension wird über den Typ des Rektums gesprochen, also über das abhängige Element. Es werden zwei Typen, und zwar Kasus- und Statusformen unterschieden. Die dritte Dimension behandelt den Typ des Regens, also des regierenden Elements. Die Frage ist, ob es lexikalisch oder bzw. und kategorial regiert. Diese Typen und ihre Koexistenz werden im Folgenden erläutert. Ähnlichkeiten und Unterschiede werden durch Beispiele hervorgehoben.

Wie aus dem oben angeführten Abriss zur Rektionstypologie ersichtlich ist, geht es bei der Rektion hauptsächlich um die Abhängigkeitsbeziehung zwischen *Regens* und *Rektum*. Das Regens ist das dem Rektum übergeordnete regierende Element, das Rektum damit das regierte Element.

(42) Der Junge ← gibt → dem Mädchen
↓
einen Apfel.

(43) Er ← ist → zufrieden → mit → seiner Wahl.

Die Rektion wird auch als Umkehrung der Dependenz aufgefasst. Wenn behauptet wird, dass ein Element A von einem Element B abhängt, dann gilt auch, dass das Element B das Element A regiert (42 und 43). Die Abhängigkeit des Elementes A von B wird als Dependenz verstanden. Die für die vorliegende Untersuchung relevanten Fragen konzentrieren sich auf die folgenden Aspekte:

(A) *Ist die Rektion auf der formalen oder der funktionalen Ebene oder auf beiden Ebenen zu betrachten*?

Hier wird die Frage gestellt, ob das Verb *geben* einen Akkusativ oder ein Akkusativobjekt regiert (44) und ob *mit* das Formmerkmal Dativ oder die Funktion NP regiert (45).

(44) Geben → einen Apfel

(45) mit → seiner Wahl

(B) *Kann über die Rektion nur im Sinne der Kasusrektion gesprochen werden, oder gibt es auch eine Rektion zwischen den Elementen, die keine Kasusmerkmale haben*?

Dabei geht es darum, ob der Subjektsnominativ als regierter Kasus in die Rektionsparadigma miteinbezogen wird (46) und ob zwischen dem Adjektiv *zufrieden* und der Präposition *mit* eine Rektionsbeziehung besteht (47).

(46) Er ← ist zufrieden

(47) Zufrieden → mit

(C) *Kann die Rektion als lexikalische und kategoriale Eigenschaft der Elemente beschrieben werden?*

Hier ist zu untersuchen, in welchem Fall sich über die lexikalische (48) und kategoriale (49) Fähigkeit eines Elementes, ein anderes Element zu regieren, sprechen lässt.

(48) Mit → seiner Wahl

(49) Er ← ist zufrieden

(D) *In welchem Verhältnis stehen Rektion und Valenz in Anbetracht der oben gestellten Fragen?*

Diese Frage kann an folgendem Beispiel verdeutlicht werden: Wenn der Subjektnominativ *er*, die PP *mit seiner Wahl*, und die NP *seiner Wahl* regiert werden, bedeutet das, dass auch das Subjekt *er*, die Präpositionalergänzung *mit seiner Wahl* und die NP *seiner Wahl* valenzgebunden sind (50, 51 und 52)?

(50) Er ← ist zufrieden

(51) Zufrieden → mit

(52) Mit → seiner Wahl

Bei der Behandlung des Rektionsbegriffes werden die Arbeiten von Ágel (2000), Edith Moravcsik (1993a: 705–721), Christian Lehmann (1983: 339–378) und Thomas Groß (2003: 835–842) herangezogen. Ágel geht auf alle wesentlichen Aspekte des Rektionsbegriffes ein, fasst sie zusammen und schlägt eigene Interpretationen vor. Außerdem führt er eine Rektionstypologie auf. Moravcsik und Lehmann verschaffen Einblicke in die Rektionsbeziehungen auf typologischer Ebene und gehen auf die Definition der Rektion von verschiedenen Standpunkten aus ein. Groß konzentriert sich auf die Bindung des Subjekts an das komplexe Prädikat.

Der lexikalisch-kasusformale und lexikalisch-funktionale Rektionsbegriff

Im klassischen schulgrammatischen Sinn wird die Rektion als Kasusrektion verstanden. Element A legt die Kasusform von Element B fest. Wenn das der Fall ist, dann regiert Element A Element B. Es werden in diesem Sinne nur die obliquen Kasus (Akkusativ, Dativ und Genitiv), also die Objektkasus, regiert. Der Nominativ als *Casus rectus* wird im Rektionsparadigma nicht berücksichtigt. Moravcsik (1993a: 706) bietet für die klassische schulgrammatische Auffassung der Rektion die folgende Definition:

> „Constituent A governs constituent B if the morphological case marking of B depends on A.“

In (42) legt das Verb *geben* die Kasusform von *das Mädchen* und *ein Apfel* fest und regiert dementsprechend die zwei Kasus Dativ und Akkusativ. Das Regens entscheidet über die Form des Rektums, es regiert also ein Formmerkmal des abhängigen Elements. Diese Herangehensweise spiegelt folglich die formale Auffassung des Rektionsbegriffes wider.

Unter dem funktionalen Rektionsbegriff wird die Fähigkeit des Regens verstanden, im Satz die syntaktische Funktion des abhängigen Elements zu bestimmen. Moravcsik (1993a: 708) definiert diesen Rektionsbegriff wie folgt:

> „Constituent A governs constituent B if the syntactic function of B depends an A."

In (42) regiert *geben* nicht Formmerkmale (Akkusativ, Dativ), sondern Funktionen (Akkusativobjekt, Dativobjekt). In (43) regiert das Adjektiv *zufrieden* das Präpositionalobjekt *mit seiner Wahl* und nicht nur die Präposition *mit*. Das regierende Element legt die syntaktische Form, also die PP fest. Bei der Präposition *mit* lässt sich allerdings nicht behaupten, dass sie die syntaktische Funktion, also die NP *seiner Wahl* festlegt, sondern sie entscheidet nur über das Formmerkmal *Dativ* der Phrase. Nach *mit* muss nicht unbedingt die NP stehen, es muss aber unbedingt der Kasus *Dativ* verwendet werden. Moravcsik schreibt dazu (1993a: 708):

> „[...], case is not necessarily linked to the concomitant assignment of syntactic function."

Die Aussage, dass die Rektion sowohl auf der formalen als auch auf der funktionalen Ebene existiert, ist somit gerechtfertigt und stellt die Antwort auf die erste Frage dar.

Im Zusammenhang mit dem Umfang des Rektionsbegriffes geht es um die Frage, welche Kasus miteinbezogen werden können bzw. müssen und ob nicht nur Kasusformen, sondern auch andere Elemente regiert werden. Hier gibt es unterschiedliche Herangehensweisen. Einerseits wird gesagt, das nur die obliquen Kasus regiert werden, andererseits wird behauptet, dass alle Kasusformen, also auch der Nominativ als *Casus rectus* regiert wird. Die Auffassung, dass nur die obliquen Kasus regiert werden, entstammt dem schulgrammatischen Verständnis des Rektionsbegriffes. Traditionell gesehen muss der Satz zweigliedrig organisiert sein, also ein Subjekt und ein Prädikat haben, die einander gleichgestellt sind. Im Bereich der Valenz, wo das Verb als Zentrum des Satzes auftritt, verliert das Subjekt seine Sonderstellung und wird den Objekten gleichgestellt. Eisenberg vertritt mit seinem erweiterten Rektionsbegriff die Auffassung, dass alle Kasus, einschließlich Nominativ, regiert werden können (Eisenberg 2006: 33):

> „Eine Konstituente f_1 regiert eine Konstituente f_2, wenn ein Formmerkmal von f_2 durch syntaktische Kategorien von f_1 festgelegt ist."

Um diese Definition zu verstehen, wird die Erklärung von so genannten Markierungskategorien, nämlich den Einheiten- und Paradigmenkategorien benötigt. Unter den Einheitenkategorien werden Flexionskategorien verstanden. Die Flexionskategorien helfen, die unterschiedliche Form von Einheiten, die zu einem Paradigma gehören, zu erfassen (Eisenberg 2006: 16f.). Eine Einheitenkategorie ist beispielsweise der Akkusativ, weil jedes Substantiv in den Akkusativ gesetzt werden kann. Die Paradigmenkategorie gehört zu der paradigmatischen Bestimmung eines Wortes. Ein Beispiel wäre hier das Genus *Maskulinum* für Substantive, da nicht jedes Substantiv männlichen Geschlechts ist. Die Paradigmenkategorien von Verben sind Vollverben, Kopulaverben, Modalverben und Hilfsverben.

Zur Kategorie *Verb* gehört die Fähigkeit eine Stelle für den Subjektsnominativ zu eröffnen, d.h., das Verb muss den Subjektsnominativ regieren, um einen vollständigen Ausdruck zu erzeugen. Deshalb besagt der erweiterte Rektionsbegriff, dass auch der Nominativ regiert wird und so wird der Subjektsnominativ in das Rektionsparadigma miteinbezogen. Dass im Sinn des erweiterten Rektionsbegriffes auch das Formmerkmal Nominativ und die Funktion Subjekt vom Verb regiert werden, bestätigen auch die Definitionen von Moravcsik (Moravcsik 1993a: 706 und 708). Wenn diese Feststellung im Kontext der kategorialen Rektion betrachtet wird, so wird die Kongruenz des Subjekts mit dem finiten Verb als Mittel angesehen, das Subjekt als Rektum des finiten Verbs und folglich als Komplement[12] aufzufassen (Lehmann 1983: 355–359).

Eine interessante Beobachtung ergibt sich bei näherer Betrachtung der Rektionsbeziehungen innerhalb der PP. Hier ist die Beziehung der Präposition zu der nachgestellten NP und deren Beziehung zum Valenzträger von Interesse. Zwischen der Präposition und der nachgestellten NP liegt eine lexikalisch-kasusformale Rektion vor. Die Präposition *von* ist das Regens, das auf der formalen Ebene die Kasusform *Dativ* verlangt (45). Die Fähigkeit, den Dativ zu regieren, ist in der Bedeutung von *von* enthalten. Hier liegen folglich zwei Rektionsarten vor, nämlich die lexikalische Rektion und die formale, also die Kasusrektion. Wenn zwischen der Präposition und der NP unterschiedliche Rektionsbeziehungen nachweisbar sind, ist es dann möglich, einer Präposition auch die Ergänzungsbedürftigkeit, also eine Valenz zuzuschreiben? Abhängig von der Perspektive kann man diese Frage mit *Ja* und mit *Nein* beantworten (Ágel 2000: 57f.). Die

12 Zum Subjektproblem in den Sätzen mit einem Adjektiv als Valenzträger siehe unten.

Valenz einer Präposition lässt sich nachweisen, wenn man annimmt, dass diese Präposition eine Leerstelle für die NP in dem von ihr regierten Kasus eröffnet. Im Fall von *von seiner Wahl* eröffnet die Präposition eine Leerstelle für die NP *seiner Wahl,* die im Dativ stehen muss (53). Wenn der Kasus ausgetauscht wird, z.B. durch den Akkusativ *von seine Wahl*, wird der Satz ungrammatisch (53a).

(53) Er ist von seiner Wahl abhängig.
(53a) *Er ist von seine Wahl abhängig.

Daraus lässt sich schließen, dass die Präpositionen nur für bestimmte Formmerkmale, also nur bestimmte Kasusformen, Leerstellen eröffnen, andere Kasusformen lassen sie nicht zu. Gegen die Valenz bei Präpositionen spricht die Tatsache, dass Präpositionen nur in Verbindung mit anderen Bedeutungsträgern eine Bedeutung erlangen können. Sie sind also keine Lexem- (Autosemantika), sondern Funktionswörter (Synsemantika) (Ágel 2000: 57). Wenn Präpositionen valenzfähig wären, sollte man auch anderen Synsemantika, wie etwa Subjunktionen, Konjunktionen und anderen Wortarten, eine Valenz zuschreiben. Da aber die Valenz kein rein syntaktisches Phänomen ist, ist es unmöglich, den Synsemantika Valenzeigenschaften zuzuschreiben. Dennoch lässt sich eine gewisse Valenzfähigkeit bei Präpositionen nachweisen, sie unterscheidet sich aber von der von Verben, Adjektiven oder Substantiven (Ágel 2000: 57f.).

Der lexikalisch-statusformale Rektionsbegriff

Die Idee, dass nicht nur Kasusformen, sondern auch infinite Verbformen regiert werden können, geht auf Gunnar Bech (1955: 12) zurück. Er führt den Terminus *Statusrektion* ein, der als der dem Kasus analoge Typ eines Formmerkmals bei infiniten Verbformen zu verstehen (Bech 1955: 12) ist. Bech unterscheidet im Deutschen drei Statusformen und zwar *den reinen Infinitiv*, *den zu-Infinitiv* und *das Partizip des Perfektes*. Die von Bech vorgeschlagenen Statusformen werden von Wiegand als die kategoriale Statusrektion aufgefasst. Wiegand (1996: 134ff.) schlägt weiterhin vor, den Terminus *Statusrektion* auch auf die Fälle zu erweitern, in welchen ein Substantiv oder ein Adjektiv eine feste Präposition regiert. In (43) verlangt das Adjektiv eine feste Präposition. Es handelt sich hier um die lexikalische Fähigkeit des gegebenen Adjektivs, eine Präposition zu regieren, weil es auch Adjektive gibt, die keine festen Präpositionen verlangen. Allerdings entscheidet es nicht über das Formmerkmal *Präposition*, weil kein solches vorliegt. Demzufolge wird die Beziehung zweier Elemente untereinander, die miteinander vorkommen müssen oder können, aber durch kein Formmerkmal miteinander verbunden sind, als Statusrektion bezeichnet. In (43) liegt folglich eine lexikalische Statusrektion vor. Die beiden Elemente sind durch kein Formmerkmal miteinander verbunden, das Vorkommen von Element B *mit* ist aber in der Bedeutung des Elements A *zufrieden* enthalten. Auf der funktionalen Ebene regiert also das Adjektiv *zufrieden* das Präpositionalobjekt *mit seiner Wahl* (43). Die Präposition *mit* bestimmt wiederum ihrerseits das Formmerkmal, nämlich den Kasus der nachgestellten NP *seiner Wahl*. Die Antwort auf (B) lautet folglich, dass der Subjektsnominativ in das Rektionsparadigma miteinbezogen wird, und es außer den regierten Kasusformen auch regierte Statusformen gibt. Das heißt, es bestehen Rektionsbeziehungen zwischen Elementen, die durch kein Formmerkmal miteinander verbunden sind.

Der kategorial-funktionale Rektionsbegriff

In der dritten Dimension des Rektionsbegriffes geht es um die Frage der Unterscheidung zwischen der lexikalischen und der kategorialen Rektion. Die Unterscheidung zwischen der lexikalischen und der kategorialen Rektion besteht in der Klärung der Frage, was zu der Kategorie des Wortes gehört, und was im Wort lexikalisch verankert ist. Ágel (2000: 53) formuliert den Unterschied wie folgt:

> „Wenn eine Paradigmenkategorie alle Elemente einer Wortklasse charakterisiert, stellt sie ein kategoriales Regens dar. Wenn hingegen nur einzelne Elemente einer Wortklasse über eine Paradigmenkategorie verfügen, gilt diese Paradigmenkategorie als ein lexikalisches Regens."

Die Beziehung von *zufrieden* zu *mit* wird demzufolge als lexikalische Rektion aufgefasst.

(54) Zufrieden → mit

Dass das Adjektiv *zufrieden* die Präposition *mit* regiert, liegt in der lexikalischen Bedeutung des Adjektivs. Da nicht alle Adjektive die Präposition *mit* regieren können, liegt hier keine kategoriale Rektion vor.

(55) Er ← ist zufrieden

Die Beziehung des komplexen Prädikats[13] *ist zufrieden* zu *Er* in (55) wird als kategoriale Rektion aufgefasst, weil es zur Kategorie des Verbs, das ein fester Bestandteil des komplexen Prädikats ist, gehört, ein Subjekt zu regieren. Da das Adjektiv als Valenzträger das Subjekt aus der prädikativen Position nicht

13 Das KV dient als das strukturelle Zentrum des Prädikats. Das Adjektiv trägt die inhaltliche Bedeutung und ist der semantische Valenzträger. Beide Elemente hängen voneinander ab und bilden in ihrer Gesamtheit den komplexen Valenzträger. Die Abhängigkeit zwischen dem KV und dem Prädikativ wird als *Statusrektion* beschrieben,weil das KV mit dem Prädikativ durch kein Kasusmerkmal verbunden ist.

regieren kann, entsteht die Frage, wie das Subjekt an den semantischen Valenzträger gebunden wird. Syntaktisch gesehen ist das Subjekt nicht an das Adjektiv gebunden, weil das Adjektiv weder das grammatische Merkmal [FIN] besitzt, noch kann es das Formmerkmal [NOM] des Subjektes festlegen. Das Adjektiv in seiner prädikativen Position besitzt auch keine äußerlichen Merkmale (*Kasus, Genus, Numerus, Person*), in denen es mit dem Subjekt kongruieren kann. Das Prädikativ und das Subjekt haben keinen direkten Zugang zueinander, weil sie beide vom KV abhängen (Groß 2003: 837), das als das strukturelle Zentrum des Prädikats auftritt. Obwohl das Adjektiv und das Subjekt miteinander nicht kongruieren, nicht durch Rektionsbeziehung oder andere äußerliche Relationen miteinander verbunden werden können, besteht eine Möglichkeit, das Subjekt an das Prädikativ zu binden. Diese befindet sich auf der semantischen Ebene. Dazu Groß (2003: 838):

> „In order to include subjects into the class of complements, the concept of binding relations between semantic features of subject and nA [nominal adjective] is the most practical."

Groß sieht also die Möglichkeit, den Komplementstatus des Subjekts durch die internen semantischen Merkmale zu ermitteln. Da die Adjektive aufgrund ihrer Bedeutung meistens Zustände oder Eigenschaften ausdrücken, müssen deren Bezugsnomen über die semantischen Merkmale verfügen, die in den entsprechenden Adjektiven kodiert sind. So bezeichnet das Subjekt in der Regel den Gegenstand oder die Person, die sich in dem durch das Adjektiv beschriebenen Zustand befindet oder die beschriebene Eigenschaft hat. Dies sind hauptsächlich einwertige Adjektive. Da es aber eine Reihe von Adjektiven gibt, die auch abstrakte Merkmale haben, sind auch Begriffe, Handlungen und Konzepte als *Subjekt*-Argumente denkbar. Oft handelt es sich dabei um mehrwertige Adjektive. Das entscheidende Bindungskriterium zwischen dem Prädikativ und dem Subjekt ist dabei die semantische Verträglichkeit zwischen dem Adjektiv und seinen Argumenten.

Die Antwort auf die Frage (C) nach der lexikalischen und der kategorialen Fähigkeit eines Elements, ein anderes Element zu regieren, kann folgendermaßen beantwortet werden: Es gibt Elemente, bei denen die Fähigkeit, bestimmte Elemente zu selektieren, zu deren lexikalischer Bedeutung gehört, wie z.B. ein Adjektiv, das eine feste Präposition verlangt. Wenn ein Verb ein Subjekt regiert, so wird über die kategoriale Fähigkeit des Verbs gesprochen, das Subjekt zu regieren. Schließlich muss jedes Verb die Fähigkeit besitzen, das Formmerkmal *Nominativ* und die Funktion *Subjekt* zu regieren, um einen korrekten und vollständigen Satz zu bilden.

Rektion vs. Valenz

Die Frage (D) kann mit der Behauptung von Ágel beantwortet werden, dass die Valenz als die Bündelung der Rektionsbeziehungen oder deren Totalität auf der formalen und funktionalen Ebene zu verstehen sei (Ágel 2000: 57). Wie oben gezeigt worden ist, bestehen sowohl zwischen dem Subjektnominativ *er*, der PP *mit seiner Wahl* und dem komplexen Prädikat *zufrieden* [*sein*] als auch zwischen der NP *seiner Wahl* und der Präposition *mit* rektionale Beziehungen unterschiedlicher Art. In (43) liegt die kategorial-funktionale Rektion (Er ← ist zufrieden), die lexikalisch-statusformale Rektion (zufrieden → mit), die lexikalisch-kasusformale Rektion (mit → seiner Wahl), die Statusrektion (ist → zufrieden) und die lexikalisch-funktionale Rektion (zufrieden → mit seiner Wahl) vor. Das Adjektiv *zufrieden* verlangt den Präpositionalstatus *mit*, die Präposition *mit* verlangt die Kasusform *Dativ*. Das KV *ist* regiert durch die Statusrektion das Prädikativ *zufrieden*. Außerdem regiert das Adjektiv *zufrieden* auf der funktionalen Ebene das Präpositionalobjekt *mit seiner Wahl*. Das komplexe Prädikat regiert das Subjekt *Er*. Aus valenztheoretischer Perspektive gibt es in (43) nur zwei Leerstellen. Das Prädikat eröffnet eine Leerstelle für das Subjekt des Satzes *Er* und eine für das $K_{präp}$ *mit seiner Wahl*. Wie oben erklärt, kann die lexikalisch-kasusformale Rektion zwischen *mit* und *seiner Wahl* nur mit Einschränkung als eine Valenzbeziehung aufgefasst werden. Das Verhältnis bezüglich der Bindungsarten zwischen dem Kern der Aussage und den von ihm abhängenden Elemente ist deshalb dementsprechend sieben zu zwei, obwohl das Zentrum des Ausdrucks sowohl bei der Rektion als auch im Falle der Valenz dasselbe ist.

Bei der Unterscheidung zwischen Komplementen und Supplementen spielt die Rektion neben einer weiteren Formrelation *Fixiertheit* eine wichtige Rolle. Diese und ihre Bedeutung für die genannte Unterscheidung werden im nächsten Kapitel dargestellt und erläutert.

2.1.1.4.2 Formrelationen

So wie auf der semantischen Ebene die Bedeutungsrelationen werden in der IDS-Grammatik (Zifonun et al. 1997: 1038–1041) auf der syntaktischen Ebene die morphosyntaktischen Formrelationen unterschieden. Generell differenziert die IDS-Grammatik zwischen *Fixiertheit* (FIX) und *Rektion*.

Über die *Fixiertheit* einer Phrase in Bezug auf den Valenzträger wird gesprochen, wenn sie nicht oder nur unter bestimmten Bedingungen weglassbar ist. Es wird zwischen der absoluten (++FIX), der schwachen (+FIX) und dem Fehlen der *Fixiertheit* (-FIX) unterschieden. Die Phrase ist absolut fixiert, wenn sie aus dem Satz nicht weggelassen werden kann, ohne dass dieser Satz ungrammatisch wird (vgl. 56 und 56a).

(56) Ich verlasse mich auf ihn.
(56a) *Ich verlasse mich.

Wenn die Phrase unter bestimmten kontextuellen Bedingungen weglassbar ist, ist diese Phrase schwach fixiert (57). Die kontextuellen Bedingungen, unter denen die Phrase weglassbar ist, sind im Kapitel 2.1.1.3 erwähnt worden.

(57) Bitte im Sekretariat abgeben!

Die Phrase ist nicht fixiert, wenn sie ohne besondere Bedingungen im Satz weglassbar ist. In der IDS-Grammatik sind folgende Beispiele angeführt (Zifonun et al. 1997: 1033):

(58) Eva liest gerade.
(58a) Eva liest gerade *irgendetwas*.

(59) Franz denkt nach.
(59a) Franz denkt *über etwas* nach.

Werden in (58a, 59a) die kursiv gesetzten Phrasen weggelassen, behält der Satz seine Grammatikalität. Die weggelassenen Phrasen werden aber benötigt, um den Sachverhalt komplett zu entfalten. In (58) wird mitverstanden, dass Eva etwas liest und in (59), dass Franz über etwas nachdenkt. Diese Schlussfolgerung geschieht nicht mehr auf der formalen, sondern auf der semantischen und der logischen Ebene. Dadurch entsteht hier die Überschneidung mit der Bedeutungsrelation *Mitwirkung an der Sachverhaltskonstitution*. So ergibt sich, dass es sich bei der stark oder schwach fixierten Phrase um einen obligatorischen Komplementkandidaten und bei der nicht fixierten Phrase um einen fakultativen Komplementkandidaten handelt. Die Bestätigung des Komplementstatus erfolgt durch zusätzliche Relationen auf der Form- und der Bedeutungsebene.

Der Terminus *Rektion* wird weiter in *Rektion im engeren Sinne* (REKT), *Konstanz* (KONST) und *Kasustransfer* (TRANSF) untergliedert. Bei *der Rektion im engeren Sinne* bestimmt der Valenzträger den Kasus einer Phrase (60). Wenn der Kasus ausgetauscht wird, verliert der Satz seine Grammatikalität (60a). Die Phrase mit dieser Rektion wird als Komplement eingestuft.

(60) Ich helfe dir.
(60a) *Ich helfe dich.[14]

Bei der Formrelation *Konstanz* entscheidet der Valenzträger über die Präposition und den Kasus der abhängigen Phrase (61, 62, 63). Eine Änderung der Präposition (61a, 63a) oder des Kasus (63b) führen zu einem ungrammatischen Satz. Von *Konstanz* ist auch dann die Rede, wenn durch den Austausch der Präposition zwar keine ungrammatischen Sätze entstehen, der Valenzträger aber eine andere Bedeutung erhält (61, 62, 63).

(61) Die IG-Metall besteht auf der 35-Stunden-Woche.
(Mannheimer Morgen, 25.06.2001)
(61a) *Die IG-Metall besteht aus der 35-Stunden-Woche.

(62) Die einzelnen Gruppen bestehen höchstens aus sechs Kindern, zusammengefasst nach Alter und Kenntnissen.
(die tageszeitung, 03.02.2001, S. 30)

(63) Die Möglichkeiten der Vorsorge gegen die Maul- und Klauenseuche bestehen einzig und allein in extremen Hygienemaßnahmen. (die tageszeitung, 01.03.2001, S. 3)
(63a) *Die Möglichkeiten der Vorsorge gegen die Maul- und Klauenseuche bestehen einzig und allein auf extremen Hygienemaßnahmen.
(63b) *Die Möglichkeiten der Vorsorge gegen die Maul- und Klauenseuche bestehen einzig und allein in extreme Hygienemaßnahme.[15]

Bei der Formrelation *Kasustransfer* bestimmt der Valenzträger den Kasus nach einer Präposition. In der Regel handelt es sich beim *Kasustransfer* um die sogenannten Wechselpräpositonen, d.h. um die Präpositionen, die sowohl den Dativ (64) als auch den Akkusativ (64) regieren können. Dabei entscheidet die Bedeutung des Prädikats, welcher Kasus nach der Präposition steht.

(64) Er befindet sich in *der* Stadt.

(65) Sie fährt in *die* Stadt.

Der Unterschied zur Formrelation *Konstanz* besteht darin, dass der Valenzträger bei dieser Relation nur die Präpositionen regiert, die selbst einen bestimmten

14 http://hypermedia.ids-mannheim.de/call/public/sysgram.ansicht?v_typ=d&v_id=4540.

15 http://hypermedia.ids-mannheim.de/call/public/sysgram.ansicht?v_typ=d&v_id=4540.

Kasus regieren, zum Beispiel die Präpositionen *mit*, *nach*, *zu*, *von*, *bei* usw. Der Kasus nach der Präposition hängt nicht vom Valenzträger ab.

Die syntaktischen Relationen in der IDS-Grammatik basieren auf den von Jacobs vorgeschlagenen Relationen *Notwendigkeit* (NOT) und *formale Spezifiziertheit* (FOSP). Unter der Relation NOT versteht Jacobs eine Relation, mit welcher das syntaktische Kriterium für die Abgrenzung der Komplemente angeboten wird. Über die Notwendigkeit einer Phrase im Satz wird gesprochen, wenn aufgrund der lexikalischen Füllung des Prädikats diese Phrase aus dem Satz nicht weggelassen werden kann. Beim Weglassen dieser Phrase wird der Satz ungrammatisch. Dabei muss das Prädikat vor und nach dem Weglassen seine Bedeutung beibehalten (Jacobs 1994: 14–16). Wenn das Prädikat seine Bedeutung verändert, wie z.B. im Falle einer Polysemie, besteht zwischen dem Prädikat und der entsprechenden Phrase die Relation NOT nicht mehr.

Bei der Relation FOSP geht es um die Rektionsbeziehung zwischen den Elementen des Satzes. Jacobs definiert die Relation FOSP wie folgt (Jacobs 1994: 22):

> „Dabei gilt für alle S und alle Konstituenten X und Y von S: FOSP (X, Y) in S gdw. es mindestens ein Formmerkmal M von X gibt, für das gilt: Daß ein Ausdruck mit dem Formmerkmal M als Begleiter von Y in S fungieren kann, ist eine spezifische Eigenschaft von Y."

Hieraus ergibt sich für ihn, dass eine Phrase ein Komplement eines Valenzträgers sei, wenn der Valenzträger ein Formmerkmal dieser Phrase bestimme. Dabei gehöre die Eigenschaft, ein Formmerkmal einer anderen Phrase zu bestimmen, zur Kategorie der Wortart, die als Valenzträger im Satz auftrete, so wie bei INSP seien auch bei FOSP die Formmerkmale der gegebenen Phrase durch keine grammatischen oder andere Regeln vorhersehbar. Die beiden Relationen repräsentierten folglich die kategorialen Eigenschaften der jeweiligen Wortart. Sie würden deshalb im Lexikoneintrag zur jeweiligen Wortart festgehalten.

Dem Hinweis in der IDS-Grammatik gemäß reicht es nicht aus, die Relationen für eine Phrase nur auf einer Ebene zu ermitteln. Erst durch die Bündelung der Form- und Bedeutungsrelationen oder durch ihr Ausbleiben kann der Komplement- oder Supplementstatus ermittelt werden und eine Unterscheidung zwischen obligatorischen und fakultativen Komplementen vorgenommen werden. Hierzu die IDS-Grammatik (Zifonun et al. 1997: 1031):

> „Ausreichend für Zuerkennung oder Aberkennung des Komplementstatus eines Komplementkandidaten bei einem Valenzträger ist in der Regel nicht eine einzelne Valenzrelation. Entscheidend ist vielmehr die Bündelung solcher Relationen auf jeweils einer der beiden Seiten und der Bezug zwischen den Relationen bzw. Bündelung auf der Form- und auf der Bedeutungsseite."

Laut der IDS-Grammatik ist die Valenz somit eine Ansammlung von semantischen und syntaktischen Relationen zwischen dem Valenzträger und den von ihm geforderten Phrasen.

In den vorherigen Kapiteln ist die Valenz auf der syntaktischen, semantischen und logischen Ebene behandelt worden. Während in den Anfängen der Valenztheorie die Valenz primär als ein syntaktisches und später auch als ein logisch-semantisches Phänomen aufgefasst worden ist, wird sie in der modernen Valenzforschung auch auf der kognitiven Ebene betrachtet (Gansel 2003). Das ist vor allem darauf zurückzuführen, dass das sogenannte Prinzip der Ergänzungsbedürftigkeit auch in anderen Wissenschaftsbereichen, wie der kognitiven Psychologie oder der KI-Forschung, in Form von Theorien zur Modellierung des menschlichen Gedächtnisses erfolgreich anwendbar ist. Um die Verbindung zwischen diesen und der Valenztheorie zu verdeutlichen, werden im folgenden Kapitel einige dieser Theorien und Repräsentationsmodelle des Wissens beschrieben und erläutert.

2.2 Die propositionalen Modelle zur Wissensrepräsentation

Für das Prinzip der Ergänzungsbedürftigkeit auf der vorsprachlichen Ebene plädiert auch Gansel in ihrem Aufsatz „Valenz und Kognition“ (Gansel 2003). Da in anderen Disziplinen, vor allem in der Kognitiven Psychologie, die Tendenz vorherrscht, die Grundbegriffe der Valenz – Proposition, Argument, Prädikatstruktur, semantische Relation, Ereignisbegriff, Ergänzung, Angabe – mit Erfolg als Grundlage sowohl für die eigene Forschung als auch für Experimente zu verwenden, kann Valenz laut Gansel durchaus als universelles kognitives Phänomen bezeichnet werden. Ihre Aufgabe sieht die Kognitive Psychologie in der Modellierung der Repräsentation von Wissen im menschlichen Gedächtnis (Wissensrepräsentations- und Wissensverarbeitungsmodelle), um darauf basierend sein Funktionieren, den Prozess der Informationswahrnehmung, -verarbeitung, -speicherung und des Informationsabrufs und somit auch die Beziehung zwischen dem sprachlichen und begrifflichen Wissen, der Struktur der Sprache allgemein und dem Prozess des Sprachverstehens, der Sprachverarbeitung und Sprachproduktion konkret zu beschreiben (Gansel 2003: 422–423). Die Kognitive Psychologie verfolgt hier das Ziel, den Zusammenhang zwischen menschlicher Kognition und Sprache zu untersuchen und bedient sich dabei der Ergebnisse der linguistischen Forschung zu Wortarten, Propositionen, logischen Prädikaten und zur Valenz als Grundlage für die Erarbeitung von Wissensrepräsentations- und Wissensverarbeitungsmodellen (Gansel 2003: 423). Gansel weist darauf hin, dass die Frage nach der Beziehung zwischen dem

Prinzip der Ergänzungsbedürftigkeit und der Kognition auch die Fragen nach der Unterscheidung von semantisch-sprachlichem und semantisch-begrifflichem Wissen, nach Wissensrepräsentationen und Gedächtnisprozessen umfasst. Hiernach sind für die Untersuchung des Valenz-Kognition-Verhältnisses primär die propositionalen Wissensrepräsentationsmodelle von Interesse, die im sprachlich-begrifflichen Wissen verankert sind. Der Terminus *propositionales Repräsentationssystem* entstammt der psychologischen Forschungsliteratur und wird dort als *bedeutungsbasierte* Formen der Wissensrepräsentation definiert (vgl. Opwis/Lüer 1996). Die Aufgabe von propositionalen Repräsentationssystemen besteht sowohl im Abruf von sprachlich-begrifflichem Wissen (dank dieser Wissensart ist das Sprechen und Sprachverstehen möglich) als auch von episodischem Wissen (die Wissensart repräsentiert die Summe erlebter Erfahrungen) (Opwis/Lüer 1996: 349). Die Basis der propositionalen Repräsentationssysteme ist die Proposition (Prädikat-Argument-Struktur). Wie Gansel betont, ist die kognitiv-semantische Betrachtung des Valenzbegriffs, wie sie aus der Kasus- und Frametheorie von Fillmore (1968, 1977a, 1985), der Theorie der konzeptuellen Dependenz von Shank (1972) und der Skript-Theorie von Shank/Abelson (1977) bekannt ist, als ein propositionales Repräsentationssystem aufzufassen. Dieses Wissensrepräsentationsmodell ist ein hybrides System, das die assoziativen, strukturierten und formal-logischen Repräsentationen umfasst (Opwis/Lüer 1996: 349f.). Zur Untersuchung der Wissensrepräsentationen werden unterschiedliche Modelle und Theorien eingesetzt. Zu diesen werden u.a. folgende gezählt:

- das HAM (Human Associative Memory) – Modell von Anderson und Bower (1979)
- das Aktivationsmodell von Anderson (1983; 1996)
- die Theorie der Konzeptuellen Dependenz von Shank (1972) und die Skript-Theorie von Schank/Abelson (1977)
- die Experimente und Ausarbeitungen von Klix und van der Meer zu Ereignisbegriffen (seit 1984).

Beim HAM-Modell handelt es sich um ein Modell, das das Wissen des Menschen modelliert und in dem die kognitiven Eigenschaften, ihr Einsatz und die Regulierungsmechanismen, die beim Prozess der menschlichen Informationsverarbeitung eingesetzt werden, erfasst werden. Die Proposition als zentrale Einheit dieses Systems wird von Anderson/Bower als Basiseinheit für das HAM-Modell ausgewählt, weil sie als ein universelles, in allen Sprachen der Welt vorhandenes und von den Merkmalen einer natürlichen Sprache unabhängiges kognitives Konzept verstanden wird, das aufgrund seiner formalen

Struktur (Prädikat-Argument-Verhältnis) jedes kognitive Konzept in jeder Sprache ausdrücken kann (Gansel 2003: 428). Die Proposition wird im HAM-Modell als ein zweistufiges Gebilde dargestellt, das aus Knoten und Pfeilen besteht. Die Knoten stehen für die Ideen und die Pfeile repräsentieren die Assoziationen (Relationen) zwischen den Knoten. Im HAM-Modell werden fünf Formen von Assoziation unterschieden, die in starkem Maß von Chomskys Transformationsgrammatik (Chomsky 1957, 1965a und 1965b) angeregt sind und an dessen *syntaktische Relationen* erinnern. Es handelt sich um die folgenden: die Kontext-Ereignis-Assoziation, die Ort-Zeit-Assoziation, die Subjekt-Prädikat-Assoziation, die Relation-Objekt-Assoziation und die Begriff-Beispielwort-Assoziation. Das HAM-Modell sieht das Langzeitgedächtnis (LZG) als ein Netzwerk solcher Knoten-Pfeil-Strukturen, welche das komplette menschliche Gedächtnis abbilden.

Die ACT-Theorie von Anderson (1983, 1996) und seine Überlegungen zur Aktivationsausbreitung im Gedächtnis stellen eine Erweiterung des HAM-Modells dar. Diese besteht vor allem in der Konkretisierung der assoziativen Verbindungen zwischen den Komponenten einer Proposition. Mit dem von Anderson eingeführten Aktivationsbegriff wird erklärt, wie die gespeicherten Daten aus dem LZG, z. B. beim Sprachverstehen zugänglich gemacht wird. Das Aktivationsmodell von Anderson sollte man sich wie folgt vorstellen: Wie beim HAM-Modell gibt es Knotenpunkte, die Prädikate repräsentieren. Außerhalb dieser Knotenpunkte liegen Objektkonzepte, welche die Objekte der äußeren Wirklichkeit bezeichnen. Die Verbindung zwischen Objektkonzepten und Prädikaten findet durch die Aktivierung von Assoziationen statt. Auf diese Weise wird nicht nur eine bestimmte Proposition im LZG, sondern ausgehend von dem die Assoziation auslösenden Objektkonzept oder dem Prädikat auch ein Netzwerk möglicher Prädikate für dieses Objektkonzept und anderer Objektkonzepte aktiviert. Umgekehrt wird auch ein Netzwerk möglicher Objektkonzepte für das Prädikat aktualisiert, wodurch wiederum ein anderes Netzwerk aus möglichen Propositionen entsteht. Der Assoziationsaktivation kommt in diesem Modell folglich eine zentrale Rolle zu. Im Folgeschritt nimmt Anderson an, dass Assoziationen über gemeinsame semantische Merkmale von Wörtern hervorgerufen werden. Diesen Prozess nennt er *assoziatives Priming* (vgl. Anderson 1996: 181), auch unter dem Namen *Primingeffekt* bekannt. In Anlehnung an Bartlett (1932) und Hörmann (1967: 149) wird unter dem *Primingeffekt* die Kookkurrenz der Wörter mit maximaler Bedeutungsgemeinsamkeit in einer Proposition verstanden.

Auch in der Theorie der konzeptuellen Dependenz (Conceptual Dependency) von Shank (1972) und in der Skript-Theorie von Shank/Abelson (1977) geht es um die Wissensrepräsentation im Gedächtnis und unter anderem besonders um die Struktur von Handlungen. Dabei wird betont, dass das menschliche Gedächtnis ein episodisches Gedächtnis ist, das durch die persönliche Erfahrung organisiert und nicht um semantische Kategorien herum gruppiert wird. Die Grundannahme im Rahmen dieser Theorie ist, dass das menschliche Wissen aus Konzeptualisierungen und Relationen zwischen diesen Konzeptualisierungen besteht. Diese sind interlingual und bilden die Verständigungsbasis der menschlichen Kommunikation (Shank/Abelson 1977: 11ff.). Die zwei wichtigsten Kategorien von Konzeptualisierungen sind Substantive und Handlungen, wobei Handlungen nicht mit Verben gleichzusetzen sind, sondern durch primitive ACT's repräsentiert werden. Es werden elf ACT's unterschieden:

- PROPEL (Anwendung einer physikalischen Kraft auf etwas)
- MOVE (Bewegung eines Körperteils)
- GRASP (Fangen eines Objekts)
- INGEST (Aufnehmen von etwas in das Innere eines Lebewesens)
- EXPELLER (Ausscheiden von etwas durch ein Lebewesen)
- PTRANS (die physikalische Veränderung der Lokation)
- ATRAN (Veränderung einer abstrakten Beziehung, z. B. Besitz(-er)wechsel)
- SPEAK (Produktion von Lauten und Tönen)
- ATTEND (Bezeichnung für die Funktionen der Sinnesorgane)
- MTRANS (Transfer mentaler Information)
- MBUILD (Konstruktion neuer Information aus der vorhandenen Information).

Shank/Abelson unterscheiden zwei Arten von Konzeptualisierungen von Handlungen, auf die sich die Bedeutung einer Proposition reduzieren lässt, nämlich aktivische und statische Konzeptualisierungen. Ob die Proposition eine aktive oder eine statische Konzeptualisierung ist, hängt von den semantischen Relationen zwischen den Propositionskomponenten ab. Damit ist gemeint, dass die Bedeutung jeder Handlung eine bestimmte Anzahl von konzeptuellen Rollen (ACTOR, OBJECT, BENEFICIARY, BRANCH, STATE, INSTRUMENT) verlangt, die miteinander in Interaktion stehen und hierarchisiert sind. Diese semantischen Rollen spiegeln in gewisser Weise die Erwartungen an die Bedeutung des Prädikats wider, die durch diese Rollen erfüllt werden. Diese Überlegung basiert im Wesentlichen auf der Kasustheorie und den Kasusrahmen von Fillmore (1968, 1977a, 1985).

In der Skript-Theorie (1977) geht es um die Beschreibung des episodischen Wissens mit dem Nomen als zentrale Einheit. Die Skripts beschreiben typische, gut bekannte Situationen und werden als eine Aneinanderreihung von typischen Handlungen in einem bestimmten Kontext verstanden. Die Handlungen haben eine feste Reihenfolge und weisen kausale Beziehungen zueinander auf. Die interne Beschreibung von Handlungen geschieht anhand der ACT's. Die Theorie der konzeptuellen Dependenz und die Skript-Theorie werden miteinander verbunden, indem die interne Struktur des Propositionskerns mittels der primitiven Handlungen (ACT's) beschrieben wird. Diese Struktur wird mit den semantischen Relationen zwischen den Bestandteilen der Proposition in Verbindung gesetzt, was die propositionale Repräsentation in die Ereignis-Folge-Struktur integriert, wodurch sie mit anderen propositionalen Repräsentationen einen Bestandteil des Skripts darstellt.

Die zentrale Einheit der Theorie von Friedhart Klix (1992, 1993) und Elke van der Meer (1993) bildet das *Konzept der Begriffe*. Das Wort *Begriff* wird als eine assoziative Verbindung zwichen der Ausdrucksstruktur (dem Zeichen) und dem Merkmalset für das Bezeichnete aus der äußeren Wirklichkeit im Gedächtnis verstanden (Klix/van der Meer/Preuss/Wolf 1987: 41). Van der Meer unterscheidet *Objekt-*, *Ereignis-* und *Ereignisfolgebegriffe* (1993: 377f.). Diese Unterscheidung, die im Zuge zahlreicher Experimente vorgenommen worden ist, dient der Beschreibung des menschlichen Gedächtnisses, der Wissensstrukturen und der Formen der Wissensrepräsentation. Bei ihren Beschreibungen und Begriffsdifferenzierungen beziehen sich Klix und van der Meer sowohl auf linguistische Arbeiten (u.a. Szenen, Kasusrahmen bei Fillmore (1968, 1977a und 1977b, 1985), Verbbedeutungen bei Helbig (1992)) als auch auf Arbeiten aus der Kognitiven Psychologie (u.a. Modelle bei Schank/Abelson (1977)). Die Begriffe repräsentieren sowohl Objekte als auch Handlungen, Vorgänge, Denkkategorien, Urteile, Ereignisse und Handlungssequenzen. Sie sind feste Bestandteile des menschlichen LZG, die im Prozess der Erfahrungssammlung modifiziert, ergänzt und verändert werden können. Die Unterscheidung in Objekt-, Ereignis- und Ereignisfolgebegriffe findet anhand der Komplexität der Begriffsstruktur statt. Ein Objektbegriff verfügt über einen geringen Grad an Komplexität und bezeichnet die Objekte, die durch sensomotorische Erfahrungen erschlossen werden (van der Meer 1993: 377). Objektbegriffe sind z.B. Pflanzen, Tiere, Menschen, Maschinen u.ä. Ein Ereignisbegriff bezeichnet sowohl reale als auch abstrakte Ereignisse, Handlungen und Vorgänge. Im Rahmen des Ereignisbegriffs geht es um die Klassifizierung von Situationen und die Relationen zwischen den teilnehmenden Größen eines Ereignisses. Der Ereignisfolgebegriff bezeichnet eine logische Ereigniskette. Die Verbindung innerhalb dieser Kette findet aufgrund unterschiedlicher Relationstypen, wie Kausalität, Finalität, Konditionalität, oder Konsekution statt. Innerhalb eines Begriffknotens bestehen laut Klix (1992: 235) innerbegriffliche semantische Relationen (IBR), wie Relationen zwischen Unter- und Oberbegriffen, Nebenordnungen und synonymen, antonymen oder komparativen Relationen. Begriffsknoten bzw. Objektbegriffe existieren nicht isoliert voneinander, sondern werden durch zwischenbegriffliche semantische Relationen (ZBR) miteinander verbunden (Klix 1991: 181; 1992: 241; 1993: 397). Diese Relationen treten innerhalb Rahmen eines Ereignisbegriffs auf. Die Struktur des Ereignisbegriffs beschreibt Klix in Anlehnung an die Prädikat-Argument-Struktur als

'$E_B=[(<WM>)\leftrightarrow S_k\rightarrow\{R_i\leftrightarrow O_j\})]$'. (Klix 1993: 397)

Das Zentrum des Ereignisbegriffs (E_B), realisiert als eine Wortmarke (WM), bildet den semantischen Kern (S_k). S_k referiert das Ereignis bzw. die Handlung aus einer gewissen Perspektive. Aus dieser Perspektive verlangt S_k eine bestimmte Anzahl an Objektbegriffen (O_j). Die Rolle der O_j wird durch die zwischenbegrifflichen semantischen Relationen (R_i), welche die Bedeutung des S_k assoziativ aktivieren, bestimmt. Die Bedeutungsstruktur von S_k entscheidet über die Zahl der O_j und über die Zahl und Art von R_i zwischen O_j. Laut Klix kommen bei der Konfiguration eines allgemeinen Ereignisbegriffs folgende zwischenbegriffliche semantische Relationen zum Einsatz:

1) Handlungsträgerrelation (HT1)
2) Objektrelation
3) Adressat-, Beteiligterrelation (HT2)
4) Instrumentrelation
5) Lokalrelation
6) Finalitätsrelation.

Bei der WM *geben* werden z. B. die Relationen HT1, HT2 und die Objektrelation aktiviert. Die O_j, die durch diese Relationen miteinander interagieren, entsprechen auf der kognitiven und semantischen Ebene den Argumenten und auf der syntaktischen Ebene den Komplementen. Die Lokalrelation kann zudem das Ereignis lokal einordnen. Sie entspricht innerhalb der allgemeinen raumzeitlichen Beschaffenheit der Wirklichkeit den Adjunkten. Bei der Finalitätsrelation handelt es sich um eine Relation, die auf ein Ereignis verweist, das zeitlich dem aktuellen folgt. Bei der WM *geben* handelt es sich um die Veränderung des Besitzers. Da diese Relation ein anderes dem aktuellen Ereignis folgendes Ereignis impliziert, stellt sie einen Übergang zwischen dem Ereignisbegriff und dem Ereignisfolgebegriff dar.

Zusammenfassend lässt sich die Struktur der Wissensrepräsentation im menschlichen Gedächtnis auf Grundlage der vorgestellten Modelle wie folgt beschreiben: Die menschliche Kognition erfüllt die Funktion eines „Umwandlers“, der die real existierenden Objekte, Ereignisse, Handlungen, Zustände und Handlungssequenzen durch bestimmte Verfahren in die Zeichensysteme transferiert, mit denen sich Menschen verständigen, miteinander interagieren und sich in der Welt zurechtfinden. Das kognitive System nimmt Daten wahr und kodiert sie für die weitere Speicherung im LZG. Das Schlüsselwort für die Datenspeicherung im LZG ist *der Begriff* und *die Begriffsbildung*. Generell werden drei Arten von *Begriffen* unterschieden, nämlich Begriffe, die sinnlich wahrnehmbare Dinge repräsentieren (*Objektbegriff* bei Klix, *Konzept* bei Anderson (ACT-Modell)), *Ereignisbegriffe*, die aus einem prädikativen Kern und um ihn herum gruppierten Argumenten bestehen (propositionale Strukturen) und *die Ereignisfolgebegriffe*, die eine logische Aufeinanderfolge von Ereignissen und Handlungen bezeichnen (*Ereignisfolgebegriff* bei Klix, *Skripts* bei Schank/Abelson). Die Prozedere, wie Begriffe gespeichert bzw. wie wahrgenommene Daten für das kognitive System zugänglich und operationalisierbar gemacht wird, erfolgt nicht für jede Begriffsart auf gleiche Weise. Die Objektbegriffe werden durch die Zuordnung von semantischen Merkmalen zu den kodierenden Objekten der äußeren Wirklichkeit gebildet und im LZG durch die innerbegrifflichen semantischen Relationen (IBR) organisiert (Klix 1992). Die Ereignisbegriffsbildung erfolgt auf zwei Ebenen. Auf der ersten Ebene werden dem Kern des Ereignisbegriffs (S_k) semantische Merkmale zugeordnet; auf diese Weise wird die Bedeutung des Kerns gebildet (Helbig 1992). Auf der zweiten Ebene wird die wahrgenommene Handlung in primitive Prädikate (nicht weiter zerlegbaren Handlungen) zergliedert, mit dem Ziel, die möglichen Argumente dieser Handlungen festzustellen (Helbig 1992; Shank/Abelson 1977). Das Prädikat bzw. S_k enthält somit die Angaben über die Zahl und Funktion der Argumente (ZBR nach Klix (1992), über den Kasusrahmen von Fillmore (1968), die konzeptuellen Dependenzen bei Schank/Abelson (1977)) und die Art der Argumente in der jeweiligen Funktion (assoziatives Priming in der ACT-Theorie) (Anderson 1983; 1996). Das Prinzip der Ergänzungsbedürftigkeit spielt somit eine zentralle Rolle im Bereich der Speicherung und des Abrufs der Sachverhalte der äußeren Wirklichkeit im kognitiven System.

Die Prozedere der Bildung von Ereignisfolgebegriffen unterliegt dem bewussten Entscheidungsprozess eines Menschen. Die Relationen auf dieser Ebene werden deshalb auch *semantische Relationen höherer Ordnung* oder *pragmatische Interferenzen* genannt (van der Meer 1993: 378; Klix 1993: 399). Hier handelt es sich um die Konstruktion bestimmter Konstellationen von Ereignisbegriffen mithilfe der Prinzipien der Finalität, Konditionalität, Kausalität, Konsekutivität und somit auch um die Generierung zusätzlicher

Informationen aufgrund der schon bestehenden Information. Das LZG besteht somit aus unterschiedlichen Begriffsarten, die durch unterschiedliche Relationen miteinander verbunden werden. Der Datenabruf findet mithilfe des Inputs statt, der die unterschiedlichen Begriffsarten durch assoziative Verbindungen und durch Priming-Effekte aktiviert. Die Realisierung der kognitiven Begriffsarten und der Relationen zwischen diesen findet sowohl auf der semantischen (semantische Rollen, semantische Merkmale, der Kasusrahmen, Frames, Komponentenstruktur etc.) als auch auf der morphosyntaktischen Ebene (Verben, Substantive, Adjektive, Kasusmarkierungen, Struktur von einfachen und komplexen Prädikaten etc.) ihren Ausdruck.

Das Prinzip der Ergänzungsbedürftigkeit ist in einer weiteren Theorie, und zwar in der Frametheorie vertreten. Da sich die Frametheorie im linguistischen Bereich zum Ziel setzt, die semantischen und syntaktischen Strukturen einer Sprache im Rahmen eines umfassenden, das menschliche Gedächtnis nachahmenden Netzwerkes zu beschreiben, ist sie für die vorliegende Untersuchung von Interesse. Im nächsten Kapitel werden folglich die Grundzüge und einige für die vorliegende Arbeit relevanten Untersuchungs- bzw. Analyseansätze der Frametheorie vorgestellt.

2.3 Die Frametheorie

Die Frametheorie entstand Mitte der 70er Jahre in den Vereinigten Staaten von Amerika und ist auf den Beitrag von Minsky (Minsky 1974), im linguistischen Bereich auf die Arbeiten von Fillmore (Fillmore 1968, 1971a, 1971b, 1975, 1977a, 1977b, 1985) zurückzuführen. Der Grundgedanke der Frametheorie ist, dass das menschliche Gedächtnis aus einem geordneten Netz von zusammenhängenden die stereotypischen Situationen unseres Lebens darstellenden Rahmenstrukturen besteht, die sich ihrerseits aus Knotenpunkten und Relationen zwischen diesen zusammensetzen (Minsky 1974: 2). Die Untersuchung dieses Netzes, seiner Merkmale und Bestandteilen ist folglich auch das Hauptziel der Frametheorie (Minsky 1974: 1ff.). Da diese Theorie auf den ersten Blick einen leicht nachvollziehbaren Einblick in das menschliche Gedächtnis bietet, ist sie schnell aufgegriffen und vor allem in den Bereichen Psychologie, Künstliche Intelligenz und Sprachwissenschaft weiterentwickelt worden (Lehrer/Kittay 1992: 1 ff.). Hier sind unter anderem folgende Arbeiten zu nennen: in der Psychologie Anderson (1980, 1983, 2009), Klix (1984, 1991, 1992), van der Meer (1993): im Bereich Künstliche Intelligenz Bobrow/Winograd (1977), Fodor (1983, 2000), Hayes (1988), Korb (1998), Raphael (1971), Shank/Abelson (1977) und in der Sprachwissenschaft Barsalou (1992b), Boas (2001, 2005a, 2005b, 2013), Busse (2012),

Fillmore (1985, 1992, 2003), Fillmore/Baker (2010), Konerding (1993), Petruck (1996), Ziem (2008).

Die frametheoretischen Ansätze im Rahmen der Psychologie beschäftigen sich mit der Organisation des mentalen Lexikons, Informationswahrnehmung, -speicherung und -abruf, sowie Feld- oder Framekomponenten und semantischen Relationen zwischen diesen Elementen (Lehrer/Kittay 1992: 1f.; Gansel 2003: 422f.). Die Forscher im Bereich der Künstlichen Intelligenz nutzen die Frametheorie als eine Methode zur Modellierung des menschlichen kognitiven Systems. Ihre Untersuchungen konzentrieren sich vor allem auf die Fragen nach Ermittlung und Umkodierung der unterschiedlichen Relationen zwischen den Elementen des kognitiven Systems zur weiteren Nutzung bei der Analyse von natürlicher Sprache und auf die Erschaffung von selbstlernenden Maschinen (Lehrer/Kittay 1992: 2; Fillmore 2003: 471–473). Im Rahmen der Sprachwissenschaft ermöglicht die Frametheorie unter anderem einen tiefen Einblick in die Fragen der semantischen und der syntaktischen Struktur von Sprache. Ausgehend von der semantischen Bedeutung und Struktur eines Wortes kann auf dessen syntaktische Generalisierungen geschlossen werden, wodurch die Regularitäten zwischen beiden Ebenen festgestellt und erklärt werden können (Lehrer/Kittay 1992: 1). Im deutschsprachigen Raum gehört die Frametheorie, anders als in den Vereinigten Staaten von Amerika, zu einem immer noch wenig untersuchten Bereich, der u.a. durch die Arbeiten von Klaus-Peter Konnerding (1993), Werner Thielemann (1994), Claudia Frass (1996), Birte Lönneker (2003), Alexander Ziem (2008) und Dietrich Busse (2012) repräsentiert wird.

Als eine praktische Umsetzung der Frametheorie im linguistischen Bereich können lexikografische Onlineprojekte[16] für unterschiedliche Sprachen betrachtet werden, welche auf der Frame-Semantik und dem von der Frametheorie entwickelten Beschreibungsinventar und -ansatz basieren. Das Ziel dieser Projekte ist die Dokumentation von semantischen und syntaktischen Kombinationsmöglichkeiten eines Wortes in jeder seiner Bedeutungen.

Das von C. Fillmore ins Leben gerufene Berkeley *FrameNet*-Projekt[17] ist als das erste solche Projekt gegründet worden. Sein Untersuchungsgegenstand

---

16 Unter anderen: BiFN (http://www.cs.ust.hk/~hltc/BiFrameNet/) für die chinesische Sprache, FNB (http://www.ufjf.br/framenetbr-eng/) für das brasilianische Portugiesisch, GFN (http://www.laits.utexas.edu/gframenet/) und SALSA (http://www.coli.uni-saarland.de/projects/salsa) für die deutsche Sprache, JFN für die japanische Sprache (http://jfn.st.hc.keio.ac.jp/), SFN für die spanische Sprache (http://gemini.uab.es/SFN), und SweFN++ für die schwedische Sprache (http://spraakbanken.gu.se/eng/swefn).

17 http://framenet.icsi.berkeley.edu/.

ist die englische Sprache. Man versucht, das menschliche Gedächtnis als eine netzwerkartige, aus Frames bestehende Struktur darzustellen, die den jeweiligen Frame konstituierenden Elemente zu ermitteln, sie zu benennen, die Zusammenhänge zwischen ihnen und auch die Zusammenhänge zwischen den Frames selbst zu beschreiben. Aktuell enthält das *FrameNet* mehr als 10,000 Wortbedeutungen, zu denen mehr als 170000 annotierte Korpusbelege vorliegen. Im Rahmen dieses Projektes sind bis jetzt mehr als 1000 Frames festgestellt worden. Das Zentrum eines Frames stellt die lexikalische Einheit (lexical unit, LU) dar, die den entsprechenden Frame hervorruft und eine gewisse Zahl von Frameelementen (frame elements, FE) verlangt. Da nur das Prädikat als LU auftreten kann, erscheinen Objektwörter, wie *Baum*, *Apfel*, *Stein* im *FrameNet* hauptsächlich als abhängige Elemente (dependents) von der entsprechenden LU. Obwohl die Objektwörter auch über eine minimale Framestruktur verfügen, werden sie im Rahmen vom *FrameNet* sehr selten als frame-evozierende Elemente ausgewählt. Außer zur semantischen Funktion des FE werden Angaben zur syntaktischen Funktion (grammatical function) und zur Form (phrase type) des FE angeführt. Zu den wichtigsten Vorteilen des *FrameNet*-Projektes gehören laut den Projektgründern die Arbeit mit „lebensnahen" und nicht künstlichen, von Linguisten oder Lexikographen konstruierten Korpora (British National Corpus (BNC), Texte der amerikanischen Nachrichtenagenturen, American National Corpus (ANC)), die hierarchische, netzwerkartige Struktur des Framesystems und der auf Frames und nicht auf der alphabetischen Anordnung einzelner Wörter basierende Aufbau des *FrameNet*, was die Ergänzung von Frames durch die für den entsprechenden Frame relevanten LU und die damit verbundene Gruppierung von semantisch ähnlichen Wörtern in unmittelbarer Nähe zueinander ermöglicht (Ruppenhofer et al. 2010: 6).

Die Frametheorie arbeitet mit den Termini *Frame*, *Framesystem*, *Kasusrahmen*, *Szene*, *Perspektivierung* und anderen. Ein *Frame* ist ein kognitives Gebilde des menschlichen Gedächtnisses, das eine stereotypische Situation der äußeren Realität widerspiegelt. Er besteht aus einer Reihe von Elementen, welche seine innere Struktur ausmachen und ihn mittels bestimmter Verbindungsarten (frame relations, VA) mit anderen Frames verbinden. Dadurch wird er in ein *Framesystem* eingeschlossen. Dieses besteht aus einer Reihe untereinander verbundener Frames. Ein Frame verfügt außerdem über die prozedurale Information. Diese gibt Auskunft darüber, wie er benutzt werden soll, was getan werden soll, wenn sich der im Gedächtnis gespeicherte Frame von der vorgefundenen Situation unterscheidet oder was geschieht, wenn für die vorgefundene

Situation kein entsprechender Frame vorhanden ist. Laut Minsky (1977: 355) sei der Frame eine komplexe Struktur, die nicht nur eine gesonderte Episode der Realität widerspiegelt, sondern auch die Sequenzen von Handlungen und Ereignissen umfassen kann.

Ein Frame ist bzw. kann selbst Teil eines anderen Frames sein. Diese Fähigkeit ist von den am Frame beteiligten Elementen abhängig. Im linguistischen Bereich wird das Prädikat als Enkodierungsgröße eines Frames betrachtet. Das Prädikat schafft den Rahmen, in dem die am Sachverhalt beteiligten Argumente agieren. Die Bedeutungsstruktur der möglichen Argumentausdrücke entscheidet über Zahl und Inhalt der am Framesystem beteiligten Frames. Der Frame kann nicht nur durch das Verb, sondern auch durch andere Wortarten, wie Adjektive sowie einige Substantive evoziert werden (Dirven/Radden 1987: 82ff.). In diesem Sinn wird im Rahmen der Frametheorie vom *Kasusrahmen* (*case frame*) gesprochen (Fillmore 1968: 21–31). Dieser spiegelt die semantische Struktur einer Proposition wider. Die propositionale Struktur bietet, bedingt durch die vom Prädikat abhängenden Relationen und semantischen Funktionen der Argumente, immer nur eine bestimmte Perspektive auf den außersprachlichen Sachverhalt. So wird in diesem Kontext von *Perspektivierung* gesprochen. Darunter wird folglich die Hervorhebung eines bestimmten Aspektes des Ereignisses verstanden. Dazu Fillmore (in Dirven/Radden 1987: 79):

> „In proposing the ideas of case grammar, I thought of the case frame associated with a particular predicating word as the imposition of structure on an event (or on the conceptualization of an event) in a fixed way and with a given perspective."

Ein Frame bietet somit nur eine Perspektive auf ein Ereignis. Die frameevozierenden Wörter mit ähnlicher Bedeutung werden zu sogenannten *Szenen* zusammengefasst. Eine Szene umfasst demzufolge eine Reihe von bedeutungsgleichen oder -ähnlichen Prädikaten. Fillmore bezeichnet dies als Relativierung von Prädikatsbedeutungen zu Szenen (1977a: 74):

> „Now when I say that meanings are relativized to scenes, what I mean is that we choose and understand expressions by having or activating in our minds scenes or images or memories of experiences within which the word or expression has a naming or describing or classifying function."

Wenn ein sprachlicher Ausdruck formuliert oder wahrgenommen wird, wird automatisch eine bestimmte Szene im kognitiven System aktiviert, die auf erlerntem Wissen, Erfahrung oder Erinnerung basiert. Das Prädikat des Ausdrucks gilt als Zugang zu dieser Szene (Fillmore 1977a: 74). Die Szene erschließt andere, an dieser Szene beteiligte Prädikate, Argumente, ihre semantische

Füllung, semantische Relationen zwischen ihnen sowie semantische Funktionen, die sie erfüllen. Mehr dazu bei Fillmore/Atkins (1992: 77):

> „Speakers can be said to know the meaning of the word only by first understanding the background frames that motivate the concept that the word encodes. Within such an approach, words or word senses are not related to each other directly, word to word, but only by way of their links to common background frames and indications of the manner in which their meanings highlight particular elements of such frames."

Eine Szene als solche kann in der Regel nicht versprachlicht werden, da sie viele Frames und somit unterschiedliche Perspektivierungen umfasst.

Ein Frame ist nicht als eine starre Struktur anzusehen. In Anlehnung an Minsky (1974, 1977), Fillmore (1977a), Barsalou (1992b) und Fillmore/Atkins (1992) wird er vielmehr als eine dynamische relationale Struktur verstanden, deren semantische Füllung variabel ist. Mehr noch: Jedes Element eines Frames sei dazu imstande, einen neuen Frame hervorzurufen oder zu konstruieren. Dazu Barsalou (1992b: 41f.):

> „For any representational component – wheather it be an attribute, structural invariant, constraint, or something else – people can always note a new source of variability across instances, and add further frame structure to capture it. Through the continuing process of analysis and elaboration, people transform what were once holistic, unanalyzed primitives into complex frames. As a result, primitives that serve as simple, elementary building blocks no longer exist. Note that this is not an ontological claim about the structure of the physical world but is instead a psychological conjecture about how people represent it."

Die Zusammensetzung von Frames ist Gegenstand vieler Untersuchungen (vgl. Minsky 1974, 1977; Fillmore 1977a; Barsalou 1992b; Fillmore/Atkins 1992, Boas 2001, 2005a; Ziem 2008; Ruppenhofer et al. 2010; Busse 2012). Die Forscher gehen an die Modellierung der Struktur eines Frames aus unterschiedlichen Perspektiven heran. Sie sind sich aber alle über die den Frame konstituierenden Elemente einig. So unterscheidet Barsalou drei Basiselemente in jedem Frame. Das *Attribut-Wert-Paar* (attribute-value-sets), die *strukturellen Invariante* (structural invariants) und die *Einschränkungen* (constraints) (Barsalou 1992b: 29–44). Unter dem *Attribut* (attribute) versteht Barsalou ein Konzept, welches einen Aspekt von wenigstens einigen an diesem Konzept beteiligten Kategorien beschreibt. Das Konzept wird nur dann zu einem *Wert*, wenn es für die Beschreibung der Elemente einer Kategorie benutzt wird. Den *Wert* (value) definiert Barsalou als eine untergeordnete Größe des *Attributs*. Er dient als dessen Konkretisierung. Die *Werte* liefern zusätzliche Informationen zu *Attributen* und zeigen deren konkrete Strukturelemente. Da das *Attribut* eines Frames nicht leer sein darf, sind an das jeweilige *Attribut* die für es prototypischen *Werte* gebunden und so im LZG gespeichert. Das ermöglicht ein relativ problemloses Wiedererkennen von Objekten und Ereignissen in der äußeren Realität. Die *Werte* im LZG sind lose an ihre *Attribute* gebunden und können leicht durch andere bessere *Werte* ersetzt werden. Ihre Austauschbarkeit bewegt sich nur im Rahmen des von dem gegebenen *Attribut* vordefinierten Raumes (Barsalou 1992: 30–35). Unter den *strukturellen Invarianten* (structural invariants) versteht Barsalou die konzeptuellen Relationen zwischen den Elementen eines Frames. Barsalou unterscheidet zwischen räumlichen, temporalen, kausativen und intentionalen *strukturellen Invarianten* und verweist darauf, dass es offenbar sehr viele *strukturelle Invarianten* geben kann (Barsalou 1992: 35–37). So wie *strukturelle Invarianten* sind auch *Einschränkungen* (constraints) bestimmte Relationen zwischen den Elementen eines Frames, allerdings von einer anderen Art. Barsalou definiert *Einschränkungen* als Relationen, die die Kookkurrenz und Verträglichkeit sowohl zwischen den *Attributen* als auch zwischen den *Werten* bestimmen. Er unterscheidet *Attributseinschränkungen* (attribute constraints), *Werteneinschränkungen* (value constraints), *kontextuelle Einschränkungen* (contextual constraints) und *Optimierung* (optimization) (Barsalou 1992: 37–40).

Bei Minsky sind die Grundbestandteile eines Frames die Knoten und die Relationen zwischen ihnen. Die so genannten *höheren Ebenen* eines Frames sind laut Minsky festgesetzt und bezeichnen die Dinge, die im gegebenen Frame immer vorhanden sind (Minsky 1974: 2). Die höheren Ebenen können als die Argumentstruktur des Ausdrucks verstanden werden. Die *unteren Ebenen* enthalten *Terminale* (terminals), denen bestimmte *Werte* (values) zugewiesen werden (Minsky 1974: 2). Jedes Terminal legt eine Reihe von Bedingungen fest, die eine Größe erfüllen muss, um als ein Wert des gegebenen Terminals aufzutreten. Sie werden weiter in einfache und komplexe Bedingungen unterteilt. Die einfachen Bedingungen geben die semantische Markierung für den Wert im gegebenen Terminal vor. Die komplexen Bedingungen präzisieren die Relationen zwischen den einzelnen Terminalwerten (Minsky 1974: 2). Der Wert ist mit dem Terminal lose verbunden und kann leicht ersetzt oder konkretisiert werden, wenn das kognitive System einen Wert findet, der das entsprechende Element des Frames besser ausdrückt (Minsky 1974: 2). Es können nicht nur Werte ersetzt, ergänzt oder konkretisiert werden, sondern auch Terminale und Frames. Dies geschieht durch *Anpassung* (matching), *Ausrede* (excuse), *Vorschlag* (advice) oder *Schlussfolgerung* (summary) (Minsky 1974: 40–52). Wie Minsky betont, werden diese Operationen in Gang gesetzt, weil sich das menschliche Gedächtnissystem nach zwei sich ergänzenden Bedürfnissen richtet. Einerseits müssen die Elemente in einem Framesystem richtig repräsentiert werden und andererseits kann das Gedächtnis keine unvollständigen Frames enthalten (Minsky 1974: 40). Die bedeutungsverwandten Frames werden in einem *Framesystem* zusammengefasst. Die Framesysteme werden miteinander durch das *Informationsabrufnetzwerk* (information retrieval network) verbunden (Minsky 1974: 2). Da die Frames in einem Framesystem über die gleichen Terminale verfügen, können die verschiedenen Perspektiven auf eine Szene in einem Framesystem zusammengefasst werden.

Zur Veranschaulichung der Framestruktur, der Beziehungen zwischen den einzelnen Frames und innerhalb dieser ist es sinnvoll, ein komplexes propositionales Gebilde zu benutzen, wie im folgenden Beispiel (Barsalou 1992a: 210f.):

> „Rick, feeling festive, rented a house near a tropical reef. He had recently built a house worth three million dollars. Rick had visited the reef long ago. The fish had been beautiful, and many divers were present."

Diese Episode enthält elf Frames. Es gibt fünf *prädikative* Frames, und zwar den RENT-, BUILD-, VISIT-, CAUSE- und DIVE-Frames. Sie sind mit den sechs *Objektbegriffe*-Frames, RICK-, HOUSE 1, HOUSE 2-, REEF-, FISH-, DIVERS-Frames verbunden. Der RENT-Frame enthält die semantischen Rollen, AGENT und OBJECT. Die *Werte* zu den *Attributen* AGENT und OBJECT sind *Rick* und *House 1*. Der RICK-Frame enthält das Attribut MOOD, mit dem Wert *Festive*. Das Attribut OBJECT aus dem RENT-Frame evoziert den Frame HOUSE 1 mit dem Attribut LOCATION, welches den Wert *Reef* hat. Der nächste *prädikative* Frame ist BUILD. Er hat wieder zwei Attribute, AGENT und OBJECT. Der Wert des Attributs AGENT ist wieder *Rick*, mit dem Wert *Festive* im RICK-Frame. Als Wert des Attributs OBJECT erscheint *House 2*. Er evoziert seinerseits einen *Objektbegriff*-Frame HOUSE 2, mit dem Attribut COST und dem Wert *three million dollars*. Der dritte Frame ist VISIT, welcher wieder die Attribute AGENT und OBJECT enthält. Als der Wert zum Attribut AGENT tritt wieder *Rick* auf, mit der weiteren Wert-Referenz *Festive* zum Attribut MOOD innerhalb des RICK-Frames. Als Wert des Attributs OBJECT liegt *Reef* vor. Es ruft weiter den REEF-Frame hervor, welcher schon als Wert im HOUSE 1-Frame vorkam. Als ein selbständiger Frame tritt das Attribut LOCATION mit dem dazugehörigen Wert *Tropics* auf. Weiter erscheint der Frame CAUSE. Er enthält zwei Attribute, und zwar CONDITION und OUTCOME. Der Wert *Fish* zum Attribut CONDITION tritt selbst als ein Frame mit dem Attribut BEAUTY und dem entsprechenden Bewertungswert *High* auf. Als Wert des Attributs OUTCOME tritt der letzte *prädikative* Frame in diesem Abschnitt, der DIVE-Frame auf. Der DIVE-Frame enthält drei Attribute, LOCATION, OBJECT und AGENT. Als Wert zum Attribut AGENT tritt *Divers* auf. Seinerseits evoziert es einen weiteren

Frame, und zwar DIVERS, mit dem Attribut NUMBERS und dem Wert *Many* zu diesem Attribut. Der Wert zum Attribut OBJECT ist *Fish*, das in diesem Abschnitt als das *Attribut-Wert-Paar* BEAUTY-*High* erwähnt wurde. Das Attribut LOCATION hat den Wert *Reef*, welcher auch als Frame auftritt und den Wert *Tropics* zum Attribut LOCATION besitzt.

Oben angeführte Beschreibung verdeutlicht, dass die Framestrukturen von sehr komplexer Struktur sind und in hohem Maße interagieren. Ein Wert des Attributs kann selbst einen anderen Frame evozieren und dadurch sein eigenes Paar an Attribut-Wert-Elementen verlangen (Barsalou 1992b: 47). Während der prädikative Frame als Attribut semantische Rollen verlangt, sind die Attribute bei dem objektbegrifflichen Frame in der Regel Klassifizierungen, Charakterisierungen oder Zuordnungen. Sie besitzen aber trotzdem die Fähigkeit weitere Frames hervorzurufen, wie z.B. im Fall des prädikativen *Festive* oder objektbegrifflichen *Tropics*. Die strukturelle Invariante repräsentiert die innere Relation zwischen den Elementen eines Frames. So gibt es in diesem Abschnitt räumliche (*a house* und *reef*) und kausative (*had build a house* und *feeling festive*) strukturelle Invarianten, um nur einige zu nennen. Bezüglich der Einschränkungen sind in diesem Abschnitt die Relationen zwischen *tropical reef* und *divers* und zwischen *beautiful fish* und *many divers* feststellbar. Während im ersten Paar die Relation auf die Werteneinschränkung zwischen dem Ort und der Tätigkeit zurückzuführen ist, fußt die Relation im zweiten Paar auf der Attributeinschränkung Qualität-Quantor.

Eine weitere Herangehensweise an die Untersuchung von Frames ist im *FrameNet*-Projekt vorzufinden. Die Arbeit im *FrameNet*-Projekt erfolgt in drei Phasen (Boas 2013: 85–91). Die erste Phase umfasst die Erstellung der semantischen Frames, die Formulierung einer vorläufigen Definition des jeweiligen Frames und die Abgrenzung der zu diesem Frame gehörenden LU und FE. Dieser Arbeitsabschnitt basiert auf der intensiven Arbeit mit den Wörterbüchern (American Heritage Dictionary, Websters Dictionary, Exword English Dictionary), Diskussionen zwischen den Projektmitgliedern und Korpusrecherchen (Ruppenhofer et al. 2010: 5; Boas 2013: 85). Während am Anfang des Projektes die Kriterien, nach denen die LU dem jeweiligen Frame zugeordnet worden sind, informell und intuitiv waren, werden die LU aktuell nach folgenden Kriterien ausgewählt: Die LU müssen die gleiche Zahl und die gleichen semantischen Rollen besitzen, LU mit unterschiedlicher Bedeutungsstruktur im Hinblick auf den Aspekt können in einem Frame nicht vorkommen. So gehören das durative Verb *work on* und das resultative *develop* unterschiedlichen Frames an, obwohl beide die semantischen Rollen *Agent* und *Goal* verlangen. Ein Frame umfasst die LU mit der gleichen Perspektivierung. Der Bezugsframe für die in dem relevanten Frame vorkommenden LU muss gleich sein. Während zum Beispiel das Verb *receive* zusätzlich eine andere Größe voraussetzt, die etwas gibt, verfügt das Verb *take* über diese Rolle nicht. Diese Verben können folglich nicht zusammen in einem Frame vorkommen. Einem Frame gehören die LU mit der gleichen Denotation an. So können zum Beispiel die Adjektive *blue* und *broken* nicht zu demselben Frame gehören, weil sie unterschiedliche Arten des Zustands bezeichnen. Die Komponentenstruktur der entsprechenden FE von den LU in einem Frame soll gleich sein (Ruppenhofer et al. 2010: 9–12). Ruppenhofer weist darauf hin, dass u.a. die Antonymie, die Deixis, die dialektale Färbung der Wörter und die grammatischen Formen des Verbs wie Genus verbi und Tempus keine Rolle bei der Zuordnung der LU zu den Frames spielen (Ruppenhofer et al. 2010: 12). Im *FrameNet* werden zwei Arten der FE unterschieden: Framekernelemente (core frame elements – CFE) und die nicht zum Framekern gehörenden FE (non-core frame elements – NCFE). Die letzteren werden in periphäre (peripheral) und extra-thematische (extra-thematic) FE unterteilt. Damit das FE als CFE aufgefasst wird, muss es syntaktisch realisiert, ein unabdingbarer Bestandteil des Sachverhalts und regiert sein (Ruppenhofer et al. 2010: 19f.). Die NCFE sind nicht Bestandteile des Sachverhalts und dienen lediglich seiner zeitlichen, kausalen, modalen und räumlichen Kontextualisierung (Ruppenhofer et al. 2010: 20f.). Nach der Abgrenzung der LU und FE wird der entsprechende Frame mit Beispielen aus dem Korpus ergänzt. Im Folgeschritt wird die Liste der LU erweitert, welche diesen Frame hervorrufen und die Definition des Frames präzisiert (Lowe et al. 1997: 21). Danach werden mithilfe syntaktischer Spezifikationen Suchkriterien für die Extrahierung der Subkorpora für jede den Frame evozierende LU ausgearbeitet. Die Subkorpora dienen als Grundlage für die weitere frame-semantische Annotation der FE. Die Annotation wird mithilfe des Programms FN Desktop in der zweiten Phase durchhgeführt.[18] Die Korpusdaten werden auf drei Ebenen annotiert. Während auf der ersten Ebene den relevanten Phrasen die FE-Bezeichnungen zugeordnet werden, werden auf der zweiten Ebene die grammatischen Funktionen dieser Phrasen beschrieben. Die dritte Ebene enthält die Angaben zum Phrasentyp, der schon in der ersten Arbeitsphase automatisch zugeteilt worden ist (Boas 2013: 85–87). In der dritten Phase werden die annotierten Korpusbelege auf Widerspruchsfreiheit überprüft und im Anschluss daran in der *FrameNet*-Datenbank gespeichert. Zur Veranschaulichung

18 Zu den Annotationsverfahren und den dabei entstehenden Problemen siehe Petruck et al. (2004), Ruppenhofer et al. (2010: 15–46) und Boas (2013: 85–87).

der inneren Framestruktur und der Zusammenhänge zwischen den Frames im *FrameNet* wird im Folgenden der Frame *Cogitation*[19] erklärt.

Das Konzept *Cogitation* (*Denkfähigkeit*) beschreibt laut *FrameNet* Situationen, in welchen eine Person im Laufe einer bestimmter Zeit, aus einem bestimmten Grund mit einem gewissen Ziel eine auf einen bestimmten Sachverhalt, Gegenstand oder eine Person gerichtete Handlung ausführt. Die diesen Frame evozierenden Wörter verlangen somit zwei CFE, welche durch die semantischen Rollen *Cognizer* und *Topic* ausgedrückt werden. Auf der syntaktischen Ebene tritt das CFE *Cognizer* in der Regel als das Subjekt auf, das CFE *Topic* ist in der Regel als ein PO realisiert. Darüber hinaus gehören laut *FrameNet* zu diesem Frame auch NCFE *Degree*, *Depictive*, *Manner*, *Means*, *Medium*, *Purpose*, *Result* und *Time*. Unter dem NCFE *Degree* wird der Grad des Nachdenkens verstanden. Die durch das NCFE *Depictive* ausgedrückte Phrase steht laut *FrameNet* für die handelnde Person, auf die die geistige Handlung gerichtet ist. Das NCFE *Manner* weist auf die Art und Weise hin, wie die geistige Handlung vor sich geht. Mit dem NCFE *Means* wird die vorsätzliche Handlung von *Cognizer* ausgedrückt, die ihm die Ausführung der geistigen Handlung ermöglicht. Das NCFE *Medium* stellt eine physische Größe oder abstrakte Rahmenbedingungen dar, mithilfe oder innerhalb welcher die geistige Handlung stattfindet. Während das NCFE *Purpose* den erwünschten Zustand des von *Cognizer* ausgeführten Sachverhaltes bezeichnet, steht das NCFE *Result* für das tatsächlich eingetretene Ergebnis dieses Sachverhaltes. Das NCFE *Time* verweist auf die zeitliche Kontextualisierung des Sachverhaltes. Als diesen Frame evozierende Wörter treten im *FrameNet* Verben und Nomen auf, wie z. B.: *consider*, *consideration*, *contemplate*, *contemplation*, *dwell*, *meditate*, *ponder*, *reflect*, *think*, *thought*.

(1) Indeed, *Philip Snowden reflected upon this cautious and measured approach in his manifesto to the Colne Valley electors* in 1929.[20]

Das Frame evozierende Wort ist in (1) das Verb *reflected*. Es verlangt zwei CFE, und zwar *Cognizer* und *Topic*. Auf der syntaktischen Ebene tritt das CFE *Cognizer* als das Subjekt des Satzes auf und wird durch die NP *Philip Snowden* ausgedrückt. Das CFE *Topic* wird als das PO *upon this cautious and measured approach* realisiert. Das FE *Medium* gehört laut *FrameNet* nicht zum Kern des Frames. Es tritt als PP *in his manifesto to the Colne Valley electors* auf.

19 https://framenet2.icsi.berkeley.edu/fnReports/data/frameIndex.xml?frame=Cogitation.

20 https://framenet2.icsi.berkeley.edu/fnReports/data/lu/lu218.xml?mode=annotation.

Wenn die Bedeutungsstruktur der Adjektive ähnlich ist, lassen sich diese in größere Framegruppen einteilen. Unter einer *Framegruppe* wird hier eine Reihe von Frames verstanden, deren frame-evozierende Elemente eine vergleichbare Bedeutungsstruktur haben und sich aufgrund der zwischen den Frames bestehenden Relationen, sei es *Vererbung*, *Nutzung von* oder anderen[21], auf ein Oberframe beziehen. Hinsichtlich der Verbindung zu den anderen Frames kommen für den Frame *Cogitation* die Verbindungsarten *Vererbung* (Inheritance) und *Nutzung von* (Using) in Frage. *Vererbung* wird im *FrameNet* als ein Frame-zu-Frame-Verhältnis definiert, bei dem ein Frame den anderen Frame präzisiert. Im *FrameNet* wird diese Art der Verbindung als *child-frame-parent-frame*-Verhältnis umschrieben. Im Rahmen dieses Verhältnisses entspricht jedem FE im *parent-frame* ein FE im *child-frame*. Laut *FrameNet* funktioniere die Verbindungsart *Nutzung von* ähnlich wie *Vererbung*, aber die Präzisierung der FE bei *Vererbung* ist viel schwächer ausgeprägt als bei *Nutzung von*. Damit ist gemeint, dass der *parent-frame* als die Basis für den *child-frame* auftritt. Dabei müssen nicht alle FE des *parent-frame* im *child-frame* vorkommen.

Abb. 2: Die Framegruppe Cogitation.

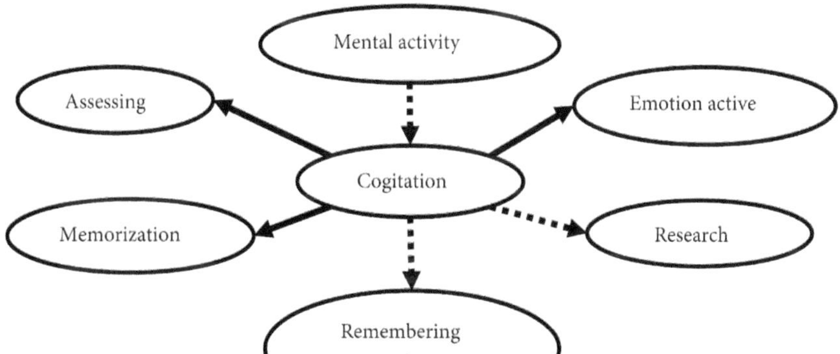

So ist der Frame *Cogitation* durch die *Vererbung* mit den Frames *Memorization*, *Assessing* und *Emotion active* verbunden. Während der Frame *Cogitation* die FE des ihm übergeordneten Frames *Mental Activity* benutzt, tritt *Cogitation* als der *parent-frame* für die Frames *Remembering experience* und *Research* auf, welche ihrerseits die FE von *Cogitation* nutzen. Der Frame *Mental activity* wird im

21 Zu den weiteren Verbindungsarten der Frames vgl. Ruppenhofer et al. (2010: 73–79).

FrameNet als ein nicht lexikalisierter Frame beschrieben, der als Bezugsgröße für eine Reihe von Frames existiert.[22] Die diesen Frame evozierenden Wörter drücken das Konzept der geistigen Handlung im Allgemeinen aus und setzen zwei CFE voraus, und zwar denjenigen, der die geistige Handlung ausführt und den Sachverhalt, auf den diese Handlung gerichtet ist. Die laut *FrameNet* nicht zum Framekern gehörenden FE sind der Grad, die Art und Weise, die Zeit, der Grund für die Ausführung der Handlung, das Bezugssystem des Sachverhaltes, auf den die Handlung gerichtet ist, und die Kategorie, zu der ein Element des im FE ausgedrückten Sachverhaltes gehört. Der Frame *Cogitation* benutzt beide CFE von *Mental activity;* darüber hinaus auch die FE mit der modalen und temporalen Kontextualisierung der Aussage. Sowohl der Frame *Remembering experience* als auch der Frame *Research* als die *child-frames* benutzen die CFE von *Cogitation*, welche in dem jeweiligen Frame als die CFE *Cognizer* und *Experience/Impression/Salient entity/State* für *Remembering experience* und die CFE *Researcher* und *Topic/Question* für *Research* ausgedrückt werden. Darüber hinaus benutzt der Frame *Remembering experience* die NCFE mit modaler und temporaler Bedeutung. Sie werden durch die FE *Time/Duration* und *Manner* zum Ausdruck gebracht. Im Frame *Research* sind es die NCFE mit temporaler (*Time/Duration of state*), modaler (*Manner/Means*), lokaler (*Place*) und finaler (*Purpose*) Bedeutung.

Die oben angeführte Beschreibung zeigt, dass die innere Struktur eines Frames und auch seine Beziehungen zu den anderen Frames im *FrameNet* dem Valenzansatz ähnlich ist, worauf auch im *FrameNet* mit dem Vorschlag hingewiesen wird, es unter anderem als ein Valenzwörterbuch zu benutzen (Ruppenhofer et al. 2010: 6). Die frame-evozierenden Wörter sind in der Regel Prädikate, welche eine bestimmte Anzahl von FE verlangen. Die zum Framekern gehörenden Elemente werden als Argumente und die nicht zum Framekern gehörenden Elemente als Adjunkte betrachtet. Die im *FrameNet* angebotene Beschreibung lässt aber auch viele Fragen offen.

Im Rahmen des *FrameNet*-Projektes wird der Unterscheidung zwischen semantischen Rollen und semantischer Markierung wenig Aufmerksamkeit geschenkt bzw. eine solche Unterscheidung fehlt überhaupt. Damit ist gemeint, dass ein und dasselbe Argument, welches in unterschiedlichen Frames dieselbe semantische Rolle erfüllt, verschiedene Bezeichnungen hat. So setzt sich laut *FrameNet* der nicht-lexikalisierte Frame *Mental activity* aus drei CFE zusammen:

22 Vgl.https://framenet2.icsi.berkeley.edu/fnReports/data/frameIndex.xml?frame=Mental_activity.

Sentient entity, *Content* und *Topic*. In den mit dem Frame *Mental activity* verbundenen Frames *Cogitation*, *Memorizing*, *Assessing*, *Emotion active*, *Research* und *Remembering experience* wird das FE *Sentient entity* durch die FE *Cognizer*, *Assessor*, *Experiencer* und *Researcher* ausgedrückt. Dabei bezeichnen all diese FE eine belebte Größe, die eine auf einen bestimmten Sachverhalt gerichtete geistige Handlung ausführt. Während im Frame *Mental activity* die FE *Content* und *Topic* unterschieden werden, bezeichnen sie eigentlich ein und denselben Sachverhalt, auf den die geistige Handlung von *Sentient entity* gerichtet ist. Dabei tritt das FE *Topic* als eine Konkretisierung von *Content* auf, weil es den Typ des durch das FE *Content* ausgedrückten Sachverhaltes bezeichnet. In den mit dem Frame *Mental activity* verbundenen Frames werden diese FE als *Phenomenon*, *Experience*, *Pattern* oder *Question* umschrieben. Das Vorhandensein von vielen unterschiedlichen Bezeichnungen für ein und dieselbe semantische Rolle lässt sich auf die unscharfe bzw. mangelnde Trennung zwischen der semantischen Rolle des Arguments und seiner semantischen Markierung zurückführen. Die Folge hiervon ist eine sehr große Anzahl an FE im *FrameNet*. Diese Beobachtung wirft auch die Frage nach den Kriterien für die Abgrenzung der semantischen Rollen und dem Stellenwert der semantischen Markierung der Argumente im *FrameNet* auf.

Eine weitere Frage ist die nach den Unterscheidungskriterien zwischen CFE und NCFE. Aus der Definition von CFE und NCFE (vgl. Ruppenhofer et al. 2010: 9–14) lässt sich schlussfolgern, dass die CFE aufgrund der Ähnlichkeit der Framestruktur mit dem Valenzrahmen als Argumente bzw. Komplemente und dementsprechend die NCFE als Adjunkte bzw. Supplemente zu verstehen sind und die Unterscheidung auf semantischer Ebene getroffen wird. Welche semantischen Kriterien und welche Unterscheidungsverfahren zu diesem Zweck eingesetzt werden, wird im *FrameNet* allerdings nicht gesagt. Die Folge der unscharfen Abgrenzung zwischen CFE und NCFE ist die Annahme, dass zu den CFE die NCFE gerechnet werden und umgekehrt. Damit hängt auch eine weitere Beobachtung zusammen. Wenn die Aussage richtig ist, dass die CFE als Argumente und dementsprechend als Komplemente zu verstehen sind, wie kann dann die Unterscheidung zwischen obligatorischen und fakultativen Komplementen durchgeführt werden? Die Folge der mangelnden Unterscheidung in diesem Bereich ist die Frage, ob zu den NCFE, also Adjunkten bzw. Supplementen, auch Argumente gerechnet werden, die auf der syntaktischen Ebene als fakultative Komplemente auftreten. Als Beispiel kann hier das deverbale Adjektiv *angestellt* angeführt werden. Im *FrameNet* wird dieses Adjektiv dem Frame *Being employed* zugerechnet. Laut *FrameNet* gehören zum Framekern dieses Adjektivs folgende FE *Employee*, *Employer*, *Field*, *Place of employment*, *Position* und *Task*. Die NCFE in diesem Frame sind *Circumstances*, *Compensation*, *Contract basis*, *Duration*, *Event description*, *Frequency*, *Manner*, *Particular iteration*, *Place*, *Purpose*, *Rank*, *Time* und *Type*. Das Adjektiv *angestellt* in der Bedeutung *in eine Stelle eingesetzt, mit einer Arbeit beauftragt, beschäftigt* verlangt vier Argumente *Agens*, *Patiens*, *Inhalt* und *Bedingung*, was unter anderem mit den entsprechenden TV bewiesen werden kann (vgl. Kapitel 5). Im *FrameNet* wird allerdings das Argument *Bedingung* zu NCFE und nicht zu CFE gerechnet und das NCFE *Place of employment*, also die lokale Angabe, welche von einigen Fällen[23] abgesehen als typisches Adjunkt gilt, zu CFE.

Weiterhin bestehen laut *FrameNet* zwischen den Frames unterschiedliche VA. Durch diese VA werden die Frames miteinander in Verbindung gebracht, wodurch ein komplexes zusammenhängendes Netzwerk entsteht. Aufgrund dieses Netzwerkes und den VA zwischen den Frames lässt sich ermitteln, warum der jeweilige Frame die ihn konstituierenden FE hat und welche anderen lexikalisierten und nicht lexikalisierten Frames für die Entstehung des jeweiligen Frames eine Rolle spielen. Den VA zwischen den Frames kommt dabei die entscheidende Rolle zu. Folglich müssen diese strikt voneinander abgrenzbar und die Abgrenzungskriterien überprüfbar sein. Obwohl die VA im *FrameNet* ausführlich erklärt sind, fehlt im *FrameNet* eine klare Beschreibung der Abgrenzungskriterien von VA, was vermuten lässt, dass diese noch nicht ausreichend definiert worden sind bzw. dass sie noch nicht vorhanden sind.[24] Als Folge davon stellt sich die Frage nach der Plausibilität der im *FrameNet* angebotenen Netzwerkstruktur.

Nachdem in den vorherigen Kapiteln die Theorien vorgestellt worden sind, die die Basis dieser Untersuchung darstellen, wendet sich die Arbeit in den nächsten Kapiteln dem eigentlichen Gegenstand dieser Untersuchung, der Adjektivvalenz, zu. Davor wird zuerst auf die Wortart *Adjektiv* eingegangen. Neben der Abgrenzung dieser Wortart werden im folgenden Kapitel auch die syntaktischen und semantischen Eigenschaften des Adjektivs beschrieben.

2.4 Die Abgrenzung der Wortart *Adjektiv*

Die Bedeutung des Wortes *Adjektiv* kann allgemein mit *zum Beifügen dienend* oder als *bei-* oder *hinzufügen*[25] *umschrieben werden. Aus dieser Umschreibung*

---

23 Wie z.B. bei Adjektiv *wohnhaft in* (vgl. Kapitel 7.7).

24 Vgl. die VA *Vererbung (Inheritance)* und *Nutzung von (Using)* in Ruppenhofer et al. (2010: 75–78).

25 Hier und weiterhin wird bei der Erklärung der Adjektivbedeutungen das Duden-Universalwörterbuch 2011 verwendet.

resultiert die prototypische Aufgabe des Adjektivs als Wortart. Das Adjektiv wird dem Substantiv bei- oder hinzugefügt, um seine Eigenschaften hervorzuheben, dieses genauer zu beschreiben oder zu spezifizieren.

Zur Abgrenzung der Wortart *Adjektiv* werden in Grammatiken und Nachschlagewerken unterschiedliche Kriterien verwendet, was die Ausrichtung der Adjektivdefinition beeinflusst. Eine morphosyntaktisch ausgerichtete Definition der Wortart Adjektiv schlägt Engel (2004: 335–337) vor. Engel versteht Adjektive als genusvariable Wörter, die immer zwischen Determinativ und Nomen stehen. Laut seiner Definition betrachtet Engel auch folgende Gruppen als zu den Adjektive: Kardinal- und Ordinalzahlen, Partizipien im attributiven Gebrauch (*lachend, ausgetrunken*) und gerundivische Formen (*zu tadelnd*). Mit dieser Definition grenzt Engel die Wörter aus, die nur prädikativ gebraucht werden (*quitt, gram*), aber dennoch Eigenschaften, Zustände oder Qualifizierungen bezeichnen. Solche Wörter zählt er zu den Kopulapartikeln.

Laut der syntaktisch ausgerichteten Definition der IDS-Grammatik (Zifonun et al. 1997: 46) gehören zur Wortart *Adjektiv* Wörter, die prototypisch als Attribute und damit als Modifikatoren des Kopfs einer NP auftreten können. Das Adjektiv im attributiven Gebrauch kongruiert mit dem Bezugsnomen in Numerus und Kasus, das Bezugsnomen regiert seinerseits das attributive Adjektiv im Genus. Die IDS-Grammatik grenzt Wörter wie *fit, gewillt, leid, pleite, quitt, schade, schuld* als Adkopula ab. Solche Wörter bilden nur zusammen mit einem KV das Prädikat und werden als Komplemente des KV angesehen. Sie sind weder attributiv verwendbar noch können sie flektiert werden. Da die Adkopula aufgrund ihrer Bedeutungsstruktur Leerstellen für Komplemente eröffnen können, verfügen sie über Valenz (Zifonun et al. 1997: 55–56).

In der Duden-Grammatik (2009: 338–388) werden unter dem Terminus *Adjektiv* die Wörter gefasst, die einer Person oder Sache bestimmte Eigenschaften zuordnen (qualifizierende Adjektive) oder die eine Beziehung oder Zugehörigkeit ausdrücken (relationale Adjektive). Außerdem gibt es quantifizierende Adjektive (Zahladjektive) und eine besondere Gruppe von adjektivisch gebrauchten Partizipien (*suchend, verschwindend, eingeladen*). Ein prototypisches Adjektiv wird flektiert und steht zwischen Artikel und Substantiv. Syntaktisch gesehen werden bei Adjektiven neben der attributiven Verwendung auch andere Gebrauchsweisen zugelassen. So können sie im substantivierten (nominalisierten), prädikativen und adverbialen Gebrauch auftreten.

In Eroms (2000) werden semantische, morphologische und syntaktische Herangehensweise miteinander vereint. Eroms definiert Adjektive somit als Wörter, die „nicht über die Satzgrenze hinweg abgebunden sind“ und „innersyntaktische

Bestimmungen von Nomina [geben]“ (Eroms 2000: 29–30). Ihre Grundleistung besteht in der Qualifikation von Personen, Dingen und Sachverhalten. Dabei benötigen sie eine Bezugsgröße, der diese Eigenschaften zugeschrieben werden. Aus morphologischer Sicht zeichnet Adjektive das Kriterium die Komparierbarkeit aus. Außer dem attributiven Gebrauch, der zur prototypischen Eigenschaft von Adjektiven gehört, können sie prädikativ und adverbial gebraucht werden. Wie Eroms betont, gibt es prototypische Vertreter, die alle für die Wortart Adjektiv relevante Eigenschaften aufweisen, und Wörter, bei denen die prototypischen Adjektiveigenschaften nur beschränkt auftreten.

In seiner Arbeit *Das deutsche Adjektiv* (2006) plädiert Igor Trost für die Berücksichtigung verschiedener Positionen bei der Abgrenzung der Wortart *Adjektiv*. Trost fasst die morphosyntaktisch ausgerichteten Definitionen von Engel (1988, 1991, 1994, 2004), die syntaktisch ausgerichtete Definition der IDS-Grammatik (Zifonun et al. 1997), die semantisch ausgerichtete Auffassung der Duden-Grammatik (1998), die semantisch-syntaktisch ausgerichtete Definition Eichingers (1979) und die syntaktische, morphologische und semantische Beschreibung von Eroms (2000) zusammen und schlägt somit eine umfassende Definition der Worart *Adjektiv* vor: Adjektive sind Wörter, die in der Klammer zwischen Determinativ und Nomen auftreten können und in dieser Position in Genus, Numerus und Kasus vom Nomen bestimmt werden. Darüber hinaus können sie prädikativ außerhalb eines Verbalkomplexes kopularegiert positioniert werden und in dieser Position indeklinabel bleiben (Trost 2006: 4). Adjektive können auch als *postponierte indeklinable Attribute* verwendet werden. Sie können außerdem komparierbar sein und nicht nur attributiv und prädikativ, sondern auch adverbial verwendet werden. Die Wörter, die über alle diese Eigenschaften verfügen, sind prototypische Vertreter der Wortart Adjektiv. Da aber nicht alle Adjektive dieses Set an Eigenschaften aufweisen, fällt ihre Zuordnung in manchen Fällen schwer. Laut Trost muss ein prototypisches Adjektiv mindestens zwischen Determinativ und Nomen stehen, in dieser Position flektiert sein, prädikativ verwendbar sein und in dieser Position indeklinabel bleiben. Die übrigen Merkmale sind für die Zuerkennung des Adjektivstatus fakultativ (Trost 2006: 4).

Von dieser Definition des Adjektivs ausgehend werden auch die Partizip II-Formen der Verben im Zustandspassiv und die Partizip II-Formen der reflexiven Verben im Zustandsreflexiv in dieser Arbeit in die Analyse miteinbezogen.

(1) Friederici und ihre Kollegen gehen angesichts der neuen Befunde davon aus, dass linke Areale prosodische Information ausschließlich dann analysieren, wenn diese an feste grammatische Satzsegmente *gebunden* ist.
(SPK/J07.00007 spektrumdirekt, 03.01.2007)

(1a) Die XY-Substanz bindet die prosodische Information an feste grammatische Satzsegmente.
(1b) *Die* an feste grammatische Satzsegmente gebunden*e* prosodische *Information.*

In (1) beschreibt *gebunden [sein]* einen erkennbar neuen, veränderten Zustand von gewisser Dauer, der als Folge eines diesem Zustand vorangehenden und jetzt abgeschlossenen Geschehens eingetreten ist. Dieses Geschehen wird durch das Vollverb *binden* ausgedrückt (1a). Da *gebunden* zwischen dem Determinativ *Die* und dem Nomen *Information* stehen kann, sowohl im attributiven Gebrauch (1b) in Genus, Numerus und Kasus vom Nomen bestimmt wird, als auch im prädikativen Gebrauch (1) indeklinabel bleibt, erfüllt es die minimalen Voraussetzungen, um den Adjektivstatus zu erlangen.

(2) Im richtigen Moment deponiert er dann eine Kartoffel oder eine Zitrone unter einem der Hütchen - vollkommen unbemerkt, denn der Zuschauer ist mit dem weißen Ball *beschäftigt.*
(M07/OKT.04660 Mannheimer Morgen, 20.10.2007)
(2a) Der Zuschauer *beschäftigt sich* mit dem weißen Ball.
(2b) *Der* mit dem weißen Ball beschäftigt*e* *Zuschauer.*

So wie in (1) bezeichnet *beschäftigt [sein]* in (2) einen neu eingetretenen Zustand, der infolge eines vorherigen Geschehens entstanden ist. Das Geschehen wird durch das Verb *sich beschäftigen* ausgedrückt (2a). Die Möglichkeit *beschäftigt* zwischen Determinativ und Nomen zu positionieren, sowie seine attributive (2b) und prädikative (2) Verwendungsweise, weisen es als einen Kandidaten für die Wortart *Adjektiv* aus.

Neben dem resultativen und statischen Charakter der Zustandspassiv- und Zustandsreflexivformen und der damit zusammenhängenden Nachzeitigkeit des ausgedrückten Sachverhaltes ist die adjektivische Negation durch *un-* (*ungebunden, unbeschäftigt, uninteresiert*) für Sadziński mit Verweis auf Borsley (1997: 244f.) ein zusätzlicher Grund, die Partizip II-Formen im Zustandspassiv und Zustandsreflexiv als deverbale Adjektive zu betrachten (2003: 969). Als deverbale Adjektive übernehmen sie die Valenz ihrer Ableitungsbasis, also die der Verben. Dabei kann sich die syntaktische Realisierung der vorangestellten Argumente beim Verb und dem von ihm abgeleiteten Adjektiv unterscheiden (3 und 4).

(3) Ich interessiere mich *für Politik.*

(4) Ich bin *an Politik* interessiert.

Sowohl das Verb in (3) als auch das deverbale Adjektiv in (4) bedeuten *etwas erfahren wollen, Interesse an etwas haben, sich angesprochen fühlen* und verlangen in dieser Bedeutung zwei Argumente, das *Tps*-Argument[26] und das *Inhalt*-Argument. Während das *Tps*-Argument in (3) und (4) als das K_{sub} ausgedrückt wird, tritt das *Inhalt*-Argument in (3) als $K_{präp\text{-}für}$ und in (4) als das $K_{präp\text{-}an}$ auf.

Im Satz kann das Adjektiv attributiv (der *heiße* Kaffee), prädikativ (der Kaffee ist *heiß*), adverbial (das Spiel läuft *gut*) und als substantiviertes Adjektiv (*der Neue*) gebraucht werden. Die Adjektive im attributiven und prädikativen Gebrauch beziehen sich auf ein Substantiv oder eine NP. Im substantivierten Gebrauch verhält sich das Adjektiv wie ein Substantiv. Die Adjektive, die adverbial gebraucht werden, haben als Bezugswort nicht ein Substantiv, sondern das Verb (Man hat Susanne *freundlich* behandelt), den ganzen Satz (Rita kommt *sicher* noch), ein anderes Adjektiv (Sie ist *äußerst* erregt), ein Adverb (Das Dorf liegt *tief* unten), eine Präposition (*Direkt* nach seiner Ankunft rief er mich an) oder eine Subjunktion (Und das Ganze geschah, *kurz* nachdem Molly vom Verhältnis ihres Mannes zu Annamarie Scalli erfahren hatte) (Duden 2009: 359–360).

Semantisch gesehen beschreiben Adjektive bestimmte Eigenschaften von Personen oder Sachen (*witzig, hoch, bitter*), sie können aber auch eine Beziehung oder Zugehörigkeit (*englisch, ärztlich, staatlich, heutig*) zu einer bestimmten Größe ausdrücken. Außerdem werden quantifizierende Adjektive (*viel, andere, eins, erste*) unterschieden (Zifonun et al. 1997; Eroms 2000; Engel 2004; Duden 2009). Trost (2006) unterscheidet insgesamt fünf Klassen von Adjektiven: Qualitätsadjektive (QUa), Relationsadjektive (RLa), Quantitätsadjektive (QNa) sowie zwei Randklassen, die monoprädikativen Zustandsadjektive (MPZ) und die Gradadjektive (Ga). Die QUa sind Adjektive, die bestimmte Eigenschaften (*gut, blau, quadratisch, warm, hell*), Bewertungen sowie konkrete und abstrakte Qualifizierungen von Personen oder Sachen (*mutig, zuverlässig, gescheit, geschmackvoll, einfach*) bezeichnen. Die RLa sind Adjektive, die eine Zugehörigkeits-, Referenzbeziehung bzw. den Bezug zu anderen Größen (*belgisch, privat, bautechnisch, kalvinistisch, heutig, gegenwärtig*) herstellen. Die Aufgabe dieser Adjektive besteht in der Regel in der Kategorisierung, Klassifizierung und Kodifizierung. Die QNa oder die Zahladjektive umfassen die Kardinalzahlwörter (*eins, zwei, drei* usw.), die Ordinalzahlwörter (*erster, zweiter, dritter* usw.) und die unbestimmten Zahlwörter (*einzeln, paar, viel, zahllos* usw.). Semantisch gesehen bezeichnen die MPZ Zustände (*quitt, gram, gewahr, ausfindig*), wobei die primäre Motivation für die

---

26 Tps – Träger psychischer Prozesse.

Bildung der Randklasse der MPZ ihre ausschließlich prädikative Verwendung ist. Darüber hinaus sind diese Adjektive nicht steigerungsfähig. Die Zahl dieser Adjektive ist begrenzt, ihre Frequenz aber relativ hoch. Trost (2006: 148) weist darauf hin, dass diese Adjektive mit Ausnahme von wenigen (*angst, barfuß, allein*) eine lexisch-semantische Variante von QUa sind. Die MPZ werden manchmal als Kopulapartikeln bezeichnet (Engel 2004: 335–337). Sie gehören laut Trost aber nicht zu den Partikeln, weil sie im engeren Sinne Autosemantika sind (Trost 2006: 152). In morphologischer Hinsicht werden alle Adjektive im prädikativen Gebrauch nicht flektiert. Deshalb kann die mangelnde Flexion nicht als Ausschlusskriterium der Wortart *Adjektiv* dienen. Da die MPZ aber nicht attributiv verwendbar sind, besitzen sie nicht alle prototypischen Eigenschaften von Adjektiven. Aus diesem Grund werden die MPZ als eine Randklasse der Adjektive bezeichnet. Als Ga werden „adjektivische oder adjektivisch gebrauchte Lexeme mit der Funktion der Graduierung" (Trost 2006: 156 (in Anlehnung an Metzler Lexikon Sprache (2000)) verstanden, also Adjektive mit graduierender Funktion im adnominalen Gebrauch (*mit äußerster Kraft*). Diese Adjektive können aber auch adverbal (*Sie hat sich scheußlich erkältet*), adadjektivisch (*er ist tief religiös*) und adadverbial (*Die Stadt liegt hoch oben*) verwendet werden.

Trost trifft eine weitere Unterscheidung zwischen *relativen* und *absoluten* Adjektiven (Trost 2006: 91–98). Diese von Trost vorgeschlagene Unterteilung vermag eine bessere Übersicht und Klarheit in der Einteilung der Adjektive zu schaffen. Darüber hinaus löst sie einige terminologische Widersprüche, die bei der Verwendung von *relativ* und *absolut* zur Adjektivklassifizierung auftreten. Generell wird unter der Bezeichnung *relativ* verstanden, dass die Adjektive steigerungsfähig sind, während die *absoluten* Adjektive keine Komparationsstufen bilden können. Dazu Trost (Trost 2006: 100):

> „Zur Abgrenzung der relativen und absoluten Qualitätsadjektive ist festzuhalten, dass nur die relativen Qualitätsadjektive einen mit dem Positiv lexikalisch identischen und deshalb grammatisch steigernden Vergleichskomparativ und –superlativ bilden können, die absoluten Qualitätsadjektive dagegen nicht. Dies ist das entscheidende Unterscheidungskriterium nicht nur der relativen und absoluten Qualitätsadjektive, sondern der relativen und absoluten Adjektive überhaupt."

Unter dem Ausdruck *der mit dem Positiv lexikalisch identische und deshalb grammatisch steigernde Vergleichskomparativ und –superlativ* wird verstanden, dass mehrere syntaktische Bezugs- und Vergleichsgrößen miteinander verglichen werden. Der Vergleich findet immer aufgrund einer Eigenschaft statt. Diese Eigenschaft wird den entsprechenden Größen in unterschiedlichem Grad durch den Komparativ oder Superlativ zugemessen. Durch diese Zuweisung wird die Eigenschaft einer Skalierung unterzogen.

Eine wichtige Voraussetzung für den Vergleich ist das Vorhandensein eines objektivierbaren oder relativ subjektiven Vergleichs- oder Wertemaßstabs, anhand dessen die durch Adjektive ausgedrückten Eigenschaften miteinander in Relation gesetzt und verglichen werden können. Die Eigenschaften hängen von diesem Maßstab ab und werden dem Bezugsnomen vermittelt. Bei einem objektivierbaren Vergleichsmaßstab kann die entsprechende Eigenschaft z.B. numerisch messbar sein. Das ist der Fall bei Adjektiven wie *kurz* und *lang*. Im Fall der Adjektive *gescheit* und *dumm* kann der objektivierbare Vergleichsmaßstab nicht eingesetzt werden, da diese Adjektive in den Bereich einer am Sprecher orientierten, subjektiven Bewertungsskala gehören. In der Regel handelt es sich um Bewertungsadjektive. Grammatische Komparation bedeutet, dass die Komparativ- und Superlativform mit dem Positiv lexikalisch identisch sind, d.h. die lexikalische Bedeutung des Positivs wird bewahrt, und die Komparation wird nur durch flexivische Mittel realisiert.

Bei absoluten Adjektiven fehlt diese Vergleichskala, weil solche Adjektive absolute Eigenschaften bezeichnen, wie z.B. die Adjektive *ledig*, *verheiratet*, *leer*, *voll*, *zufrieden* usw. Absolute Adjektive können aber in manchen Fällen auch Komparationsstufen bilden. Vor allem ist hier der Deminutionskomparativ[27] zu nennen, sowie der Augmentationskomparativ[28] und die pragmatisch motivierte Komparation[29]. Da aber diese Steigerung der aQUa für die vorliegende Untersuchung keine Rolle spielt, wird auf diese Differenzierung nicht weiter eingegangen.

Im nächsten Kapitel erfolgt eine Beschreibung der Adjektivvalenz. Neben einem Überblick über die Forschungsliteratur zur Valenz des Adjektivs werden in diesem Kapitel die syntaktische und die semantische Valenz der Adjektive behandelt.

---

27 Bei dem Deminutionskomparativ wird die lexikalische Bedeutung des Positivs modifiziert, weshalb hier von wortbildender Komparation gesprochen wird, z.B. *still-stiller*; *voll-voller*; *leer-leerer* usw. (Trost 2006: 99–101 und 51–59).

28 Der Augmentationskomparativ umfasst die Ad-hoc-Graduierungen absoluter Adjektive, sie sind bedeutungsmodifizierend graduierbar und nicht grammatisch steigerungsfähig, z.B. *verheirateter*, *schwangerer*, *voller*. (Trost 2006: 99–101 und 65–70).

29 Die pragamtisch motivierte Komparation besitzt keine grammatische Steigerungsfunktion, der Positiv wird auch lexikalisch nicht modifiziert. Die Komparation findet nur mit morphologischen Komparationsmitteln statt. Der Zweck dieser Art der Komparation ist die pragmatische Überhöhung bzw. Abmilderung des Positivs. (Trost 2006: 99–101 und 82–90).

2.5 Die Adjektivvalenz

In der Duden-Grammatik wird die Adjektivvalenz in Anlehnung an die Verbvalenz als eine semantisch-syntaktische Abhängigkeitsbeziehung zwischen einem Kern und den von ihm geforderten Phrasen definiert (Duden 2009: 361). Am deutlichsten erscheint diese Beziehung, wenn Adjektive prädikativ mit KV gebraucht werden (Duden 2009: 361). Das komplexe Prädikat öffnet folglich die Leerstellen, die von bestimmten Phrasen ausgefüllt werden, welche ihrerseits von den syntaktischen und semantischen Eigenschaften des Prädikats abhängen. Helbig (1992: 109–111) stellt eine Ähnlichkeit von Adjektiven und Verben in ihren Valenzeigenschaften aufgrund ihrer Fähigkeit fest, logische Prädikate auszudrücken. Darauf basierend können Adjektive, so wie Verben, als semantische Kerne der Propositionen auftreten. Somit ist die Adjektivvalenz bei Helbig die Fähigkeit eines Adjektivs, sowohl im prädikativen, als auch im attributiven Gebrauch andere Elemente durch semantische Relationen und syntaktische Relationen an sich zu binden. Welke (1988: 115–118) betrachtet die Valenz des Adjektivs aus semantischer Sicht. Er behauptet, dass die Fähigkeit eines Adjektivs, andere Elemente an sich zu binden, auf seine Fähigkeit, Sachverhalte auszudrücken, zurückzuführen sei und dass deshalb der syntaktische, attributive oder prädikative Gebrauch des Adjektivs keinen Einfluss auf die Adjektivvalenz habe. Auch Sommerfeldt/Schreiber (1983: 27) stützen sich auf den logisch-semantischen Hintergrund der Valenz. Sie begründen die Valenz des Adjektivs mit seiner Eigenschaft, andere Elemente zu charakterisieren. Als ein Prädikat verlangt es Argumente, und zusammen mit diesen entwirft und drückt es Sachverhalte aus. Engel (2004: 185–192) geht bei der Beschreibung der Adjektivvalenz syntaktisch vor und betrachtet das Subjekt nicht als eine Ergänzung des Adjektivs. Die Wertigkeit ist bei Engel somit immer um eine Position niedriger als z.B. bei Helbig oder in der Duden-Grammatik. Auch Erben (1972: 286–287) nennt die syntaktische Fügungspotenz des Adjektivs, das Leerstellen eröffnet, die mit Ergänzungen bestimmter Art besetzt werden müssen oder können. Tarvainen (1981: 72) definiert die Adjektivvalenz syntaktisch und sagt, dass die Ergänzungen die syntaktischen Dependentien von Adjektiven sein müssen.

Es sind folglich zwei Herangehensweisen bei der Erklärung der Adjektivvalenz vorhanden, die syntaktische und die logisch-semantische. Das Adjektiv wird im Rahmen der syntaktischen Herangehensweise als ein Komplement des KV betrachtet, das nur zusammen mit ihm einen Prädikatsausdruck bildet (Zifonun et al. 1997: 1028–1029; Eroms 2000: 207–210). Verben werden hier also als primäre und Adjektive als sekundäre Valenzträger aufgefasst (Helbig 2001: 516–517; Zifonun et al. 1997: 1029). Adjektive können Komplemente an sich binden, haben aber syntaktisch gesehen keinen Zugang zum Subjekt. Das Subjekt wird vom KV regiert und ist somit die Ergänzung eines Verbs. Dabei ist die morphosyntaktische Form des Adjektivs für die Zahl, die morphosyntaktische Form und die Funktion seiner Ergänzungen entscheidend. Die logisch-semantische Adjektivvalenz wird ausgehend von der Bedeutung des Adjektivs beim attributiven und von der Bedeutung des komplexen Prädikats beim prädikativen Gebrauch des Adjektivs definiert. Wenn von logisch-semantischer Valenz gesprochen wird, sind damit generell die Zahl und die semantische Funktion der Argumente eines Prädikats, d.h. die semantischen Rollen der Argumente sowie die semantische Verträglichkeit der vom Prädikat verlangten Argumente gemeint, also ihre semantischen Merkmale (u.a. Sommerfeldt/Schreiber 1983: 27; Welke 1988: 115–118; Groß 2003: 838). Im Rahmen dieser Herangehensweise lässt sich das Subjektproblem lösen, weil nicht nur das Adjektiv selbst als der Valenzträger, sondern das gesamte komplexe Prädikat als solcher betrachtet werden. Wenn außerdem vom logisch-semantischen Hintergrund der Valenz ausgegangen wird, ergeben sich weder im prädikativen noch im attributiven Gebrauch Schwierigkeiten bei der Valenzbeschreibung der Adjektive.

Die syntaktische Ebene wird als die Ausdrucksebene der Valenz aufgefasst, die die kognitiven Konzepte und ihre Versprachlichung sichtbar macht (Helbig 1992: 3–18). Darauf basierend wird auch die Zahl der Ergänzungen als die Zahl der semantisch angelegten Argumente eines Prädikats betrachtet. Die syntaktische Form und die Funktion der Argumente macht die strukturelle Ebene der Sprache sichtbar, die eine begrenzte Anzahl von syntaktischen Mitteln für eine viel größere Zahl semantischer Einheiten bereitstellt. Somit können Argumente innerhalb eines Ausdrucks eine unterschiedliche syntaktische Form annehmen und unterschiedliche syntaktische Funktionen erfüllen. Das Adjektiv tritt aufgrund seines Charakterisierungspotenzials als Prädikat auf. Als solches besitzt es aufgrund seines semantischen Gehaltes eine Wertigkeit, d.h., es eröffnet Leerstellen, die durch Argumente gefüllt werden. Da Adjektive propositionale Strukturen bilden können, drücken sie wie Verben Sachverhalte aus. Der Prädikatausdruck hat auf der syntaktischen Ebene dann entweder die Form eines komplexen Prädikats, und zwar beim prädikativen Gebrauch des Adjektivs, oder tritt bei attributivem Gebrauch in Form eines Bestimmungswortes zum Nomen auf. Die Argumente werden ihrerseits abhängig von ihrer semantischen Rolle und semantischen Füllung als unterschiedliche Komplemente in bestimmter syntaktischer Form und Funktion realisiert.

Die meisten Untersuchungen zur Adjektivvalenz sind mit deutschen, japanischen und englischen Adjektiven durchgeführt worden. Mit den deutschen Adjektiven haben sich u.a. Junker (1970), Sommerfeldt (1971a, 1971b und 1981a), Starke (1973), Sandau (1975, 1979), Bondzio (1979), Götze (1979), Piitulainen (1983), Gansel (1983, 1987), Lee (1994) und Bassola (2007) befasst. Sommerfeldt und Schreiber haben das *Wörterbuch zur Valenz und Distribution deutscher Adjektive* (Sommerfeldt/Schreiber 1974, 1977, 1983) verfasst, das bis heute eines der umfangreichsten Werke zur Beschreibung der Adjektivvalenz darstellt. Die Valenz der englischen Adjektive ist von Herbst (1983) untersucht worden. Mit den japanischen Adjektiven haben sich neben Groß (1996b, 1999, 2003) auch Nishio (1972) und Hida/Asada (1991) befasst. Der Schwerpunkt von Groß' Arbeiten ist die kontrastive Untersuchung der deutschen und der japanischen Adjektive. Kontrastiv sind auch die deutschen und finnischen Adjektive bei Piitulainen (1983) miteinander verglichen worden, ebenso wie die deutschen mit den polnischen Adjektiven bei Koniuszaniec (1987), die deutschen mit den arabischen bei Abdulhabi (2004) und schließlich die deutschen mit den chinesischen bei Zhu (2004).

Ähnlich wie bei Verben und Substantiven werden im Rahmen der Adjektivvalenz u.a. Wertigkeit, Obligatheit und Fakultativität der Kompelemente, semantische und syntaktische Valenz betrachtet. Auch sind die Fragen nach den Verfahren zur Unterscheidung von Komplementen und Supplementen sowie obligatorischen und fakultativen Komplementen relevant. Diese werden in den nächsten Kapiteln genauer erläutert.

2.5.1 Die Adjektivvalenz auf der syntaktischen Ebene

Die syntaktische Valenz wird generell in qualitative und quantitative Valenz aufgeteilt. Die Form und Funktion der Ergänzungen wird als die qualitative und die Zahl der vom Prädikat abhängenden Ergänzungen als die quantitative Valenz bezeichnet (u.a. Erben 1972: 286–287; Tarvainen 1981: 72; Welke 1989: 15).

(1) *Er* ist *seinem Freund für den Hinweis* dankbar.

Das Adjektiv *dankbar* ist dreiwertig (quantitative Valenz). Es verlangt drei Ergänzungen, die in (1) aus formaler Sicht als Pronomen im Nominativ, als Substantiv im Dativ und als eine PP mit der Präposition *für* realisiert werden. Funktional gesehen tritt das Substantiv im Nominativ als Subjekt des Satzes, das Substantiv im Dativ als DO und die PP als PO (qualitative Valenz) auf.

Laut Groß ist das Adjektiv das semantische Zentrum, wenn es als Bestandteil eines komplexen Prädikates auftritt, und das KV ist das syntaktische Zentrum eines Prädikats (Groß 2003: 835–836). Das Subjekt betrachtet Groß auch als ein Komplement des Adjektivs, weil das Adjektiv aufgrund seiner semantischen Bedeutung das Bezugsnomen selegiert (Groß 2003: 837–838):

> „In order to include subject into the class of complements, the concept of binding relations between semantic features of subject and nA (nominal adjectives) is the most practical. Thus, subjects can be considered as complements, and within the valency theoretical framework they are then regarded as "E(rgänzung)0", or "first complement"."

Darauf basierend unterscheidet er abhängig von ihrer Valenz drei Gruppen von Adjektiven: monovalente, bivalente und polyvalente Adjektive. Die meisten Adjektive sind monovalent, da sie sich semantisch auf Eigenschaften beziehen, und somit nur ein Komplement verlangen und zwar das Subjekt, das sie charakterisieren. Dabei steht das Subjekt nicht immer im Nominativ. Einige Adjektive, die psycho-physiologische Eigenschaften zum Ausdruck bringen, können die Phrase im Dativ (2) verlangen (Groß 2003: 838).

(2) *Mir* ist kalt.

Die bi- und polyvalenten Adjektive haben entweder eine relationale Beziehung lexikalisiert oder sind abgeleitete Adjektive. Sie können dann neben dem Subjekt im Nominativ als erstes Komplement die unterschiedlichen Objektphrasen (3, 4, 5, 7), als weitere Komplemente die PP (6, 8), IK (9) und NS (10) verlangen (Groß 2003: 838–839).

(3) Ich bin *ihn* los.

(4) Ich bin *diesem Mann* fremd.

(5) Er ist *des Diebstahls* schuldig.

(6) Er ist *an dem Mädchen* interessiert.

(7) Er ist *ihr einen Monatslohn* schuldig.

(8) Sie ist *ihm für die Zahlung des Monatslohns* dankbar.

(9) Er ist fähig, sich so *zu* verhalten.

(10) Er ist würdig, *dass* er ausgezeichnet wird.

Die Duden-Grammatik kombiniert die syntaktische und die semantische Herangehensweise an die Valenz. Aufgrund ihrer Bedeutung verlangen die Adjektive mindestens eine Ergänzung. In der Duden-Grammatik werden ein-, zwei- und dreiwertige Ergänzungen (11, 12, 13) unterschieden (Duden 2009: 361).

(11) *Die Schachtel* ist rund.

(12) *Anna* ist *als Grafikerin* tätig.

(13) *Diese beiden Schriftstellerinnen* sind *einander in ihrer Fabulierlust* ähnlich.

Es sind auch nullwertige Adjektive möglich (14). Das sind Adjektive, die keine begrifflich angelegten Partner, und damit keine Argumente, verlangen, da sie nur einen Sachverhalt wiedergeben. Wenn mit solchen Adjektiven Sätze gebildet werden, erfüllt *es* die Funktion eines strukturellen Subjektes (Duden 2009: 361 und Helbig 2001: 526–528):

(14) *Es* ist neblig.

Die Ergänzungen der Adjektive erfüllen im Satz unterschiedliche Funktionen. Sie können als Subjekte (15), Objekte (16), Adverbiale (17), Konjunktionalphrasen (18), Infinitivkonstruktionen (19) oder Ergänzungssätze (20) auftreten.

(15) *Die Schachtel* ist rund.

(16) Sie sind *einander* ähnlich.

(17) Er ist *gut* gelaunt.

(18) Anna ist *als Grafikerin* tätig.

(19) Die Behörde ist interessiert daran, *den Anonymus ausfindig zu machen.*

(20) Die Forscher sind neugierig darauf, *wie die Kinder auf die Studie reagieren.*

Abhängig von dem prädikativen oder attributiven Gebrauch verändert sich auch das Bezugswort des Adjektivs (Duden 2009: 361).

(21) *Die Schachtel* ist rund.

(22) Ich nahm *die* runde *Schachtel.*

Im prädikativen Gebrauch ist das Subjekt des Satzes das Bezugswort des Adjektivs (21). Beim attributiven Gebrauch übernimmt diese Funktion das entsprechende Nomen (22), zu dem das Adjektiv als Attribut auftritt (Duden 2009: 361).

Die Analyse der syntaktischen Valenz der Adjektive unternimmt die Duden-Grammatik im Rahmen der Satzbaupläne. Laut Duden ist ein Satzbauplan eine feste sprachliche Struktur, die aus einem Prädikat und den von ihm abhängenden Ergänzungen besteht (Duden 2009: 932). Die Beschreibung einer sprachlichen Struktur im Rahmen eines Satzbauplans besteht in der Beschreibung der zum Prädikat gehörenden Ergänzungen und ihrer syntaktischen Funktion im Ausdruck. In der Duden-Grammatik werden folgende Satzbaupläne mit dem

Adjektiv als Valenzträger (genannt *Nebenpläne*) unterschieden (Duden 2009: 932–962)

Tab. 6: Satzbaupläne der Adjektive nach Duden (2009: 932–962)

Prädikat mit einer Ergänzung		
1.	[Subjekt] + Prädikat	[Anna] ist zornig.
2.	[Dativobjekt] + Prädikat	[Mir] ist kalt.
Prädikat mit zwei Ergänzungen		
3.	[Subjekt] + [Akkusativobjekt] + Prädikat	[Sie] ist [den Lärm] gewohnt.
4.	[Subjekt] + [Dativobjekt] + Prädikat	[Dieser Termin] ist [mir] angenehm.
5.	[Subjekt] + [Genetivobjekt] + Prädikat	[Er] ist [des Diebstahls] schuldig.
6.	[Subjekt] + [Präpositionalobjekt] + Prädikat	[Der Laborant] ist [mit den Ergebnissen]zufrieden.
7.	[Subjekt] + [prädikative Adjektivphrase] + Prädikat	[Otto] ist/wird/bleibt [zornig].
8.	[Subjekt] + [prädikative Konjunktionalphrase] + Prädikat	[Rainer Isele] war [als Bauunternehmer] tätig.
9.	[Subjekt] +[Lokaladverbiale] + Prädikat	[Otto] ist [in Köln] wohnhaft.
10.	[Subjekt] +[Modaladverbiale] + Prädikat	[Die Luft] war [dreißig Grad] warm.
Prädikat mit drei Ergänzungen		
11.	[Subjekt] +[Dativobjekt] + [Präpositionalobjekt] + Prädikat	[Meine Gegnerin] ist [mir] [an Ausdauer] überlegen.

Zhu (2004) stellt fest, dass die Adjektive im Deutschen attributiv, prädikativ, adverbial und appositionell gebraucht werden. Sie können null-, ein-, zwei- und dreiwertig sein. Dabei sind die meisten deutschen Adjektive einwertig, was aus ihrer Funktion als Eigenschaftswort resultiert (Zhu 2004: 188). Die deverbalen Adjektive übernehmen die Valenz des Verbs. Funktional werden die Argumente bei Adjektiven als K_{obj} und $K_{präp}$ realisiert. Sie können auch als Nebensätze und Infinitivgruppen auftreten. Formal treten sie als Nomen, Pronomen und PP auf (Zhu 2004: 117–119). Zhu nennt die Komparation eine grammatische Möglichkeit zur Erweiterung und Passiv eine grammatische Möglichkeit zur Reduzierung der Grundvalenz (Zhu 2004: 127).

Die Beschreibung der syntaktischen Valenz von Helbig (2001) basiert auf Satzbauplänen, die er Satzmodelle nennt. Für ihn sind die morphosyntaktischen und die semantischen Satzbaupläne Grundstrukturen des deutschen Satzes.

Erstere ergeben sich aus den Oberflächenkasus und den Satzgliedern, die vom Valenzträger gefordert werden und tragen keine inhaltliche Bedeutung. Der Inhalt entsteht dann dank der semantischen Funktionen der jeweiligen Satzglieder im Satz (Helbig 2001: 516). Im Rahmen seiner Beschreibung der Satzbaupläne unterscheidet Helbig außerdem obligatorische und fakultative Ergänzungen. Zudem umfasst Helbigs Beschreibung die typischen Angaben der syntaktischen Valenz, wobei er im Vergleich mit der Duden-Grammatik neben der Zahl der Ergänzungen und ihrer syntaktischen Funktion auch die Form der Ergänzungen anführt. In sein System schließt er auch die Adjektive ohne begrifflich angelegte Argumente ein. Somit gibt es bei Helbig sieben morphosyntaktische Satzbaupläne mit dem Adjektiv als Valenzträger (Helbig 2001: 526–528). Adjektive mit präpositionalen Komplementen ($K_{präp}$) kommen in 13 Konstruktionen vor (Helbig 2001: 526–528). Die Satzbaupläne werden nach *Obligatheit* und *Fakultativität* der Komplemente differenziert. Es gibt folgende Satzbaupläne mit obligatorischen Komplementen des Valenzträgers: Sn[30], pS; Sn, pSA; Sn, pAdj; Sn, pS, (pS); Sn, pS, (NS); Sn, Sa, pS. Mit fakultativen Komplementen liegen die Satzbaupläne Sn, (pS); Sd, (pS); Sn, (Sd), (pS); Sn, (pS), (pS); Sn, (pS), (NS); Sn, (pS), (Infzu); Sn, Sd, (pSA); Sn, pS, (pS) vor. Die Konstruktion Sn, pS, (pS) ist in beiden Gruppen vorhanden. Das Adjektiv verlangt hier zwei $K_{präp}$ (23), wobei eins obligatorisch ist, das andere fakultativ (Helbig 2001: 527):

(23) Die Familie ist sich *mit den Verwandten* (*über die Jubiläumsfeier*) einig.

Diese Satzbaupläne zeigen, dass das Adjektiv als Valenzträger nicht nur ein, sondern mehrere $K_{präp}$ verlangen kann, wobei die Komplemente sowohl obligatorisch als auch fakultativ sein können. Es ist außerdem nicht nur die PP als Komplement möglich, sondern auch eine aus einer Präposition und einem Adjektiv bzw. Adjektivadverb (als Adverbialbestimmung) bestehende Konstruktion. Darüber hinaus kommt als Komplement des Adjektivs die obligatorische lokale Angabe

---

30 Abkürzungen bei Helbig (2001: 521–522):
Sn = Substantiv im Nominativ (als Subjekt)
Sa = Substantiv im Akkusativ (als Objekt)
Sd = Substantiv im Dativ
pS = Präposition + Substantiv (als Objekt)
pSA = Präposition (oder Adjunktor) + Substantiv (als Adverbialbestimmung)
pAdj = Präposition (oder Adjunktor) + Adjektiv bzw. Adjektivadverb (als Adverbialbestimmung)
NS = Nebensatz (als Objekt)
Infzu = Infinitiv mit zu (als Objekt).

vor. Syntaktisch gesehen können die entsprechenden Argumente des Prädikats als $K_{präp}$, IK oder NS realisiert werden (Helbig 2001: 526–528).

Bei Engel (2004: 185–192) wird die syntaktische Valenz als Ausdrucksvalenz beschrieben. Dabei ist die Ausdrucksform eines Wortes für Engel sekundär, sie markiert lediglich die inhaltliche Seite eines sprachlichen Zeichens, die aus der kategorialen und der relationalen Bedeutung besteht. Die Ausdrucksvalenz eines Wortes setzt sich laut Engel aus der Anzahl der Leerstellen, die das gegebene Wort eröffnet, und der Ausdrucksform der Ergänzungen, die diese Leerstellen ausfüllen, zusammen (Engel 2004: 186). In seiner Arbeit unterscheidet Engel 16 Typen der Adjektivergänzungen (Engel 2004: 354–360): Akkusativergänzung (E_{akk}), Genitivergänzung (E_{gen}), Dativergänzung (E_{dat}), Präpositivergänzung (E_{prp}), Verbativergänzung (E_{vrb}), Situativergänzung (E_{sit}), Direktivergänzung (E_{dir}), Prädikativergänzung (E_{prd}), Graduativergänzung zum Positiv (E_{grdpos}), Graduativergänzung zum (relativen) Komparativ ($E_{grdkomp}$), Graduativergänzung zum (vorwiegend relativen) Superlativ (E_{grdsup}), Normergänzung (E_{norm}), Vergleichsergänzung zum Positiv (E_{vglpos}), Vergleichsergänzung zum Komparativ ($E_{vglkomp}$), Vergleichsergänzung zum Superlativ (E_{vglsup}), Proportionalergänzung (E_{prop}). Unter den 16 Adjektivkomplementen, die Engel im Bereich der Adjektivvalenz unterscheidet, gibt es fünf Komplementtypen, die formal aus einer Präposition und der nachfolgenden NP bestehen. Das sind E_{dat}, E_{prp}, E_{sit}, E_{dir}, E_{prd}. In seiner Einteilung betrachtet Engel das Phänomen der Valenzerweiterung als einen der Ergänzungstypen der Adjektive. Daraus lässt sich eine relativ große Anzahl der Ergänzungstypen erklären, deren Kern ein Adjektiv mit Komparationspotenz ist. Die Adjektivergänzungen können unterschiedlich im Satz realisiert werden. Engel nennt fünf solche Möglichkeiten (Engel 2004: 354): Attribut, Apposition, Disjunkt, Prädikativergänzung, modifizierende Angabe.

In seiner Arbeit zur Adjektivvalenz „Untersuchungen zur Valenz des Adjektivs in der deutschen Gegenwartssprache" (1994) schließt Lee an die verbreitete Beschreibung der syntaktischen Valenz an. Unter syntaktischer Valenz versteht Lee somit die Zahl, die Form und die Funktion der vom Valenzträger geforderten Phrasen. Die syntaktische Ebene ist für Lee ein Abbild der logisch-semantischen Ebene der Sprache. Die Argumente eines Prädikats, im konkreten Fall eines Adjektivs, als Einheiten der begrifflichen und semantischen Struktur, verfügen über die zeichenbasierten Realisierungsmöglichkeiten auf der syntaktischen Ebene der Sprache (Lee 1994: 29–59). Die Zahl der Ergänzungen auf der syntaktischen Ebene hängt von der Argumentstruktur eines Prädikats ab. Die syntaktische Form und Funktion eines Arguments im Satz geht auf seine semantische Rolle zurück. Dabei hat das Argument nicht nur eine syntaktische Realisierungsform.

Abhängig von seiner semantischen Füllung und von der Bedeutung des Adjektivs kann es mehrere syntaktische Realisierungsformen haben. Laut Lee werden Ergänzungen der Adjektive morphosyntaktisch realisiert als (Lee 1994: 296–339): Bezugssubstantiv/ Substantiv im Nominativ[31], Substantiv im Genitiv (als Objekt oder Adverbialbestimmung), Substantiv im Dativ (als Objekt), Substantiv im Akkusativ (als Objekt oder Adverbialbestimmung), Substantiv mit der Präposition (als Objekt, Adverbialbestimmung oder Prädikativ), Adjektivadverb, Adverb, Infinitivkonstruktion (als Subjekt oder Objekt), Nebensatz (als Subjekt, Objekt oder Adverbialbestimmung). Lee unterscheidet null- bis dreiwertige Adjektive. Da Obligatheit und Fakultativität der Ergänzungen für Lee ein Phänomen der Oberflächenstruktur ist, berücksichtigt er diese Unterscheidung in seiner Einteilung nicht. Der syntaktische, prädikative oder attributive Gebrauch des Adjektivs im Satz beeinflussen die Valenz des Adjektivs nicht. Deshalb führt Lee in seinen Satzbauplänen nur die Sätze mit Adjektiven im prädikativen Gebrauch auf. Konkret stellt er 44 morphosyntaktische Satzbaupläne mit Adjektiv als Valenzträger fest (Lee 1994: 380–385):

Eine ähnliche Herangehensweise ist auch in den älteren Arbeiten zur Adjektivvalenz, z. B. bei Welke (1988), Sommerfeldt (1971a und 1971b) und Sommerfeldt/Schreiber (1974, 1977, 1983) zu finden. Welke betrachtet das Adjektiv als Valenzträger und von dessen Bedeutung ausgehend unterscheidet er ein- bis dreiwertige Adjektive. Da Adjektive typischerweise die Eigenschaften einer Größe beschreiben, sind sie in der Mehrzahl einwertig. Die Mehrwertigkeit ist nur bei Adjektiven vorhanden, die aufgrund ihrer Bedeutung eine relationale Beziehung beschreiben. Welke unterstützt die Annahme von Starke (1973: 140), dass es, ähnlich wie bei Verben, auch nullwertige Adjektive gibt. Dies sind vor allem solche Adjektive, die die Wetterverhältnisse ausdrücken (es ist neblig, es ist trübe). Die Zahl der vom Valenzträger abhängigen Ergänzungen definiert Welke folglich als die quantitative Valenz. Unter qualitativer Valenz versteht er die morphologische und syntaktische Charakteristik der Ergänzungen. Die substantivischen Ergänzungen können laut Welke im Nominativ, Genitiv, Dativ, Akkusativ oder im Präpositionalkasus stehen. Als mögliche Realisierungsformen für Ergänzungen sind neben unterschiedlichen Objekten auch NS, IK und Nominalisierungen denkbar (Welke 1988: 119–121). Sommerfeldt unterscheidet in seinem Aufsatz sieben Adjektivergänzungen: Nominativergänzung (Subjekt bei einem einwertigen Adjektiv), Genitivergänzung (Er ist *aller Sorgen* ledig), Dativergänzung (Er ist *ihm* untertänig), Akkusativergänzung (die Mauer ist *50 cm*

31 Bezeichnungen für Ergänzungstypen sind Lee (1994) entnommen.

stark), präpositionale Gruppe (Er ist neugierig *auf das Buch*), Adjektivergänzung (der Kuchen ist *schlecht* geraten) und Infinitivgruppe/Gliedsatz (er ist es müde, *immer diesselbe Arbeit verrichten zu müssen*; er ist es müde, *dass man ihn dauernd kritisiert.*).

Im *Wörterbuch zur Valenz und Distribution deutscher Adjektive* erläutern Sommerfeldt/Schreiber (1983) im Allgemeinen das Wesen des sprachlichen Zeichens und seiner Komponente, grenzen die Wortart *Adjektiv* ab, fassen ihre Überlegungen zum Wesen der Valenz zusammen und gehen auf einige spezielle Probleme der Valenz ein. Im Folgeschritt wird die Valenz des Adjektivs erklärt. Dann werden die morphologische Formen der Ergänzungen, der Einfluss der syntaktischen Verwendung des Adjektivs auf die Ergänzungen und der Einfluss der Semantik der Ergänzungen auf die grammatische Form anderer Ergänzungen beschrieben. Zum Schluss gehen sie auf die Hierarchie der Valenzbeziehungen innerhalb des Satzes ein und erklären die Darstellung der Valenz des Adjektivs in ihrem Wörterbuch. Den Autoren gemäß schließt ihre Arbeit an die für diese Zeit aktuellen Untersuchungen an und soll auch als ein Pendant zum *Wörterbuch zur Valenz und Distribution deutscher Verben* von Helbig/Schenkel (1969) aufgefasst werden (Sommerfeldt/Schreiber 1983: 5f.). Die Adjektive für ihr Wörterbuch entstammen dem Wörterbuch *Wörter und Wendungen* von Agricola (1972), den bisher erschienenen Auflagen des *Wörterbuchs der deutschen Gegenwartssprache* und anderen Nachschlagewerken, die die Autoren leider nicht nennen (Sommerfeldt/Schreiber 1983: 37). Es ist nicht klar, wie sie die Adjektive für das Wörterbuch wählen und ob die Beispielsätze nicht frei erfunden sind. Die Autoren verweisen auch darauf, dass sie die Adjektive, die selten vorkommen, in ihrer Untersuchung nicht berücksichtigen. Sie erwähnen aber nicht, wie sie die Frequenz der Adjektive ermitteln.

Sommerfeldt/Schreiber (1983) betrachten die Valenz auf der logischen, semantischen und syntaktischen Ebene. Während die logische Valenz eine außersprachliche Erscheinung darstellt, in deren Rahmen Sachverhalte der Wirklichkeit durch bestimmte Anordnung von begrifflichen Relationen ausgedrückt werden, ist die semantische Valenz für Sommerfeldt/Schreiber die semantische Verträglichkeit zwischen den begrifflich angelegten Komponenten einer Proposition. Unter der syntaktischen Valenz verstehen sie die morphologische Form und Funktion dieser Komponenten (Sommerfeldt/Schreiber 1983: 17). Sommerfeldt/Schreiber stellen fest, dass Adjektive aufgrund ihrer prototypischen Eigenschaft, Personen, Gegenstände und Sachverhalte zu charakterisieren, mindestens einwertig sind. Wenn sie Relationen, Verhältnisse oder Zusammenhänge bezeichnen, sind sie mehrwertig (Sommerfeldt/Schreiber 1983: 27). Die begrifflich angelegten Partner können bei mehrwertigen Adjektiven als Genetiv-, Dativ-, Akkusativ-, präpositionale Ergänzung und auch als ein weiteres Adjektiv (Der Kuchen ist *schlecht* geraten) oder Infinitiv- und Nebensätze auftreten (Sommerfeldt/Schreiber 1983: 28f). Die IK und NS werden nicht bei jedem Adjektiv als mögliche syntaktische Realisierung des Arguments angeführt, weil, wie Sommerfeldt/Schreiber erläutern, die Möglichkeit bei bestimmten Adjektiven gegeben ist und dementsprechend diese Angabe überflüssig ist (Sommerfeldt/Schreiber 1983: 36). Sommerfeldt/Schreiber weisen auf die Möglichkeiten der Valenzerweiterung bei Adjektiven durch Komparation und die Valenzreduktion durch Vereinigung der Ergänzungen in der Pluralform (*Die Freunde* sind gleichaltrig.) hin.

Die Beschreibung der syntaktischen Valenz im „Wörterbuch zur Valenz und Distribution deutscher Adjektive" von Sommerfeldt/Schreiber (1974, 1977, 1983) umfasst die Angaben zur Zahl der obligatorischen und der fakultativen Ergänzungen, zur grammatisch-morphologischen Form der Ergänzungen und zur möglichen syntaktischen Verwendungsweise des Adjektivs. Das Adjektiv *böse* hat laut diesem Wörterbuch vier Bedeutungsvarianten (Sommerfeldt/Schreiber 1983: 98f.).

(24) der böse Junge
(24a) Der Junge ist böse.

(25) der auf mich böse Junge
(25a) Der Junge ist auf mich böse.
(25b) böse mit dem Mädchen

(26) der zu dem Tier böse Junge
(26a) Der Junge ist zu mir böse.

(27) in böse Bedrängnis geraten
(27a) jemandem böse mitspielen

In der Bedeutung *arg, schlecht* ist das Adjektiv einwertig. Diese Ergänzung wird bei Sommerfeldt/Schreiber (1983: 98) das Beziehungswort (B) des Adjektivs genannt und tritt als Subjekt des Satzes auf. In dieser Bedeutung kann das Adjektiv sowohl attributiv (24) als auch prädikativ (24a) gebraucht werden. In der Bedeutung *feindselig gestimmt* ist *böse* zweiwertig (25). Die erste Ergänzung tritt als Subjekt (B) zum Adjektiv auf. Die zweite Ergänzung kann als eine Dativ- oder eine Präpositionalergänzung (Sd – Substantiv im Dativ/pS – präpositionales Substantiv) mit der Präposition *auf* (25) oder *mit* (25b) auftreten. Auch in dieser Bedeutung ist der attributive (25) und prädikative (25a) Gebrauch des Adjektivs möglich. In der dritten Bedeutung *feindselig handelnd* (26) verlangt das Adjektiv auch zwei Ergänzungen, das Beziehungswort (B) zum Adjektiv und die Dativ- und Präpositionalergänzung mit der Präposition *zu* (pSd – präpositionales Substantiv im Dativ). Das Adjektiv kann sowohl attributiv (26) als auch prädikativ (26a) gebraucht werden. In der vierten Bedeutungsvariante wird das Adjektiv *böse* als Verstärkung in Wendungen verwendet. In dieser Funktion ist ein attributiver (27) und adverbialer Gebrauch (27a) möglich.

Bezüglich der TV zur Unterscheidung zwischen Ergänzungen und Angaben sowie obligatorischen und fakultativen Ergänzungen lässt sich Folgendes festhalten: generell ist eine Ähnlichkeit zwischen Verb- und der Adjektivvalenz anzunehmen, sodass die für die Verbvalenz entwickelten TV im Rahmen der Adjektivvalenz eingesetzt werden können. Unter einer obligatorischen Ergänzung versteht Zhu die Ergänzung, die in einem Satz unbedingt auftritt und nicht weggelassen werden kann. Die obligatorischen Ergänzungen sind laut Zhu ein Minimum zur Bildung eines grammatisch richtigen Satzes (Zhu 2004: 42). Die fakultative Ergänzung kann dagegen ohne kontextuelle Spezifizierung weggelassen werden (Zhu 2004: 42). Zhu nennt drei Fälle, in denen die obligatorischen Ergänzungen im Satz nicht erscheinen können: bei lexikalisierten Ellipse, Ellipsen der Modalisierung und Ellipsen des Kontrasts (Zhu 2004: 43). In Anlehnung an Welke (1988) nennt Zhu drei Kriterien zur Unterscheidung zwischen obligatorischen und fakultativen Ergänzungen und Angaben, und zwar das Kriterium der Sinnnotwendigkeit, das Kriterium der Subkategorisierung und das Kriterium der Prädiziertheit (Determiniertheit). Die Sinnnotwendigkeit definiert Zhu als die Eigenschaft einer bestimmten Phrase bzw. mehrerer Phrasen in einer bestimmten Proposition die vollständige Bedeutung dieser Proposition zu entfalten. Es liegt maximale und minimale Sinnnotwendigkeit vor. Bei der maximalen Sinnnotwendigkeit werden alle Komponente der Proposition realisiert, auch die, die unter bestimmten pragmatischen Bedingungen weglassbar sind. Bei der minimalen Sinnnotwendigkeit können keine Phrasen ausgelassen werden, ohne dass der Satz ungrammatisch und die Proposition nicht verständlich wird (Zhu 2004: 44f.). Das Kriterium der Subkategorisierung ist ein syntaktisches Kriterium. Unter Subkategorisierung versteht Zhu, dass bestimmte Prädikate nur mit bestimmten Ergänzungen vorkommen können (Zhu 2004: 46f.). Das Kriterium der Prädiziertheit hat einen starken logisch-semantischen Charakter und überschneidet sich mit dem Kriterium der Sinnnotwendigkeit. Die Prädiziertheit ist als die Eigenschaft des Prädikats zu verstehen, eine bestimmte Anzahl von Leerstellen zu eröffnen, die von bestimmten von diesem Prädikat festgesetzten Argumenten ausgefüllt werden müssen, damit das Prädikat seine Bedeutung realisiert. Dabei können auch die Angaben Teil der Prädikat-Argument-Struktur sein, wenn ihr Vorkommen in der Prädikatsbedeutung angelegt ist. In dieser Leseart ist dieses Kriterium als die maximale Sinnotwendigkeit zu verstehen. Zhu vertritt die These auch, dass es prädizierende obligatorische und fakultative Angaben gibt (Zhu 2004: 49). Darunter versteht Zhu in Anlehnung an Welke (1988), dass die Angaben, welche als Adverbialbestimmungen auftreten, Prädikate höherer Stufe sind, die das Prädikat determinieren, aber keine Argumente des Prädikats sind, weil dieses die Adverbialbestimmungen nicht determiniert (Zhu 2004: 49). Bedauerlicherweise wendet Zhu diese Kriterien auf die Unterscheidung der obligatorischen und fakultativen Ergänzungen bei Adjektiven nicht an. Sie schlägt auch keine TV vor, die bei dieser Unterscheidung angewendet werden können. Ihre Argumentation basiert ausschließlich auf Beispielen mit Verben. Diese Vorgehensweise ist für die vorliegende Untersuchung dementsprechend von geringem Nutzen.

Für die Ermittlung der obligatorischen Ergänzungen verwendet Lee den Eliminierungstest (28 und 28a) (1994: 70–72). Das Kriterium *die Grammatikalität des Satzes nach der Eliminierung der fraglichen Phrase* ist auch im Fall der Adjektivvalenz relevant (Lee 1994: 71).

(28) Er war bar jeder Unterstützung.
(28a) *Er war bar.

Auch die fakultativen Ergänzungen können laut Lee (1994: 71–72) mit dem Eliminierungstest ermittelt werden. Lee dazu (1994: 72):

> „Bei der Abgrenzung der Ergänzungen von den freien Angaben geht es um die Sprachsystemebene im Sinne der langue, während es sich bei der Abgrenzung der obligatorischen Ergänzungen von den fakultativen Ergänzungen sowie von den freien Angaben um die Sprachgebrauchsebene mit Bezug auf Kontext und Situation im Sinne von parole handelt."

Lee behauptet also, dass die Ergänzungen, die unter bestimmten kontextuellen Bedingungen weggelassen werden können, zu den fakultativen Ergänzungen gezählt werden. Wie aus den obigen Erklärungen im Kapitel zu den Ebenen und Relationen der Valenz (vgl. Kapitel 2.1.1) ersichtlich ist und wie weiter gezeigt werden wird, ist diese Feststellung irreführend.

Lee nennt einen weiteren Strukturtest, den Substitutionstest (29 und 29a). Mit diesem wird gezeigt, dass die morphosyntaktische Form der Ergänzung für den jeweiligen Valenzträger spezifisch gefordert wird (Lee 1994: 73).

(29) der *seiner Sorgen* ledige Mensch
(29a) *der *seine Sorgen* ledige Mensch

Wenn das morphosyntaktische Merkmal der relevanten Phrase nicht ersetzt werden kann, handelt es sich um eine Ergänzung. Die Phrasen, die substituiert werden können, gelten folglich als Angaben. Bei Lee ist dieser Test aber ungenau definiert. So betrachtet er anfangs ausschließlich die morphosyntaktische Form der Ergänzung, schließt dann aber bei der genaueren Erklärung des TV die semantische Ebene mit ein (Lee 1994: 74–75). Da dieser Test außerdem viele Ausnahmen aufweist, ist er in der von Lee beschriebenen Form nur eingeschränkt einsetzbar.

Das dritte von Lee genannte TV ist der Test nach der Erfragbarkeit durch Fragepronomen (Lee 1994: 77). Die Ergänzungen werden laut Lee mit den Fragen *wer/was* und die Angaben mit *wo/wann* erfragt (30, 31):

(30) Die Pflanze ist *gegen Hitze* beständig. – *Gegen was* ist die Pflanze beständig?

(31) Er war sehr ärgerlich *an dem Tag*. – *Wann* war er sehr ärgerlich?

Dieses TV kann aber auch nur eingeschränkt eingesetzt werden. So ist es bei den Lokalangaben, die als Ergänzung des Valenzträgers auftreten (32), nicht mehr anwendbar.

(32) Die Vögel sind *im Norden* heimisch
(32a) *Die Vögel sind heimisch.

Der Erfragbarkeitstest ermittelt die Phrase *im Norden* als eine Angabe. Da aber der Satz ohne diese Phrase ungrammatisch wird (32a), ist sie keine Angabe. Die Grammatikalität des Satzes gilt bei Lee dabei als das wichtigste Valenzkriterium. Darauf basierend ist die Phrase *im Norden* eine Ergänzung.

Sommerfeldt/Schreiber unterscheiden drei Gruppen der Elemente, die an der Beschreibung des Sachverhaltes teilnehmen können: obligatorische begrifflich angelegte Partner, fakultative begrifflich angelegte Partner und nicht begrifflich angelegte Partner. Nach Sommerfeldt/Schreiber ist es schwierig, zwischen den begrifflich angelegten und begrifflich nicht angelegten Partnern zu unterscheiden (Sommerfeldt/Schreiber 1983: 18). Im Allgemeinen stellen sie fest, dass begrifflich nicht angelegte Partner nicht an das Prädikat gebunden sind, mit beliebigen Prädikaten verwendet können und dabei ihre Bedeutung beibehalten. Außerdem können sie auch selbständige Sätze bilden (Sommerfeldt/Schreiber 1983: 19). Bezüglich der Unterscheidung zwischen obligatorischen und fakultativen Ergänzungen schließen sich Sommerfeldt/Schreiber Helbig/Schenkel (1969) an und stellen fest, dass obligatorische Ergänzungen zum syntaktischen Minimum eines grammatisch richtigen Satzes gehören. Dabei können sie unter bestimmten kontextuellen Bedingungen ausgelassen werden (Sommerfeldt/Schreiber 1983: 20). Fakultative Ergänzungen sind die Ergänzungen, die ohne besondere Bedingungen aus dem Satz weggelassen werden können, ohne dass der Satz grammatisch falsch wird. Den Eliminierungstest führen Sommerfeldt/Schreiber als einen Test zur Unterscheidung zwischen obligatorischen und fakultativen Ergänzungen an. Da Sommerfeldt/Schreiber nicht erklären, wie sie zwischen obligatorischen und fakultativen Ergänzungen bei Adjektiven unterscheiden, lässt sich schlussfolgern, dass sie nur den Eliminierungstest für diese Unterscheidung verwenden.

So wie einige Verben (*berichten von+D/über+A, es gelüstet jdm./jdn. nach +D*) und Substantive (*das Interesse an+D/für+A*) verfügen manche Adjektive über eine alternative Fügungspotenz. Damit ist gemeint, dass für die Argumente des Prädikats unterschiedliche syntaktische Realisierungsmöglichkeiten vorliegen, ohne dass sich dabei die Bedeutung des Prädikats ändert. Am deutlichsten ist das z.B. bei den obliquen Kasus (33) und PP (34, 35) zu sehen.

(33) Er ist (*zu*) *dieser* Tat fähig.

(34) Die Akteure an den Finanzmärkten sind *begierig auf* Neuigkeiten, egal welche. (R99/OKT.80495 Frankfurter Rundschau, 06.10.1999)

(35) Die große CDU ist nicht mehr, [...], verunsichert, [...] sondern *begierig nach* der Macht.
(M03/DEZ.87355 Mannheimer Morgen, 29.12.2003)

Im Rahmen der Adjektivvalenz betrachtet man außerdem die Valenzvererbung, die Valenzreduktion und die Valenzerweiterung. Die Valenzvererbung liegt vor, wenn etymologisch verwandte, bedeutungsgleiche oder bedeutungsähnliche Wörter, als unterschiedliche Wortarten realisiert, eine vergleichbare semantische Struktur und die gleiche Zahl der Ergänzungen aufweisen. So ist es z.B. bei *abhängen, abhängig, die Abhängigkeit.*

(36) *Er* hängt von *der finanziellen Unterstützung seiner Eltern* ab.

(37) *Er* ist von *der finanziellen Unterstützung seiner Eltern* abhängig.

(38) *Der* von *der finanziellen Unterstützung seiner Eltern* abhängige *Junge.*

(39) *Seine* Abhängigkeit von *der finanziellen Unterstützung seiner Eltern.*

Sowohl *abhängen* (36) als auch *abhängig* (37 und 38) und *die Abhängigkeit* (39) verlangen zwei Ergänzungen mit gleicher semantischer Struktur, und zwar die semantische Rolle des *Zustandsträgers* (*er, der Junge, seine*) und die des *Instruments* (*die finanzielle Unterstützung seiner Eltern*).

Die Valenzreduktion kommt vor allem bei den Adjektiven vor, deren Argumente auf der semantischen Ebene durch die gleiche semantische Rolle (40) ausgedrückt werden. Auf der syntaktischen Ebene wird die Valenzreduktion durch die Pluralform des Subjektes (41) realisiert (Sommerfeldt/Schreiber 1983: 32):

(40) *Mein Sohn* ist gleichaltrig *mit seinem Freund.*

(41) *Die beiden Freunde* sind gleichaltrig.

Lee (1994: 29 und 48) und Starke (1973: 146) behaupten, dass die Komposition eine weitere Möglichkeit der Valenzreduktion sei:

(42) Das Boot ist nicht mehr *fähig zu schwimmen.*

(43) Das Boot ist nicht mehr *schwimmfähig.*

Laut Lee wird aus dem zweiwertigen Adjektiv *fähig zu* in (42) in der Bedeutung *zu etwas in der Lage, imstande sein* durch die Komposition ein syntaktisch einwertiges Adjektiv (43).

Die Valenzerweiterung ist eine grammatische Möglichkeit, die Grundvalenz eines Adjektivs zu erweitern. Von Valenzerweiterung wird nur bei Adjektiven gesprochen, die aufgrund ihrer Bedeutung steigerungs- oder vergleichsfähig sein können (Welke 1988: 121–122; Sommerfeldt/Schreiber 1983: 31):

(44) Der Junge ist älter *als sein Freund.*

Wenn eine Komparation möglich ist, kann auch die Wertigkeit des Adjektivs erhöht werden, indem eine Vergleichsgröße zum Subjekt hinzugefügt wird (44). Sommerfeldt/Schreiber (1971: 228 und 1983: 31) betonen, dass die Komparation nicht Teil der logisch-semantischen Valenz ist, sondern sich daraus erklären lässt, dass das Adjektiv zu einer bestimmten grammatischen Kategorie gehört.

2.5.2 Die Adjektivvalenz auf der semantischen Ebene

Die Duden-Grammatik definiert die semantische Valenz als die Zahl und die semantische Funktion der im Prädikat vorangelegten Argumente (Duden 2009: 775–776). Die semantische Funktion wird als semantische Rolle bezeichnet, welche die Funktion eines *Mitspielers* oder eines *Rollenträgers* bei einem Vorgang oder einer Handlung erfüllt.

(45) [Die Experten] waren [mit den Ergebnissen] *zufrieden.*

In (45) bezeichnet die Phrase *die Experten* eine Größe, die einen geistigen Zustand empfindet. Die Ursache bzw. der Auslöser für diesen Zustand ist das durch die Phrase *mit den Ergebnissen* ausgedrückte Argument. Das Adjektiv *zufrieden* verlangt somit zwei Argumente, die durch die semantischen Rollen: *Tps* und *Gps* realisiert werden. In der Duden-Grammatik wird im Rahmen der semantischen Valenz die semantische Verträglichkeit der Argumente eines Prädikats nicht erwähnt. Auch ist eine gesonderte Analyse der semantischen Valenz der Adjektive in der Duden-Grammatik nicht vorhanden.

Für Helbig (1992: 3–18, 108–111) besteht die semantische Valenz in der Zahl, der Funktion und der semantischen Verträglichkeit der Argumente eines Prädikats.

> „[...] vielmehr werden die Argumente ausgefüllt durch entsprechende Variable, die zu ganz bestimmten semantischen Klassen gehören (einerseits zu semantischen Klassen wie [Hum],[+/-Anim][Abstr] – auf Grund von Merkmalen, die den Substantiven selbst zukommen –, andererseits zu Klassen wie AGENS, PATIENS, ADRESSAT, INSTRUMENTAL) [...]."

Sowohl die Zahl der Argumente als auch ihre semantische Füllung und Funktion hängen von der inneren Struktur des Prädikats ab. Die Beschreibung der semantischen Rollen der Argumente findet aufgrund des von Helbig erarbeiteten Systems statt (Helbig 2001: 468–472). Da Helbig eine Ähnlichkeit zwischen Verb- und Adjektivvalenz sieht, geht er explizit nicht auf die semantische Valenz der Adjektive ein (Helbig 1992: 109–110):

> „Die prinzipielle Ähnlichkeit von Adjektiven und Verben in ihren Valenzeigenschaften ergibt sich daraus, daß beide auf semantische (noch nicht lexikalisierte) Prädikate in Propositionen zurückgehen, daß sie Lexikalisierungsmöglichkeiten von semantischen Prädikaten darstellen."

Bezüglich der Beschreibung der Adjektivvalenz verweist Helbig auf Valenzwörterbücher.[32] Die semantische Beschreibung der Adjektivvalenz unternimmt Helbig im Rahmen der semantischen Satzbaupläne, die er nach determinierenden und relationalen Sätzen[33] unterteilt (Helbig 2001: 533–535). So finden sich in der Gruppe der determinerenden Sätze folgende semantische Satzbaupläne (Helbig 2001: 533):

32 Gemeint sind die Wörterbücher von HelbigSchenkel (1973) und Sommerfeldt/Schreiber (1983).

33 Die determinierenden Sätze sind Sätze, deren Kern ein einwertiges Prädikat ist. Die Funktion solcher Prädikate besteht in der Charakterisierung der im Nomen ausgedrückten Größe. Der Kern von relationalen Sätzen ist ein mehrwertiges Prädikat, dessen Funktion die Beschreibung der zwischen den Argumenten des Prädikats existierenden Relation ist (Helbig 2001: 532).

P ZT	Die Wäsche ist trocken.
P Loc[34]	Die Stadt ist belebt.

In der Gruppe der relationalen Sätze sind folgende semantische Satzbaupläne mit Adjektiven vorhanden (Helbig 2001: 533–534):

P ZT Inh	Der Angeklagte war des Mordes schuldig.
P ZT Caus	Die Lieferung ist von dem Transportunternehmen abhängig.
P ZT Loc	Der Student ist in Erfurt wohnhaft.
P Tps Gps	Dem Kind ist bange vor dem Gewitter.
P Ag Ad I[35]	Die Tochter ist der Mutter beim Abwaschen behilflich.

Helbig weist darauf hin, dass die semantischen und die syntaktischen Satzbaupläne keine direkte Entsprechung aufweisen. Wie Helbig (2001: 535) ausführt, bestehen zwischen diesen allerdings reguläre Beziehungen, die (proto-)typisch [...] und in jedem Fall von komplexer Natur [...] seien. So können viele semantische Satzbaupläne einem morphosyntaktischen Satzbauplan zugeordnet werden, wobei ein semantischer Satzbauplan syntaktisch unterschiedlich realisiert werden kann (Helbig 2001: 532–535). Helbig unternimmt aber weder im Rahmen der Verb- noch der Adjektivvalenz den Versuch, die Beziehungen zwischen den semantischen und den morphosyntaktischen Satzbauplänen festzustellen.

Laut Engel (2004: 361–363) ähnelt der semantische Aufbau der Adjektivphrase (bei Engel: Adjektivalphrase) dem des Satzes und der NP. Das Adjektiv bildet den Kopf der Phrase, die Ergänzungen bilden mit dem Adjektiv einen engeren Bedeutungskomplex, die Angaben spezifizieren die Aussage. Die Bedeutungsstruktur der Adjektivphrase setzt sich aus zwei Bedeutungen zusammen, aus der relationalen und aus der kategorialen, und stellt die Inhaltsvalenz dar. Die kategoriale Bedeutung ist laut Engel die semantische Selektion (Engel 2004: 188–189), die das Wort durchführt, wenn es mit anderen Wörtern oder Morphemen verbunden wird, es entscheidet, mit welchen anderen Wörtern es stehen kann. Man kann diese semantische Selektion in Kategorien angeben (Engel 2004: 188–189). Unter der relationalen Bedeutung versteht Engel die semantischen Beziehungen zwischen dem Valenzträger und den vom ihm abhängigen Wörtern im Satz. Engel schlägt in seiner Grammatik vier semantische Relationen vor (2004: 189–192): KLASSIFIKATIV (KLS), LOKATIV (LOC), AGENTIV (AGT) und AFFEKTIV (AFF) Beim KLASSIFIKATIV werden den Argumenten laut Engel

34 P=Prädikat, ZT=Zustandsträger, Loc=Locativ (Ort).

35 Ad=Adressat, Ag=Agens, Caus=Ursache, Gps=Gegenstand psychischer Prozesse, I=Instrument(al), Inh=Inhalt, Tps=Träger psychischer Prozesse.

Klassenmerkmale zugeordnet. Sehr oft kommt diese semantische Relation bei KV vor (46).

(46) *Dieser Mann* ist *ein Arzt.*

Hier entspricht das Nomen *ein Arzt* einem KLASSIFIKATIV. Der LOKATIV bezeichnet *jegliche Festlegung im Raum, statische wie dynamische* (Engel 2004: 190). Zur Bezeichnung des statischen LOKATIVS gebraucht Engel die Bezeichnung LOC. Zur Bezeichnung des dynamischen LOKATIVS wird die Bezeichnung LOCdir verwendet. LOCdir kommt vor allem bei Bewegungsverben vor. LOC bezeichnet den Ort, an dem sich die Handlung abspielt. Engel führt für LOCdir auch Subindizes an: *all*, *abl* und *pas* (für den passierten Raum). Somit kann jede Bewegung im Raum beschrieben werden.

Laut Engel kann der Relator AGENTIV nicht nur überall dort stehen, wo eine Größe gemäß dem Weltwissen einen Vorgang oder sein Ergebnis bewirkt, sondern auch da, wo eine solche Wirkung durch die sprachliche Formulierung unterstellt wird (Engel 2004: 191). Mit AFFEKTIV bezeichnet Engel alle anderen Argumente, die das Geschehen zwar nicht auslösen, aber davon betroffen sind (47 und 48).

(47) *Er* ist zufrieden.

(48) *Sie* bleibt von seinen Eltern abhängig.

Die Beschreibung der semantischen Valenz führt Engel mithilfe der kategorialen und relationalen Bedeutung und mit den von ihm vorgeschlagenen Ergänzungstypen (Engel 2004: 354–360) durch. Am Beispiel des Adjektivs *zufrieden* erklärt Engel seine Analyse der Adjektivvalenz. Aus syntaktischer Sicht verlangt das Adjektiv *zufrieden* folgende Ergänzungstypen: Präpositivergänzung, Graduativergänzung, Vergleichsergänzung, Normativergänzung ($Adj_{<(prp)(grd)(vgl)(norm)>}$). Alle diese Ergänzungen sind laut Engel fakultativ für das Adjektiv *zufrieden* (Engel 2004: 361). Gemäß Engel beschreibt die kategoriale Bedeutung die minimale Semantik der Ergänzungen eines Adjektivs. Im vorliegenden Fall weist die Präpositivergänzung von *zufrieden* keine semantischen Restriktionen auf. Die Graduativergänzung umfasst die numerischen oder intensivierenden Elemente. Da für das in der Präpositivergänzung ausgedrückte Argument sehr viele Vergleichsmöglichkeiten zur Verfügung stehen, hat auch die Vergleichsergänzung keine semantischen Restriktionen. Die Normergänzung umfasst die intensivierenden Elemente (*zu*, *genug* u.a.). Im Rahmen der relationalen Bedeutung werden die semantischen Rollen der Ergänzungen im Ausdruck beschrieben. Das in der Präpositivergänzung realisierte Argument von *zufrieden* bezeichnet laut

Engel (2004: 362) eine *betroffene, irgendwie involvierte Größe* und erhältt somit die Rolle AFF.

In der Arbeit „Valenz des Adjektivs im Deutschen und im Chinesischen" (2004) unterscheidet Zhu 15 semantische Kasus, die bei Adjektiven auftreten. Neben der Bedeutungserklärung des jeweiligen Kasus führt sie auch die Angaben zum semantischen Gehalt des Arguments an, welches diesen Kasus übernimmt. Im Folgeschritt sucht Zhu nach den Entsprechungen zu den deutschen semantischen Kasus im Chinesischen, beschreibt ihre syntaktische Realisierung und erklärt, warum es im Chinesischen für die deutschen Adjektive in manchen Fällen keine Entsprechungen gibt und sie durch Verben oder Substantive ersetzt werden müssen (Zhu 2004: 167–185). Laut Zhu können folgende semantische Kasus als $K_{präp}$ auftreten: *Resultativergänzung, Objektivergänzung, Benefaktivergänzung, Finativergänzung, Lokativergänzung, Direktivergänzung, Instrumentativergänzung, Kausativergänzung, Temporativergänzung, Gleichsetzungsergänzung.* Folgende Präpositionen sind in diesen $K_{präp}$ möglich: *als, an, auf, bar, bis zu, durch, in, mit, nach.* Zhu nennt mehrere Beispiele, um die Beschreibung der semantischen Kasus zu verdeutlichen. Sie gibt aber nur bei manchen Adjektiven die syntaktische Realisierung der semantischen Kasus an. Den Vergleich der semantischen Funktion des Arguments mit seiner syntaktischen Realisierung führt sie dabei nicht konsequent durch, sodass die Gesetzmäßigkeiten in der Argumentrealisierung auf der semantischen und syntaktischen Ebene eigenständig erschlossen werden müssen und der Eindruck entsteht, dass ihre Analyse nicht vollständig ist.

Auch Welke vertritt die Ansicht, dass die Valenz der Verben, Adjektive und Substantive durchaus eine ähnliche semantische Valenz aufweist. Diese erhältt nur teilweise unterschiedliche syntaktische Realisierungsmöglichkeiten (Welke 1988: 115). Welke führt ein Beispiel aus Sommerfeld (1971b: 114) an:

(49) Der Junge *dankt* dem Vater für das Geschenk.

(50) der dem Vater für das Geschenk *dankbare* Junge

(51) *der Dank* des Jungen an den Vater für das Geschenk

Sowohl das Verb, das Adjektiv als auch das Substantiv erfordern alle die gleiche Anzahl semantischer Rollen, die durch die Bedeutungsstruktur des Prozesses des Dankens festgesetzt wird (49, 50, 51). Weiterhin verweist Welke auf die Transposition der Valenz in eine andere Wortart. Das ist z.B. der Fall, wenn die durch das Adjektiv ausgedrückte Eigenschaft direkt als Name auftritt und unmittelbar ein Ding oder eine Person in der Realität bezeichnet (Welke 1988: 116) (vgl. 52, 53 und 54):

(52) *der kleine ... kräht

(53) der kleine Hahn kräht

(54) der Kleine kräht

Bezüglich der semantischen Beschreibung der Adjektivvalenz nennt Welke außerdem das prädikative Attribut (Welke 1988: 123). Er verweist darauf, dass in zwei Gruppen von Adjektiven mit unterschiedlicher semantischer Valenz differenziert werden kann. Zu der ersten Gruppe gehören die Adjektive, die primär Prozesse und Zustände bezeichnen (z.B. *schnell*, *eigentümlich*, *frech*). Nur sekundär, und zwar im attributiven oder prädikativen Gebrauch, beziehen sich diese Adjektive auf Personen (*ein schneller Läufer*, *du bist eigentümlich*, *ein frecher Junge*). Die zweite Gruppe der Adjektive umfasst solche, die primär Dinge oder Personen betreffen (*schwarz*, *betrunken*, *wohlbehalten*). Da diese auch adverbial verwendbar sind, können sie sekundär auch Prozesse oder Handlungen bezeichnen (*Emma trinkt den Kaffee gern schwarz. Er lief betrunken nach Hause. Er kam wohlbehalten an*). Auch Welke ist der Meinung, dass die Beschreibung der semantischen Valenz aus den Angaben zu der semantischen Verträglichkeit und den semantischen Rollen der Argumente des Valenzträgers besteht (Welke 1988: 89–115). Da er eine generelle Ähnlichkeit zwischen semantisch gleichen, etymologisch verwandten Verben, Adjektiven und Substantiven sieht, gibt es auch bei ihm keine explizite Analyse der semantischen Valenz der Adjektive (Welke 1988: 115–117).

Der Versuch, die Valenz der Adjektive aus semantischer Sicht detailliert zu beschreiben und eine entsprechende Klassifizierung der semantischen Valenzgruppen bei Adjektiven vorzunehmen, ist in den Arbeiten von Lee (1994), Gansel (1987), Sommerfeldt (1981b) und Sandau (1976) zu finden. Die Arbeit „Untersuchungen zur Valenz des Adjektivs in der deutschen Gegenwartssprache“ (Lee 1994) enthält nach der Abgrenzung der Wortart *Adjektiv* eine semantische Charakterisierung, die als Grundlage für die semantisch-funktionelle Beschreibung der Ergänzungen der Adjektive dient. Das Instrumentarium für diese Beschreibung liefert die Kasustheorie von Fillmore. Weiterhin untersucht Lee die Kombination von Argumenten bei Adjektiven und Adjektivgruppen. Darauf basierend versucht er, die Zuordnungsbeziehungen zwischen den Ergänzungen auf der syntaktischen Ebene und den Argumenten festzustellen. Anschließend geht er auf das syntaktische Kombinationsverhältnis zwischen Ergänzungen und Adjektiven sowie zwischen verschiedenen Ergänzungstypen ein.

Lee betrachtet die Ergänzungen des Adjektivs aus morphosyntaktischer und logisch-semantischer Sicht. Dabei stellt das Adjektiv das logische Prädikat dar und dient somit als die zentrale Einheit des Ausdrucks, die die Zahl, die Art und die Funktion der Argumente bestimmt. Die syntaktische Ebene wird demzufolge als eine von der semantischen Ebene abgeleitete verstanden. Dementsprechend wird auch die syntaktische Ergänzung als die syntaktische Realisierungsform eines Arguments definiert. Dabei kann dieses nicht nur eine syntaktische Realisierungsform haben, sondern mehrere, was von der jeweiligen semantischen Füllung des Arguments und der Bedeutung des Adjektivs abhängt. Lees Beschreibung der semantischen Valenz schließt somit an die gängigen Beschreibungen an (u.a. Sommerfeldt/Schreiber 1983: 27; Welke 1988: 115–118) und umfasst die Angaben zur semantischen Füllung der Argumente (semantische Merkmale) und zu deren semantischer Funktion (semantische Kasus). In seiner Untersuchung unterscheidet Lee dementsprechend 19 Argumente, die in 54 semantischen Satzbauplänen vorkommen (Lee 1994: 236). Wie Helbig vertritt auch Lee die Meinung, dass es keine direkte Entsprechung der logisch-semantischen Ebene auf der syntaktischen gibt. Vielmehr ergänzen die beiden einander. So stellt Lee zum Beispiel folgende Regularitäten zwischen den PO und den semantischen Kasus fest (Lee 1994: 239–339):

Tab. 7: Das Verhältnis zwischen der semantischen und der syntaktischen Ebene im Bereich der Präpositionalobjekte bei Adjektiven (Lee 1994: 239–339)

Syntaktische Realisierung	**Semantischer Kasus**	**Beispielsatz**
Präpositionalobjekt (Präposition *an*)	OBJEKTIV	Der *an Wissen* reiche Mann
	KAUSATIV	Er ist *an diesen Dingen* interessiert.
	GELTUNGSBEREICH	*An Intelligenz* ist er uns allen weit überlegen.
Präpositionalobjekt (Präposition *auf*)	FINATIV	Der *auf die Strafe* gefaßte Angeklagte.
	GELTUNGSBEREICH	Der *auf dem Gebiete der Literatur* erfahrene Lehrer
	KAUSATIV	Der *auf das Zeugnis* stolze Junge
Präpositionalobjekt (Präposition *bei*)	GELTUNGSBEREICH	Der *beim Tanzen* geschickte Junge
	OBJEKTIV	Sie blieb beharrlich *bei ihrer Meinung*.

Syntaktische Realisierung	Semantischer Kasus	Beispielsatz
Präpositionalobjekt (Präposition *durch*)	AGENTIV	Der Berg ist *durch erfahrene Sportler* besteigbar.
	INSTRUMENTATIV	Die Brücke ist *durch Autos* befahrbar.
Präpositionalobjekt (Präposition *für*)	BENEFAKTIV	Die *für ihn* gesunde Arbeit
	POSSESSIV	Typisch *für diese Gegend* sind die hohen Berge.
	KAUSATIV	Der seinem Vater *für das Geschenk* dankbare Sohn
	FINATIV	Der *für eine Anerkennung* empfängliche Konstrukteur
	GELTUNGSBEREICH	*Dafür* sind wir zuständig.
Präpositionalobjekt (Präposition *gegen*)	BENEFAKTIV	*Gegen jmdn.* grausam sein
	FINATIV	Die *gegen Hitze* beständige Pflanze
Präpositionalobjekt (Präposition *gegenüber*)	BENEFAKTIV	Der *einem Kameraden gegenüber* aufgeschlossene junge Mann
	FINATIV	Der *dem Neuen gegenüber* aufgeschlossene Ingenieur
Präpositionalobjekt (Präposition *hinter-her*)	FINATIV	Ein Mensch ist scharf *hinter dieser Stelle her.*
Präpositionalobjekt (Präposition *in*)	GELTUNGSBEREICH	Der *in Geschichte* sehr bewanderte Junge
	KAUSATIV	Er ist ganz verliebt *in seine Idee.*
	OBJEKTIV	Sie ist beharrlich *in ihren Forderungen.*
Präpositionalobjekt (Präposition *in bezug auf*)	GELTUNGSBEREICH	Der *in bezug auf Handarbeiten* geschickte Junge

Syntaktische Realisierung	Semantischer Kasus	Beispielsatz
Präpositionalobjekt (Präposition *mit*)	FINATIV	Der *mit dem Vorschlag* einverstandene Meister
	GLEICHSETZUNGSGRÖẞE	*Mit jmdm.* weder verwandt noch verschwägert sein
	OBJEKTIV	Der *mit einer schweren Krankheit* behaftete Mann
	POSSESSIV	Unser Standpunkt ist nicht *mit eurem* konform.
	RESULTATIV	Der *mit einem Entschluß* rasch fertige Junge
	KAUSATIV	Karl war *mit seiner Reise* zufrieden.
Präpositionalobjekt (Präposition *nach*)	FINATIV	Der *nach Wissen* durstige Forscher
Präpositionalobjekt (Präposition *über*)	GELTUNGSBEREICH	Die Freunde sind *über eine Auffassung* einig.
	VERGLEICHSGRÖẞE	Der *über seinen Nachbarn* erhabene Mann
	KAUSATIV	Der *über seinen Erfolg* frohe Sportler
Präpositionalobjekt (Präposition *um*)	KAUSATIV	Er ist sehr besorgt *um ihre Gesundheit*.
Präpositionalobjekt (Präposition *von*)	AGENTIV	Der Ton ist *von uns* erkennbar.
	FINATIV	Der *von seinem Vater* abhängige Sohn
	OBJEKTIV	Der *von dem Wunsch* besessene Junge
	POSSESSIV	Deine Stellung ist unterschiedlich *von meiner*.
	KAUSATIV	Karl war *von ihrem Gesang* entzückt.
	GELTUNGSBEREICH	Die Nominalphrase ist *von einem Aussagesatz* ableitbar.
Präpositionalobjekt (Präposition *vor*)	FINATIV	Die *vor Angriffen* sichere Straße
	KAUSATIV	Das *vor Sehnsucht* kranke Kind

Syntaktische Realisierung	**Semantischer Kasus**	**Beispielsatz**
Präpositionalobjekt (Präposition *wie*)	POSSESSIV	Dieser Fall ist gleichartig *wie jener.*
Präpositionalobjekt (Präposition *zu*)	BENEFAKTIV	Der *zu mir* böse Junge
	FINATIV	Das *zum Ausgehen* fertige Mädchen
	GELTUNGSBEREICH	Der *zu dieser Arbeit* fähige Bewerber
	POSSESSIV	Die *zum Kollektiv* gehörigen Mitarbeiter
Substantiv mit der Präposition *als* (als Prädikativ)	GLEICHSETZUNGSGRÖßE	Herr Müller ist *als Musiker* berühmt.
Präposition *als* + Adjektiv (als Prädikativ)	GLEICHSETZUNGSGRÖßE	Karl ist *als tüchtig* bekannt.
Präposition + Adverb (als Adverbialbestimmung)	LOKATIV	Der 5 km *von hier* entfernte Hafen
Adverbialbestimmung	LOKATIV	Ein tief *im Erdreich* verwurzelter Baum
	TEMPORATIV	Der Betrag ist, wird *am, [bis] zum 1. April* fällig.
	MODATIV	Ein *mit allen Fasern* in seiner Heimatstadt verwurzelter Mensch

Folgendes Beispiel veranschaulicht das Untersuchungsmodell von Lee:

(55) Der Mann ist seiner Frau beim Aussteigen behilflich.

Das Adjektiv *behilflich* in (55) gehört laut Lee zu den Handlungsadjektiven. Das Prädikat *behilflich* [*sein*] verlangt die drei Argumente AGENTIV (A), BENEFAKTIV (BEN) und GELTUNGSBEREICH (GEL) und gehört somit in den semantischen Satzbauplan A, BEN, GEL. Die semantischen Rollen werden entsprechend als das Subjekt, das DO und das PO mit der Präposition *bei* realisiert. Die semantische Rolle AGENTIV (A) definiert Lee als eine Ergänzung, die bei Handlungsadjektiven und Besitzadjektiven der Möglichkeitsbezeichnung vorkommt. Diese Adjektive repräsentieren eine zielgerichtete Handlung. Das Argument, das im Ausdruck die AGENTIV-Rolle innehat, bezeichnet ein

Lebewesen (eine Person, ein Tier), die diese Handlung ausführt oder eine unbelebte Naturerscheinung. Lee schreibt dem AGENTIV somit die semantischen Merkmale [anim], [int], [afd] zu. Der BENEFAKTIV (BEN) bezeichnet die semantische Größe, die von der Handlung oder durch die im Adjektiv ausgedrückte Verhaltungsweise von AGENTIV betroffen wird oder betroffen ist. Diese semantische Markierung wird auch als Empfänger oder als Nutznießer der Handlung betrachtet. Als eine alternative Bezeichnung für diese Rolle nennt Lee in Anlehnung an Tarvainen den ADRESSATIV (Lee 1994: 166). Diese semantische Rolle gehört laut Lee zu den Ergänzungen, die Größen repräsentieren, auf die eine geistige oder physische Handlung gerichtet ist und die das Ergebnis solcher Handlungen empfinden oder besitzen können. Somit verfügt der BENEFAKTIV über die semantischen Merkmale Gerichtetheit [dir] und Affiziertheit [aff] (Lee 1994: 167). Die semantische Rolle GELTUNGSBEREICH (GEL) wird zur Bezeichnung der Argumente verwendet, die die Angaben zu dem meist abstrakten Bereich der Handlungsausführung umfassen. Lee weist darauf hin, dass diese semantische Rolle fast keine semantischen Restriktionen aufweist. Sie kommt allerdings meist nur mit den Merkmalen [loc] und [abstr] vor (Lee 1994: 177).

In seinem Aufsatz „Zu den Kontextsemen deutscher Adjektive“ (1981) unternimmt Karl-Ernst Sommerfeldt eine Beschreibung der lexikalischen Semantik und der syntaktischen Valenz der Adjektive. Außer den Angaben zur quantitativen Valenz umfasst sein Beschreibungsansatz die Kennzeichnung der Kernseme des relevanten Adjektivs, die lexisch-semantische Charakterisierung von Kontextsemen der Adjektive hinsichtlich ihrer Semantik und Kasusrollen sowie die Angaben zur morphologischen Gestalt dieser Kontextseme (Sommerfeldt 1981b: 22). Wie sich hier andeutet, unterscheidet Sommerfeldt im Bereich der semantischen Valenz der Adjektive zwei Arten von Bedeutungselementen: Kernseme und Kontextseme (Sommerfeldt 1981b: 16f). Die Kernseme stellen laut Sommerfeldt die Bedeutungselemente eines gegebenen Wortes dar (1981: 16). In diesen müssen die Angaben vorhanden sein, welche die Verbindung zu den Kontextsemen herstellen. Die Kontextseme (oder Kontextelemente genannt) können auf zweifache Weise charakterisiert werden, und zwar aus semantisch-denotativer Sicht und aus semantisch-funktioneller Sicht (Sommerfeldt 1981b: 17). Hier handelt es sich zum einen um die Angaben zur lexikalischen Semantik (die semantischen Merkmale), zum anderen um die semantischen Rollen der Argumente. Die Kasustheorie von Fillmore ist die Basis der semantisch-funktionellen Analyse von Kontextsemen (Sommerfeldt 1981b: 18). Die semantische Rolle für die Beschreibung der Adjektivergänzungen entnimmt Sommerfeldt dem System der semantischen Rollen von Helbig/Schenkel (1973). Es werden folgende semantische Rollen unterschieden (Sommerfeldt 1981b: 18–22): Agens (Agens 1 (A1), Agens 2 (A2), Agens 3 (A3)), Zustandsträger/Merkmalsträger (Zu), Vorgangsträger (Vor), Verhältnisträger (Ver), Wahrnehmungsträger ($Wahr_a$), Wahrnehmungsgegenstand ($Wahr_b$), Patiens (Pat), Resultat (Res), Adressat (Adressat 1 (Adr 1), Adressat 2 (Adr 2), Adressat 3 (Adr 3)), Instrument (Inst), Lokativ (Loc), Temporalität (Temp), Maß (Ma), Kennzeichen ($Kenn_a$), Kennzeichenträger ($Kenn_b$), Bereich (Bereich 1 (B 1), Bereich 2 (B 2), Bereich 3 (B 3)). Hierfür liefert Sommerfeldt unter anderem das folgende Beispiel (Sommerfeldt 1981b: 19):

(56) *Er* wird *dieses lauten Geräusches* gewahr.

In (56) eröffnet das Prädikat *gewahr werden* zwei Leerstellen, und zwar für die semantischen Rollen *Wahrnehmungsträger* (*Er*) und *Wahrnehmungsgegenstand* (*dieses lauten Geräusches*). Während die Rolle *Wahrnehmungsträger* ein Lebewesen bezeichnet, das aufgrund seiner Disposition wahrnehmungsfähig ist, werden durch die Rolle *Wahrnehmungsgegenstand* die Größen ausgedrückt, die vom *Wahrnehmungsträger* aufgrund ihrer materiellen oder immateriellen Zusammensetzung wahrgenommen werden können.

Die semantisch-denotative Beschreibung der Valenzpartner eines Adjektivs wird im „Wörterbuch zur Valenz und Distribution deutscher Adjektive" (Sommerfeldt/Schreiber 1983) durchgeführt. Die semantischen Merkmale, die Sommerfeldt als *außersprachlich bedingte Bedeutungselemente des Adjektivs* definiert, stellen nach Meinung der Autoren die Basis für die semantische Analyse der Argumente eines Adjektivs dar (Sommerfeldt/Schreiber 1983: 37). Da aber kein einheitliches System solcher semantischer Marker vorhanden ist, erweist sich die semantische Beschreibung der Argumente als schwierig (Sommerfeldt/Schreiber 1983: 37). Es wird nur darauf hingewiesen, dass sie das System von Helbig verwenden (Sommerfeldt/Schreiber 1983: 37 und 43). Bei der Beschreibung der semantischen Valenz vermisst man lediglich die Angaben zu den semantischen Rollen der Ergänzungen. Sommerfeldt/Schreiber begründen das mit dem Hinweis, dass es kein einheitliches System der semantischen Rollen gibt und sie aus Platzgründen auf diese Angaben verzichten (Sommerfeldt/Schreiber 1983: 36). Die Benennung der semantischen Merkmale von Adjektivargumenten wird im Wörterbuch unter Punkt 2.0 durchgeführt. Besitzt ein Adjektiv mehrere lexisch-semantische Varianten, werden diese gesondert und mit Beispielen aufgeführt. Wie schon oben erwähnt hat das Adjektiv *böse* vier Lesearten (Sommerfeldt/Schreiber 1983: 98–99). In der Bedeutung *arg, schlecht* verlangt das Adjektiv *böse* eine Ergänzung. Diese Ergänzung besitzt laut Sommerfeldt/Schreiber die semantischen Merkmale [+anim/-flora], [abstr] (z.B. *der* böse *Junge, eine* böse

Tat). In der Bedeutung *feindselig gestimmt* verlangt *böse* zwei Ergänzungen. Die erste Ergänzung, die als Subjekt auftritt, besitzt die Merkmale [+anim/-flora], [abstr]. Die zweite Ergänzung, die entweder als eine Dativ- oder eine Präpositionalergänzung mit der Präposition *auf* oder *mit* verwendet wird, verfügt über die Merkmale [+anim/-flora] (z.B. *einem Nachbar böse*; *auf einen Hund böse*). In der dritten Bedeutung *feindselig handelnd* verlangt das Adjektiv auch zwei Ergänzungen, das Subjekt mit den Merkmalen [+anim/-flora] (z.B. *ein* böser *Mensch*) und die Dativ- oder Präpositionalergänzung mit der Präposition *zu* mit dem semantischen Merkmal [+anim] (z.B. *zu einem Kätzchen böse*). In der vierten Variante wird das Adjektiv *böse* als Verstärkung in Wendungen verwendet. In dieser Gebrauchsweise ist das Adjektiv einwertig und besitzt nur ein semantisches Merkmal [abstr] (z.B. *in böser Bedrängnis/Verlegenheit sein*).

In dem Aufsatz „Semantik und Valenz zweiwertiger deutscher Adjektive" (1981) stellt Hannelore Sandau semantische Satztypen mit dem Adjektiv als Valenzträger vor. Sandau geht davon aus, dass Valenz eine Erscheinung der semantischen Ebene sei. Somit ist das Adjektiv der Valenzträger und bestimmt die Anzahl und Funktion der Argumente sowie auf der syntaktischen Ebene die Form der Komplemente. Dazu Sandau (Sandau 1981: 61):

> „Damit fühlen wir uns einer Valenztheorie verpflichtet, die auf der lexikalischen Bedeutung der Wörter aufbaut, unser Gegenstand ist deshalb primär die Semantik des Autosemantikons im Prädikat. Für die vorliegenden semantischen Satztypen bedeutet das, entscheidend für die Satzbedeutung ist die Semantik des Adjektivs, das als Valenzträger von Adjektivsätzen erscheint."

Von der Bedeutung der Prädikate ausgehend teilt Sandau zweiwertige Adjektive in semantische Satztypen ein. Diese Satztypen beschreiben folgende Bereiche: die Fähigkeit, die Verhaltensweisen, die Übereinstimmung, das Verlangen, die Einstellung und das Verhältnis (Sandau 1981: 61 und 62–78). Der konkrete Satztyp spiegelt die Semantik einer ganzen Gruppe von Adjektiven wieder (Sandau 1981: 61). Für ihre Untersuchung wählt Sandau solche Adjektive, deren zweiter Valenzpartner als PO realisiert wird. Dabei beschreibt sie zuerst die einzelnen semantischen Satztypen, indem sie die Komponentenstruktur (*Kernseme*) der Prädikate analysiert. Weiterhin wird die denotative Semantik der Ergänzungen beschrieben (semantische Merkmale), um dann die Angaben zu *Obligatheit* und *Fakultativität* sowie zur *Ersetzbarkeit* der Ergänzungen zu ermitteln.

Exemplarisch sieht die Analyse eines zweiwertigen Adjektivs wie folgt aus: Das Adjektiv *erfahren* gehört zu dem Satztyp 1 (ST 1) mit der allgemeinen Bedeutung *x besitzt eine bestimmte Eigenschaft in einem bestimmten Bereich y*. Dieses Adjektiv gehört weiter zu dem ST 1.1. mit der spezielleren Bedeutung (BE) *x hat auf einem bestimmten Gebiet y bestimmte Fähigkeiten.* Die konkrete Bedeutung des Adjektivs *erfahren* wird beschrieben als *große/reiche Erfahrung besitzend.* Bezüglich der Semantik der Ergänzungen stellt Sandau fest, dass die erste Ergänzung, das als Subjekt realisierte Argument, das semantische Merkmal [+hum] aufweist, weil die Adjektive vom Typ *erfahren* in erster Linie die für Menschen typischen Eigenschaften bezeichnen. Es ist aber auch das Merkmal [+anim] möglich, da bestimmte Tiere durch Übung lernfähig sind und somit ebenfalls Erfahrungen sammeln können (57).

(57) *Der Jagdhund* ist erfahren im Aufspüren von Hasen.

Das durch das PO realisierte Argument enthält das Merkmal [+abstr]. Damit wird ein bestimmtes Gebiet festgelegt, auf dem das entsprechende Lebewesen die entsprechenden Fähigkeiten besitzt. Sandau bezeichnet die zweite Ergänzung, das PO, bei *erfahren* als eine fakultative Ergänzung. Sie begründet dies damit, dass das Gebiet, auf dem die erste Ergänzung, das Subjekt des Satzes, bestimmte Fähigkeiten besitzt, sich entweder aus der Semantik des Adjektivs oder aus der Semantik der ersten Ergänzung ergibt (Sandau 1981: 64) (58).

(58) *Der Bergsteiger* ist erfahren.

Hier legt *Komponentenstruktur* von *Bergsteiger* das entsprechende Gebiet fest. Als die syntaktische Form der zweiten Ergänzung ist gemäß Sandau nur eine PP denkbar (Sandau 1981: 65), da es nicht möglich ist, diese Ergänzung durch einen NS, eine IK oder durch eine Ergänzung mit einer anderen Präposition auszutauschen.

Der oben genannte Aufsatz „Zu den Kontextsemen deutscher Adjektive“ (1981b) von Sommerfeldt kann als eine Fortsetzung von Sandaus Aufsatz betrachtet werden, denn er liefert die hier (1981) fehlende Beschreibung der semantischen Funktion der Argumente. Dabei werden aus funktionell-semantischer Sicht die Gruppen der semantischen Kasus, die auf syntaktischer Ebene als PO realisiert werden, identifizierbar gemacht. So erfüllen laut Sommerfeldt die Argumente, die auf der syntaktischen Ebene als PO auftreten, folgende semantischen Funktionen:

Tab. 8: Die semantischen Funktionen der Argumente nach Sommerfeldt (1981b: 18–22)

Semantische Funktion des Arguments	**Beispielsatz**
Agens 1 (A1)	Dieses Ziel ist *durch alle Lehrgangsteilnehmer* erreichbar.
Agens 2 (A2)	Seine Finger sind klamm *vor Kälte.*
Agens 3 (A3)	Der Mann ist stumm *vor Schreck.*

Semantische Funktion des Arguments	Beispielsatz
Verhältnisträger (*Ver*)	*Meine Tochter* ist *mit der Tochter* meines Freundes gleichaltrig.
Instrument (*Inst*)	Die Brücke ist *durch Autos* befahrbar.
Adressat 1	Er ist *zu seinem Nachbarn* liebenswürdig/nett/böse.
Adressat 2	Der Junge ist interessiert *an Büchern.* Das Mädchen ist wild *auf Kuchen.* Der Hund ist gierig *auf einen Knoch*en.
Adressat 3	Die Bücher sind interessant *für den Jungen.* Das ist *für mich* wertvoll, nachteilig, wichtig, belanglos. Das ist *für mich* leicht, hart, schwierig.
Lokativ (*Lok*)	Dieses Mittel ist *in einer Drogerie* erhältlich. Die Nachbarin ist *in der Kaufhalle* tätig.
Kennzeichenträger (*$Kenn_b$*)	Dieser Aufbau ist typisch *für ein Schauspiel.* Dieses Vorgehen ist kennzeichnend *für den Meister.*
Bereich 1	Der Junge ist erfahren *in solchen Kämpfen.*
Bereich 2	Der Artikel ist *zur Veröffentlichung* reif.
Bereich 3	Wir sind froh *über das schöne Wetter.*

In ihren Beiträgen „Zur Semantik und Valenz deutscher Adjektive des Vergleichens" (1983, 1987) führt Christine Gansel eine umfassende Charakterisierung der deutschen Adjektive des Vergleichens durch. Die Beschreibung der Valenzverhältnisse basiert auf der logisch-semantischen Betrachtung der Valenz. Das Adjektiv wird somit als Valenzträger aufgefasst, dessen Bedeutung sich aus Semen, welche die Elemente der äußeren Realität abbilden, hierarchisch zusammensetzt. Wie Sommerfeldt und Sandau unterscheidet auch Gansel *Kern-* und *Kontextseme* der Adjektive (Gansel 1987: 20). Somit besteht die Beschreibung der semantischen Valenz bei ihr ebenfalls in der Feststellung der semantischen Merkmale und der semantischen Rollen der Argumente. Die syntaktische Valenz baut auf der logisch-semantischen Valenz auf und besteht in der Bestimmung der Obligatheit und Fakultativität der Ergänzungen und in der Beschreibung der syntaktisch-morphologischen Form und der syntaktischen Funktion im Satz (Gansel 1987: 20).

Der Prozess des Vergleichens wird bei Gansel aus funktional-kommunikativer Sicht definiert und bezeichnet eine geistig-sprachliche Operation, deren Ziel im Aufdecken von Zusammenhängen in Natur, Gesellschaft und Denken besteht. Der Prozess des Vergleichens ist rational, d.h., es wird eine Beziehung zwischen den betreffenden Größen hergestellt und diese werden in Bezug zueinander gesetzt. Dabei werden generell drei Merkmale unterschieden: *inventiv*, *komparativ* oder *merkmalhervorhebend* (Gansel 1987: 21). Mit dem Merkmal *inventiv* ist gemeint, dass das Subjekt die Zusammenhänge in der Natur, der Gesellschaft oder im Denken aufdeckt. Beim Merkmal *komparativ* werden bestimmte Größen in Beziehung zueinander gesetzt. *Merkmalhervorhebend* meint, dass Subjekt Gleichheit, Ähnlichkeit oder Unterschiedlichkeit zwischen den zueinander in Beziehung gesetzten Größen feststellt. Aus der Bedeutung des Vergleichsprozesses ergibt sich die Zahl und die semantische Funktion der beteiligten Argumente. Es sind somit laut Gansel drei Kontextpartner möglich: das *Vergleichsobjekt*, das *Vergleichsmaß* und die *Vergleichsbasis* (Gansel 1987: 21) (59).

(59) Der Sohn (*Vergleichsobjekt*) ist dem Vater (*Vergleichsmaß*) an Kraft (*Vergleichsbasis*) ebenbürtig.

Bezüglich der semantischen Restriktionen der Kontextpartner verweist Gansel daauf, dass die Verknüpfungsmöglichkeiten der Kontextpartner vom Verallgemeinerungsgrad der Bedeutung des Adjektivs abhängig sind. Je allgemeiner also die Bedeutung des Adjektivs, desto größer ist auch die Wahrscheinlichkeit, dass der Kontextpartner wenige oder keine semantischen Restriktionen aufweist. Umgekehrt gilt: Je konkreter und spezieller die Bedeutung des Adjektivs, desto wahrscheinlicher ist es, dass das Adjektiv eine begrenzte Zahl von genau definierten Kontextpartnern verlangt. Diese Beobachtung dient bei Gansel als semantische Bestätigung der *Obligatheit* bzw. *Fakultativität* der Aktanten (Gansel 1987: 29).

Im Folgeschritt werden die wesentlichen Aspekte im Bereich der Adjektivvalenz zusammengefasst und die vorliegenden Untersuchungen zur Adjektivvalenz kritisch betrachtet.

2.5.3 Kritik zur Adjektivvalenz

Im Bereich der Adjektivvalenz sind folgende Fragen zentral und tauchen immer wieder in den Untersuchungen auf.

(1) *Soll das Adjektiv oder das gesamte Prädikat als Valenzträger betrachtet werden?*
(2) *Wie viele Argumente können Adjektive verlangen?*
(3) *Wie wird bei Adjektiven zwischen Ergänzungen und Angaben und zwischen obligatorischen und fakultativen Ergänzungen unterschieden?*

Zwischen diesen Fragen besteht ein enger Zusammenhang, weil z.B. Frage (2) nicht ohne die Antwort auf Frage (1) beantwortet werden kann. Dasselbe gilt auch für die Unterscheidung von *Ergänzungen* und *Angaben*, sowie von *obligatorischen Ergänzungen* und *fakultativen Ergänzungen* (3). Sind die syntaktischen, die semantischen oder die logischen bzw. kognitiven Relationen oder die Interaktion dieser Relationen für eine solche Unterscheidung ausschlaggebend? Da der Schwerpunkt der oben angeführten Arbeiten eher auf der reinen Beschreibung der syntaktischen und semantischen Valenzeigenschaften liegt, werden diese Fragen oft nur am Rande gestreift und bleiben ergänzungsbedürftig. Darüber hinaus liegen fast keine Arbeiten zu spezifischen Fragestellungen innerhalb der *Adjektivvalenz*, wie zum Beispiel zur Valenz des Adjektivs mit *präpositionaler Ergänzung* vor. So wird diese, wenn sie behandelt wird, nur im Rahmen der allgemeinen Beschreibung der Adjektivvalenz diskutiert. Es gibt nur wenige Aufsätze, welche die Valenz des Adjektivs mit $K_{präp}$ explizit thematisieren (Sandau 1981, Gansel 1987).

Wie oben erwähnt, zeichnen sich generell zwei Tendenzen bei der Beschreibung der Adjektivvalenz ab, die syntaktische und die logisch-semantische Betrachtungsweise. Wenn die Valenz primär als eine *syntaktische Erscheinung* beschrieben wird, so wie bei Tarvainen (1981), Zifonun et al. (1997), Helbig (2001) und Engel (2004), ergibt sich aus dieser Herangehensweise das *Subjektproblem*. Das Adjektiv selbst wird als ein Komplement des KV betrachtet (Zifonun et al. 1997, Engel 2004) und demzufolge als sekundärer Valenzträger bezeichnet. Syntaktisch gesehen kann das Adjektiv aus dieser Position heraus das Subjekt nicht erreichen, weil sowohl das Adjektiv selbst alch auch das Subjekt von einem anderen Element, und zwar von dem KV, abhängen (Groß 2003). Die Lösung des Subjektproblems im Rahmen der syntaktischen Herangehensweise beschränkt sich generell auf die Erklärung, dass das Subjekt eine Sonderrolle im Satz einnimmt (Engel 2004).

Bei *der logisch-semantischen* Herangehensweise (u.a. Bondzio 1971, Sommerfeldt 1981b, Sandau 1981, Welke 1988 und Lee 1994) wird das gesamte Prädikat als Valenzträger gesehen. Diese Herangehensweise ermöglicht, das Subjektproblem zu umgehen, aber keineswegs zu lösen, es wird lediglich auf die Prädikat-Argument-Struktur übertragen. So verfügt das Prädikat über das Charakterisierungspotenzial und kann dadurch Leerstellen eröffnen, die von Argumenten besetzt werden (vgl. Kapitel 2.1.1.1). Ob dabei allerdings das jeweilige Argument als K_{sub}, K_{akk}, K_{dat} oder $K_{präp}$ realisiert wird, spielt für die Wertigkeit des Prädikats keine Rolle, weil sie hier eine Eigenschaft des gesamten Prädikats und somit kein rein syntaktisches Phänomen mehr ist. Zwar ist dies in der *logisch-semantischen* Herangehensweise eine vernünftige Begründung für den Komplementstatus des Subjekts, die syntaktische Ebene der Sprache wird dabei aber außer Acht gelassen, da weder die Struktur des Prädikats noch die Rolle des KV berücksichtigt werden.

Nur von Helbig (1992) und Groß (2003) wird das Subjektproblem sowohl aus syntaktischer als auch aus semantischer Sicht beleuchtet. Das KV wird hier als das syntaktische, das Adjektiv als das semantische Zentrum des Prädikats definiert. Dabei ist das KV ein Vermittlungsglied zwischen Adjektiv und Subjekt. Für das Adjektiv besteht damit laut Groß nur eine Möglichkeit, das Subjekt zu erreichen und zwar durch die semantische Verträglichkeit zwischen dem Prädikat und seinen Argumenten (Groß 2003: 837).

Eine weitere Unstimmigkeit, die sich aus der Frage nach dem Valenzträger ergibt, ist mit der Frage nach der Zahl der Ergänzungen bei Adjektiven verbunden. Die Vertreter der syntaktischen Herangehensweise (wie z.B. Engel 2004) setzen die Komplementzahl eine Position niedriger, weil sie das Subjekt nicht zu den Adjektivkomplementen rechnen. Die Vertreter der semantischen Herangehensweise (u.a. Sommerfeldt 1981b, Sandau 1981, Sommerfeldt/Schreiber 1983, Welke 1988, Lee 1994) teilen ein null- bis dreiwertige Adjektive. Das Subjekt wird dabei als ein Komplement des Adjektivs betrachtet. Im Bereich der *logisch-semantischen* Valenz hat es darüber hinaus bis zu der Untersuchung von Lee (1994) überhaupt keine systematische Einteilung der Adjektivergänzungen gegeben. In den Arbeiten von Sandau (1981), Sommerfeldt (1981b) und Sommerfeldt/Schreiber (1983) sind bestimmte Versuche unternommen worden, die logisch-semantische Valenz zu behandeln. Sie beschränken sich entweder auf die Beschreibung der zweiwertigen Adjektive (Sandau 1981 und Sommerfeldt 1981b) oder lassen entweder die semantische Füllung (Sommerfeldt 1981b) oder die semantischen Rollen der Argumente (Sandau 1981) außer Acht. Während für die Definition der semantischen Rollen der Argumente häufig die Arbeiten von Fillmore (1968, 1969, 1977a, 1977b und 1985 u.a.), Helbig/Schenkel (1969, 1973, 1983) u. a als Grundlage dienen (so bei Sommerfeldt (1981b), Sommerfeldt/Schreiber (1983) und Lee (1994)), ist oftmals nicht klar, welches System der semantischen Merkmale herangezogen worden ist. Zusätzlich weisen die Beschreibungen der semantischen Rollen bei manchen Forschern weiterhin Unterschiede auf (vgl. Sommerfeldt 1981b und Lee 1994), was möglicherweise auf die unterschiedlichen Interpretationen der semantischen Funktionen zurückzuführen ist. So ist zum Beispiel die Unterscheidung von Sommerfeldt in vielen Aspekten erklärungs- und ergänzungsbedürftig. Er definiert den semantischen Kasus *Adressat* in weitem Sinne als eine Einheit, die etwas *Betroffenes* (60), *das*

Ziel einer Handlung (61) oder *den Nutznießer einer Handlung* (62) bezeichnet (Sommerfeldt 1981b: 20).

(60) Er ist *zu seinem Nachbar* nett.

(61) Der Junge ist interessiert *an Büchern.*

(62) Die Bücher sind interessant *für den Jungen.*

Diese weite Definition von vielen unterschiedlichen Funktionen in einer semantischen Funktion zwingt zu der Schlussfolgerung, dass Sommerfeldt nicht die Bedeutung des Prädikats als primäre Instanz für die Verteilung der semantischen Funktionen im Ausdruck betrachtet, sondern allem voran die Bedeutung der Argumente einbezieht, was Abgrenzungsschwierigkeiten von einzelnen semantischen Funktionen zur Folge hat. Im Gegensatz zu Sommerfeldt gliedert Lee den semantischen Kasus *Adressat* in BENEFAKTIV und KAUSATIV (Lee 1994: 161ff). Während die Rolle BENEFAKTIV sowohl die von einer Handlung betroffene Größe, als auch den Nutznießer einer Handlung bezeichnet, beschreibt die Rolle KAUSATIV den Auslöser des Zustandes, in dem sich die Rolle AGENTIV befindet.

Die von Sommerfeldt vorgeschlagene Einteilung basiert auf dem System der semantischen Rollen aus den 1970er und 1980er Jahren. Inzwischen sind die einzelnen Rollen genauer definiert bzw. es sind neue Rollen festgestellt worden (vgl. Kapitel 2.1.1.2.2). Sie werden darüber hinaus im Rahmen von Frames aktualisiert, was eine weitere und genauere Perspektive auf die Bedeutungsstruktur eines Prädikats und dementsprechend auf die semantischen Funktionen von dessen Argumenten eröffnet. Die semantisch-funktionelle Einteilung der Argumente bei Adjektiven nach Sommerfeldt spiegelt diese Entwicklungen aus verständlichen Gründen nicht wider. Die Idee einer solchen Klassifizierung ist aber nützlich, weil dadurch die semantische Beschreibung der Argumente vervollständigt wird.

Auch in den neueren Arbeiten zur Adjektivvalenz lassen sich die oben genannten Versäumnisse im Bereich der semantischen Adjektivvalenz beobachten. Während Helbig detailliert die syntaktische Adjektivvalenz behandelt, unternimmt er keine gesonderte Analyse der semantischen Adjektivvalenz (Helbig 2001: 533–535). Bei ihm ist die semantische Beschreibung der Adjektivvalenz nur im Rahmen der sogenannten Satzbaupläne anzutreffen. Helbig unterscheidet zwischen morphosyntaktischen und semantischen Satzbauplänen. Letztere ergeben sich aus den semantischen Funktionen der Argumente und erschaffen auf diese Weise die inhaltliche Bedeutung eines Satzes. Im Rahmen der von ihm erarbeiteten semantischen Satzbaupläne wird die Gruppe der semantischen Satzbaupläne mit Adjektiv als Kern aber nicht gesondert behandelt. Obwohl

Engel (2004: 354–360) ein Analysemodell zur Beschreibung der semantischen Valenz, unter anderem auch der Adjektivvalenz angeboten hat, geht er nicht darüber hinaus und bietet keine semantische Systematisierung der Ergänzungen bei Adjektiven an. Seine Definition der Wortart *Adjektiv* unterscheidet sich von anderen Adjektivdefinitionen (u.a. Duden 2009: 338–388; Eroms 2000: 29–30; Trost 2006: 4) sowohl in wesentlichen syntaktischen, als auch semantischen Aspekten der Abgrenzung der Adjektive (vgl. Kapitel 2.4). Das hat Einfluss auf die Beschreibung der Wertigkeit und der semantischen Struktur der Adjektive. Das von Engel entwickelte System der semantischen Merkmale im Rahmen der Beschreibung der kategorialen Bedeutung erweist sich als brauchbar, scheint die Beschreibung der relationalen Bedeutung mit nur vier semantischen Rollen zu vereinfachen, drückt aber trotzdem die komplexen relationalen Strukturen weder im Rahmen der Verb-, noch der Adjektivvalenz genügend aus.

Ein weiteres Versäumnis im Bereich der Adjektivvalenz ist die Unterscheidung zwischen Ergänzungen und Angaben sowie zwischen obligatorischen und fakultativen Ergänzungen. Bei der Behandlung dieser Frage sind in der Forschung zur Adjektivvalenz zwei Vorgehensweisen anzutreffen. Da bei der ersten eine grundsätzliche Ähnlichkeit zwischen Verb- und Adjektivvalenz angenommen wird, werden die Abgrenzungsmethoden und die TV zur Verbvalenz auch auf die Unterscheidung im Bereich der Adjektivvalenz angewendet (Helbig 1992, Welke 1988 u.a.). Eine Unterscheidung zwischen den TV für die Verbvalenz und für die Adjektivvalenz wird nicht vorgenommen. Die zweite Vorgehensweise, wie sie von Lee (1994) vertreten wird, zeichnet sich dadurch aus, dass diese Frage als nicht wichtig angesehen wird. Die *Obligatheit* und *Fakultativität* wird nur als eine Erscheinung der Oberflächenstruktur betrachtet und deshalb als nicht relevant für die eigentliche Valenzbeschreibung der Adjektive eingestuft (Lee 1994: 69–78). Es werden zwar TV (*Eliminierungstest, Substitutionstest* oder *Erfragbarkeitstest*) eingesetzt, aber die Kriterien zu einer erfolgreichen Durchführung dieser TV werden nicht genau herausgearbeitet. Zwar erkennt Lee (1994) an, dass die Semantik des Adjektivs eine große Rolle bei der Abgrenzung spielt, wählt aber eine hauptsächlich syntaktische Herangehensweise. Da im Allgemeinen nicht genau definiert wird, was ein obligatorisches und was ein fakultatives Komplement ist, kommt es nicht selten vor, dass die obligatorischen Komplemente als fakultative beschrieben werden. Das ist nicht nur darauf zurückzuführen, dass keine genauen Abgrenzungskriterien ausgearbeitet bzw. herangezogen worden sind, sondern auch darauf, dass die Wortart *Adjektiv* unterschiedlich bestimmt wird (Lee 1994, Engel 2004, Trost 2006). Der Mangel an Abgrenzungskriterien im Rahmen der Adjektivvalenz liegt außerdem darin begründet, dass keine der

Arbeiten zur Adjektivvalenz die Mehrdimensionalität des Valenzbegriffes berücksichtigt. Weder in dem Werk von Lee noch in einer der im Rahmen der vorliegenden Untersuchung bearbeiteten Arbeiten sind die TV im Bereich der Adjektivvalenz angemessen vorgestellt und konsequent angewendet worden. Es sind in diesen Untersuchungen auch keine spezifischen auf die Adjektvvalenz angepassten TV ausgearbeitet worden.

Aus den oben beschriebenen Schwierigkeiten bei der Beschreibung der Adjektivvalenz werden zwei weitere Kritikpunkte deutlich. Es fehlt:

- eine korpusbasierte Untersuchung
- die Einbettung der Valenzstrukturen der Adjektive in Frames.

Die Kompetenzbeispiele, wie z. B. bei Lee (1994: 78–82), spiegeln ohne Zweifel viele Möglichkeiten des Sprachsystems wider, können aber nicht die gesamte sprachliche Realität reflektieren. Auf der Basis eines Korpus lassen sich die syntaktischen und semantischen Valenzstrukturen besser beschreiben, und zwar so, wie sie im tatsächlichen Sprachgebrauch erscheinen. Im Bereich der semantischen Valenz eröffnet die korpusgestützte Arbeit die Möglichkeit, die semantische Füllung der Argumente, die Selektionsbeschränkungen zwischen dem Prädikat und seinen Argumenten sowie die semantischen Rollen im konkreten Ausdruck genauer zu analysieren. Unter der Einbettung der Valenzstrukturen in Frames wird verstanden, dass die semantische und die syntaktische Valenz des Adjektivs in einem breiteren Kontext gesehen werden. Da die Frametheorie unter anderem versucht, die Prädikate und ihre Argumente in eine geordnete Beziehung zueinander zu setzen, lassen sich dadurch im Bereich der Valenzbeschreibung z. B. die Interpretationsspielräume bei der Beschreibung semantischer Rollen der Argumente besser erfassen. Darüber hinaus können die Adjektive im Rahmen der Framethoerie entsprechend ihrer Bedeutungsstruktur besser in Gruppen eingeteilt und die Bedeutungsstruktur der Adjektive nachvollzogen werden (vgl. Kapitel 7).

Im Kapitel 2 sind die theoretischen Grundlagen dieser Arbeit vorgestellt worden. Zuerst sind die valenztheoretischen Ansätze, die Valenzebenen und die auf diesen Ebenen vorhandenen Relationen beschrieben worden. Dann ist die Verbindung zwischen der Valenztheorie, den Theorien zur Wissensrepräsentation aus der kognitiven Psychologie und der Frametheorie und ihre Relevanz für die vorliegende Untersuchung aufgezeigt worden. Danach ist die Abgrenzung der Wortart *Adjektiv* und eine allgemeine Beschreibung der Adjektivvalenz in ihren Grundzügen vorgenommen worden. In Hinblick darauf wird im folgenden Kapitel der eigene Standpunkt formuliert. Neben dem Untersuchungs-, und Beschreibungsansatz, wird hier die Datenbasis und das in dieser Arbeit verwendete Korpus behandelt.

3. Die Formulierung des eigenen Standpunktes

In diesem Kapitel wird auf den theoretischen Hintergrund der vorliegenden Untersuchung, die Datenbasis, die Arbeitsweise im Korpus und mit den aus dem Korpus gewonnenen Belegen eingegangen. Neben der dieser Arbeit zugrunde liegenden Auffassung der Valenz werden hier die eigene Definition der Wortart *Adjektiv* formuliert und die Valenzkriterien für die Unterscheidung zwischen Ergänzungen und Angaben sowie zwischen obligatorischen und fakultativen Ergänzungen zusammengefasst. Es werden außerdem die semantischen und syntaktischen Relationen und ihre jeweilige Kombination im Zusammenhang dieser Unterscheidung erklärt. Weiter wird die eigene Auffassung des Frames vorgestellt. Im Folgeschritt werden die Datenbasis, das Korpus und die Operationen beschrieben, mit denen im Korpus gearbeitet wird. Am Schluss steht die Darstellung des verwendeten Untersuchungs- und Beschreibungsansatzes. Dabei wird neben dem Untersuchungsmodell und der Arbeitsweise mit den aus dem Korpus extrahierten Belegen auch die Methode beschrieben, mit der die Adjektive den Frames zugeordnet werden.

3.1 Die theoretische Basis der Arbeit

Die theoretische Grundlage der vorliegenden Untersuchung ist die Auffassung, dass Valenz ein mehrdimensionales Gebilde ist (Jacobs 1994; Zifonun et al. 1997), das nicht nur auf der syntaktischen und der semantischen Ebene vorkommt, sondern auch als eines der Konstruktionsprinzipien menschlicher Kognition im Sinne des Ereignisbegriffs nach Klix und van der Meer (Klix 1991, 1992, 1993; van der Meer 1993) auftritt. Wie es u.a. die Experimente zu beweisen scheinen (Shank/Abelson 1977; Klix/van der Meer, Elke/Preuß, Matthias/Wolf 1987; Klix 1992, 1994, 1998; Noë 2004), ist das Prinzip der Valenz auf der kognitiven Ebene im Bereich der Informationswahrnehmung, -speicherung und -erzeugung anzutreffen. Sowohl die semantische als auch die syntaktische Ebene treten als gebrochene Widerspiegelungen kognitiver Prozesse auf, wobei die syntaktische Ebene wiederum als zur semantischen Ebene gebrochen auftritt (Helbig 1992: 7 und 11; Helbig 2001: 469; von Polenz 2008: 169). Zwischen diesen Ebenen, angefangen mit der kognitiven bis zur syntaktischen, besteht keine Idiosynkrasie. All diese Ebenen stehen vielmehr in einem komplexen Zusammenhang (Helbig 2001: 469). Das Valenzprinzip kann auf der logischen Ebene als die Ergänzungsbedürftigkeit eines Prädikats in Bezug auf dessen

Argumente im Rahmen der Propositionsbildung verdeutlicht werden (Zifonun et al. 1997: 682–687). Von der logischen Ebene ausgehend werden somit die Wörter als Valenzträger definiert, die über ein Charakterisierungspotenzial verfügen und Sachverhalte der äußeren Wirklichkeit wiedergeben können (Zifonun et al. 1997: 677 und 679). Da Adjektive diese beiden Bedingungen erfüllen, sind sie Prädikate und dementsprechend Valenzträger. Auf der syntaktischen Ebene können sie dabei bei prädikativem Gebrauch in der Form eines komplexen Prädikats (Verb+Adjektiv) oder bei attributivem Gebrauch als Bestimmungswort zum Nomen auftreten. Wenn das Adjektiv in der vorliegenden Untersuchung als Valenzträger (VT) bezeichnet wird, so sind damit immer beide Realisierungsmöglichkeiten gemeint. Die Schreibweise ist wie folgt *wild* [*sein*]. Die syntaktische Realisierung des Adjektivarguments wird hier als Komplement bezeichnet.

Als Adjektiv wird in dieser Arbeit in Anlehnung an Zifonun et al. (1997), Eroms (2000), Sadziński (2003), Engel (2004), Trost (2006), Duden (2009) das Wort bezeichnet, das zwischen Nomen und Artikelwort auftritt, also attributiv verwendet wird. Es kann auch prädikativ gebraucht werden, wobei es in dieser Position vom KV abhängt. Während in attributiver Position Genus, Numerus und Kasus des in Frage kommenden Wortes von Nomen abhängen, bleibt das Wort in der prädikativen Position unverändert. Neben der prädikativen und der attributiven ist auch die adverbiale Verwendung möglich. Das als Adjektiv auftretende Wort kann gesteigert werden. Die semantische Leistung des Adjektivs besteht neben der Beschreibung der dem Bezugsnomen innewohnenden Eigenschaft auch im Ausdruck des infolge bestimmter Handlungen oder Prozesse eingetretenen Zustandes, beispielweise bei deverbalen Adjektiven. Deshalb werden in dieser Arbeit auch die Partizip II-Formen der Verben im Zustandspassiv und die Partizip II-Formen der reflexiven Verben im Zustandsreflexiv der Wortart *Adjektiv* zugerechnet. Dabei muss das Wort, um als ein Adjektiv gelten zu können, mindestens attributiv und prädikativ verwendbar sein und Charakterisierungspotenzial besitzen. Andere Eigenschaften bestätigen lediglich den Adjektivstatus des relevanten Wortes. Die Wörter, die nur prädikativ verwendet werden, aber semantisch deutliche adjektivische Eigenschaften aufweisen, werden in dieser Arbeit auch den Adjektiven zugerechnet, aber in Anlehnung an Trost (Trost 2006) als eine Randgruppe der MPZ abgegrenzt.

Die Valenz wird auch mit dem Terminus *Ergänzungsbedürftigkeit* näher erklärt (Zifonun et al. 1997: 683). Damit ist gemeint, dass es ein Zentrum gibt, das andere Elemente an sich bindet und um sich herum gruppiert. In der

Valenztheorie wird das Zentrum generell als der Valenzträger und die von ihm abhängenden Elemente als Ergänzungen benannt. Die wichtigste Aufgabe des Valenzträgers und der von ihm geforderten Ergänzungen ist es, einen wohlgeformten, grammatisch korrekten, inhaltlich verständlichen und vollständigen Ausdruck zu bilden (Zifonun et al. 682–687). Der Valenzträger und seine Ergänzungen stehen im Sinne von Jacobs (1994) und Zifonun et al. (1997) in einem mehrdimensionalen Verhältnis. Mithilfe der zwischen dem Valenzträger und seinen Ergänzungen festgestellten Relationen wird die Unterscheidung zwischen obligatorischen und fakultativen Komplementen und Supplementen vorgenommen (Zifonun et al. 1997: 1031). Basierend auf den oben angeführten theoretischen Abhandlungen (Helbig 1992, Jacobs 1994, Zifonun et al. 1997) sind drei Grundkriterien für eine solche Unterscheidung von ausschlaggebender Bedeutung: *grammatisch korrekt*, *inhaltlich verständlich* und *inhaltlich vollständig*. Zwei der drei Valenzkriterien ergeben sich aus den Selektionsvorgängen. Der sprachliche Ausdruck muss *grammatisch korrekt* und *inhaltlich vollständig* sein, damit er verstanden und interpretiert werden kann. Hieraus ergibt sich die Aufgabe, zwischen den Elementen zu unterscheiden, die für die Produktion eines grammatisch korrekten und inhaltlich vollständigen Ausdrucks unentbehrlich sind, und den Elementen, die zur Erfüllung dieser Kriterien nicht notwendig sind. Die sprachlichen Ausdrücke, die zusammen mit dem Valenzträger einen grammatisch korrekten und inhaltlich vollständigen Ausdruck produzieren, werden Ergänzungen genannt. In diesem Sinn entspricht die vollständig gesättigte Proposition dem Valenzkriterium *inhaltlich vollständig*. Die sprachlichen Ausdrücke, welche die sprachliche Äußerung in einen zeitlichen, räumlichen oder modalen Kontext einordnen und für die Produktion einer wohlgeformten Äußerung keine Rolle spielen, werden Angaben genannt (Zifonun et al. 1997: 683–687, 729f., und 1041ff.).

Unter dem Kriterium *grammatisch korrekt* wird verstanden, dass der Satz aus syntaktischer Sicht als vollständig und richtig wahrgenommen wird. Dieses Kriterium kann zusätzlich noch als syntaktische Notwendigkeit einer Phrase umschrieben werden. Es liegen aber auch sprachliche Ausdrücke vor, die inhaltlich nicht vollständig, jedoch grammatisch korrekt sind. Es muss deshalb eine weitere Unterscheidung zwischen obligatorischen und fakultativen Komplementen vorgenommen werden. Diese Unterscheidung hängt mit der Elementarproposition und der mit ihr verbundenen autonomen Verstehbarkeit des relevanten sprachlichen Ausdrucks zusammen (Zifonun et al. 1997: 597, 684f.). Ähnelt die Bedeutung des gegebenen Ausdrucks weiterhin der des grammatisch korrekten und inhaltlich vollständigen Ausdrucks, handelt es sich um ein fakultatives Komplement. Ändert der Ausdruck seine Bedeutung, liegt ein obligatorisches Komplement vor. Das semantische Kriterium *inhaltlich verständlich* muss in jedem Fall durch das syntaktische Kriterium *grammatisch korrekt* bestätigt werden. In diesem Sinn entspricht die autonome Verstehbarkeit eines sprachlichen Ausdrucks dem Valenzkriterium *inhaltlich verständlich.*

Zur Anwendung dieser Kriterien sind semantische und syntaktische Relationen ausgearbeitet worden, die bei der Unterscheidung obligatorisch vs. fakultativ und Ergänzung vs. Angabe eingesetzt werden (Jacobs 1992, 1994; Zifonun et al. 1997: 1030–1041). So wird in der IDS-Grammatik folgende Annahme formuliert: Je mehr feste Bindungen (Relationen) zwischen dem Valenzträger und einer Phrase feststellbar sind, desto besser lässt sich der Komplementstatus dieser Phrase ermitteln (Zifonun et al. 1997: 1041). Auf der Ebene der Formrelationen gilt eine Phrase als Komplement, wenn sie folgende Formrelationen aufweist: ++FIX/+FIX/–FIX, +REKT bzw. +KONST bzw. +TRANSF. Wenn aber die Phrase –FIX, –REKT bzw. –KONST bzw. –TRANSF ist, gilt sie als Supplement. Auf der Ebene der Bedeutungsrelationen nimmt der Komplementcharakter einer Phrase kontinuierlich ab, von der Sachverhaltsbeteiligung über die Sachverhaltskonstitution bis hin zur Sachverhaltskontextualisierung. Der Perspektivierungsgrad einer Phrase hängt vom Valenzträger ab. Je höher der Perspektivierungsgrad einer Phrase, desto stärker ist deren Komplementcharakter ausgeprägt. Wenn die Phrase autonome satzsemantische Informationen besitzt, d.h. autonom kodiert ist, spricht das für ihren Supplementcharakter.

Tab. 1: Die Unterscheidung zwischen Komplementen und Supplementen mithilfe von Form- und Bedeutungsrelationen

Phrase ist ein Komplement	**Phrase ist ein Supplement**
++FIX/+FIX/–FIX +REKT +KONST +TRANSF +BET +MSKONST ++PERSP/ +PERSP	–FIX -REKT -KONST –TRANSF +KONT +AUTOKOD

Die Unterscheidung zwischen obligatorischen und fakultativen Komplementen wird mithilfe der Form- und Bedeutungsrelationen wie folgt vorgenommen:

Tab. 2: Die Unterscheidung zwischen obligatorischen und fakultativen Komplementen mithilfe von Form- und Bedeutungsrelationen

Phrase ist ein obligatorisches Komplement	**Phrase ist ein fakultatives Komplement**
++FIX/+FIX +REKT +KONST +TRANSF +BET ++PERSP +AUTOKOD	-FIX +KONST +MSKONST +PERSP +AUTOKOD[36]

Sowohl die semantischen als auch die syntaktischen Abgrenzungskriterien von Ergänzungen und Angaben sind auf der kognitiven Ebene vorangelegt. Noch lange bevor die kognitiven Konzepte versprachlicht und in einen semantischen und syntaktischen Zusammenhang zueinander gebracht werden, erhalten sie auf der kognitiven Ebene aufgrunnd des Prozesses der Begriffsbildung bereits die entsprechenden Markierungen und Rollen und werden dementsprechend strukturiert, etwa durch IBR und ZBR (Klix 1991: 181; 1992: 241; 1993: 397). Wie in Kapitel 2.1.1.1 gezeigt worden ist, ist die Prädikatsstruktur und auch die Zahl und Funktion ihrer Argumente sowie deren semantische Verträglichkeit auf der kognitiven Ebene anzusiedeln. Die semantische Valenz stellt das Abbild der kognitiven Strukturen im menschlichen Gedächtnis dar. Durch sie kann die Zahl, die Funktion und die semantische Verträglichkeit der Argumente ermittelt werden. Die Beschreibung der semantischen Valenz ist somit die Beschreibung der semantischen Verträglichkeit der Argumente beziehungsweise eines *semantisch gebrochenen* logischen Prädikats (Helbig 1992: 7 und 11; Helbig 2001: 469; von Polenz 2008: 169) sowie die Bestimmung der Zahl und Funktion der Argumente. Die semantisch lexikalisierte Bedeutung des Prädikats ist aber nicht als Basis für diese Beschreibung anzusehen. Vielmehr wird hier die kognitive Ebene als Basis für die semantische Ebene verstanden, an die die Beschreibung der semantischen Valenz im Rahmen von Frames eine repräsentative Annäherung darstellt. Auf der Grundlage der oben angeführten Darlegungen zur Frametheorie wird der Frame in dieser Arbeit als ein mentales Konstrukt des menschlichen Gedächtnisses definiert. Der Frame spiegelt stereotypische Sachverhalte der Wirklichkeit

36 Die Bedeutungsrelation AUTOKOD wird bei der Unterscheidung zwischen obligatorischen und fakultativen Komplementen nur in bestimmten Fällen eingesetzt (vgl. Kapitel 2.1.1.2.3).

wider und ermöglicht dem kognitiven System dadurch die Speicherung, den Abruf und die Wiedererkennung der erlebten Erfahrungen. Das geschieht durch das frameevozierende Element, das das Zentrum des Frames ist. Dieses Element ist in der Regel eine Einheit mit Charakterisierungspotenzial, die ihrerseits zur Entfaltung ihrer Bedeutung weitere Elemente verlangt. Diese Elemente können wiederum entweder weitere Einheiten mit Charakterisierungspotenzial oder Objektbegriffe sein. Alle Bestandteile des Frames werden durch die Wörter repräsentiert, die für die gegebene Situation stereotypisch sind. Die Elemente eines Frames werden durch das frameevozierende Wort miteinander in Verbindung gebracht. Über die Zahl und die Rollen der Frameelemente entscheidet die Bedeutung des frameevozierenden Wortes.

Da auch die Frametheorie auf der Analyse sprachlichen Materials beruht, kann die Beschreibung der semantischen Valenz im Rahmen eines Frames nur eine Approximation sein, aber keinesfalls als abschließende Antwort auf die Frage nach der Argumentstruktur des Prädikats, der Zahl und der Funktion seiner Argumente, gelten. Bis die repräsentativen kognitiven Experimente zur genauen Ermittlung der Informationswahrnehmung, -verarbeitung und -speicherung sowie zum Datenabruf ausgearbeitet sind, bleiben die Ergebnisse der semantischen Beschreibung bis zu einem gewissen Grad spekulativ.

3.2 Die Datenbasis

Die Datenanalysen werden auf der Basis des COSMAS-II-Korpus[37] durchgeführt. Zu diesem Zweck ist ein definiertes Korpus[38] im COSMAS-II-System festgelegt worden, damit bei der Korpusuntersuchung immer auf die gleichen Datenmengen zurückgegriffen werden kann. Das Korpus besteht aus 164 Dokumenten, die 1.037.232 Texte mit insgesamt 294.170.743 Wörter beinhalten. Es werden im Korpus sprachliche Daten aus den folgenden Zeitungen zwischen 1998 und 2007 analysiert: *Computer Zeitung* (Januar 1998 bis Dezember 1998), *Frankfurter Rundschau* (Januar 1998 bis Dezember 2007), *Mannheimer Morgen* (Januar 1998 bis Dezember 2007), *Spektrumdirekt* (Januar 1998 bis Dezember 2007).

---

37 Die Entscheidung COSMAS-II-System zu nutzen, ist u.a. auf den großen Umfang der zur Verfügung stehenden Daten im COSMAS-II, auf die im COSMAS-II-System entwickelten Operationen, welche eine detaillierte und komplexe Datensuche erlauben, und nicht zuletzt auf die kostenlose Nutzung dieses Korpus zurückzuführen.

38 Korpusbezeichnung: *Lyubomyr Matsekh-Ukrayinskyy.*

3.3 Das Korpus

Die Korpusanalyse besteht aus zwei Phasen. In der ersten Phase wird die Liste der Adjektive mit präpositionaler Rektion erweitert: Zuerst werden Adjektive mit präpositionaler Rektion aus praktischen Grammatiken und Übungsbüchern der deutschen Sprache (u.a. Helbig/Buscha 2000; Rug/Tomaszewski 2001; Dreyer/Schmitt 2005; Földeak 2005; Hering/Matussek/Perlmann-Balme 2005; Hall/Scheiner 2005) gesammelt. Danach wird die semantische Komponentenanalyse des jeweiligen Adjektivs mit präpositionaler Rektion durchgeführt. Das Ziel ist, Synonyme, Quasisynonyme, Antonyme und Adjektive mit ähnlicher Bedeutung zum Ausgangsadjektiv zu finden. Damit soll geprüft werden, ob diese Kandidaten auch eine Präposition regieren. Dies findet mithilfe des Duden-Universalwörterbuchs (2006 und 2011) und des Word-Thesaurus statt. Die Vorgehensweise sieht wie folgt aus: Die Adjektive aus den praktischen Grammatiken werden nach ihren Kernsemen mithilfe des Duden-Universalwörterbuchs gruppiert, mit dem Ziel, die semantischen Felder dieser Adjektive zu erstellen. Um in das gegebene semantische Feld aufgenommen zu werden, müssen die Adjektive mindestens ein semantisches Merkmal gemeinsam haben. Weiter wird die Bedeutung jedes Adjektivs aus dem gegebenen Feld im Duden-Universalwörterbuch analysiert. Anschließend werden die Adjektive, die zu dem gegebenen Adjektiv als Synonyme angeführt sind und die, die als Quasisynonyme aufgefasst werden können, ebenfalls in das semantische Feld aufgenommen. Mit den neuen in das semantische Feld aufgenommenen Adjektiven wird auf die gleiche Weise wie mit den Adjektiven aus den praktischen Grammatiken vorgegangen. Auch wenn im Wörterbuch nicht erwähnt wird, ob das in das Feld aufgenommene Adjektiv eine Präposition regiert, wird das Adjektiv bei den weiteren Arbeitsschritten berücksichtigt, wenn es entsprechend seiner Bedeutung eine relationale Bedeutungsstruktur hat und dementsprechend ein weiteres Argument verlangen kann, das als $K_{präp}$ realisiert werden kann. Diese Entscheidung wird aufgrund der Komponentenanalyse des Adjektivs getroffen und ist subjektiv. Auf eine ähnliche Weise wird im Word-Thesaurus gearbeitet. Im Unterschied zur Arbeit mit dem Wörterbuch wird im Thesaurus nicht nur nach Synonymen und Quasisynonymen, sondern auch nach Antonymen gesucht. Die Antonyme werden in der Regel im Thesaurus als solche markiert. Die Bedeutungsstruktur der neuen aus dem Thesaurus gewonnenen Adjektiven wird dann wieder mithilfe des Wörterbuchs analysiert und das semantische Feld wird mit Synonymen zu diesen Adjektiven ergänzt. So umfasst zum Beispiel das semantische Feld *Begehren* folgende Adjektive: *begierig auf*, *erpicht auf*, *gierig auf*, *heiß auf*, *scharf auf*, *süchtig nach*, *wild auf*, *verrückt nach*. Als Synonyme zum Adjektiv *begierig* in der Bedeutung *von großem Verlangen nach etwas erfüllt, voll Begierde* werden im Duden-Universalwörterbuch folgende Adjektive angeführt: *begehrlich, durstig, erpicht, gierig, geil, gelüstig, gieprig, heiß, hungrig, lüstern, interessiert, scharf, versessen, wild, wollüstig.* Von diesen Adjektiven kommt lediglich *interessiert* nicht für das semantische Feld *Begehren* in Frage, weil es mehr semantische Merkmale mit den Adjektiven aus dem semantischen Feld *Interesse* teilt. Somit wird das semantische Feld *Begehren* mit den neu hinzugekommenen Adjektiven *begehrlich, durstig, geil, gelüstig, gieprig, hungrig, lüstern, versessen, wollüstig* ergänzt. Da diese Adjektive einen Zustand bezeichnen, der von etwas oder jemandem verursacht worden ist, und daher als zweites Argument ein $K_{präp}$ möglich ist, werden sie bei den nächsten Arbeitsschritten berücksichtigt. Weiter werden sie nacheinander in den Word-Thesaurus eingegeben. So hat zum Beispiel das Adjektiv *versessen* laut Word-Thesaurus zwei Bedeutungen, *neugierig sein* und *hartnäckig*. Unter *neugierig sein* werden 16 weitere Adjektive (*neugierig sein, wissbegierig, naseweis, fragend, forschend, unbeherrscht, vorwitzig, fürwitzig, unbescheiden, taktlos, dreist, frech, ungeduldig, zappelig, erpicht, unersättlich*) aufgelistet. Unter *hartnäckig* werden fünf Bedeutungen (*hartnäckig, unstillbar, gierig, beflissen, eifrig*) erwähnt. Als Antonyme treten zum Adjektiv *versessen* die Adjektive *abweisend, gleichgültig, uninteressiert* auf. Aus dieser Liste kann für das Feld *Begehren* nur das Adjektiv *erpicht* in der Bedeutung *begierig sein, gierig* in der Bedeutung *von einem heftigen, maßlosen Verlangen nach etwas erfüllt, voller Gier* und *gleichgültig* in der Bedeutung *weder Lust noch Unlust bei etwas empfindend oder erkennen lassend* berücksichtigt werden. Dieses Vorgehen wird mit diesen Adjektiven und weiteren Adjektiven aus der Liste wiederholt. In der zweiten Phase wird mit der auf diese Weise erweiterten Adjektivliste gearbeitet. Dabei werden die Adjektive aus der Adjektivliste[39] zusammen mit der regierten Präposition im Korpus gesucht, um anhand der Korpusbelege festzustellen, ob diese Konstruktionen im Korpus belegt sind, wie hoch ihre Frequenz ist und welche syntaktische und semantische Struktur diese Phrasen aufweisen. Die Adjektive werden im Folgeschritt entsprechend ihrer Bedeutung den Frames zugeordnet und mithilfe des erarbeiteten Untersuchungsmodells im Rahmen dieser Frames analysiert.

In der Untersuchung erfolgt eine Beschränkung auf ausgewählte Präpositionen (*an, auf, mit, nach*), da eine Analyse aller Präpositionen den Rahmen dieser Arbeit sprengen würde. Die Auswahl dieser vier Präpositionen ist zufällig erfolgt. Die Grundgesamtheit für diese Auswahl sind alle Präpositionen der

39 Für die vollständige Liste der untersuchten Adjektive siehe Anhang 1.

deutschen Sprache. Im Korpus wird mit sechs Operationen[40] gearbeitet, um möglichst viele Sprachdaten der für diese Untersuchung relevanten Konstruktionen zu erhalten. Es sind folgende Operationen:

1) Adjektiv/s0 Präposition (z.B. verrückt/s0 nach):

(1) Internet-Papiere genießen derzeit bei professionellen und privaten Anlegern mit die höchste Aufmerksamkeit. Eine Zeitlang, meinen Wall-Street-Experten, seien die Investoren „geradezu *verrückt nach* Internet-Aktien gewesen", weil das Web eben enorme finanzielle Perspektiven bietet. Als Kern der noch jungen Aktiengruppe haben Analysten die Gesellschaften Amazoncom, E-Trade, Excite, Netscape und Yahoo definiert.
(C98/MAI.02143 COMPUTER ZEITUNG, 07.05.1998)

2) Adjektiv/s0 Pronominaladverb (z.B. heiß/s0 darauf):

(2) Im ersten Saisonspiel der BW-Oberliga empfängt das Team von Daniela Müller mit Regionalliga-Absteiger HSC Schmiden/Oeffingen einen dicken Brocken in der Richard-Möll-Halle. „Wir sind *heiß darauf*, dass es endlich wieder losgeht", freut sich Müller. Besonders an der körperlichen Fitness haben Müller und ihre Assistentin Kyra Fischer in der Vorbereitung gearbeitet.
(M07/SEP.01906 Mannheimer Morgen, 08.09.2007)

3) Adjektiv/s0 Pronominaladverb in verkürzter Form (z.B. schuld/s0 dran):

(3) Die Elogen auf ihn waren gerade beendet, als sich Oliver Kahn, der bis dahin die Interview-Prozedur mit ernster Miene über sich ergehen ließ, ein Lächeln nicht verkneifen konnte. Ein Rechenfehler war *dran schuld*. „Das wär' was, wenn Du jetzt achtmal hintereinander zu null in der Nationalmannschaft spielen würdest", hatte ihm am vergangenen Samstag einer zugerufen.
(R99/MAR.24891 Frankfurter Rundschau, 27.03.1999)

4) Adjektiv+e/s0 Präposition (z.B. hungrige/s0 nach):

(4) Ein Jahr später begann das Lieblingsprojekt des damaligen Ministerpräsidenten Li Peng – selbst einem gelernten Stromingenieur. Die Stromproduktion für das stets *nach* Energie *hungrige* Wirtschaftswachstum Chinas war immer vorrangiges Ziel. Denn letztendlich müssen die hohen Kosten auch irgendwie bezahlt werden.
(M03/MAI.35647 Mannheimer Morgen, 31.05.2003)

---

40 Die *Operation* wird in dieser Arbeit als *nach bestimmten Grundsätzen vorgenommene Prozedur* und *Ausführung eines Befehls in einer Datenverarbeitungsanlage* verstanden (Duden-Universalwörterbuch 2011).

5) Adjektiv+er/s0 Präposition (z. B. übertragbarer/s0 auf):

   (5) Wenn die Ausbreitung der Vogelgrippe nicht schnellstmöglich verhindert wird, könnte die Krankheit eine globale Bedrohung sowohl für die menschliche Gesundheit als auch für die Landwirtschaft darstellen, warnen die internationalen Organisationen UN Food and Agriculture Organization (FAO), World Organization for Animal Health (OIE) und die Weltgesundheitsorganisation WHO. Grassiert das Virus nämlich lange genug in Tieren oder Menschen, steigt die Gefahr, dass durch Mutation oder Kombination mit anderen Viren ein leichter *auf* den Menschen *übertragbarer* Stamm entsteht. Infizierte Hühner müssten deshalb unbedingt geschlachtet werden, wobei auf Schutzkleidung besonderer Wert gelegt werden sollte.
   (SPK/J04.00109 spektrumdirekt, 28.01.2004)

6) Adjektiv+es/s0 Präposition (z. B. behaftetes/s0 mit):

   (6) Die EU wird konkrete Gespräche mit fünf osteuropäischen Ländern und Zypern aufnehmen, obwohl auf zyprischer Seite voraussichtlich nur die Regierung in Nikosia vertreten sein wird, die türkische Volksgruppe hingegen nicht kommen will. Die EU werde es sich nicht leisten können, „ein *mit* wesentlichen Problemen *behaftetes* Land aufzunehmen. Das würde sie nicht verkraften", sagte Bundesaußenminister Klaus Kinkel.
   (R98/MAR.21265 Frankfurter Rundschau, 16.03.1998)

In der ersten und zweiten Op wird das Adjektiv, die relevante Präposition (1) und das von der Präposition gebildete Pronominaladverb (2) gesucht. Bei den Präpositionen *an* und *auf* sind auch die verkürzten Formen des Pronominaladverbs möglich, z. B. *dran*, *drauf*. Um Konstruktionen mit diesem Pronominaladverb zu ermitteln, wird die dritte Operation (3) eingesetzt. Bei den Präpositionen *nach* und *mit* sind solche verkürzten Formen nicht möglich, deshalb fällt bei diesen Präpositionen die dritte Operation aus. Die erste, zweite und dritte Operationen ermöglichen die Ermittlung des Adjektivs mit der von ihm regierten Präposition nicht nur im prädikativen Gebrauch, sondern auch als Apposition und Disjunkt. Für die Ermittlung des attributiven Gebrauchs des Adjektivs werden die vierte, fünfte und sechste Operationen eingesetzt. Hier wird dem Adjektiv jeweils die Endung –e (4), -er (5) und –es (6) hinzugefügt. Die Korpusbelege werden immer mit einem vorangehenden und einem nachfolgenden Satz im Korpus gesucht, damit bei Verständnisfragen zum Inhalt des Satzes ein breiter Kontext vorliegt.

In der vorliegenden Untersuchung werden drei Frequenzklassen unterschieden: Adjektive mit präpositionaler Rektion können eine niedrige (ab zwei bis neun Belege im Korpus), eine mittlere (ab zehn bis 999 Belege im Korpus) oder eine hohe (ab 1000 Belege im Korpus) Frequenz[41] haben. Die Adjektive, die im Korpus weniger als zweimal vorkommen, werden nicht berücksichtigt. Die Grenze zwischen den einzelnen Frequenzklassen ist mithilfe des Medians[42] ermittelt worden. Der Median gibt den Wert an, der an der mittleren Stelle steht, wenn man die gegebenen Werte, hier die jeweilige Anzahl der untersuchten Adjektive, der Größe nach sortiert. Dementsprechend stellen die Belegzahlen, die in unmittelbarer Nähe zum Zentralwert stehen, die Einheiten mit einer mittleren Frequenz dar, die Belegzahlen an den Rändern der Gruppe sind dagegen die Einheiten mit einer niedrigen oder einer hohen Frequenz.

Da die Zahl der Belege bei manchen Adjektiven sehr groß ist, muss sie, um im Rahmen dieser Untersuchung angemessen ausgewertet werden zu können, mithilfe bestimmter Rechenoperationen reduziert werden. So wird mit der Zufallsstichprobe, dem Median und dem arithmetischen Mittel gearbeitet. Für diese Arbeit ist das Auswahlverfahren *einfache Zufallsauswahl* (simple random sampling SRS) (Buttler/Fickel 2002; Bortz 2010) grundlegend. Die resultierende Stichprobe ist eine *einfache Zufallsstichprobe*. Als Grundgesamtheit dient die Liste der Belege zum konkreten Adjektiv, die durch die unterschiedlichen Korpusoperationen gewonnen worden ist. Die Zufallsstichprobe wird dann wie folgt durchgeführt: Die absolute Zahl der Belege pro relevanter Konstruktion (Adjektiv+Präposition) wird durch Addition der bei den Korpusoperationen (Op. 1 bis Op. 6) gewonnenen Belege festgestellt. Im Folgeschritt wird die Zahl der Belege berechnet, welche die entsprechende Zufallsstichprobe enthalten soll, wofür die Grundgesamtheit reduziert wird. Die Grenze für eine solche Reduzierung wird mithilfe des Medians bestimmt. Die Liste der Adjektive mit weniger als 260 Belegen wird der Einfachheit halber nicht reduziert und vollständig analysiert. Die Liste der Adjektive, für die es zwischen 260 und 2.736 Belege gibt, wird durch zehn geteilt (vgl. Tabelle 4). Die Liste der Adjektive, für die es mindestens 2.736 Belege gibt, wird durch 100 geteilt (vgl. Tabelle 3). Abhängig von der Anzahl der für das jeweilige Adjektiv relevanten Korpusoperationen wird dann die Zahl der Belege in der Zufallsstichprobe durch fünf oder sechs geteilt. So ergibt sich die Zahl der Belege, die aus jeder Korpusoperation entnommen werden. Hat eine Op zu wenig Belege, als dass sie eine entsprechende Zahl ergebe, werden die vorhandenen Belege vollständig übernommen. Die übriggebliebene Zahl der Belege für die Zufallsstichprobe wird erreicht, indem die Zahl der zu gewinnenden Belege durch die Zahl der übriggebliebenen Op geteilt wird. Wegen der notwendigen Abrundungen bei dieser

41 Vgl. Anhang 1.

42 Zu den Rechenoperationen siehe unten.

Berechnung kommt es zu geringen Differenzen zwischen der geforderten und der tatsächlichen Zahl der Belege in der Zufallsstichprobe. Diese Differenzen werden bei der Hochrechnung aber eliminiert. Im Folgeschritt wird in der gewonnenen Zufallsstichprobe die Konstruktion *Adjektiv+*$K_{präp}$ gesucht und ihre Häufigkeit im Korpus ermittelt. Dieser und folgende Schritte werden auch mit den nicht reduzierten Listen durchgeführt. Bei der Ermittlung der Häufigkeit der Konstruktion *Adjektiv+*$K_{präp}$ wird die durch eine solche Reduktion gewonnene Zahl der Belege bei den in Frage kommenden Adjektiven entsprechend hochgerechnet. Wenn die gesuchte Konstruktion in die endgültige Adjektivliste aufgenommen wird, wird sie weiter dem Untersuchungsmodell gemäß im Rahmen des entsprechenden Frames analysiert. Die Vorgehensweise wird in den Tabellen unten verdeutlicht:

Tab. 3: Einfache Zufallsauswahl zu stolz auf

Adjektiv+Präposition	*stolz auf*
Belege im Korpus[43]	5618 + 1544 + 60 + 521 + 71 + 24
Absolute Zahl der Belege im Korpus	7838
Reduzierung der Grundgesamtheit[44]	7838 : 100 = 78,38 78 : 6 = 13
Zahl der Belege in der Zufallsstichprobe	78
Adjektiv+$K_{präp}$ **in der Zufallsstichprobe**	44
Adjektiv+$K_{präp}$ **im Korpus**	44 x 100 = 4400
Frequenz von *Adjektiv+*$K_{präp}$	hoch (ab 1000)

Die Kombination des Adjektivs *stolz* mit der Präposition *auf* kann durch sechs Op. im Korpus ermittelt werden. Die absolute Zahl der Belege für *stolz auf* beträgt im Korpus 7838. In der Liste gibt es mehr als 2.736 Belege, somit muss die Grundgesamtheit reduziert werden. Die absolute Zahl der Belege wird durch 100 geteilt. Es ergibt sich die Zahl 78. Da die Kombination *stolz+auf* durch sechs Op. ermittelt wird, wird die Zahl 78 durch sechs geteilt. Auf diese Weise wird die Zahl der Belege festgestellt, die aus jeder Op. entnommen wird. Diese Zahl für *stolz+auf* beträgt 13. Aus jeder Op. werden 13 Belege entnommen. Die Zahl der Belege in der Zufallsstichprobe beträgt folglich 78. Weiter wird in dieser Liste das Adjektiv *stolz* mit dem von ihm regierten $K_{präp\text{-}auf}$ gesucht und die Häufigkeit dieser Konstruktion im Korpus ermittelt. In der Zufallsstichprobe liegen

43 Aufgeteilt nach Op.

44 Darunter fällt auch die Berechnung für die Ziehung der Zufallsstichprobe.

44 Belege für *stolz+K*$_{präp\text{-}auf}$ vor. Im Folgeschritt wird die Zahl der Belege hochgerechnet, um die Häufigkeit von *stolz+K*$_{präp\text{-}auf}$ festzustellen. Diese beträgt 4400. Somit hat die Konstruktion *stolz+K*$_{präp\text{-}auf}$ eine hohe Frequenz im Korpus.

Tab. 4: Einfache Zufallsauswahl zu identisch mit

Adjektiv+Präposition	*identisch mit*
Belege im Korpus	759 + 20 + 45 + 23 + 16
Absolute Zahl der Belege im Korpus	863
Reduzierung der Grundgesamtheit	863 : 10 = 86,3 86 : 5 = 17,2 Op.5 → 16 Belege 86–16 = 70 70 : 4 = 17,5 Jeweils 18 Belege aus Op. 1–4 18 x 4 + 16 =88 Belege
Zahl der Belege in der Zufallsstichprobe	88
***Adjektiv+K*$_{präp}$ in der Zufallsstichprobe**	37
***Adjektiv+K*$_{präp}$ im Korpus**	37 x 10 = 370
Frequenz von *Adjektiv+K*$_{präp}$	mittel (10–999)

Die Kombination des Adjektivs *identisch* mit der Präposition *mit* kann durch fünf Op. ermittelt werden. Die absolute durch die Addition gewonnene Zahl der Belege im Korpus beträgt 863. Da die Zahl der Belege über 260 liegt und 2.736 nicht übersteigt, wird die Grundgesamtheit reduziert, indem die absolute Zahl der Belege durch zehn geteilt wird. Die Zahl der Belege in der Zufallsstichprobe soll 86[45] betragen. Aus jeder Op. sollen folglich 17[46] Belege entnommen werden. Die Op. 5 hat aber nur 16 Belege. Es müssen deshalb alle Belege aus der Op. 5 übernommen werden. Die übriggebliebene Zahl 70 wird durch vier (die Zahl der anderen Op.) geteilt. Es ergibt sich die Zahl 17,5. Als Nächstes wird die abgerundete Zahl der Belege 18 aus den übriggebliebenen Op. entnommen. Die Zahl der Belege in der Zufallsstichprobe beträgt dann nicht mehr 86, sondern 88. Die Konstruktion *identisch+K*$_{präp\text{-}mit}$ ist in der Zufallsstichprobe mit 37 Belegen vertreten. Diese Zahl wird dann mit zehn multipliziert, um die Frequenz von *identisch+K*$_{präp\text{-}mit}$ zu erhalten. Diese liegt zwischen 10 und 999 und ist mittelhoch.

Ein Korpus und eine Zufallsstichprobe stellen immer nur einen Ausschnitt der Grundgesamtheit dar (Buttler/Fickel 2002: 40–46; Bortz 2010: 80). Für

---

45 Abgerundet von 86,3 auf 86.

46 Abgerundet von 17,2 auf 17.

das Korpus ist die Grundgesamtheit die Sprache, für die Zufallsstichprobe das Korpus selbst. Da weder das Korpus noch die Zufallsstichprobe die ursprüngliche Grundgesamtheit, die menschliche Sprache in allen Realisierungsformen, genau wiedergeben können, besitzen sowohl das Korpus als auch die Zufallsstichprobe immer nur einen gewissen Grad an Repräsentativität (Rieger 1979: 59–68; Buttler/Fickel 2002: 30–35). Das Korpus und die Zufallsstichprobe, wie ungenau und unvollständig sie auch immer sein mögen, spiegeln die zu untersuchenden Regularitäten der Sprache jedoch besser wider als Untersuchungen, die mit frei konstruierten Kompetenzbeispielen durchgeführt werden (Rieger 1979: 52). Ein Korpus zeigt Sprache nicht so, wie sie sein könnte oder sein soll, sondern so, wie sie im tatsächlichen Gebrauch ist (Rieger 1979: 53). Das muss bei der kritischen Betrachtung der Ergebnisse einer korpusbasierten Untersuchung, die mit Zufallsstichproben arbeitet, berücksichtigt werden.

3.4 Der Untersuchungs- und Beschreibungsansatz

Die vorliegende Untersuchung setzt sich zum Ziel, die vorhandenen Beschreibungsansätze der Adjektivvalenz zu integrieren und durch die im Rahmen der Frametheorie durchgeführte Valenzbeschreibung der Adjektive zu ergänzen. Das dafür entworfene Untersuchungsmodell sieht wie folgt aus:

Abb. 1: Das Untersuchungsmodell.

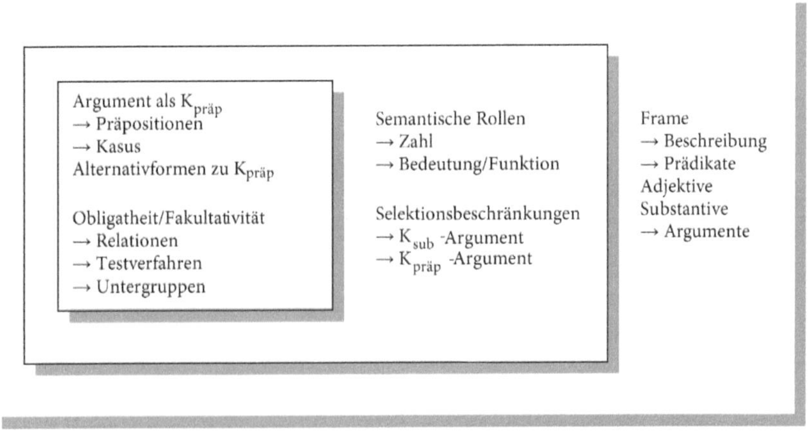

Die wichtigsten Anhaltspunkte im gewählten Beschreibungsansatz sind die Framebeschreibung, die semantisch-funktionelle Beschreibung (semantische Rollen), die semantischen Selektionsbeschränkungen der Argumente (semantische Merkmale), die syntaktischen Realisierungsmöglichkeiten der Argumente und die Angaben zu Obligatheit und Fakultativität der $K_{präp}$. Die Valenzbeschreibung im Rahmen der Frametheorie erlaubt es, die Valenzstrukturen in einem breiteren Kontext zu sehen. Die Beschreibung von Frames basiert in der vorliegenden Arbeit auf der Framebeschreibung im *FrameNet*-Projekt.[47] Neben der Bestimmung des jeweiligen Frames wird die genaue Zahl der Argumente angegeben. Weiter werden die in einem gegebenen Frame möglichen semantischen Rollen dieser Argumente beschrieben, darunter auch solche, die syntaktisch als $K_{präp}$ realisiert werden. Im Folgeschritt werden die Adjektive benannt, die zu diesem Frame gehören. Daraus ergibt sich folgende konkrete Vorgehensweise: Vor der Zuordnung des Adjektivs zu dem Frame ist bereits ermittelt worden, welche Bedeutung das Adjektiv hat, welcher semantischen Gruppe das Adjektiv angehört, dass es relational ist und das $K_{präp}$ regiert. Die genaue Bedeutung des Adjektivs ist mit dem Duden-Universalwörterbuch festgestellt worden. Sein $K_{präp}$ und somit auch seine Relationalität sind als Gegenstand der Untersuchung gegeben und in der zweiten Arbeitsphase im Korpus bestätigt worden. Die semantische Einordnung des Adjektivs erfolgt vor allem auf Grundlage der von Trost erarbeiteten semantischen Einteilung der Adjektive (Trost 2006: 20f. und 158f.). Darüber hinaus sind auch Muttersprachler befragt und die gewonnenen Korpusbelege analysiert worden, um zu überprüfen, ob die semantische Einteilung von Trost mit der der Muttersprachler konform ist. Die Befragung ist wie folgt durchgeführt worden: Die Befragten haben die Liste der Adjektive mit $K_{präp}$ erhalten, einige Korpusbelege zu jedem Adjektiv und die von Trost gewählten Bezeichnungen für die jeweilige semantische Gruppe. Daraufhin sind sie gebeten worden, die Adjektive aufgrund ihres Sprachgefühls den jeweiligen Gruppen zuzuordnen. Wenn keine passende Gruppe vorhanden war, sollten sie eine neue Bezeichnung vorschlagen. Wenn die Einteilung der Muttersprachler nicht der Einteilung von Trost entsprochen hat, ist die vom Autor dieser Arbeit vorgezogene Einteilung verwendet worden. So bedeutet zum Beispiel das Adjektiv *zornig* laut Duden *voll Zorn, durch Ärger und Zorn erregt, erzürnt* und verlangt das $K_{präp}$ mit der Präposition *auf*. Es ist ein relatives QUa und gehört in die Gruppe der psychischen Befindlichkeitsadjektive.

Zur Zuordnung des Adjektivs zu dem jeweiligen Frame, ist es nun zunächst mithilfe des deutsch-englischen Wörterbuchs Oxford Dictionary (OD) übersetzt

47 Da die Framebeschreibung im *FrameNet*-Projekt nur auf Englisch vorliegt, ist diese von dem Autor der vorliegenden Arbeit ins Deutsche übersetzt worden.

worden. Die englische Entsprechung zum Adjektiv *zornig* ist laut OD *furious*. Danach ist der Wörterbucheintrag zum Adjektiv *furious* aus dem Oxford Dictionary of English (ODE) und Merriam Webster Dictionary (MWD) mit dem Eintrag zum Adjektiv *zornig* aus dem Duden-Universalwörterbuch auf die Bedeutungsübereinstimmung verglichen worden. Laut ODE bedeutet *furios extremely angry, full of anger or energy, violent or intense*. In MWD wird es mit *very angry, very powerful or violent, very active or fast* erklärt. Das Adjektiv *furious* ist danach in das Suchfeld auf der Internetseite des *FrameNet*-Projektes eingegeben worden, um festzustellen, ob es im *FrameNet* aufgelistet wird und zu welchem Frame es gehört. Laut *FrameNet* gehört das Adjektiv *furious* dem Frame *Emotion directed* an. Im *FrameNet* wird dieser Frame wie folgt definiert: *The adjectives and nouns in this frame describe an Experiencer who is feeling or experiencing a particular emotional response to a Stimulus or about a Topic. There can also be a Circumstances under which the response occurs or a Reason that the Stimulus evokes the particular response in the Experiencer.*[48] Diesem Frame werden folglich Adjektive und Nomen zugeordnet, welche einen emotionalen Zustand oder eine geistige Erfahrung bezeichnen, die als eine Reaktion auf den Auslöser dieses Zustandes verstanden wird. Das Adjektiv *zornig* bezeichnet ebenfalls einen geistigen Zustand einer Größe als eine Reaktion auf den Auslöser, der durch das $K_{präp\text{-}auf}$ ausgedrückt wird. Somit wird das Adjektiv *zornig* dem Frame *Emotion directed* zugeordnet.

Wenn für das Adjektiv über den oben beschriebenen Ansatz kein entsprechender Frame gefunden wird, wird folgendermaßen vorgegangen: Zur englischen Entsprechung zum gegebenen deutschen Adjektiv werden in ODE und MWD Synonyme gesucht. Dabei werden nicht nur Adjektive, sondern auch Verben und Substantive berücksichtigt. Ausschlaggebend ist auch hier das semantische Kriterium. Für die Eingabe in das *FrameNet* werden die Wörter ausgewählt, die der Bedeutung des relevanten Adjektivs am nächsten sind. Sie müssen also denselben oder zumindest einen ähnlichen Sachverhalt ausdrücken wie das relevante Adjektiv. Die ausgewählten Wörter werden nun in das *FrameNet* eingegeben, bis der Frame gefunden ist, der den durch das Adjektiv ausgedrückten Sachverhalt beschreibt. So liegt zum Adjektiv *liable* in der Bedeutung *responsible by law, legally answerable, legally responsible for something* (das deutsche Adjektiv *haftbar*) im *FrameNet* kein Frame vor. Als Synonyme zu diesem Adjektiv werden in den Wörterbüchern *responsible, answerable* genannt. Gibt man diese Adjektive ins *FrameNet* ein, erhält man zum Adjektiv *responsible* den Frame *Responsibility*.

48 https://framenet.icsi.berkeley.edu/fndrupal/framenet_search.

Dieser Frame[49] umfasst Wörter, die einen Sachverhalt ausdrücken, in dem eine Größe eine bestimmte Handlung ausgeführt hat, welche oft als negativ bewertet wird, und für die diese Größe mit bestimmten Ressourcen aufkommen muss. Das deutsche Adjektiv *haftbar* in der Bedeutung *für etwas rechtlich verantwortlich sein* drückt einen ähnlichen Sachverhalt aus und wird somit dem Frame *Responsibility* zugeordnet.

Wenn im *FrameNet* zu einem Adjektiv mehrere Frames vorliegen, bleibt auch hier das semantische Kriterium vorherrschend. Dabei werden die in Frage kommenden Framebedeutungen nacheinander analysiert, um den Frame auszuwählen, der die Bedeutung des relevanten Adjektivs am besten wiedergibt. So liegen zum Adjektiv *transferable* (das deutsche Adjektiv *übertragbar* in der Bedeutung *sich übertragen lassend, sich ohne seine Gültigkeit zu verlieren, vom Inhaber an jemanden anderen weitergeben lassend*) die Frames *Transfer, Change tool, Cause motion* vor. Das Adjektiv *übertragbar* passt am besten in den Frame *Transfer*, weil dieser Frame die Wörter umfasst, die die Vorgänge beschreiben, bei denen eine Größe vom Inhaber dem Nutznießer der Handlung weitergegeben werden kann. Dabei kann diese Größe sowohl sinnlich wahrnehmbar als auch sinnlich nicht wahrnehmbar sein. Der Nutznießer kann sowohl ein Lebewesen, kein Lebewesen als auch eine sinnlich nicht wahrnehmbare Größe sein.[50]

Im Folgeschritt wird auch auf die semantischen und morphosyntaktischen Eigenschaften des $K_{\text{präp}}$ in diesem Frame eingegangen. Die Tabelle zur semantischen Selektionsbeschränkung des Prädikats bezüglich der Argumente und die Beispiele der syntaktischen Realisierungsmöglichkeiten des $K_{\text{präp}}$ werden im Anhang 2 angeführt. Danach wird die Obligatheit und Fakultativität der Komplemente behandelt. Zuerst wird im Allgemeinen auf die Gruppe der obligatorischen $K_{\text{präp}}$, konkret auf die Relationen und TV zu deren Unterscheidung, und dann auf die Gruppe der fakultativen $K_{\text{präp}}$ eingegangen. Danach werden die Adjektive aus dem jeweiligen Frame in die entsprechenden Gruppen aufgeteilt. Die syntaktischen Realisierungsmöglichkeiten der $K_{\text{präp}}$, geordnet nach Obligatheit und Fakultativität, werden auch im Anhang 2 angeführt.

Auf der Grundlage des oben erläuterten Untersuchungs- und Beschreibungsansatzes werden die für die vorliegende Untersuchung ausgewählten Adjektive behandelt. Zuerst wird die grammatische und semantische Einteilung der Adjektive mit $K_{\text{präp}}$ unternommen. Danach wird auf die unterschiedlichen

49 https://framenet2.icsi.berkeley.edu/fnReports/data/frameIndex.xml?frame=Responsibility.

50 Vgl. Anhang 2.

TV eingegangen, mit deren Hilfe das $K_{präp}$ bei einem Adjektiv ermittelt werden kann. Während im darauffolgenden Kapitel die Beschreibung der $K_{präp}$ bei Adjektiven, der Form- und die Bedeutungsrelationen zwischen Adjektiv und $K_{präp}$ erfolgt, findet im sich danach anschließenden Kapitel die eigentliche empirische Untersuchung statt, innerhalb der die bis hierhin aufgestellten Thesen bzw. Annahmen bestätigt oder widerlegt werden.

4. Die grammatische und semantische Einteilung der Adjektive mit $K_{präp}$

Die in der vorliegenden Arbeit untersuchten Adjektive sind absolute Qualitätsadjektive (aQUa), relative Qualitätsadjektive (rQUa) und absolute monoprädikative Zustandsadjektive (aMPZ). Diese werden in den nächsten Kapiteln vorgestellt.

4.1 Die absoluten Qualitätsadjektive

Die aQUa umfassen: *adressiert an, alliiert mit, angestellt mit, aufmerksam auf, bedacht auf, befreundet mit, begrenzt auf, behaftet mit, beheimatet an, bekannt mit, beschäftigt mit, beschränkt auf, beteiligt an, bewandert auf, deckungsgleich mit, desinteressiert an, ebenbürtig mit, eingeschworen auf, einverstanden mit, erfreulich an, erkrankt an, erpicht auf, fertig mit, gebunden an*[51]*, gebunden an*[52]*, geistesverwandt mit, gefasst auf, gleichaltrig mit, gleichberechtigt mit, gleichrangig mit, gleichwertig mit, gewohnt an, gewöhnt an, heimisch an, heimisch auf, heiß auf, identisch mit, interessiert an, intim mit, kombinierbar mit, kompatibel mit, konform mit, lüstern nach, neidisch auf, orientiert an, sauer auf, scharf auf, schuldig an, sesshaft an, sesshaft auf, solidarisch mit, stolz auf, süchtig auf, süchtig nach, teilhaftig an, übertragbar auf, übervoll mit, unglücklich mit, uninteressiert an, unschuldig an, unvergleichbar mit, unvereinbar mit, vereinbar mit, vergleichbar mit, verheiratet mit, verlobt mit, verrückt nach, versessen auf, verwandt mit, verwurzelt an, verwurzelt mit, voll mit, wild auf, wohnhaft an, wütend auf.* Die Besonderheit des QUa mit einem $K_{präp}$ besteht darin, dass dieses Adjektiv oft als eine lexisch-semantische Variante des QUa in der Kernbedeutung auftritt. Der semantische Unterschied zwischen der Kernbedeutung und den lexikalisch-semantischen Varianten der rQUa und aQUa besteht darin, dass in der Kernbedeutung die dem Bezugsnomen permanent innewohnende Eigenschaft[53] durch das Adjektiv realisiert ist, in der

---

51 In der Bedeutung: *verpflichtet, etw. zu tun; festgelegt.*

52 In der Bedeutung: *etw. mit etw. (z.B. Faden, Draht, Stoffstreifen, Weidenrute) so umgeben, dass es zusammenhält, durch Umwinden mit etw. zu etw. Festem, Einheitlichem zusammengefügt; zusammengebunden.*

53 Die *Eigenschaft* wird hier in Anlehnung an das Duden-Universalwörterbuch (2011) verstanden als *zum Wesen einer Person od. Sache gehörendes Merkmal; charakteristische [Teil]beschaffenheit od. [persönliche, charakterliche] Eigentümlichkeit.* Der *Zustand* wird hier in Anlehnung an das Duden-Universalwörterbuch (2011) verstanden als *augenblickliches Beschaffen-, Geartetsein; Art u. Weise des Vorhandenseins von jmdm., einer*

lexikalisch-semantischen Variante des QUa mit einem $K_{präp}$ ein vorübergehender Zustand, in dem sich das Bezugsnomen befindet, beschrieben wird. Da bei den QUa auch der attributive Gebrauch möglich ist, wechseln sie nicht in die Randklasse der MPZ. Durch das $K_{präp}$ bei der lexisch-semantischen Variante des QUa werden in der Regel die Ursache und der Inhalt des Zustands des Bezugsnomens genannt. Es tritt als Indiz dafür auf, dass das entsprechende QUa nicht eine Eigenschaft, sondern einen Zustand des Bezugsnomens bezeichnet.

(1) „Ein Torhüter existiert in Brasilien gar nicht. Die Leute sind zwar verrückt nach Fußball, aber sie träumen davon, ein Trikot mit der Nummer neun oder zehn zu tragen", sagt Taffarel [...].
(R98/JUL.53550 Frankfurter Rundschau, 07.07.1998)
(1a) Die verrückten Leute
(1b) Die Leute sind verrückt.
(1c) Die Leute sind verrückt *nach Fußball.*
(1d) Die *nach Fußball* verrückten Leute.

Syntaktisch gesehen kann das Adjektiv *verrückt* mit und ohne das $K_{präp}$ sowohl attributiv (1a und 1d) als auch prädikativ verwendet werden (1b und 1c), sodass es automatisch der Gruppe der QUa zugeordnet wird. Das Fehlen oder das Vorhandensein eines $K_{präp}$ bei dem Adjektiv *verrückt* beeinflusst den syntaktischen Gebrauch also nicht, die Bedeutung des Adjektivs aber entscheidend. Ohne das $K_{präp}$ kann *verrückt* als *krankhaft wirr im Denken u. Handeln; geistesgestört* interpretiert werden (1a, 1b), was sich deutlich von der Bedeutung unterscheidet, in der *verrückt* im Beispielsatz (1c, 1d) verwendet wird, nämlich *auf etw. versessen sein, etw. unbedingt haben wollen.* Die lexisch-semantische Variante von *verrückt* kommt durch das $K_{präp}$ zustande (1c, 1d). Ohne dieses Komplement kehrt das Adjektiv in seine Kernbedeutung (1a, 1b) zurück. Ein ähnlicher Fall liegt bei dem Adjektiv *wild* vor.

(2) Einige Leute waren schon so wild auf den Büchermarkt, daß sie eine Dreiviertelstunde vor Beginn dagewesen seien, erzählte Armbrust.
(R98/JUL.60696 Frankfurter Rundschau, 30.07.1998)
(2a) Einige wilde Leute
(2b) Einige Leute waren wild.
(2c) Einige Leute waren wild *auf den Büchermarkt.*
(2d) Einige *auf den Büchermarkt* wilde Leute.

Sache in einem bestimmten Augenblick; Verfassung, Beschaffenheit und augenblicklich bestehende Verhältnisse; Lage, Situation.

In seiner Kernbedeutung *nicht zivilisiert; auf niedriger Kulturstufe stehend; unzivilisiert, nicht gesittet; nicht domestiziert; nicht kultiviert* kann *wild* sowohl attributiv als auch prädikativ verwendet werden (2a, 2b) und tritt dementsprechend als ein QUa auf. Eine der lexisch-semantischen Varianten von *wild* ist *versessen auf jmdn./etw. sein; heftig, stürmisch; ungestüm, ungezügelt* (Duden-Universalwörterbuch 2011). Diese Bedeutung, die von der Kernbedeutung deutlich entfernt ist, kommt ebenfalls durch das $K_{präp}$ zustande. Semantisch gesehen wird hier der augenblickliche Zustand des Bezugsnomens ausgedrückt, der durch ein bestimmtes Ereignis verursacht worden ist (2c, 2d). Dieses Ereignis wird durch das $K_{präp}$ realisiert. Bei der Eliminierung des Komplements können Interpretations- und Zuordnungsschwierigkeiten auftreten, weil das Adjektiv in diesem Fall nicht eindeutig als *wild* in der Bedeutung *versessen auf jmdn./etw. sein; heftig, stürmisch; ungestüm, ungezügelt* erkannt werden kann. Da aber der attributive Gebrauch von *wild auf* durchaus möglich ist (2d), bleibt dieses Adjektiv in der Hauptklasse der QUa und wechselt nicht in die Randklasse der MPZ. Die aQUa werden in folgende semantische Untergruppen eingeteilt:

Tab. 1: Die semantische Einteilung der aQUa

absolute Qualitätsadjektive		
Alternativzustands-adjektive	Befindlichkeitsadjektive	aufmerksam auf, bedacht auf, bekannt mit, bewandert auf, desinteressiert an, eingeschworen auf, einverstanden mit, erfreulich an, erkrankt an, erpicht auf, gebunden an[54], gefasst auf, gewohnt an, gewöhnt an, heiß auf, interessiert an, intim mit, lüstern nach, neidisch auf, orientiert an, sauer auf, scharf auf, stolz auf, süchtig auf, süchtig nach, unglücklich mit, uninteressiert an, verrückt nach, versessen auf, verwurzelt an, verwurzelt mit, wild auf, wütend auf
	Beschäftigungsadjektive	angestellt mit, beschäftigt mit
	Beschränkungsadjektive	begrenzt auf, beschränkt auf, gebunden an[55]

54 In der Bedeutung: *verpflichtet, etw. zu tun; festgelegt.*

55 In der Bedeutung: *etw. mit etw. (z.B. Faden, Draht, Stoffstreifen, Weidenrute) so umgeben, dass es zusammenhält, durch Umwinden mit etw. zu etw. Festem, Einheitlichem zusammengefügt; zusammengebunden.*

absolute Qualitätsadjektive		
	Bewertungsadjektive	behaftet mit, schuldig an, unschuldig an
	lokale Adjektive	beheimatet an, heimisch an, heimisch auf, sesshaft an, sesshaft auf, wohnhaft an
	Partizipationsadjektive	beteiligt an, teilhaftig an
	resultative Adjektive	adressiert an, fertig mit
	Transferadjektive	übertragbar auf
Personenstandsadjektive		alliiert mit, befreundet mit, verheiratet mit, verlobt mit, verwandtmit
Gleichsetzungs-/Ungleichsetzungsadjektive		deckungsgleich mit, ebenbürtig mit, geistesverwandt mit, gleichaltrig mit, gleichberechtigt mit, gleichrangig mit, gleichwertig mit, identisch mit, kombinierbar mit, kompatibel mit, konform mit, solidarisch mit, unvergleichbar mit, unvereinbar mit, vereinbar mit, vergleichbar mit
Verstärkungsadjektive		übervoll mit
absolute Höchst- und Niedrigkeitsadjektive		voll mit

Die Befindlichkeitsadjektive beschreiben den geistigen Zustand des Bezugsnomens, verweisen zusätzlich auf die Ursache der Entstehung dieses Zustands oder stellen eine Beziehung zwischen dem Bezugsnomen und der Größe her, auf die dieser geistige Zustand ausgerichtet ist. Die Beschäftigungsadjektive drücken das Beschäftigungsverhältnis des Bezugsnomens aus. Bei den Beschränkungsadjektiven handelt es sich um die Adjektive, welche die Beschränkung des Bezugsnomens in einem bestimmten Bereich bezeichnen. Die Bewertungsadjektive bringen die Bewertung des Bezugsnomens zum Ausdruck. Die lokalen Adjektive verweisen auf die Daseinsart des Bezugsnomens im Raum und den Ort, in dem sich das Bezugsnomen befindet. Die Partizipationsadjektive bezeichnen unterschiedliche Formen des Beteiligtseins des Bezugsnomens an einem Ereignis oder Sachverhalt. Die resultativen Adjektive beschreiben den Zustand des Bezugsnomens, das als Wirkung von etwas entstanden ist. Durch die Transferadjektive wird ausgedrückt, dass der Übergangsvorgang von einer Größe in eine andere Größe stattfindet oder möglich ist. Die Personenstandadjektive bezeichnen unterschiedliche Formen der Beziehungen zwischen Menschen. Mithilfe der Gleichsetzungs- und Ungleichsetzungsadjektive werden zwei Größen in Verbindung miteinander gebracht und verglichen. Die

Verstärkungsadjektive verstärken durch unterschiedliche Präfixe das Stammadjektiv und den in diesem Stammadjektiv ausgedrückten Sachverhalt. Die absoluten Höchst- und Niedrigkeitsadjektive beschreiben das Vorhandensein oder den Mangel an bestimmten materiellen Objekten oder ideellen Eigenschaften. Im Unterschied zu den relativen kann man die absoluten Höchst- und Niedrigkeitsadjektive nicht steigern und somit nicht relativieren.

4.2 Die relativen Qualitätsadjektive

Zu den rQUa gehören folgende Adjektive: *angewiesen auf, arm an, böse auf, eifersüchtig auf, geil auf, gespannt auf, gierig auf, gierig nach, hungrig auf, hungrig nach, jung an, neugierig auf, reich an, reichhaltig an, überlegen an, unzufrieden mit, vertraut mit, zornig auf, zufrieden mit.* Es werden folgende semantische Untergruppen der rQUa unterschieden:

Tab. 2: Die semantische Einteilung der rQUa

relative Qualitätsadjektive	
relative Altersadjektive	jung an
Aufmerksamkeitsadjektive	gespannt auf, neugierig auf
psychische Befindlichkeitsadjektive	böse auf, eifersüchtig auf, geil auf, gierig auf, gierig nach, hungrig auf, hungrig nach, unzufrieden mit, zornig auf, zufrieden mit
physische Befindlichkeitsadjektive	angewiesen auf, überlegen an
relative Höchst- und Niedrigkeitsadjektive	arm an, reich an, reichhaltig an
Bewertungsadjektive	vertraut mit

Die relativen Altersadjektive umfassen die Adjektive, die das Alter des Bezugsnomens bezeichnen. Sie lassen sich auf eine Art Skala eintragen, anhand der das Alter der relevanten Bezugsnomen verglichen werden kann. Sowohl die Aufmerksamkeitsadjektive als auch die psychischen Befindlichkeitsadjektive beschreiben den geistigen Zustand des Bezugsnomens. Während die Aufmerksamkeitsadjektive zusätzlich die Beziehung zwischen dem Bezugsnomen und einer anderen Größe herstellen, auf die der geistige Zustand ausgerichtet ist, betonen die psychischen Befindlichkeitsadjektive die Ursache der Entstehung dieses Zustandes. Bei den physischen Befindlichkeitsadjektiven handelt es sich um Adjektive, die den physischen Zustand des Bezugsnomens und den Bereich beschreiben, in dem das Bezugsnomen andere übertrifft oder benachteiligt ist. Die relativen Höchst- und Niedrigkeitsadjektive beschreiben das Vorhandensein oder den Mangel an bestimmten materiellen Objekten oder ideellen Eigenschaften bei dem Bezugsnomen. Die Bewertungsadjektive umfassen die Adjektive, welche eine geistige Bewertung des Bezugsnomens bezüglich einer anderen Größe ausdrücken.

4.3 Die absoluten monoprädikativen Zustandsadjektive

Zu den aMPZ gehören folgende Adjektive: *ärgerlich auf, begierig auf, begierig nach, einig mit, eins mit, haftbar mit, handgreiflich mit, quitt mit, schuld an, uneinig mit.* Das deutliche syntaktische Kriterium für die Abgrenzung des QUa von dem MPZ ist der attributive und prädikative Gebrauch des Adjektivs. Das Adjektiv, das in beiden Positionen verwendet werden kann und seine Bedeutung in diesen Positionen behält, ist ein QUa. Fehlt eine der beiden Gebrauchsweisen oder verändert das Adjektiv seine Bedeutung beim Positionswechsel, wird das entsprechende Adjektiv entweder in die Klasse der monoattributiven Relationsadjektive (maRLa) oder in die Klasse der MPZ eingeordnet (Trost 2006: 97). Das MPZ kann attributiv nicht verwendet werden (3b) oder verändert in dieser Position seine Bedeutung (4b) und wird dann zum QUa (4b):

(3) Es scheint mehr so, als sei May nur auf dem Papier mit Washington quitt, als seien die Selbstzweifel nicht verflogen.
(R99/JUN.44606 Frankfurter Rundschau, 07.06.1999)

(3a) *quitte May

(3b) *der mit Washington quitte May

In diesem Beispielsatz liegt ein Fall vor, in welchem der attributive Gebrauch des Adjektivs nicht zulässig ist, weil die flektierte Form des Adjektivs *quitt* im Deutschen nicht existiert. Darüber hinaus bedeutet das Adjektiv *quitt einen Zustand erreicht habend, wo in Bezug auf Schulden, Verbindlichkeiten ein Ausgleich stattgefunden hat.* Es bezeichnet keine innewohnende Eigenschaft des Bezugsnomens *May*, sondern einen Zustand, der durch bestimmte Handlungen erreicht worden ist. Ein Beispiel mit dem Adjektiv *schlecht* verdeutlicht das Problem genauer (Trost 2006: 97):

(4) Von dem fetten Essen wurde es Anna *schlecht.*

(4a) *die von dem fetten Essen *schlechte* Anna

(4b) *schlechte* Anna

Das Adjektiv *schlecht* in (4) als lexisch-semantische Variante des relativen QUa *schlecht* in der Primärbedeutung *böse, charakterlich, moralisch nicht einwandfrei* bedeutet *körperlich unwohl, übel.* Syntaktisch gesehen ist bei der lexisch-semantischen Variante nur die prädikative Bedeutung möglich (vgl. 4 und 4a). Aus semantischer Sicht bezeichnet dieses Adjektiv einen vorübergehenden körperlichen Zustand. Wie aus dem Beispiel ersichtlich wird, entscheidet das $K_{präp}$ über die Monoprädikativität des Adjektivs. Ohne das $K_{präp}$ wechselt das MPZ in die grammatisch-semantische Klasse der QUa (4b). Die aMPZ werden in folgende semantische Untergruppen eingeteilt:

Tab. 3: Die semantische Einteilung der aMPZ

absolute monoprädikative Zustandsadjektive	
Bewertungsadjektive	haftbar mit, quitt mit, schuld an
Gleichsetzungs-/Ungleichsetzungsadjektive	einig mit, eins mit, uneinig mit
psychische Befindlichkeitsadjektive	ärgerlich auf, begierig auf, begierig nach
Vorgangsadjektive	handgreiflich mit

Mit den Bewertungsadjektiven wird der Zustand bewertet, in dem sich die Bezugsgröße befindet. So wie bei aQUa werden mit den Gleichsetzungs- und Ungleichsetzungsadjektive zwei Größen miteinander verglichen. Die psychischen Befindlichkeitsadjektive bezeichnen einen geistigen Zustand des Bezugsnomens, der infolge eines Ereignisses oder als eine Reaktion auf etwas entstanden ist. Zu den Vorgangsadjektiven gehören die Adjektive, welche eine auf eine andere Größe ausgerichtete Handlung des Bezugsnomens beschreiben.

Im nächsten Kapitel werden die TV behandelt, die bei der Abgrenzung der $K_{präp}$ und Supplemente und bei der Ermittlung der obligatorischen und fakultativen $K_{präp}$ bei Adjektiven eingesetzt werden. Neben den jeweiligen TV wird in diesem Kapitel auch die Vorgehensweise bei der Anwendung dieser TV erklärt.

5. Die Testverfahren für die Adjektivvalenz

Um obligatorische von fakultativen $K_{präp}$ und diese von Supplementen zu unterscheiden, werden verschiedene TV eingesetzt. Im Anschluss an die oben erläuterten Form- und Bedeutungsrelationen werden drei TV vorgestellt, welche einerseits das Vorhandensein dieser Relationen feststellen, andererseits die Unterscheidung zwischen den obligatorischen und fakultativen $K_{präp}$ und Supplementen ermöglichen: Der *Reduktionstest (RT)*, der *Folgerungstest (FT)* und der *Anschlusstest (AT)* (Zifonun et al. 1997: 1043–1051). Darüber hinaus werden weitere syntaktische TV zur Abgrenzung der regierten und der nichtregierten PP behandelt: der *Pronominaladverbtest (PAT)*, der *Erfragbarkeitstest (ET), der Test der Überführung in einen Nebensatz mit Korrelat (ÜT)* und der *Konstanztest (KT)*. Die TV PAT, ET und ÜT basieren auf den TV von Schierholz (Schierholz 2001: 131–184). Der KT basiert auf der Annahme, dass die Präposition in einem PO nicht austauschbar ist (u.a. Koniuszaniec 1986: 69 und Zifonun et al. 1997: 1035–1037).

5.1 Der Reduktionstest

Der RT wird auf der syntaktischen Ebene angewendet. Hierzu wird eine vollständige kommunikative Minimaleinheit, also der Vollsatz, benötigt (Zifonun et al. 1997: 1043). Der Satz wird so lange um einen Satzteil (Ausdruck) reduziert, bis die Elementarproposition festgestellt ist. Es werden also aus dem Satz Satzteile entfernt, um festzustellen, durch welche Weglassung der Satz ungrammatisch wird. Der entfernte Satzteil, durch den der Satz sowohl syntaktisch unvollständig als auch inhaltlich unverständlich wird, wird als ein obligatorisches $K_{präp}$ eingestuft. Durch den RT wird damit die Formrelation FIX ermittelt. Bei der Feststellung der syntaktisch notwendigen Phrasen durch die Reduzierung des Satzes auf die Minimalproposition wird gleichzeitig die Bedeutungsrelation BET einbezogen. Damit der Prozess der Phraseneliminierung auf der syntaktischen Ebene überhaupt möglich wird, muss die propositionale Struktur des Prädikats bekannt sein. Die am Sachverhalt beteiligten Phrasen auf der kognitiv-semantischen Ebene, welche die Argumente der Proposition darstellen, sind absolut fixierte Phrasen auf syntaktischer Ebene. Wird ein am Sachverhalt beteiligtes Argument eliminiert, verliert der Ausdruck sowohl seine inhaltliche Verständlichkeit als auch die Grammatikalität (1). Behält das Prädikat nach der Reduktion des $K_{präp}$ seine Grammatikalität bei, ändert aber seine

Bedeutung, ist auch das ein Hinweis auf den obligatorischen Komplementstatus der zuletzt eliminierten Phrase (2).

(1) *Viele Jäger* sind vor allem *auf die starke Trophäe des Hirschs* erpicht.
(R98/OKT.78616 Frankfurter Rundschau, 01.10.1998)

(1a) * *Viele Jäger* sind erpicht.

In (1) ist die Phrase *auf die starke Trophäe des Hirschs* als obligatorisches $K_{präp}$ einzustufen, weil (1a) ungrammatisch ist. Die an der Proposition beteiligten Argumente für dieses Adjektiv werden auf der semantischen Ebene durch die semantischen Kasus *Träger psychischen Zustandes* und *Auslöser psychischer Prozesse* realisiert. Bei der Eliminierung der Phrase *auf die starke Trophäe des Hirschs* kommt die Elementarproposition nicht zustande. Es fehlt die Angabe zur ursache des *Experiencer*-Zustands. Der Satz behält seine Grammatikalität nicht und ist inhaltlich nicht vollständig. Eine semantisch bedingte Leerstelle ist auf syntaktischer Ebene nicht ausgefüllt.

Im folgenden Beispiel (2) bleibt der Satz nach der Reduktion grammatisch richtig, aber das Prädikat ändert seine Bedeutung.

(2) *Die Kinder* sind ganz wild *auf Zirkus.*
(R99/MAR.17014 Frankfurter Rundschau, 02.03.1999)

(2a) Die Kinder *sind wild.*

Als lexisch-semantische Variante des Adjektivs *wild* in der Bedeutung *nicht zivilisiert; auf niedriger Kulturstufe stehend; unzivilisiert, nicht gesittet; nicht domestiziert; nicht kultiviert* verlangt *wild* in der Bedeutung *versessen auf jmdn./etw. sein; heftig, stürmisch; ungestüm, ungezügelt* das *Auslöser psychischer Prozesse*-Argument, welches als das $K_{präp}$ mit *auf* realisiert wird, und entfaltet dadurch vollständig seine Bedeutung (2). Wird das $K_{präp}$ bei diesem Adjektiv eliminiert, ändert sich die Bedeutung des Prädikats und *wild* wird als *nicht zivilisiert; auf niedriger Kulturstufe stehend; unzivilisiert, nicht gesittet; nicht domestiziert; nicht kultiviert* interpretiert (2a). In diesem Sachverhalt werden im Vergleich mit dem ursprünglichen Satz andere Inhalte zum Ausdruck gebracht.

Der RT wird auch eingesetzt, um das schwach fixierte $K_{präp}$ zu ermitteln:

(3) Der größere Teil nutzte die Unterbrechung, um vor der Tür eine Zigarette zu rauchen. Aus deren Gesprächen war zu entnehmen, wie *neidisch* sie auf die Nachbarn jenseits des Rheins *sind*, deren Faschingsveranstaltungen (noch) nicht durch Raucherpausen unterbrochen werden.
(M07/NOV.05311 Mannheimer Morgen, 19.11.2007)

(3a) Sie sind neidisch.

(3b) Sie sind neidisch. Die Faschingsveranstaltungen der Nachbarn jenseits des Rheins werden durch Raucherpausen (noch) nicht unterbrochen.

In (3) ist *neidisch* [*sein*] das Prädikat, das zwei Leerstellen für das K_{sub} *sie* und das $K_{präp}$ *auf die Nachbarn jenseits des Rheins* eröffnet. Bei der Eliminierung des $K_{präp}$ bleibt der Satz zwar verständlich, die Bedeutung des Prädikats lässt aber eine weitere Interpretation zu. Das Adjektiv *neidisch* kann als die Eigenschaftsbezeichung zum K_{sub} *sie* auftreten (3a) und ist in diesem Fall ein monovalentes Adjektiv. Wie aus dem Kontext ermittelt werden kann (3 und 3b), ist die Bedeutung des Prädikats aber als ein Zustand zu verstehen, dessen Ursache die Nachbarn jenseits des Rheins sind, die die Faschingsveranstaltungen noch nicht gezwungenermaßen durch Raucherpausen unterbrechen müssen. Das $K_{präp\text{-}auf}$ ist demzufolge ein schwach fixiertes Komplement, weil es bei situativer Eindeutigkeit weglassbar ist.

5.2 Der Folgerungstest

Dieses TV wird verwendet, um festzustellen, ob die relevante Phrase den Sachverhalt mitkonstituiert. Der FT ist als eine logische Fortsetzung und Ergänzung des RT anzusehen. Die Phrasen, die durch den RT nicht als stark oder schwach fixierte $K_{präp}$ ermittelt wurden, werden mit dem FT überprüft, um festzustellen, ob sie als $K_{präp}$ oder als Supplemente fungieren. Ist das Ergebnis des FT positiv, wird die Phrase als Kandidat für ein fakultatives $K_{präp}$ eingestuft. Wenn der Test negativ verläuft, gehen die entsprechenden Phrasen in den Bereich der Supplemente über.

Die Einstiegsbedingung für den FT ist die kommunikative Minimaleinheit, also die Elementarproposition, die nach dem RT entstanden ist (Zifonun et al. 1997: 1046). Wenn aufgrund der Bedeutung des Prädikats die Stelle der reduzierten Phrase mit einem Ausdruck in *indefiniter Besetzung* (Zifonun et al. 1997: 1046f.) gefüllt werden kann, wird diese Stelle für ein fakultatives $K_{präp}$ reserviert. In *indefiniter Besetzung* bedeutet, dass an dieser Stelle Phrasen vorkommen, die sowohl in der Bedeutung des Prädikats als auch auf kognitiv-semantischer Ebene vorhanden sind und immer mitgedacht, aber nicht immer in der Proposition erwähnt werden müssen. Diese Phrasen können aus der Bedeutung des Prädikats erschlossen, also gefolgert werden. Dabei darf es sich nicht um beliebige Phrasen handeln, sondern nur um solche, die sich im Sinne der semantischen Verträglichkeit zwischen dem Prädikat und dessen Argumenten im Bereich der durch die Bedeutungsstruktur des Prädikats vordefinierten semantischen Rollen befinden (Zifonun et. al. 1997: 1046). Die Phrasen, die den Sachverhalt mit konstituieren, sind in der Bedeutung des Prädikats enthalten, werden aber mit diesem nicht stark assoziiert. Das Folgerungskriterium hängt somit mit der kognitiven und wissensorientierten Deutung des Zusammenhangs von Prädikat und dessen Argumenten zusammen (Zifonun et al. 1997: 1050).

Die Überprüfung, ob die reduzierten Phrasen in der Prädikat-Argument-Struktur enthalten sind, findet anhand der Frames statt (vgl. Kapitel 2.3 und 7). Die Assoziiertheit mit der Bedeutung des Prädikats wird durch die Grammatikalität der Sätze geprüft. Die Phrasen, die aus der Proposition weggelassen werden können, ohne dass die Proposition verletzt wird, sind schwach mit der Prädikatsbedeutung assoziiert. Wenn dies der Fall ist und sie außerdem auf der syntaktischen Ebene absolut fixiert sind, gehören sie in den Bereich der obligatorischen $K_{präp}$. Hier ergänzen sich der RT und der FT. Wenn aber die Phrasen auf der syntaktischen Ebene nicht fixiert, auf der semantischen Ebene in der Bedeutung des Prädikats enthalten sind, aber nicht erwähnt werden müssen, damit die Proposition inhaltlich verständlich und grammatisch korrekt ist, werden sie als fakultative $K_{präp}$ eingestuft. Sie sind dann aber trotzdem Elemente der Proposition, weil sie zur Prädikatsbedeutung gehören. Die fakultativen $K_{präp}$ ergänzen den Sachverhalt durch die zusätzlichen in der Bedeutungsstruktur des Prädikats enthaltenen Argumente, die ihrerseits im entsprechenden Frame durch die semantischen Kasus repräsentiert sind. Wenn die Phrasen in der Bedeutung des Prädikats nicht enthalten sind, dann gehen sie in den Bereich der Supplemente über und müssen mit dem AT überprüft werden.

(4) *Schweinepest* ist *auf Menschen* nicht übertragbar.
(R98/OKT.83424 Frankfurter Rundschau, 19.10.1998)

(4a) Schweinepest ist nicht übertragbar.

Das Adjektiv *übertragbar* bezeichnet die Eigenschaft seines Bezugsnomens *Schweinepest*, Lage, Position oder Platz zu ändern. Es gehört in den Frame *Transfer*. Im vorliegenden Satz werden zwei Argumente mit den semantischen Rollen *Inhalt* (Schweinepest) und *Adressat* (Menschen) realisiert. Nach der Reduktion wird der Satz weder ungrammatisch noch verändert er seine Bedeutung (4a). Hier kann nun der FT angewendet werden. Die Phrase *auf Menschen* ist nicht fixiert und nimmt am Sachverhalt nicht teil, weil der Satz ohne diese Phrase inhaltlich verständlich und syntaktisch korrekt bleibt. Im Frame ist die Rolle *Adressat* für die Größe vorgesehen, die das Ziel der durch das Prädikat ausgedrückten Handlung ist. *Auf Menschen* gehört somit in die Prädikat-Argument-Struktur und wird schwach mit der Prädikatsbedeutung assoziiert. Die Folgerungskriterien, Vorhandensein in der Prädikat-Argument-Struktur und schwache Assoziiertheit mit der Prädikatsbedeutung, sind eingehalten.

5.3 Der Anschlusstest

Der AT wird eingesetzt, um ein $K_{präp}$ von einem Supplement abzugrenzen. Dabei wird generell davon ausgegangen, dass die Supplemente die Phrasen sind, die den Sachverhalt kontextualisieren (Zifonun et. al. 1997: 1121). Diese Kontextualisierungen können räumlichen, zeitlichen, modalen oder kausalen Charakters sein. Der AT ist ebenfalls ein semantischer Test. Mit diesem TV wird die Bedeutungsrelation +KONT überprüft. Besitzt die Phrase diese Relation, so wird sie als ein Supplement-Kandidat eingestuft. Das Prinzip des AT besteht darin, dass man an den reduzierten Propositionsausdruck *und das X*-Phrase (wobei *X* die reduzierte Phrase ist) anschließt, um festzustellen, ob der entstandene Satz akzeptabel ist. Wenn das der Fall ist, ist die *X*-Phrase ein Supplementkandidat. Wenn die *und das X*-Phrase an den Satz nicht angeschlossen werden kann, dann gilt die Phrase als ein $K_{präp}$-Kandidat. Dieser Test ist aus dem sogenannten *geschehen*-Test entstanden (Eroms 1981: 42–50), bei dem mit dem Verb *geschehen* in Verbindung mit der relevanten Phrase ein Ausdruck gebildet wird, um zu überprüfen, ob dieser Ausdruck einen Sachverhalt entwerfen kann. Diese Überlegung basiert auf der Annahme der prädikatähnlichen Natur der Supplemente (Jacobs 1994: 17ff.; Zifonun et al.1997: 1052). Jacobs dazu (1994: 17–18):

> „Ein Kandidat für ein solches Korrelat [natürlichsprachliches Korrelat der Argumenthaftigkeit] wäre die Nicht-Paraphrasierbarkeit des fraglichen Satzes durch eine koordinative Verknüpfung von zwei Sätzen, in der die ARG-verdächtige Konstituente X explizit als Prädikat über den von Y ausgehend beschriebenen Vorgang/Zustand verwendet wird. Das erste Glied dieser Koordination wäre der Satz, den man durch Weglassung von X aus S erhält, das zweite ein Satz, in dem X zusammen mit einem Verb wie geschehen oder tun eine Verbalphrase bildet, deren Subjekt oder Objekt ein Pronomen ist, das auf den Y-Vorgang/Zustand referiert [...].“

Folglich können die Phrasen, die als Supplemente in Frage kommen, in selbständige Verbalphrasen mit Verben wie *geschehen* oder *tun* und einem Pronomen, das auf das Prädikat im vorherigen Satz referiert, umgewandelt werden. Die $K_{präp}$-Kandidaten verfügen über diese Möglichkeit nicht, weil ihre syntaktische Form, ihr semantischer Gehalt und ihre Funktion festgesetzt sind. Außerhalb der gegebenen Prädikat-Argument-Struktur verlieren sie folglich ihre Bedeutung.

(5) *Der Architekt* ist *mit seiner Aufgabe auf der Brücke* beschäftigt.

(5a) *Der Architekt* ist *mit seiner Aufgabe beschäftigt, und das auf der Brücke.*

(5b) *Der Architekt* ist *mit seiner Aufgabe/Plänen/Ideen/Freundin/Apfel/Auto* beschäftigt.

(5c) Es gibt etwas, womit sich der Architekt geistig oder physisch auseinandersetzt.
(5d) *Der Architekt* ist beschäftigt, *und das auf der Brücke.*
(5e) *Der Architekt* ist beschäftigt, *und das geschieht auf der Brücke.*
(5f) *Der Architekt* ist beschäftigt.
(5g) Der Architekt *schläft/ist/bleibt/ arbeitet* auf der Brücke.

Das Prädikat *beschäftigt* [*sein*] in der Bedeutung *etw. zum Gegenstand seiner Tätigkeit machen, jmdm., einer Sache seine Zeit widmen* eröffnet zwei Leerstellen für ein *Agens*- und ein *Patiens*-Argument. Das K_{sub} *der Architekt* ist absolut fixiert und nimmt am Sachverhalt teil. Das $K_{präp}$ *mit seiner Aufgabe* weist keine Fixiertheit auf, weil der Satz nach der Reduktion beider PP semantisch verständlich, grammatisch korrekt ist und das Prädikat seine Bedeutung beibehält (5f). Dem durch die Reduktion entstandenen Satz fehlt aber die Information zum Objekt der Handlung, die vom *Agens* ausgeführt wird. Diese wird durch das *Patiens*-Argument ergänzt (5b). Dieses Argument weist somit die Bedeutungsrelation MSKONST auf. Wie aus (5c) ersichtlich, kann diese Relation durch den FT ermittelt werden. Die Phrase *auf der Brücke* ist aus den folgenden Gründen als ein Supplement einzustufen: Sie ist nicht fixiert und nimmt nicht am Sachverhalt teil, weil der Satz nach der Reduktion dieser Phrase sowohl weiterhin verständlich ist, als auch die Grammatikalität beibehält und das Prädikats seine Bedeutung nicht verändert (5b und 5f). Die Phrase weist auch die Relation MSKOSNT nicht auf, weil die lokale Angabe, wo das *Agens*-Argument seine Tätigkeit ausführt, in der Bedeutungsstruktur des Prädikats nicht vorhanden ist. Darüber hinaus behält die Phrase *auf der Brücke* ihre lokale Bedeutung auch bei anderen Prädikaten (5g). Die Phrase verfügt somit über die Relation AUTOKOD. Der Supplementstatus der Phrase lässt sich durch den AT ermitteln (5a, 5d und 5e). Die Phrase *auf der Brücke* ist an den reduzierten Satz anknüpfbar, indem sie selbständig eine Verbalphrase bildet, wobei sie durch das Pronomen *das* auf den reduzierten Satz referiert und ihre lokale Bedeutung behält.

5.4 Der Pronominaladverbtest

Der PAT ist ein Substitutionstest. Hier wird die in Frage kommende PP durch ein Pronominaladverb ersetzt. Dieses Pronominaladverb wird aus der Komponente *da(r)-* und der entsprechenden Präposition gebildet. Dabei wird die *dar*-Komponente bei den Präpositionen verwendet, die mit einem Vokal beginnen, z.B. *darauf, daran* (6a und 7a), die *da*-Komponente bei den Präpositionen, die mit einem Konsonanten anfangen, z.B. *damit* (9a). Es liegen zwei

Substitutionmöglichkeiten vor: Handelt es sich um ein Lebewesen oder eine Institution, die Lebewesen, in der Regel Menschen repräsentiert, wird die Konstruktion *Präposition+Pronomen* verwendet (8a). Bezeichnet die PP ein nicht belebtes Objekt oder einen abstrakten Sachverhalt, wird das Pronominaladverb verwendet (6a, 7a, 9a).

(6) Wir sind nicht *auf nur eine Produktlinie* angewiesen, sondern wir sind als Total-Solution-Anbieter tätig.
(C98/FEB.00488 COMPUTER ZEITUNG, 12.02.1998)
(6a) Wir sind nicht *darauf* angewiesen (auf die Produktlinie).

(7) Sie ist vor allem *an einer Beschränkung des Aufwands für Genehmigungsanträge* interessiert.
(R98/JAN.02662 Frankfurter Rundschau, 13.01.1998)
(7a) Sie ist vor allem *daran* interessiert (an einer Beschränkung des Aufwands für Genehmigungsanträge).

(8) Sie ist *mit dem Neffen des Chefredakteurs* verlobt und kümmert sich um ihren kleinen Sohn.
(M06/AUG.63652 Mannheimer Morgen, 12.08.2006)
(8a) Sie ist *mit ihm* verlobt.

(9) Auch in der BRD sind es Zehntausende gewesen, die *mit dem Kampf der militanten Organisationen des 2. Juni, der RZ, der RAF und später der Roten Zora* solidarisch waren.
(R98/APR.31866 Frankfurter Rundschau, 22.04.1998)
(9a) Sie waren *damit* solidarisch.

Wenn die PP durch ein Pronominaladverb austauschbar ist, handelt es sich um ein $K_{präp}$ (10a). Wenn die relevante PP nicht durch ein Pronominaladverb, sondern durch ein Adverb ausgetauscht wird, handelt es sich um ein Supplement (10b).

(10) Auch *nach vielen Berufsjahren* ist Chefin Paola immer noch verrückt *nach den kalten Bällchen*, [...].
(R98/AUG.61325 Frankfurter Rundschau, 01.08.1998)
(10a) Auch nach vielen Berufsjahren ist Chefin Paola immer noch verrückt *danach*, [...].
(10b) Auch *dann* ist Chefin Paola immer noch verrückt nach den kalten Bällchen, [...].

Während die Anwendung des PAT auf die PP mit der Präposition *mit* relativ problemlos verläuft, u.a. weil die untersuchten Adjektive eine Leerstelle für ein

$K_{präp-mit}$ in komitativer Bedeutung eröffnen (11, 12, 13, 14), liegen bei der Anwendung der PAT auf die PP mit *an*, *auf* und *nach* bestimmte Einschränkungen vor.

(11) behaftet *mit Mängeln*

(12) fertig *mit der Aufgabe*

(13) identisch *mit dem Vorschlag*

(14) kompatibel *mit den Anwendungsverfahren*

So kann das Pronominaladverb *darauf* auch als Adverb mit lokaler Bedeutung verstanden werden (15a), was begrenzt auch für *daran* gilt (16a). In diesem Fall sind die Adverbien *daran* und *darauf* durch die Adverbien *dort* oder *hier* ersetzbar (15a und 16a). Bei den meisten untersuchten Adjektiven, die ein $K_{präp-an}$ verlangen, wird der Satz bei diesem Austausch allerdings grammatisch falsch (u.a. 17, 18, 19).

(15) Stars von morgen sind scharf *auf ein grünes Jackett.*
(M06/AUG.67206 Mannheimer Morgen, 26.08.2006)
(15a) Stars von morgen sind scharf *darauf/dort/hier/auf dem Golfplatz.*

(16) Sie haben weder eine definierte Größe, noch sind sie *an ein bestimmtes Betriebssystem oder ein Netzwerkprotokoll* gebunden.
(C98/AUG.03786 COMPUTER ZEITUNG, 27.08.1998)
(16a) Sie sind nicht *daran/dort/hier/am Fenster* gebunden.

(17) *Ich bin *dort/hier/am Südrand* gewohnt.

(18) *Er ist *dort/hier/am Rhein* orientiert.

(19) *Sie ist *dort/hier/an der Wand* überlegen.

Auf die Adjektive, die eine Leerstelle für das K_{sit-an} und $_{-auf}$ eöffnen (u.a. *heimisch an*, *heimisch auf*, *sesshaft auf*, *verwurzelt an*, *wohnhaft an*), ist dieser Test nicht anwendbar, weil das K_{sit} aufgrund seiner Semantik nur durch ein Adverb mit lokaler Bedeutung ersetzbar ist. Zusätzlich wird *darauf* auch als Adverb mit temporaler Bedeutung *danach*, *dann* verwendet (vgl. 20 und 20a).

(20) Stars von morgen sind scharf *nach dem Frühstück.*
(20a) Stars von morgen sind scharf *darauf.*

Wenn das Nomen in der PP ein Lebewesen oder eine Institution bezeichnet, liegt diese Ambiguität aus formalen Gründen nicht vor (21, 22, 23, 24).

(21) beschränkt *auf die Mitglieder*

(22) böse *auf die Union*

(23) interessiert *an dem Berater*

(24) hungrig *nach ihr*

Da *danach* sowohl als Pronominaladverb (25a) als auch temporales Adverb (25b) auftreten kann, ist auch in diesem Fall die Anwendung des PAT zur Ermittlung des $K_{präp}$ eingeschränkt. Das temporale Adverb *danach* kann auch zur Überprüfung des Supplementstatus der PP durch das Adverb *dann* ersetzt werden (25b).

(25) Die große CDU ist nicht mehr, wie Ende 2001/Anfang 2002, verunsichert, sondern selbstbewusst, nicht mehr auf der Suche nach Halt, sondern begierig *nach der Macht.*
(M03/DEZ.87355 Mannheimer Morgen, 29.12.2003)
(25a) Die große CDU ist begierig *danach/nach der Macht.*
(25b) Die große CDU ist begierig *danach/dann/nach den erfolglosen Jahren.*

Der Unterschied zwischen dem Pronominaladverb und dem Adverb kann zusätzlich durch die Betonung festgemacht werden.

(26) Die Adler können *auf ihr Abschneiden* beim Spengler Cup stolz sein.
(M07/DEZ.07820 Mannheimer Morgen, 31.12.2007)
(26a) Die Adler sind *'darauf/auf ihr Abschneiden* stolz.
(26b) Die Adler sind *dar'auf/auf dem Trainingsgelände* stolz.

(27) Ich bin richtig gierig *nach Tennis.*
(M03/DEZ.87412 Mannheimer Morgen, 29.12.2003)
(27a) Ich bin richtig gierig *'danach/nach Tennis.*
(27b) Ich bin richtig gierig *da'nach/nach der gescheiterten Unternehmung.*

Handelt es sich um Pronominaladverbien, wird *da(r)-* (26a und 27a) betont, bei Adverbien die Präposition (26b und 27b). Dieser Unterschied ist allerdings nur in der gesprochenen Sprache feststellbar. Als eine Ergänzung des PAT ist der ET anzusehen. Auf diesen Test wird im Folgenden eingegangen.

5.5 Der Erfragbarkeitstest

Bei dem ET wird die relevante PP erfragt. Kann die relevante PP durch *das präpositionale Interrogativpronomen*[56] erfragt werden (28a), handelt es sich um ein $K_{präp}$. Wenn die PP nicht durch das präpositionale Interrogativpronomen, sondern durch ein Interrogativpronomen der Zeit, des Grundes, des Zwecks, der Art und Weise oder des Ortes erfragbar ist (29a), handelt es sich um ein Supplement.

(28) Sie ist vor allem *an einer Beschränkung des Aufwands für Genehmigungsanträge* interessiert.
(R98/JAN.02662 Frankfurter Rundschau, 13.01.1998)

(28a) *Woran* ist sie vor allem interessiert?

(29) Besonders stolz ist das Gründungsmitglied *auf dem Trainingsgelände.*

(29a) *Wo*/*Worauf* ist das Gründungsmitglied stolz?

Die relevante PP wird mit der Konstruktion *wo(r)-*+Präposition erfragt. Man verwendet *wor-* bei den Präpositionen, die mit einem Vokal beginnen (28a) und *wo-* bei den Präpositionen, die mit einem Konsonanten anfangen (30a).

(30) Auch *mit der Ernte 2002* ist Weiss sehr zufrieden.
(M03/JAN.03289 Mannheimer Morgen, 17.01.2003)

(30a) *Womit* ist Weiss zufrieden?

Ähnlich wie beim PAT gibt es beim ET zwei Möglichkeiten der Anwendung. Wenn das Substantiv in der PP kein Lebewesen bezeichnet, wird *wo(r)-*+Präposition, z.B. *woran, wonach* verwendet. Handelt es sich in der PP um ein Lebewesen oder um Größen, die vertretend Lebewesen repräsentieren, kann die PP nicht mit dem präpositionalen Interrogativpronomen (z.B. *worauf, womit*) erfragt werden. In diesem Fall muss die Konstruktion *Präposition+Pronomen* angewendet werden (vgl. 31 und 31a).

(31) Danach war auch Dominik ziemlich stolz *auf die große Schwester.*
(M02/OKT.75217 Mannheimer Morgen, 09.10.2002)

(31a) *Auf wen* war Dominik stolz?

Die Anwendung dieses TV ist bei den Präpositionen *an, auf, nach* allerdings problematisch, weil die präpositionalen Interrogativpronomina *woran, worauf* und *wonach*, mit denen $K_{präp\text{-}an\text{'}\ \text{-}auf\text{'}\ \text{-}nach}$ erfragt werden, in der

56 Der Terminus *präpositionales Interrogativpronomen* wird in Anlehnung an Schierholz (2001: 164) verwendet.

Schriftsprache als die Interrogativpronomina des Ortes und der Zeit verstanden werden können. Der Unterschied zwischen den präpositionalen Interrogativpronomina und den Interrogativpronomina mit lokaler und temporaler Bedeutung wird durch die Betonung festgemacht (vgl. 32b, 33b, 34a und 34c). Ist in der relevanten PP ein Lebewesen enthalten, ergeben sich keine Schwierigkeiten bei der Durchführung dieses TV, weil im Fragesatz nicht das Interrogativpronomen, sondern die Konstruktion *Präposition+Pronomen* verwendet wird (31a). Da bei den meisten Adjektiven, die ein $K_{\text{präp-mit}}$ verlangen, das $K_{\text{präp-mit}}$ eine komitative Bedeutung aufweist, ist der ET auf die PP mit der Präposition *mit* relativ problemlos anwendbar.

In (32a, 32b, 33a und 33b können *woran* und *worauf* als Interrogativpronomen des Ortes aufgefasst werden. Es handelt sich bei den vorliegenden Phrasen also um Supplemente. Sie können auch durch andere Interrogativpronomen, wie z. B. *wo* (32b und 33b) erfragt werden.

(32) Die Katalyse-Fläche von Quadrelli und Co, an der die Reaktion abläuft, ist eine ausgedehnte Matrix, an die über Silikat-Anker viele butylierte Tantal-Atome gebunden sind.
(SPK/J07.00843 spektrumdirekt, 27.08.2007)
(32a) Tantal-Atome sind *an dem oberen Seitenrand* an die Matrix gebunden.
(32b) *Wo’ran/ Wo* sind sie gebunden?

(33) Wer neugierig ist auf ein etwas anderes Wochenende mit Abenteuerlust und Entdeckerfreude kann nähere Informationen erhalten unter 0 62 52/98 29 28. (M02/APR.28224 Mannheimer Morgen, 15.04.2002)
(33a) Wer *auf dem Kreuzfahrtschiff* auf ein etwas anderes Wochenende neugierig ist, […].
(33b) *Wo’rauf/ Wo* ist jemand neugierig?

Wonach kann auf zweierlei Weise interpretiert werden: als temporales Interrogativpronomen (34c und 34d) sowie als präpositionales Interrogativpronomen (34a und 34b).

(34) Es ist gewiss unerheblich, ob Elvis Presley einsam war und süchtig *nach Hamburgern*.
(R99/AUG.62059 Frankfurter Rundschau, 06.08.1999)
(34a) *’Wonach* ist Elvis Presley süchtig?
(34b) Er ist *nach Hamburgern* süchtig.
(34c) *Wo’nach/Wann* ist Elvis Presley süchtig?
(34d) Er ist *nach dem Sommer* süchtig.

Die PP *nach dem Sommer* kann auch mit dem Interrogativpronomen der Zeit *wann* erfragt werden (34c). Dabei kann es bei der temporalen Verwendung der Präposition *nach* zur Änderung der Prädikatsbedeutung kommen, so wie in (34d). Hier wird *süchtig* als *drogenabhängig, an einer Sucht leidend* und nicht als *ein übersteigertes Verlangen habend, versessen, begierig* verwendet. Ein weiterer Test ist der Test der Überführung in einen Nebensatz mit Korrelat.

5.6 Der Test der Überführung in einen Nebensatz mit Korrelat

Mit dem ÜT (Schierholz 2001: 168–173) wird die Regiertheit der PP überprüft. Der Test wird wie folgt durchgeführt: Das Adjektiv mit der relevanten PP wird in einen Nebensatz mit vorangestelltem Korrelat umgewandelt. Wenn diese Umwandlung möglich ist und sich der Nebensatz auf das Adjektiv bezieht, handelt es sich um ein von diesem Adjektiv regiertes $K_{präp}$ (35a). Die Verletzung der Grammatikalität bei der Umwandlung verweist auf den Supplementstatus der PP (36a).

(35) Die im Hochschulrahmengesetzesentwurf eingeschlagenen Lösungswege führen deutlich in die falsche Richtung. Nicht ein verschultes – sondern ein interessegeleitetes Studium, nicht administrativer Zwang – sondern Eigenverantwortlichkeit, nicht sozialer Ausschluß – sondern freier Hochschulzugang, nicht Mittelzuweisung orientiert *an sofortiger Verwertbarkeit* – sondern die produktive Freiheit von Forschung und Lehre.
(R98/JAN.03387 Frankfurter Rundschau, 15.01.1998)

(35a) Die Mittelzuweisung soll nicht *daran* orientiert sein, *dass* die Mittel sofort verwertet werden.

(36) Sie ist vielmehr auf die Ausdehnung des wissenschaftlichen Diskurses *auf europäischer Ebene* erpicht
(M01/SEP.71663 Mannheimer Morgen, 25.09.2001)

(36a) *Sie ist auf die Ausdehnung des wissenschaftlichen Diskurses *darauf* erpicht, *dass* europäischer Ebene [...].

Die $K_{präp}$ lassen sich entweder in NS oder in IK (41) überführen. Es sind NS mit den Konjunktionen *dass* (37) oder *ob* (38) und mit den *w*-Fragewörtern (39, 40) möglich. Dabei hängen die syntaktischen Realisierungsmöglichkeiten des $K_{präp}$ und der Gebrauch der Konjunktion von der Bedeutung des Adjektivs ab.

(37) Sie erklärte sich in einer allgemeinen Vereinbarung damit einverstanden, *daß* das Honorar die üblichen Abrechnungssätze übersteigt.
(R98/FEB.14363 Frankfurter Rundschau, 20.02.1998)

(38) Ich bin gespannt darauf, *ob* und *wie* er sich berichtigen wird.
(R98/NOV.88457 Frankfurter Rundschau, 05.11.1998)

(39) In der Praxis sei deren Auslegung daran orientiert, *was* auch die Kommission empfehle.
(M99/AUG.50638 Mannheimer Morgen, 03.08.1999; Lob und Tadel für Bonn)

(40) Wir dürfen also auf eine intelligente Lösung gespannt sein und noch mehr darauf, *wann* sie gefunden wird und wann sie nationenübergreifend zum Einsatz kommt.
(C98/JUL.03112 COMPUTER ZEITUNG, 09.07.1998)

(41) Ich war immer verrückt danach, auf der Bühne *zu* stehen.
(M04/NOV.84590 Mannheimer Morgen, 26.11.2004)

Allerdings ist dieser Test in seiner Anwendung beschränkt. Eine erfolgreiche Überführung ohne Bedeutungsverlust oder -änderung lässt sich in der Regel nur mit den Argumenten durchführen, die einen prädikativen Charakter haben, d.h. Sachverhalte entwerfen können. So ist es z.B. unmöglich, ein $K_{präp}$, das die Merkmale [*mat*], [*hum*], [*geg*], [*immat*], [*intell*] aufweist, in einen Nebensatz mit Korrelat zu überführen (vgl. 42a, 43a, 44a).

(42) Betreuerin Silvia Schmidt macht Angebote, die an den Mädchen orientiert sind.
(R98/FEB.16186 Frankfurter Rundschau, 26.02.1998)
(42a) *Die Angebote sind daran orientiert, dass *Mädchen* ...

(43) Die Vorteile der DIMM-DSPs: Ihre Performance übersteigt die von DSP-Karten, die zum Austausch von Daten und Befehlen auf den PCI-Bus angewiesen sind, fast um eine Größenordnung.
(C98/APR.02032 COMPUTER ZEITUNG, 30.04.1998)
(43a) *Die DSP-Karten sind darauf angewiesen, dass *den PCI-Bus* ...

(44) Schönheit selbst, das Schöne an sich oder der schöne Moment, waren in ganz einfachem Sinn aber auch ihre eigentliche Passion, [...], sie schien geradezu süchtig nach Schönheit, und meist meinte sie damit etwas Bestechendes, Klares, [...].
(M03/OKT.65315 Mannheimer Morgen, 04.10.2003)
(44a) *Sie schien süchtig danach, dass *Schönheit* ...
(44b) Sie schien süchtig danach, dass Schönheit in ihrem Leben *präsent ist*/Schönheit überall *vorhanden ist*/dass Schönheit *Sinn hat*/dass er Schönheit *versteht.*

Wie die Beispiele zeigen, lässt sich das $K_{präp}$ nicht in einen Nebensatz überführen, wenn das als $K_{präp}$ realisierte Argument Lebewesen (42) oder sinnlich wahrnehmbare nichtbelebte Gegenstände (43) bezeichnet. Zusätzlich ist die Überführung eines $K_{präp}$ in einen Nebensatz dann problematisch, wenn das $K_{präp}$ ein Argument bezeichnet, welches an sich keinen Sachverhalt entwerfen kann und sinnlich nicht wahrnehmbare abstrakte Begriffe oder Denkkategorien (44) beschreibt. Wenn in der Bedeutungsstruktur des relevanten Begriffs keine Indizien dafür vorliegen, welche semantische Rolle dieser Begriff in der möglichen Proposition erfüllt, lassen sich bei der Überführung in einen Nebensatz unterschiedliche Sachverhalte entwerfen (44b).

5.7 Der Konstanztest

Mit dem KT wird die Formrelation KONST ermittelt. Der KT überprüft, ob durch den Austausch der Präposition oder die Veränderung des Kasus der Satz ungrammatisch wird. Ist das der Fall, so ist anzunehmen, dass die Präposition im Sinn des lexikalisch-kasusformalen Rektionsbegriffs vom Valenzträger festgesetzt wird und die Kasusmarkierung der nachfolgenden NP in der PP fest ist. Die Grammatikalität des Satzes ist das Kriterium für eine erfolgreiche Durchführung dieses Tests.

(45) *Norwegen* schließlich fühlt sich *an den Jagdstopp der Internationalen Walfangkommission (IWC)* überhaupt nicht gebunden, da es von Anfang an Einspruch dagegen erhoben hatte [...].
(SPK/J06.01200 spektrumdirekt, 18.10.2006)

(45a) *Norwegen fühlt sich *auf/über/um* den Jagdstopp der Internationalen Walfangkommission (IWC) nicht gebunden.

(45b) *Norwegen fühlt sich an *dem* Jagdstopp der Internationalen Walfangkommission (IWC) nicht gebunden.

In (45) wird das Adjektiv *gebunden* in der Bedeutung *verpflichtet, etw. zu tun; festgelegt* verwendet. Das Prädikat *gebunden* [*fühlen sich*] verlangt zwei Argumente, und zwar ein *Inhalt-* und ein *Träger psychischer Prozesse*-Argument. Das *Tps*-Argument wird durch das K_{sub}, das *Inhalt*-Argument durch das $K_{präp}$ realisiert. Um die Regiertheit der PP zu ermitteln, wird zuerst die Präposition ausgetauscht (45a).[57] Beim Austausch der Präposition *an* durch andere Präpositionen wird der Satz ungrammatisch. In der Bedeutung des Adjektivs *gebunden*

57 Die Präposition kann nur durch eine Präposition ausgetauscht werden, die ebenso den Akkusativ verlangt.

als *verpflichtet, etw. zu tun; festgelegt* wird idiosynkratisch nur die Präposition *an* festgelegt und lexikalisch-kasusformal regiert. Weiter wird bei Veränderung des Kasus der nachfolgenden NP der Satz mit der Phrase *an dem Jagdstopp der Internationalen Walfangkommission (IWC)* weder semantisch verständlich noch grammatisch korrekt (45b). Daraus ergibt sich, dass auch der Kasus der nachfolgenden NP in dem von der Präposition geschaffenen Rahmen (Akkusativ und Dativ) vom Valenzträger festgesetzt wird.

Ein ähnlicher Fall liegt bei Valenzträgern mit obligatorischen $K_{präp}$ vor. Wie aus den Beispielsätzen (46a und 46b) ersichtlich ist, werden die Sätze sowohl beim Austausch der Präposition als auch bei Veränderung des Kasus ungrammatisch.

(46) Aber *etliche Festgäste* sind *auf einen ganz anderen Ball* erpicht. (R98/JUL.53094 Frankfurter Rundschau, 04.07.1998)
(46a) *Aber etliche Festgäste sind *an/über/um* einen ganz anderen Ball erpicht.
(46b) *Aber etliche Festgäste sind auf *einem* ganz anderen Ball erpicht.

In (46b) wird der $K_{präp}$-Kandidat zwar zu einem Supplementkandidaten, da aber das Prädikat *erpicht sein* ein obligatorisches $K_{präp}$ verlangt, ist der Satz inhaltlich nicht vollständig und grammatisch falsch. Der Verlust der Grammatikalität und der inhaltlichen Vollständigkeit weist darauf hin, dass die Präposition *auf* vom Adjektiv *erpicht* festgesetzt wird, außerdem die Kasusmarkierung der nachfolgenden NP in der PP fest ist und auch vom Valenzträger festgelegt wird.

Der KT ist ein rein syntaktischer Test. Die Formrelation KONST ist eine der drei Formrelationen, die in der IDS-Grammatik unter dem Terminus *Rektion* zusammengefasst werden. Die Konstanz besteht ihrerseits aus zwei im Rektionsbegriff enthaltenen Rektionsarten. Für die regierte PP werden die lexikalisch-statusformale Rektion (gebunden → an, erpicht → auf) und die lexikalisch-kasusformale Rektion (an → den Jagdstopp, auf → einen ganz anderen Ball) unterschieden (vgl. Kapitel 2.1.1.4.1). Bei beiden Rektionsarten ist das Vorkommen der Präposition und des entsprechenden Kasus bei dem Adjektiv bzw. der Präposition idiosynkratisch festgelegt. Oder ist der Gebrauch dann grammatisch falsch, wenn sie in ihrer abstrakten Bedeutung[58] verwendet wird.

Im nächsten Kapitel werden neben der quantitativen und qualitativen Valenz der oben vorgestellten Adjektive die $K_{präp}$ charakterisiert, die mithilfe der

58 Dies gilt für die Präpositionen, die in ihrer abstrakten Bedeutung zwei Kasus verlangen können.

genannten TV ermittelt worden sind. Außerdem werden die Form- und Bedeutungsrelationen zwischen Adjektiv und $K_{präp}$ beschrieben.

5.8 Die Anwendung der Testverfahren

Die Ermittlung des obligatorischen oder fakultativen Komplement- oder Supplementstatus einer PP durch TV beginnt mit der semantisch-grammatischen Klassifikation der Adjektive. Diese bestimmen dann den weiteren Verlauf der Testanwendung. So gilt es bei den QUa im nächsten Schritt festzustellen, ob das relevante Adjektiv eine innewohnende Eigenschaft bezeichnet oder einen durch äußere oder innere Bedingungen eingetretenen Zustand des Bezugsnomens darstellt. Da die QUa, die eine Eigenschaft bezeichnen, in der Regel monovalent sind, werden sie bei der Anwendung der erwähnten TV nicht berücksichtigt. Die QUa mit PP, die einen Zustand bezeichnen, werden zuerst syntaktischen Tests unterzogen, um den allgemeinen Komplementstatus der PP zu ermitteln. Der allgemeine Komplementstatus einer PP lässt sich durch die TV: PAT, ET, ÜT und KT feststellen.

Der RT wird zur Abgrenzung der obligatorischen von den fakultativen $K_{präp}$ eingesetzt. Nach der Durchführung des RT bei einem Adjektiv mit $K_{präp}$ lassen sich abhängig von der Bedeutungsstruktur des Valenzträgers drei Fälle unterscheiden: Im ersten Fall ändert das Adjektiv nach der Reduktion seine Bedeutung. Hier lassen sich zwei weiter Varianten unterscheiden. Vollzieht sich bei der Eliminierung der PP eine absolute Bedeutungsänderung, ermittelt der RT auf diese Weise ein obligatorisches absolut fixiertes $K_{präp}$. Wenn sich die Bedeutung des Adjektivs von der Bezeichnung eines zeitweilig auftretenden Zustandes zur Bezeichnung einer dem Bezugsnomen innewohnenden Eigenschaft verändert, handelt es sich bei der relevanten PP um ein obligatorisches aber schwach fixiertes $K_{präp}$, weil es unter anderem in der Regel aus dem Kontext erschließbar ist. Im zweiten Fall kann der Satz seine Grammatikalität nach dem RT verlieren. Dabei ist die nach der Reduktion der relevanten PP entstandene Konstruktion im Sprachsystem nicht vorhanden und deshalb nicht akzeptabel. Auf diese Weise wird ein obligatorisches absolut fixiertes $K_{präp}$ ermittelt. Im dritten Fall behält das Adjektiv nach der Reduktion seine Bedeutung und bezeichnet weiterhin den Zustand des Bezugsnomens. Die Konstruktion bleibt nach Eliminierung der relevanten Phrase grammatisch richtig, aber die im Prädikat enthaltenen Argumentstellen sind nicht vollständig ausgefüllt. In diesem Fall wird im Anschluss der FT eingesetzt.

Dieser Test wird somit an den Phrasen durchgeführt, die nicht als obligatorische $K_{präp}$ ermittelt worden sind. Der FT hat einen starken semantischen

Charaker. Deshalb wird, um die relevanten Phrasen aus der Bedeutung des Adjektivs zu ermitteln, außer dem Sprachgefühl auch die Prädikat-Argument-Struktur des Adjektivs berücksichtigt, die den Framestrukturen entnommen wird. Durch den FT werden folglich die fakultativen $K_{präp}$ ermittelt, d.h. die Argumente, für welche aufgrund der Prädikatsbedeutung eine Leerstelle in der Prädikat-Argument-Struktur festgelegt ist, deren syntaktische Form aber weggelassen werden kann, ohne dass sich die Prädikatsbedeutung ändert oder nicht akzeptabel bzw. semantisch nicht verständlich wird.

Nach dem FT wird der AT eingesetzt, um in fraglichen Fällen die fakultativen $K_{präp}$ von den Supplementen zu unterscheiden. Der AT kann somit als eine semantische Ergänzung der syntaktischen TV (PAT, ET, ÜT und KT) betrachtet werden.

Die TV werden bei den MPZ in ähnlicher Reihenfolge wie bei den QUa angewendet. Zur Ermittlung des allgemeinen Komplementstatus einer PP werden die TV: PAT, ET, ÜT und KT eingesetzt. Weiter wird der RT angewendet. Hier werden ebenfalls drei Fälle unterschieden. Das Adjektiv ändert seine Bedeutung, die Konstruktion ist grammatisch und semantisch inakzeptabel und die Konstruktion behält nach der Reduktion ihre Grammatikalität, sie ist semantisch verständlich aber semantisch nicht vollständig. So wie bei QUa gibt es bei der Bedeutungsänderung der MPZ zwei Fälle. Liegt eine absolute Bedeutungsänderung vor, handelt es sich um obligatorische absolut fixierte $K_{präp}$. Eine Bedeutungsverschiebung findet allerdings bei den MPZ im Unterschied zu den QUa nicht statt, sodass die obligatorisch schwach fixierten Adjektive nur aufgrund der Bedingungen der Weglassbarkeit ermittelt werden können. Dann wird der FT angewendet. Ähnlich wie bei den QUa wird der AT als semantische Bestätigung der syntaktischen TV für den Supplementsstatus der relevanten PP eingesetzt.

Es sei hier betont, dass ein einziges TV nicht ausreicht, um den Komplementstatus einer PP festzustellen. Je mehr TV den Komplementstatus ermitteln können, desto sicherer lässt sich beurteilen, ob die Phrase ein Komplement ist. Zudem muss der Komplementstatus einer Phrase sowohl auf syntaktischer als auch auf semantischer Ebene bestätigt werden. Da die Grenzen zwischen obligatorischen und fakultativen $K_{präp}$ und zwischen fakultativen $K_{präp}$ und Supplementen fließend sind, können manche Kandidaten im so genannten Randbereich liegen, d.h. weder eindeutig den obligatorischen oder fakultativen $K_{präp}$ noch den Supplementen zugeordnet werden. Es muss daher eingeräumt werden, dass auch die Unterscheidung durch die genannten TV keine absolute Eindeutigkeit in dieser Frage bietet.

6. Die präpositionalen Komplemente bei Adjektiven

In diesem Kapitel wird zuerst auf die qualitative und die quantitative Valenz des Adjektivs mit $K_{präp}$ eingegangen. Dabei werden zum einen Angaben zur syntaktischen Form und Funktion der Argumente, die als $K_{präp}$ realisiert werden und zur Anzahl der Komplemente, die Adjektive verlangen können, gemacht. Zum anderen werden hier auch die Gruppen der Adjektive vorgestellt, die eine bzw. mehrere Alternativformen zu einem $K_{präp}$ regieren können. Darüber hinaus wird in diesem Kapitel auch auf die Form- und Bedeutungsrelationen eingegangen, welche zwischen dem Adjektiv und dem $K_{präp}$ bestehen und bei der Unterscheidung zwischen obligatorischen und fakultativen $K_{präp}$ eingesetzt werden. Die semantische Valenz dieser Adjektive wird im darauffolgenden Kapitel, im empirischen Teil der Untersuchung, behandelt.

6.1 Die qualitative Valenz

Das komplexe Prädikat besteht aus einem Kopulaverb (KV) und einem Adjektiv. Im komplexen Prädikat werden die Rollen aufgeteilt. Während das KV hauptsächlich als das strukturelle syntaktische Zentrum angesehen wird, trägt das Adjektiv als semantisches Zentrum die meiste inhaltliche Bedeutung. Der Valenzträger (VT) ist also komplex und die syntaktisch-semantischen Eigenschaften, über die ein VT verfügt, sind zwischen dem KV und dem Adjektiv aufgeteilt. Dabei kann das KV die Bedeutung des Prädikativs beeinflussen. Das KV kommt immer zusammen mit einem prädikativ gebrauchten Adjektiv oder Substantiv vor und wird als Bindeglied zwischen Subjekt und Prädikativ wahrgenommen. Ihm kommt die Funktion zu, das Subjekt durch Kongruenz strukturell an das Prädikat zu binden (Eisenberg 2004: 85). Am häufigsten werden die KV *sein, werden* und *bleiben* gebraucht, deren Funktion Eisenberg wie folgt beschreibt: Das KV *sein* bedeutet *Prädikation besteht*, das KV *werden* steht für *Prädikation tritt ein* und das KV *bleiben* bezeichnet *Prädikation besteht weiter* (Eisenberg 2004: 85). Laut Helbig entscheidet das semantische Kriterium darüber, ob ein Adjektiv als Prädikativ zusammen mit dem KV *sein, werden* oder *bleiben* verwendet wird. Die Konstruktionen mit dem KV *sein* nennt er stative Prädikative und die Konstruktionen mit *werden* Prozessadjektive (Helbig 2001: 280). Als weitere KV können *sich fühlen, machen, sich zeigen, sich erklären, scheinen, gehen, sich geben* auftreten.

Ein Satz mit einem $K_{präp}$ in der Adjektivphrase (AP) setzt sich funktional aus dem Subjekt, dem komplexen Prädikat und dem PO zusammen. Abhängig vom Adjektiv treten als Alternativformen zum $K_{präp}$ NS, IK oder Adverbien auf. Das Prädikativ als Adjektiv ist der Kopf der AP und gleichzeitig inhaltlicher VT im Satz. Das $K_{präp}$ als Ergänzung des Adjektivs besteht formal aus einer Präposition und der nachgestellten NP oder dem Pronomen. Ein als NS realisiertes $K_{präp}$ hat folgende Struktur: ein dem Adjektiv vor- oder nachgestelltes Pronominaladverb, eine Konjunktion, die die entsprechenden Argumente repräsentierenden Satzglieder und das Verb (1, 2). Bei einem als IK auftretenden $K_{präp}$ wird das Pronominaladverb dem Adjektiv vor- oder nachgestellt, ihm folgen die Satzglieder, die die vom Prädikat in der IK festgesetzten Argumente repräsentieren, dann die Partikel *zu* und das Verb im Infinitiv (3, 4).

(1) Wir sind sehr *zufrieden damit*, *wie* Oracle 8 im Markt angenommen wird.
(C98/FEB.00600 COMPUTER ZEITUNG, 12.02.1998)

(2) Der Zuschuß ist allerdings *daran gebunden*, *daß* die Stadt Hanau für die drei Vorhaben kommunale Haushaltsmittel in Höhe von rund 30 000 Mark bereitstellt.
(R99/MAI.40219 Frankfurter Rundschau, 21.05.1999)

(3) Zwei Banken sind *daran interessiert*, die Mehrheit des internationalen Telecomunternehmens Unisource *zu* übernehmen.
(C98/NOV.05132 COMPUTER ZEITUNG, 19.11.1998)

(4) Denn die beiden waren sehr *neugierig darauf*, Menschen der Partnergemeinde kennen *zu* lernen, zu der bislang hauptsächlich Briefkontakt gepflegt wurde.
(M05/AUG.67974 Mannheimer Morgen, 20.08.2005)

Manchmal kann das Pronominaladverb weggelassen werden (5):

(5) Die betroffenen 20 000 Mieterhaushalte dürfen nun *gespannt* sein, auf welche Weise versucht werden wird, ihnen zusätzliche Betriebskosten aufzubürden.
(M03/APR.23268 Mannheimer Morgen, 08.04.2003)

Das $K_{präp}$ kann dem Adjektiv vorangestellt oder nachgestellt sein (6, 7). Die Stellung im Satz ist in der Regel mit der kommunikativen Absicht und der Thema-Rhema-Gliederung des Satzes verbunden.

(6) Sie ist nicht *erpicht auf* das Kompliment des Verteidigers.
(R98/JUN.44754 Frankfurter Rundschau, 06.06.1998)

(7) Viele Jäger sind vor allem *auf* die starke Trophäe des Hirschs *erpicht.*
(R98/OKT.78616 Frankfurter Rundschau, 01.10.1998)

In den Sätzen (8, 9, 10, 11) werden die Adjektive mit $K_{präp}$ als *Prädikativergänzung, Attribut, Apposition* oder *Disjunkt* (Engel 2004: 355) realisiert. Unter *Prädikativergänzung* wird folgende Struktur verstanden: K_{sub}, komplexes Prädikat und $K_{präp}$ (8). Hier handelt es sich um die prädikative Verwendung des Adjektivs. Beim attributiven Gebrauch wird diese Konstruktion in Form eines Attributs realisiert (9). In dieser Position dient die AP der näheren Bestimmung nominaler Satzglieder. Auch die Apposition wird zu einer näheren Beschreibung der Phrase eingesetzt, auf die sie sich bezieht (10). Sie „bennent, spezifiziert, hebt bestimmte Eigenschaften des entsprechenden Satzgliedes hervor" oder dient zur konnotativen Bewertung der Aussage (Bußmann 2008: 52). Diese Apposition wird, wenn sie AP realisiert ist, in der Regel nachgestellt. Unter dem Disjunkt werden Konstruktionen verstanden, die mit dem Satz, in dem sie vorkommen, nicht verbunden sind. Disjunkte treten als zusätzliche Charakterisierungen zu den Phrasen auf, auf die sie sich beziehen (11). Man kann die Disjunkte weglassen, ohne dass die Bedeutung oder Grammatikalität des Satzes verletzt wird.

(8) Bei traditionellen Abfragen im Netz sind Anwender *auf ihre kombinatorischen Fähigkeiten angewiesen*: [...].
(C98/FEB.00472 COMPUTER ZEITUNG, 05.02.1998)

(9) Der *auf Bewunderung erpichte Präsident* hat längst einem anderen Platz gemacht.
(R98/NOV.93621 Frankfurter Rundschau, 21.11.1998)

(10) Man spürt von Beginn an, wie sehr ihr Leben, *auf äußere Umgangsformen bedacht,* von einer gespenstischen Leere zerfressen wird.
(R98/JUN.45037 Frankfurter Rundschau, 08.06.1998)

(11) Umsichtig und *auf Details bedacht,* nutzte Kamioka seine Energie zum Aufbau von Steigerungen, stützte sich dabei auf den überaus kompakten und doch fein gearbeiteten Sound des Museumsorchesters.
(R98/APR.28464 Frankfurter Rundschau, 08.04.1998)

Wird das Adjektiv mit $K_{präp}$ als Apposition, Attribut oder Disjunkt realisiert, muss das KV aus der Gesamtbedeutung des Satzes erschlossen werden. In der Regel handelt es sich hier um stative Prädikate mit dem KV *sein.*

6.2 Die quantitative Valenz

Die Argumente des Adjektivs können auf der syntaktischen Ebene unterschiedlich realisiert werden. Bei relationalen Adjektiven enthält der Sachverhalt Argumente, die syntaktisch nicht nur als $K_{präp}$ sondern auch als andere Objektkomplemente (K_{obj})[59] auftreten. Quantitativ gesehen können Adjektive aufgrund ihrer Bedeutung eine bis mehrere Leerstellen eröffnen. Bei den untersuchten Adjektiven werden zwei-, drei- und vierwertigen Adjektive unterschieden (12, 13, 14).

(12) *Etwa 20 bis 25 Prozent seien* auf dem Weg, jedoch *mit der Anpassung der Systeme* noch nicht *fertig.*
(C98/DEZ.05527 COMPUTER ZEITUNG, 10.12.1998)

(13) *Die politischen Kritiker des militärischen Widerstands,* [...], *sind mit uns einig in der hohen moralischen Einschätzung auch des Kerns des militärischen Widerstands.*
(R98/JAN.06379 Frankfurter Rundschau, 26.01.1998)

(14) *Der Karbener Mathias Schaub ist mit einer halben Stelle als Umweltschutztechniker bei der Kommune Wölfersheim angestellt.*
(R98/JAN.03508 Frankfurter Rundschau, 15.01.1998)

Das Prädikat *fertig* [*sein*] in (12) in der Bedeutung *so weit, dass nichts mehr zu tun übrig bleibt; zu Ende sein* verlangt das K_{sub} *etwa 20 bis 25 Prozent* und das $K_{präp}$ *mit der Anpassung der Systeme* und ist zweiwertig. Die Phrase *auf dem Weg* dient zur Kontextualisierung der Aussage, indem sie auf die Arbeitsweise der Unternehmen verweist. Sie gehört nicht zur Argumentstruktur des Prädikats und ist folglich als Supplement zu verstehen. In (13) eröffnet das Prädikat *einig* [*sein*] in der Bedeutung *in seiner Meinung [u. Gesinnung] übereinstimmend; einer Meinung, eines Sinnes sein* drei Leerstellen, nämlich für das K_{sub} *die politischen Kritiker des militärischen Widerstands*, das $K_{präp}$ *mit uns* und für das $K_{präp}$ *in der hohen moralischen Einschätzung auch des Kerns des militärischen Widerstands.* Das K_{sub} und das $K_{präp}$ mit der Präposition *mit* benennen die Größen, zwischen welchen eine Übereinstimmung herrscht. Das $K_{präp}$ mit der Präposition *in* verweist auf den Gegenstand der Übereinstimmung. Alle drei Komplemente sind zur Entfaltung der Prädikatsbedeutung notwendig, das Adjektiv *einig* wird somit als dreiwertig eingestuft. Das vierwertige deverbale

59 Unter Objektkomplementen (K_{obj}) werden Akkusativ-, Dativ- und Genitivkomplemente verstanden.

Adjektiv *angestellt* in der Bedeutung *einstellen, in eine Stelle einsetzen, beschäftigen* ist ein Teil des Prädikats *angestellt* [*sein*] (14). Das Prädikat eröffnet laut *FrameNet* vier Leerstellen, die mit den Argumenten *Employee* (*der Karbener Mathias Schaub*), *Employer* (*bei der Kommune Wölfersheim*), *Position* (*als Umweltschutztechniker*) und *Contract basis* (*mit einer halben Stelle*) besetzt werden. Auf der syntaktischen Ebene wird das *Employee*-Argument durch das K_{sub}, das *Employer*-Argument durch das $K_{präp}$ mit der Präposition *bei*, das *Position*-Argument durch das $K_{präp}$ mit *als* und das *Contract basis*-Argument durch das $K_{präp}$ mit der Präposition *mit* realisiert.

Zur Gruppe der zweiwertigen Adjektive, die neben dem K_{sub} ein $K_{präp-an}$, $K_{präp-auf}$, $K_{präp-mit}$ oder $K_{präp-nach}$ verlangen, gehören folgende Adjektive:

Tab. 1: Die zweiwertigen Adjektive in der Untersuchung

$K_{präp}$		**Adjektiv**
Präposition	**Kasus**	
an	Akk.	adressiert, gebunden[60], gebunden[61], gewohnt, gewöhnt, orientiert
an	Dat.	arm, beheimatet, beteiligt, desinteressiert, erfreulich, erkrankt, heimisch, interessiert, jung, reich, reichhaltig, schuld, schuldig, sesshaft, teilhaftig, uninteressiert, unschuldig, verwurzelt, wohnhaft
auf	Akk.	angewiesen, ärgerlich, aufmerksam, bedacht, begierig, begrenzt, beschränkt, böse, eifersüchtig, eingeschworen, erpicht, gefasst, geil, gespannt, gierig, heiß, hungrig, neidisch, neugierig, sauer, scharf, stolz, süchtig, übertragbar, versessen, wild, wütend, zornig
auf	Dat.	bewandert, heimisch, sesshaft
mit	Dat.	alliiert, befreundet, behaftet, bekannt, beschäftigt, deckungsgleich, ebenbürtig, eins, einverstanden, fertig, geistesverwandt, gleichaltrig, gleichrangig, gleichberechtigt, handgreiflich, intim, quitt, solidarisch, kombinierbar, kompatibel, übervoll, unglücklich, unvereinbar, unzufrieden, verlobt, vereinbar, verheiratet, vertraut, verwandt, verwurzelt, voll, zufrieden
nach	Dat.	begierig, gierig, hungrig, lüstern, süchtig, verrückt

60 In der Bedeutung: *verpflichtet, etw. zu tun; festgelegt.*

61 In der Bedeutung: *etw. mit etw. (z.B. Faden, Draht, Stoffstreifen, Weidenrute) so umgeben, dass es zusammenhält, durch Umwinden mit etw. zu etw. Festem, Einheitlichem zusammengefügt; zusammengebunden.*

Zur Gruppe der dreiwertigen Adjektive, die neben dem K_{sub} und anderen $K_{\text{präp}}$ oder K_{obj} ein $K_{\text{präp-an}}$ oder ein $K_{\text{präp-mit}}$ verlangen, gehören folgende Adjektive:

Tab. 2: Die dreiwertigen Adjektive in der Untersuchung

$K_{\text{präp}}$		$K_{\text{präp}}$ oder K_{obj}		Adjektiv
Präposition	**Kasus**	**Präposition**	**Kasus**	
an	Dat.	–	Dat.	überlegen
mit	Dat.	**für**	Akk.	haftbar
mit	Dat.	**in**	Dat.	gleichwertig, identisch, konform, vergleichbar, unvergleichbar
mit	Dat.	**über**	Akk.	einig, uneinig

Als vierwertiges Adjektiv, das neben dem K_{sub} und anderen Komplementen ein $K_{\text{präp-mit}}$ verlangt, erscheint in dieser Untersuchung nur eines:

Tab. 3: Die vierwertigen Adjektive in der Untersuchung

$K_{\text{präp}}$		$K_{\text{präp}}$		$K_{\text{präp}}$		Adjektiv
Präposition	**Kasus**	**Präposition**	**Kasus**	**Präposition**	**Kasus**	
mit	Dat.	**als**	Nom.	**bei**	Dat.	angestellt

Bei bestimmten in dieser Arbeit untersuchten Adjektiven kann ein anderes Komplement als Alternativform zum $K_{\text{präp}}$ auftreten. Diese Alternativform hat eine ähnliche Bedeutung wie das $K_{\text{präp}}$. Es werden drei Möglichkeiten unterschieden:

1) $K_{\text{präp}}$ oder K_{obj} als Alternativform zu $K_{\text{präp}}$

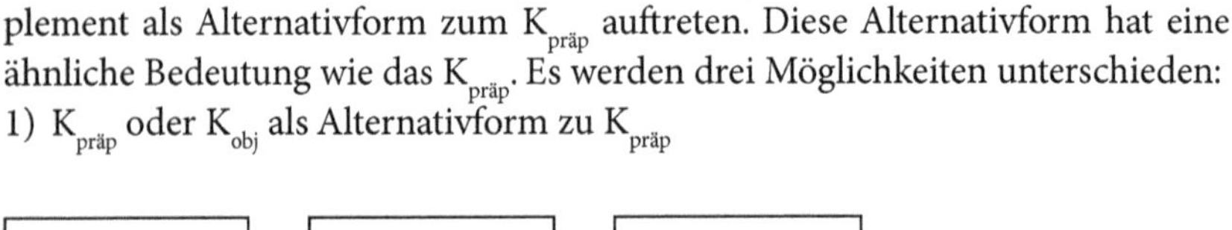

Zu dieser Gruppe gehören zweiwertige Adjektive, bei denen als Alternativform zu dem $K_{\text{präp}}$ mit der Präposition *an*, *auf* und *mit* entweder ein $K_{\text{präp-über}}$, $K_{\text{präp-nach}}$, $K_{\text{präp-in}}$, $K_{\text{präp-gegen}}$ oder ein K_{akk}, K_{dat}, K_{gen} erscheint.

Tab. 4: Zweiwertige Adjektive mit einer Alternativform zu $K_{präp}$

$K_{präp}$		$K_{präp}$ oder K_{obj}		Adjektiv
Präposition	**Kasus**	**Präposition**	**Kasus**	
an	Akk.	–	Akk.	gewohnt
an	Dat.	–	Gen.	schuldig
an	Dat.	–	Gen.	teilhaftig
auf	Akk.	über	Akk.	ärgerlich
auf	Akk.	nach	Dat.	begierig
auf	Akk.	nach	Dat.	gierig
auf	Akk.	nach	Dat.	hungrig
auf	Akk.	nach	Dat.	süchtig
auf	Akk.	über	Akk.	wütend
auf	Akk.	über	Akk.	zornig
auf	Dat.	in	Dat.	bewandert
mit	Dat.	–	Dat.	ebenbürtig
mit	Dat.	–	Dat.	gleichberechtigt
mit	Dat.	gegen	Akk.	handgreiflich
mit	Dat.	an/in	Dat.	verwurzelt

In (15) und (16) wird das Adjektiv *zornig* in der Bedeutung *durch Ärger und Zorn erregt, erzürnt* verwendet. Dabei lässt sich feststellen, dass während das $K_{präp}$ mit *über* eher die Argumente mit den Merkmalen [immat], [sachv], [intell] umfasst, das $K_{präp}$ mit *auf* eher bei Argumenten bevorzugt wird, die sinnlich wahrnehmbare Dinge, in der Regel Lebewesen, bezeichnen.

(15) Ungehalten über die aufgezwungenen Verspätungen und *zornig darüber, daß der türkisch-kurdische Konflikt auf hiesigem Boden ausgetragen wird* und zu solch massivem Polizeieinsatz nötigt, machten einige Passanten ihrem Ärger Luft.
(R99/FEB.13839 Frankfurter Rundschau, 19.02.1999)

(16) Britische Bauern *zornig auf die Städter*
(R98/MAR.17167 Frankfurter Rundschau, 02.03.1998)

Während die Verwendung unterschiedlicher Präpositionen in den $K_{präp}$ auf den inhaltlichen Gehalt der Argumente, die als $K_{präp}$ auftreten, zurückzuführen ist, liegt zwischen dem $K_{präp}$ und dem K_{obj} kein semantischer Unterschied vor.[62] Wie die Korpusuntersuchung gezeigt hat, weisen bestimmte Adjektive aus dieser Gruppe Besonderheiten im Gebrauch auf. So verlangt das Adjektiv *begierig* neben dem $K_{präp-auf}$ auch das $K_{präp-nach}$. Dabei wird das $K_{präp-nach}$ zu *begierig* nur bei Sommerfeldt/Schreiber (1983), nicht aber im Duden-Wörterbuch erwähnt. Die Adjektive *gierig, hungrig* und *süchtig* verlangen laut Duden-Wörterbuch nur das $K_{präp-nach}$, das $K_{präp-auf}$ wird weder im Duden-Wörterbuch noch bei Sommerfeldt/ Schreiber (1983) erwähnt. Der Grund dafür ist, dass das $K_{präp-nach}$ bei *begierig* und das $K_{präp-auf}$ bei *gierig, hungrig* und *süchtig* nicht standardsprachlich verwendet wird. Ähnliches gilt für Adjektive *gewohnt, handgreiflich, schuldig* und *teilhaftig.* Laut Duden-Wörterbuch wird im standardsprachlichen Gebrauch das Adjektiv *gewohnt* mit dem K_{akk}, *handgreiflich* mit dem $K_{präp-gegen}$, *schuldig* mit dem K_{gen} und *teilhaftig* mit den K_{gen} verwendet. Im Korpus verlangt *handgreiflich* aber auch das $K_{präp-mit}$ und *gewohnt, schuldig, teilhaftig* das $K_{präp-an}$, was keine standardsprachliche Verwendung darstellt. Diese $K_{präp}$ sind auch bei Sommerfeldt/Schreiber (1983) als $K_{präp}$ dieser Adjektive nicht erwähnt. Weiterhin wird das Adjektiv *wütend* sowohl im Duden-Wörterbuch als auch bei Sommerfeldt/Schreiber (1983) ohne $K_{präp}$ verwendet. Im Korpus ist dieses Adjektiv mit dem $K_{präp-auf}$ und dem $K_{präp-über}$ (Wir sind wütend und empört *über das offensichtliche Bekenntnis* […] (R99/ MAR.23136 Frankfurter Rundschau, 23.03.1999)) belegt. Der Unterschied zwischen diesen $K_{präp}$ liegt, so wie bei *ärgerlich* und *zornig*, im semantischen Gehalt der Argumente. Das Argument, das als $K_{präp-auf}$ auftritt, verfügt über die Merkmale [mat], [inst], [hum] und das $K_{präp-über}$ hat die Merkmale [immat], [sachv], [intell].

2) $K_{präp}$ und K_{obj} als Alternativformen zu $K_{präp}$

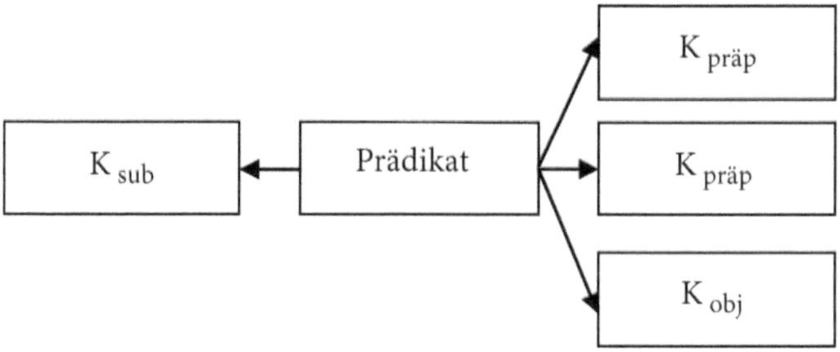

Zu dieser Gruppe gehören ebenfalls zweiwertige Adjektive. Dabei eröffnet das Prädikat außer dem K_{sub} eine weitere Leerstelle, die sowohl durch das $K_{präp}$

---

62 Vgl. Anhang 2.

als auch durch das K_{obj} besetzt werden kann. Diese Adjektive können $K_{präp\text{-}auf}$, $K_{präp\text{-}mit}$, $K_{präp\text{-}von}$ oder K_{dat}, K_{gen} regieren, wobei diese Komplemente alternativ zueinander auftreten.

Tab. 5: Zweiwertige Adjektive mit zwei Alternativformen zu $K_{präp}$

$K_{präp}$		$K_{präp}$		K_{obj}	Adjektiv
Präposition	**Kasus**	**Präposition**	**Kasus**	**Kasus**	
auf	Akk.	über	Akk.	Dat.	böse
auf	Akk.	über	Akk.	Dat.	sauer
mit	Dat.	von	Dat.	Gen.	voll

Die Verwendung unterschiedlicher Präpositionen und des Objektkasus ist auf die Semantik der Argumente zurückzuführen. Die Adjektive *böse* und *sauer* fallen durch ihren Gebrauch im Korpus auf. Laut Duden-Wörterbuch kommt *böse* mit $K_{präp\text{-}auf}$ und mit $K_{präp\text{-}über}$ vor, nicht aber mit K_{dat}. Im Korpus wird *böse* mit $K_{präp\text{-}auf}$ und K_{dat} (Die Leute sind *uns* böse, [...] (M99/OKT.66652 Mannheimer Morgen, 05.10.1999)), aber nicht mit $K_{präp\text{-}über}$ belegt. Dabei sind laut Sommerfeldt/Schreiber (1983) alle drei Komplemente möglich. Im Duden-Wörterbuch wird zum Adjektiv *sauer* nur das $K_{präp\text{-}auf}$ verzeichnet. Im Korpus sind diese Adjektive auch mit $K_{präp\text{-}über}$ (Schröder sauer *über Steuerdebatte* (M02/OKT.73197 Mannheimer Morgen, 01.10.2002)) und K_{dat} („Sei *mir* nicht mehr sauer", bittet der Absender [...] (R98/NOV.94062 Frankfurter Rundschau, 23.11.1998)) belegt. Im Gegensatz dazu führen Sommerfeldt/Schreiber (1983) bei *sauer* überhaupt keine Komplemente an.

(17) Ich versuchte es mit Keats: „Ach, für einen Becher *voll des warmen Südens*, voll der wahren, der schamesroten Hippocrene."
(R98/JAN.00263 Frankfurter Rundschau, 03.01.1998)

(18) Sie antwortete ihm mit einem Blick *voll von unsäglichem Grauen* und, wie ihm schien, *voll von Vorwurf*, versuchte, sich im Bett aufzurichten, und fiel in die Kissen zurück.
(M02/JAN.07989 Mannheimer Morgen, 31.01.2002; Schöne neue Welt)

(19) Ist die Kapillare *voll mit dicht gepackten, durch die Ölphase getrennten Tröpfchen*, wird sie vom Chip abgenommen, verschlossen und gekühlt.
(SPK/J04.00529 spektrumdirekt, 01.05.2004)

Das Adjektiv *voll* in der Bedeutung *in einem solchen Zustand, dass nichts, niemand mehr od. kaum noch etw., jmd. hineingeht, -passt, darin, darauf Platz hat, ganz gefüllt, bedeckt, besetzt* eröffnet zwei Leerstellen für das *Lokativ-* und das

Inhalt-Argument. Das *Lokativ*-Argument wird durch das K_{sub} ausgedrückt und bezeichnet einen Ort, eine Stelle oder einen Gegenstand, der mit dem *Inhalt*-Argument gefüllt ist. Für das *Inhalt*-Argument bestehen auf der syntaktischen Ebene drei Realisierungsmöglichkeiten: Es kann als K_{gen}, $K_{präp\text{-}von}$ oder $K_{präp\text{-}mit}$ (17, 18, 19) auftreten. Das *Inhalt*-Argument beschreibt den Gehalt des im Prädikat ausgedrückten Zustandes und kann sowohl sinnlich wahrnehmbare (19) als auch sinnlich nicht erfahrbare Größen (17 und 18) umfassen.

Während das K_{gen} in (17) im synthetischen Genitiv steht, ist das $K_{präp\text{-}von}$ in (18) ein analytischer Genitiv. Unter dem synthetischen Genitiv wird eine attributive Nominalgruppe verstanden, deren Verbindung zum Bezugsnomen durch die Flexionsformen ausgedrückt wird. Der analytische Genitiv ist dagegen eine attributive Präpositionalgruppe, deren Beziehung zum Bezugsnomen durch die Präposition *von* angezeigt wird (Oštir 1998: 87). Beide Formen werden semantisch weitgehend als Konkurrenzformen (Teubert 1979: 26; Oštir 1998: 87) verstanden, weil sie das gleiche Argument mit dem gleichen semantischen Gehalt repräsentieren können (*die neue Tasche meiner Schwester* und *die neue Tasche von meiner Schwester*). Wie Teubert (1979: 26f.) und Oštir (1998: 88) betonen, besteht der Unterschied zwischen diesen Formen neben der formalen Struktur auch in bestimmten Einschränkungen beim Gebrauch. So wird der analytische Genitiv verwendet, wenn das Attribut als Substantiv im Plural ohne Artikel und Adjektiv auftritt, weil es dann morphologisch nicht als Genitiv erkennbar ist (Teubert 1979: 27). Der synthetische Genitiv wird gebraucht, wenn ein zusätzliches Attribut auftritt oder in der Nominalgruppe der bestimmte Artikel verwendet wird (17) (Oštir 1998: 88). Zwischen dem synthetischen und dem analytischen Genitiv liegt zudem ein stilistischer Unterschied vor. So verweist Oštir darauf, dass in der Umgangssprache der analytische Genitiv dem synthetischen Genitiv vorgezogen wird. Der analytische Genitiv ist für den Sprecher zwar schwieriger zu bilden, aber für den Hörer dank der Präposition *von* leichter zu identifizieren und als eine genitivische Konstruktion zu verstehen (Oštir 1998: 88).

3) $K_{präp}$ als Alternativform zu $K_{präp}$

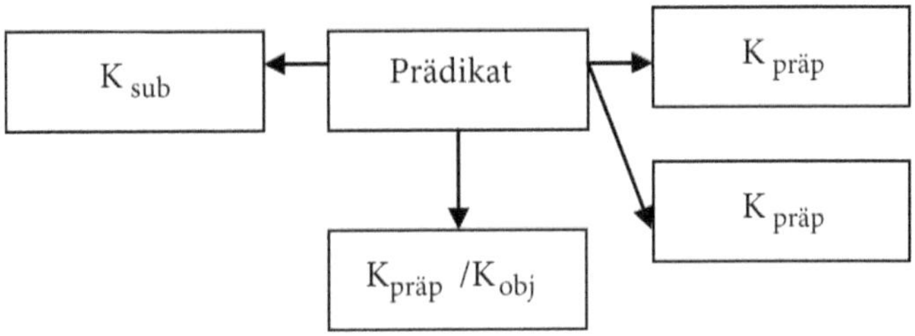

Diese Gruppe umfasst dreiwertige Adjektive. Außer der Leerstelle für das K_{sub} eröffnen diese Adjektive zwei weitere Leerstellen (20, 21, 22, 23 und 24). Eine wird durch ein $K_{präp}$ oder ein K_{obj} besetzt.

Tab. 6: Dreiwertige Adjektive mit einer Alternativform zu $K_{präp}$

$K_{präp}$		**K_{obj}**	**$K_{präp}$**		**$K_{präp}$**		**Adjektiv**
Präposition	**Kasus**	**Kasus**	**Präposition**	**Kasus**	**Präposition**	**Kasus**	
mit	Dat.	–	in	Dat.	über	Akk.	einig
–	–	Dat.	an	Dat.	in	Dat.	überlegen

Diese Komplemente bezeichnen entweder die Größe, mit der das K_{sub} das Einverständnis erlangt hat, oder die Größe, mit der das K_{sub} verglichen wird. Die andere Leerstelle wird mit einem $K_{präp}$ ausgefüllt und bezeichnet den Gegenstand des Einverständnisses oder des Vergleichens. Dabei ist bei diesem $K_{präp}$ eine Alternativform möglich, die ebenfalls als $K_{präp}$ auftritt (vgl. 20 und 21, 22 und 23).

(20) Der Python ist also *dem Menschen* nicht nur *in der akuten Fressleistung* überlegen, sondern auch im Tempo, mit dem er seine physiologischen Gegebenheiten an den veränderten Bedarf angleicht.
(SPK/J05.00252 spektrumdirekt, 02.03.2005)

(21) Vögel sind *den „Herren der Schöpfung"* weit überlegen *an Geschicklichkeit und Wahrnehmungsfähigkeit.*
(M01/JAN.07146 Mannheimer Morgen, 30.01.2001)

Die Verwendung verschiedener Präpositionen lässt sich mit dem unterschiedlichen inhaltlichen Gehalt der Argumente erklären. Ähnlich wie in der ersten Gruppe, bleibt die Bedeutung des Prädikats durch die Verwendung der $K_{präp}$ mit unterschiedlichen Präpositionen unbeinflusst.

(22) Die politischen Kritiker des militärischen Widerstands, von denen ich bisher gesprochen habe, *sind mit uns einig in der hohen moralischen Einschätzung auch des Kerns des militärischen Widerstands.*
(R98/JAN.06379 Frankfurter Rundschau, 26.01.1998)

(22a) *Sie* sind sich einig in der hohen moralischen Einschätzung auch des Kerns des militärischen Widerstands.

(23) Jetzt *sind die 155 Mitgliedstaaten der IMO* erneut *über einen humanen Umgang mit den ungebetenen Mitreisenden einig.*
(R98/JAN.01460 Frankfurter Rundschau, 08.01.1998)

(23a) Jetzt sind *die europäischen Mitgliedstaaten mit den asiatischen Staaten* erneut über einen humanen Umgang mit den ungebetenen Mitreisenden einig.

(24) *Kunstsinnige waren sich einig in ihrer Bewunderung für Lachenmanns musiktheatralischen Erstling.*
(R98/JAN.01488 Frankfurter Rundschau, 08.01.1998)

Das Prädikat *einig [sein]* in der Bedeutung *in seiner Meinung [u. Gesinnung] übereinstimmend; einer Meinung, eines Sinnes sein* verlangt sowohl in (22) als auch in (23) und (24) drei Argumente, zur vollständigen Entfaltung der Prädikatsbedeutung werden also drei Argumente benötigt. Das Adjektiv *einig* regiert die drei Präpositionen *mit, über* und *in.* Dabei kann das $K_{präp}$ mit der Präposition *mit* mit dem K_{sub} zusammengefügt werden, wie in (22a). Dies ist möglich, weil beide Argumente belebte Lebewesen, in der Regel Menschen, oder Institutionen bezeichnen (vgl. 23 und 23a). Auf der syntaktischen Ebene wird das Zusammenfügen durch die Pluralform des K_{sub} realisiert. Die Präpositionen *über* und *in* treten als Alternativformen zueinander auf, sie kommen nicht zusammen in einem Satz vor. Das $K_{präp}$ mit *über* oder *in* steht für das Argument, das den Gegenstand der Übereinstimmung bezeichnet. Es handelt sich dabei um eine sinnlich nicht wahrnehmbare Größe. Während das $K_{präp}$ mit *in* das Argument mit Bezug auf moralische, abstrakte Handlungen und Denkkategorien repräsentiert, verweist das $K_{präp}$ mit *über* auch auf die sinnlich nicht wahrnehmbaren Sachverhalte und Handlungen. Diese implizieren aber eine Interaktion zwischen dem K_{sub}- oder dem $K_{präp}$-Argument und der äußeren Wirklichkeit. Solche Sachverhalte setzen in der Regel Menschen als aktive oder passive Beteiligte voraus.

6.3 Die Form- und Bedeutungsrelationen zwischen Adjektiv und präpositionalem Komplement

Wie in den Kapiteln 2.1.1.2.3 und 2.1.1.4.2 dargestellt worden ist, wird die Unterscheidung zwischen obligatorischen und fakultativen Komplementen und zwischen fakultativen Komplementen und Supplementen mithilfe der Form- und Bedeutungsrelationen durchgeführt. Zwischen Adjektiv und $K_{präp}$ bestehen folgende Relationen: FIX, REKT, KONST, BET, MSKONST, AUTOKOD, PERSP. Auch bei dem $K_{präp}$ wird zwischen absoluter und schwacher und fehlender Fixiertheit unterschieden.

(25) Nicht *alle Geschäftsflieger sind erpicht auf Egelsbach.*
(R98/MAR.22072 Frankfurter Rundschau, 18.03.1998)

(25a) *Nicht alle *Geschäftsflieger sind erpicht.*

Das Prädikat in (25) ist *erpicht* [*sein*], das zwei Leerstellen für die Phrasen *alle Geschäftsflieger* und *auf Egelsbach* eröffnet. Der Valenzträger für die PP *auf Egelsbach* ist das Adjektiv *erpicht*. Sowohl das Subjekt als auch die PP sind strukturell und inhaltlich notwendig im Satz. Bei der Reduktion der PP ist der Satz semantisch gesehen unvollständig, weil hier die Information über das Objekt des Begehrens fehlt (25a). Darüber hinaus ist die Konstruktion *erpicht sein* ohne das $K_{präp}$ im Korpus nicht vorhanden. Es handelt sich hier somit um ein absolut fixiertes Komplement.

(26) *Mercedes* ist eifersüchtig *auf Lotte*, weil diese mit Kunstmann getanzt hat. (M04/OKT.73532 Mannheimer Morgen, 20.10.2004)

(26a) *Mercedes* ist eifersüchtig.

(26b) Lotte tanzte mit Kunstmann. *Mercedes* ist eifersüchtig.

In (26) ist *eifersüchtig* [*sein*] das Prädikat, das zwei Leerstellen für das K_{sub} *Mercedes* und das $K_{präp}$ *auf Lotte* eröffnet. Bei der Eliminierung der Phrase *auf Lotte* bleibt der Satz zwar verständlich, die Bedeutung des Prädikats lässt aber eine weitere Interpretation zu. Das Adjektiv *eifersüchtig* kann als Eigenschaftsbezeichnung zum K_{sub} *Mercedes* auftreten (26a). Wie aus (26 und 26b) ersichtlich, ist die Bedeutung des Prädikats aber als ein augenblicklicher Zustand zu verstehen, der als Reaktion auf ein Ereignis auftritt. Der Sachverhalt, der zum Zustand von Mercedes geführt hat, wird entweder im NS mit *weil* (26) oder in einem vorangehenden Hauptsatz erwähnt (26b). So ist das $K_{präp}$ hier ein schwach fixiertes Komplement, weil es bei situativer Eindeutigkeit weglassbar ist. Wenn der Kontext zu diesem Satz allerdings fehlt, lässt sich das Adjektiv *eifersüchtig* sowohl als Eigenschaftsbezeichnung als auch als Bezeichnung des augenblicklichen Zustandes von K_{sub} interpretieren. In diesem Fall handelt es sich beim $K_{präp}$ um ein obligatorisches Komplement, da das Adjektiv seine Bedeutung verändert, wenn es weggelassen wird.

(27) *Christian Awuy* ist richtig wütend *auf die Behörden*, [...]. (SPK/J06.00529 spektrumdirekt, 08.05.2006)

(27a) *Christian Awuy* ist wütend.

Das Prädikat *wütend* [*sein*] in (27) tritt als Valenzträger für das K_{sub} *Christian Awuy* und das $K_{präp}$ *auf die Behörden* auf. In (27) ist die Phrase *auf die Behörden* nicht fixiert. Der Satz ist nach der Reduktion dieser Phrase sowohl grammatisch korrekt als auch inhaltlich verständlich (27a). Zudem verändert das Prädikat mit dem QUa *wütend* seine Bedeutung auch nicht: Es wird sowohl mit $K_{präp}$ als auch ohne als ein Adjektiv für die Bezeichnung des Zustandes verstanden, der als Folge oder Reaktion auf ein Ereignis entsteht.

Außerdem lässt sich ein $K_{präp}$ dann als fixiertes Komplement bestimmen, wenn eine Änderung der Präposition oder des Kasus zu einem ungrammatischen Satz führt und sich die Bedeutung des Prädikats nach dem Weglassen des $K_{präp}$ ändert.

(28) *Sie* sind auch dieses Jahr ganz wild *auf den Pokal*, denn sie kommen mit über 30 Kämpfern.
(M00/NOV.67227 Mannheimer Morgen, 01.11.2000)

(28a) * Sie sind wild an/über/um den Pokal.

(28b) Sie sind wild auf dem Pokal.

(28c) Sie sind wild.

Das Prädikat *wild* [*sein*] in (28) eröffnet zwei Leerstellen, für das K_{sub} *Sie* und das $K_{präp}$ *auf den Pokal*. Das Adjektiv *wild* wird hier in der Bedeutung *versessen, scharf auf jmdn., etw. sein* verwendet. Wenn das $K_{präp}$ weggelassen wird, behält der Satz seine Grammatikalität und ist semantisch verständlich, verändert aber seine Bedeutung. Das Adjektiv in (28c) wird als *nicht zivilisiert, auf niedriger Kulturstufe stehend, nicht gesittet* interpretiert. Beim Austausch der Präposition *auf* durch eine andere Präposition verliert der Satz seine Grammatikalität, wie in (28a), die Präposition ist also nicht austauschbar. Auch beim Austausch des Kasus ist der Satz nicht mehr in seiner ursprünglichen Bedeutung wie in (28) interpretierbar, sondern in seiner direkten Bedeutung wie in (28c). Der Satz (28b) mit der PP *auf dem Pokal* bleibt trotzdem grammatisch richtig und semantisch verständlich. Das $K_{präp}$ verändert sich durch den Austausch des Kasus zu einem Supplement, das den Ort bezeichnet, auf dem das K_{sub} *sie* sich *nicht gesittet, nicht zivilisiert* verhält oder *nicht gesittet, nicht zivilisiert* ist.

Auf der Ebene der Bedeutungsrelationen entscheiden die Relationen BET und MSKOSNT, ob das $K_{präp}$ mit der Bedeutung des Prädikats stark assoziiert wird bzw. am Sachverhalt teilnimmt oder den Sachverhalt mit konstituiert.

(29) Eine Zeit lang, meinen Wall-Street-Experten, seien *die Investoren* „geradezu verrückt *nach Internet-Aktien gewesen*", weil das Web eben enorme finanzielle Perspektiven bietet.
(C98/MAI.02143 COMPUTER ZEITUNG, 07.05.1998)

(29a) Eine Zeitlang, […] seien *die Investoren* „geradezu verrückt *nach Internet-Aktien*" gewesen […] → *Die Investoren* seien verrückt *nach Internet-Aktien* gewesen.

(29b) Die Investoren seien verrückt gewesen.

In (29) ist das Prädikat *verrückt* [*sein*] in der Bedeutung *versessen, scharf auf jmdn., etw. sein*. Es eröffnet zwei Leerstellen für das *Tps*-Argument *die Investoren* und das *Auslöser psychischer Prozesse*-Argument *nach Internet-Aktien*.

Bei Reduktion des *Auslöser psychischer Prozesse*-Arguments entsteht durch die Veränderung der Prädikatsbedeutung eine andere Proposition. Als die lexisch-semantische Variante des Adjektivs *verrückt* in der Bedeutung *geistesgestört, ausgefallen, überspannt* verlangt das QUa *verrückt* in der Bedeutung *versessen, scharf auf jmdn., etw. sein* das obligatorische $K_{präp}$ mit *auf* (29). Das Adjektiv *verrückt* wird in (29b) als *geistesgestört, ausgefallen, überspannt* interpretiert. Die Bedeutungsänderung des Prädikats verweist auf die Beteiligung des *Auslöser psychischer Prozesse*-Arguments am Sachverhalt.

(30) Eine Einstiegslizenz für zehn User kostet 2500 Mark. *Ihre Gültigkeit ist auf zwei Jahre begrenzt.*
(C98/APR.01942 COMPUTER ZEITUNG, 23.04.1998)
(30a) *Ihre Gültigkeit* ist begrenzt.
(30b) Ihre Gültigkeit ist *auf dieses Territorium* begrenzt.
(30c) Ihre Gültigkeit ist *auf bestimmte Zeit* begrenzt.
(30d) Ihre Gültigkeit ist *auf das kleinste Unternehmen* begrenzt.

Das Prädikat in (30) ist *begrenzt* [*sein*]. Es tritt als Valenzträger für das Komplement *ihre Gültigkeit* auf und weist die Relationen +BET, ++FIX, +REKT auf. Der Valenzträger für die PP *auf zwei Jahre* ist das Adjektiv *begrenzt*. Die Fakultativität der $K_{präp}$ wird durch die Relationen +MSKONST, -FIX, +KONST gekennzeichnet. Bei der Weglassung des $K_{präp}$ *auf zwei Jahre* wird der Ausdruck weder ungrammatisch noch ändert das Prädikat seine Bedeutung, die entworfene Proposition bleibt also erhalten (30a), ist aber auf die Elementarproposition reduziert worden. Der durch diese Reduktion entstandene Ausdruck ist außerdem autonom verständlich. Wie in der vollständigen Proposition beschreibt das Prädikat hier das Subjekt. Allerdings ist der Ausdruck (30a) semantisch nicht vollständig, da hier die Angabe über die charakteristische Beschaffenheit des Begrenzungsprozesses fehlt, welcher auf das Objekt ausgerichtet ist. Die fehlende Information wird durch das $K_{präp}$ zum Ausdruck gebracht. So wie aus (30b, 30c, 30d) ersichtlich, kann der reduzierte Ausdruck durch ein beliebiges $K_{präp}$ mit *auf* in der indefiniten Bedeutung ergänzt werden. Der semantische Gehalt des $K_{präp}$ wird hier lediglich durch die semantische Verträglichkeit zwischen dem Prädikat und seinen Argumenten bestimmt.

In manchen Fällen spielen bei der Valenz der Adjektive zwei weitere Bedeutungsrelationen, AUTOKOD und PERSP, eine Rolle. Die Relation AUTOKOD wird sehr oft auf die Phrasen bezogen, deren Bestandteil eine Präposition ist. Es werden generell zwei Gründe genannt, warum diese Phrasen zu den Supplementen gerechnet werden. Einerseits liefern sie überwiegend nähere Angaben zu Zeit, Ort, Grund, Ursache, Art und Weise, aber auch Bewertungen zur

Gesamtaussage des Satzes und sind folglich nicht in der Bedeutungsstruktur des Prädikats enthalten. Andererseits können sie deshalb unabhängig von der Bedeutung des Prädikats und vom Kontext bei beliebigen Prädikaten in derselben Bedeutung vorkommen (Zifonun et al. 1997: 1039ff.). Eine Phrase mit nicht autonomer, satzsemantischer Information ist Teil einer Fügung oder Komplement des Valenzträgers. Die Relationen MSKONST und FIX entscheiden, ob die Phrase mit autonomer Kodierung als Komplement oder Supplement eingestuft wird. Allerdings ist diese Relation problematisch, weil es manchmal schwierig ist, die autonom kodierten Ausdrücke von den nicht autonom kodierten zu unterscheiden. Die Bedeutungsrelation AUTOKOD kommt nur in bestimmten Fällen zum Tragen, z. B. bei Adjektiven wie *wohnhaft* oder *sesshaft*, in denen die Phrasen mit autonomer satzsemantischer Information auftreten, z. B. als obligatorische Lokalangaben, zur Argumentsstruktur des Prädikats gehören und dementsprechend als K_{sit} aufgefasst werden.

(31) In Dudenhofen gibt es allein die Familie Reinhardt, die jüdischen Glaubens ist, *wohnhaft an der Ecke der heutigen Nieuwpoorter Straße/Gemeindegasse.* (R98/OKT.83287 Frankfurter Rundschau, 17.10.1998)
(31a) Die Familie Reinhardt *betreibt* an der Ecke der heutigen Nieuwpoorter Straße/Gemeindegasse ein Geschäft.
(31b) Die Familie Reinhardt *wartet* an der Ecke der heutigen Nieuwpoorter Straße/Gemeindegasse auf den Bus.

(32) Im Kräfte raubenden Kampf [...] setzte sich [...]der Kandidat durch, [...]. Erzogen in Eton, Examen in Oxford, *wohnhaft im trendigen Notting Hill*, Mediendirektor bei einem Privatsender – [...]. (M05/DEZ.00885 Mannheimer Morgen, 07.12.2005)
(32a) *Im Kräfte raubenden Kampf [...] setzte sich [...]der Kandidat durch, [...]. Erzogen in Eton, Examen in Oxford, *wohnhaft*, Mediendirektor bei einem Privatsender – [...].

(33) Aber *auf der Rheinau*, wo er geboren ist, *blieb* er *sesshaft*, betrieb von 1959 bis zur Übergabe an den Schwiegersohn seine Praxis. (M02/MAI.38416 Mannheimer Morgen, 23.05.2002)
(33a) [Er] *blieb sesshaft*, betrieb von 1959 bis zur Übergabe an den Schwiegersohn seine Praxis.

Das Prädikat in (31) ist *wohnhaft* [*sein*], das eine Leerstelle für das K_{sub} *die Familie Reinhardt* eröffnet. Das Adjektiv *wohnhaft* bedeutet *irgendwo wohnend, seinen Wohnsitz habend* und enthält somit in seiner Bedeutungsstruktur eine weitere Leerstelle für die Ortsbezeichnung bzw. den Wohnsitz des K_{sub}. Diese

Leerstelle wird durch das *Lokativ*-Argument *an der Ecke der heutigen Nieuwpoorter Straße/Gemeindegasse* ausgefüllt. Die Besonderheit dieser Phrase ist die Vermischung von Merkmalen, die für die Zuerkennung des Komplement- oder Supplementstatus verantwortlich sind. Einerseits tritt sie als Argument des Prädikats auf, andererseits behält sie alle Züge eines Adjunkts bei. Die Präposition im $K_{präp}$ behält ihre direkte Bedeutung, wie in (31, 32 und 33). Die Phrase behält auch unabhängig vom Adjektiv *wohnhaft* und vom Kontext ihre Bedeutung beim Auftreten mit anderen Prädikaten bei, wie in (31a und 31b). Sie ist aber auch absolut fixiert, weil der Satz ohne sie semantisch unverständlich und grammatisch nicht korrekt ist (32a). Folglich nimmt sie auch am Sachverhalt teil. Wenn der Satz ohne sie semantisch verständlich und grammatisch korrekt bleibt und das Prädikat seine Bedeutung nicht ändert, dient sie nur zur zusätzlichen Entfaltung der Prädikatsbedeutung und wird durch MSKONST ermittelt (33a).

Bei der Relation PERSP geht es um die Hervorhebung einer bestimmten semantischen Rolle durch das Prädikat im Satz. Es wird unterschieden zwischen der starken (++PERSP) und der schwachen Perspektivierung (+PERSP). Diese Relation kommt bei den Adjektiven in Frage, die mehrere Komplemente haben (z.B. *dankbar, behilflich, einig*). Die Bedeutungsstruktur des Prädikats entscheidet, welches Argument in den Vordergrund tritt. Die Relation PERSP hängt mit der Formrelation FIX zusammen: Eine stark perspektivierte Phrase ist auch absolut fixiert, eine schwach perspektivierte Phrase ist entweder schwach oder nicht fixiert.

(34) Der Klub ist sich mit dem englischen Premier-League-Verein Blackburn Rovers über einen Wechsel des norwegischen Abwehrspielers Tore Pedersen an den Main einig.
(M98/OKT.84537 Mannheimer Morgen, 28.10.1998)

(34a) Der Klub ist sich mit dem englischen Premier-League-Verein Blackburn Rovers einig.

(34b) Die Vereine sind sich über einen Wechsel des norwegischen Abwehrspielers Tore Pedersen einig.

(34c) Die Vereine sind sich einig.

(34d) *Der Klub ist sich einig.

Das Prädikat in (34) ist *ist einig [sein]* mit drei Leerstellen für das *Verhältnisträger 1*, das *Verhältnisträger 2*- und das *Inhalt*-Argument. Da die *Verhältnisträger*-Argumente *der Klub* und *mit dem englischen Premier-League-Verein Blackburn Rovers* den gleichen semantischen Gehalt haben, können sie auf der syntaktischen Ebene im Rahmen der Valenzreduktion zu einem Komplement im Plural vereinigt werden (34b). Das *Verhältnisträger 2*-Argument ist ein absolut fixiertes und stark perspektiviertes Komplement. Ohne dieses ist der Ausdruck nicht vollständig und verliert seine Grammatikalität (34d). Das *Inhalt*-Argument *über den Wechsel* kann aus dem Satz weggelassen werden, ohne dass er ungrammatisch wird und das Prädikat seine Bedeutung ändert (34a). Es ist im Vergleich mit dem *Verhältnisträger 2*-Argument deshalb schwach perspektiviert. Außerdem enthält es die notwendige Information über den Gegenstand des Einverständnisses zwischen den beiden Beteiligten und kann somit aus der Argumentstruktur des Prädikats gefolgert werden.

Es lässt sich für die Adjektive mit regierten Präpositionen also Folgendes festhalten: Das gemeinsame Auftreten bestimmter Relationen auf der Ebene der Form- und Bedeutungsrelationen ist verantwortlich für die Obligatheit oder Fakultativität des $K_{präp}$. Das $K_{präp}$ bei Adjektiven ist obligatorisch, wenn es +BET, ++FIX, +KONST, ++PERS (bei bestimmten Adjektiven), +AUTOKOD (bei bestimmten Adjektiven) ist. Das $K_{präp}$ ist fakultativ, wenn es die Relationen +MSKONST, +/-FIX, +KONST, +PERSP (bei bestimmten Adjektiven) und +AUTOKOD (bei bestimmten Adjektiven) aufweist.

Das nächste Kapitel ist der empirische Teil der Untersuchung. Hier erfolgt zunächst eine detaillierte Beschreibung der semantischen Valenz der Adjektive mit $K_{präp}$. Des Weiteren werden alle zuvor behandelten Aspekte der $K_{präp}$ bei Adjektiven zusammengefasst und auf empirischer Basis vorgestellt.

7. Die empirische Untersuchung

In diesem Teil werden die für die vorliegende Arbeit ausgewählten Adjektive gemäß dem oben ausgearbeiteten Untersuchungsmodell untersucht. Die wichtigsten Anhaltspunkte bei dieser Untersuchung sind die Framebeschreibung, die semantisch-funktionelle Beschreibung (semantische Rollen), die semantischen Selektionsbeschränkungen der Argumente (semantische Merkmale), die syntaktischen Realisierungsmöglichkeiten der Argumente und die Angaben zu Obligatheit und Fakultativität der $K_{präp}$. Eine genaue Darstellung der semantischen Selektionsbeschränkung und Beispiele für die syntaktischen Realisierungsmöglichkeiten des jeweiligen $K_{präp}$ werden im Anhang 2 angeführt.

7.1 Der Frame *Alliance*

Die Prädikate im Frame *Alliance*[63] beschreiben eine Beziehung zwischen zwei Größen, die für eine gewisse Zeitperiode unabhängig voneinander eine gewisse Tätigkeit ausgeführt haben und sich dann zusammengeschlossen haben, um ein gemeinsames Ziel zu verfolgen. Folglich eröffnet das Prädikat zwei Leerstellen für das *Member 1*- und das *Member 2*-Argument. Wenn der Zusammenschluss dieser semantischen Rollen betont wird, werden sie als die semantische Rolle *Members* realisiert. Auf der syntaktischen Ebene werden diese semantischen Rollen als das K_{sub} und das $K_{präp}$ realisiert und können bei Valenzreduktion in einem K_{sub} verschmelzen. Bei Lee wird die Rolle *Member 2*, welche durch das $K_{präp}$ ausgedrückt wird, als *Gleichsetzungsträger*, bei Helbig als *Relationsträger* bezeichnet. Der Frame *Alliance* basiert auf den Frames *Organization* und *Competition*.

Abb. 1: Die Framegruppe Alliance.

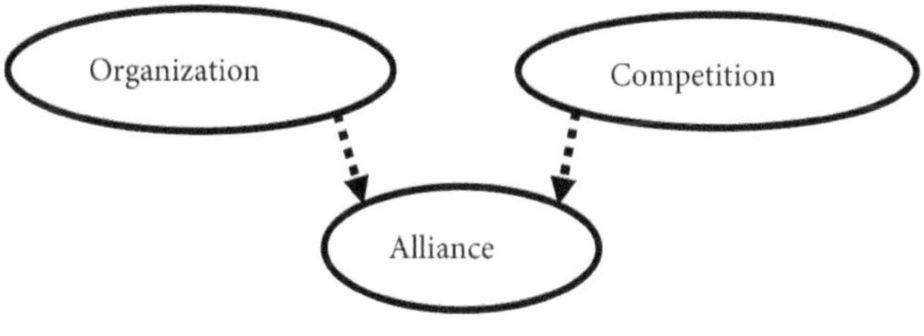

63 https://framenet2.icsi.berkeley.edu/fnReports/data/frameIndex.xml?frame=Alliance.

Zum Frame *Alliance* gehört das untersuchte Adjektiv *alliiert* mit der regierten Präposition *mit*. Das Adjektiv *alliiert mit* ist ein aQUa und verlangt ein obligatorisches $K_{präp}$. Zwischen diesem Adjektiv und dem $K_{präp}$ liegen die Bedeutungsrelation +BET und die Formrelationen ++FIX, +KONST vor. Es handelt sich um ein $K_{präp,}$ nach dessen Eliminierung der Satz seine Grammatikalität verliert und die Proposition unvollständig wird.

(1) Ugandas und vor allem Ruandas Sicherheit sind durch die Hutu-Chauvinisten bedroht, die, jetzt *mit Kabila* alliiert, in Ost-Kongo operieren. (R99/JUN.50647 Frankfurter Rundschau, 26.06.1999)
(1a) Die Hutu-Chauvinisten sind mit Kabila alliiert.
(1b) *Die Hutu-Chauvinisten sind alliiert.
(1c) *Die Hutu-Chauvinisten sind *von/nach/zu* alliiert.
(1d) Die Hutu-Chauvinisten sind *mit ihm* alliiert.
(1e) *Mit wem* sind die Hutu-Chauvinisten alliiert?
(1f) *Die Hutu-Chauvinisten sind *damit* alliiert, *dass* Kabila [...].

In (1 und 1a) steht das Prädikat *alliiert* [*sein*] in der Bedeutung *verbündet sein*. Es ist mit zwei Argumenten versehen, die als die semantischen Rollen *Member 1* (*die Hutu-Chauvinisten*) und *Member 2* (*Kabila*) auftreten und die beteiligten Parteien des im Prädikat ausgedrückten Sachverhaltes des Zusammenschlusses, repräsentieren. Auf syntaktischer Ebene werden sie entsprechend als K_{sub} (*die*) und $K_{präp}$ (*mit Kabila*) mit der Präposition *mit* ausgedrückt. Nach der Reduktion des $K_{präp}$ – und somit der semantischen Rolle *Member 2* – verliert der Satz seine Grammatikalität (1b). Einerseits ist die Konstruktion *alliiert* [*sein*] ohne das $K_{präp\text{-}mit}$ nicht üblich, andererseits fehlt im Satz die Information über den anderen Beteiligten des Zusammenschlusses. Die nach der Reduktion entstandene Proposition ist somit nicht vollständig. Mit den syntaktischen TV: KT, PAT und ET wird der Komplementstatus der Phrase *mit Kabila* ermittelt. Beim Austausch der Präposition *mit* wird der Satz ungrammatisch (1c). Der Kasus lässt sich hier nicht verändern, weil die Präposition *mit* nur mit dem Dativ gebraucht wird. Da das Nomen in der Phrase *mit Kabila* eine belebte Größe bezeichnet, wird diese Phrase im Rahmen des PAT und des ET nicht durch das Pronominaladverb ersetzt und nicht durch das Fragepronomen erfragt, sondern sie wird durch die entsprechende Präposition mit dem entsprechenden Pronomen ersetzt und erfragt (1d und 1e). Wegen der semantischen Markierung ist es nicht möglich, die Phrase in einen Nebensatz mit Korrelat zu überführen (1f).

7.2 Der Frame *Being Employed*

Das deverbale Adjektiv *angestellt* in der Bedeutung *eingestellt; in einer Stelle eingesetzt* gehört zum Frame *Being employed.*[64] Dieser Frame gehört zum *Employment scenario* und ist ein Unterframe von *Employee's scenario*. Sowohl das *Employment scenario* als auch das *Employee's scenario* sind nicht lexikalisiert.

Abb. 2: Die Framegruppe Being employed.

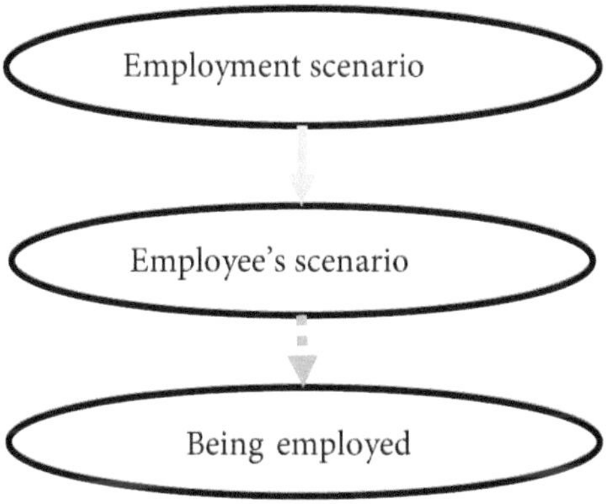

Während die Prädikate im *Employment scenario* das allgemeine Arbeitsverhältnis zwischen dem Arbeitgeber und dem Arbeitnehmer beschreiben, perspektivieren die Prädikate im *Employee's scenario* das Beschäftigungsverhältnis des Arbeitnehmers. Somit sind für beide Szenarien folgende semantischen Rollen relevant: *Employer, Employee, Position, Contract basis.* Sowohl das *Employment scenario* als auch das *Employee's scenario* werden in weiteren Frames wie z.B. *Being employed* perspektiviert und lexikalisiert. Die Prädikate im Frame *Being employed* beschreiben folglich das Beschäftigungsverhältnis des Arbeitnehmers. Diese Prädikate eröffnen insgesamt vier Argumentstellen, die mit den semantischen Rollen *Employer, Employee, Position* und *Contract basis* ausgefüllt werden. Die Rolle *Employee* tritt auf der syntaktischen Ebene als das K_{sub}, alle anderen Rollen treten als $K_{präp}$ mit unterschiedlichen Präpositionen auf. Während bei Helbig und Fillmore die semantische Rolle *Contract basis*, ausgedrückt als das $K_{präp-mit}$ für Argumente nicht vorkommt, bezeichnet Lee sie als *Modativ*. Von den untersuchten Adjektiven gehört zum Frame *Being employed* nur das Adjektiv *angestellt* mit der regierten Präposition *mit*.

64 https://framenet2.icsi.berkeley.edu/fnReports/data/frameIndex.xml?frame=Being_employed.

Das deverbale Adjektiv *angestellt* verlangt unter anderem ein fakultatives $K_{präp\text{-}mit}$. Zwischen diesem Adjektiv und dem $K_{präp\text{-}mit}$ ist folgende Bedeutungs- und Formrelationen +MSKONST und +KONST nachgewiesen worden:

(2) *Der Karbener Mathias Schaub ist mit einer halben Stelle als Umweltschutztechniker bei der Kommune Wölfersheim angestellt.*
(R98/JAN.03508 Frankfurter Rundschau, 15.01.1998)

(2a) Der Karbener Mathias Schaub ist als Umweltschutztechniker bei der Kommune Wölfersheim angestellt.

(2b) Der Karbener Mathias Schaub ist *mit einer vollen Stelle/mit einer halben Stelle* als Umweltschutztechniker bei der Kommune Wölfersheim angestellt.

(2c) *Der Karbener Mathias Schaub ist *zu/von/nach* einer halben Stelle als Umweltschutztechniker bei der Kommune Wölfersheim angestellt.

(2d) Der Karbener Mathias Schaub ist *damit* als Umweltschutztechniker bei der Kommune Wölfersheim angestellt.

(2e) *Womit* ist der Karbener Mathias Schaub als Umweltschutztechniker bei der Kommune Wölfersheim angestellt?

(2f) *Der Karbener Mathias Schaub ist *damit* als Umweltschutztechniker bei der Kommune Wölfersheim angestellt, *dass* eine halbe Stelle [...].

In (2) verlangt das Prädikat *angestellt* [*sein*] vier Argumente, die auf der semantischen Ebene als *Employee*, *Contract basis*, *Position* und *Employer* auftreten. Auf der syntaktischen Ebene treten diese entsprechend als das K_{sub} (*Der Karbener Mathias Schaub*), das $K_{präp\text{-}mit}$ (*mit einer halben Stelle*), das $K_{präp\text{-}als}$ (*als Umweltschutztechniker*) und als das $K_{präp\text{-}bei}$ (*bei der Kommune Wölfersheim*) auf. Die Reduktion des $K_{präp}$ *mit einer halben Stelle* hat keinen Einfluss auf die Bedeutung der Proposition. Sie ist zwar semantisch nicht vollständig, weil die Vertragsform zwischen dem Arbeitgeber und dem Arbeitnehmer nicht genannt wird, bleibt aber semantisch verständlich (2a). Im Rahmen des FT kann die reduzierte Argumentstelle durch eine beliebige Phrase ergänzt werden, die die Vertragsform repräsentiert und nicht gegen die semantische Selektionsbeschränkung der Argumente des Prädikats *angestellt* [*sein*] verstößt (2b). Somit erweist sich die Phrase *mit einer halben Stelle* als eine Phrase, die den Sachverhalt mit konstituiert. Syntaktisch gesehen ist die Phrase *mit einer halben Stelle* nicht fixiert, weil der Satz nach ihrer Eliminierung grammatisch korrekt bleibt. So muss der Komplementstatus der Phrase *mit einer halben Stelle* durch andere syntaktische TV ermittelt werden. Der syntaktische Test KT ergibt, dass die Phrase ein $K_{präp}$ ist. Nach dem Austausch der Präposition wird der Satz grammatisch falsch (2c). Die Ermittlung des Komplementstatus durch die TV PAT und ET erweist sich als schwierig. Die Phrase *mit einer halben Stelle* lässt sich durch das Pronominaladverb (2d) ersetzen. Grammatisch ist der

Satz richtig, inhaltlich aber nicht sinnig. Diese Phrase kann auch mit dem Fragepronomen *womit* und *wie* erfragt werden (2e). Wegen der semantischen Markierung des Nomens im $K_{präp}$ ist der ÜT nicht anwendbar (2f).

7.3 Der Frame *Emotions*

Der Frame *Emotions*[65] ist ein nicht lexikalisierter und nicht perspektivierter Frame. Damit ist gemeint, dass er eine Reihe von Unterframes umfasst, die als Zentrum den emotionalen oder geistigen Zustand einer Größe haben, und dass er im Allgemeinen alle semantischen Rollen zusammenfasst, die seine Unterframes benutzen. Die Perspektivierung der Prädikate findet in seinen Unterframes statt. Die für die vorliegende Untersuchung relevanten Unterframes sind *Emotion directed, Desiring, Emotion active, Judgment.*

Abb. 3: Die Framegruppe Emotions.

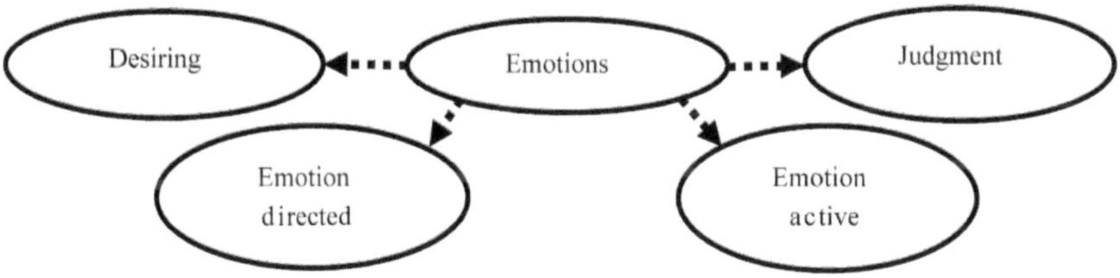

Der Unterframe *Emotion directed*[66] enthält Prädikate, die den emotionalen Zustand einer Größe bezeichnen. Dieser Zustand stellt eine bestimmte emotionale Handlung einer Größe als Reaktion auf einen Reiz dar. Der Reiz kann sowohl eine materiell existierende sinnlich wahrnehmbare Größe als auch ein nicht materieller, sinnlich nicht wahrnehmbarer, geistiger Sachverhalt sein. Der Name des Frames *Emotion directed* verweist darauf, dass es hier um eine zielgerichtete Handlung geht. Die Prädikate in diesem Frame können bis zu drei Argumente verlangen. Auf der semantischen Ebene werden diese Argumente durch die semantischen Kasus *Experiencer*, *Stimulus* oder *Topic* realisiert. Das *Experiencer*-Argument repräsentiert die Größe, die den im Prädikat ausgedrückten Zustand erlebt bzw. empfindet. Das *Stimulus*-Argument steht für die Größe, die die geistige oder emotionale Reaktion auslöst und auf die diese Reaktion gleichzeitig

65 https://framenet2.icsi.berkeley.edu/fnReports/data/frameIndex.xml?frame=Emotions.
66 https://framenet2.icsi.berkeley.edu/fnReports/data/frameIndex.xml?frame=Emotion_directed.

gerichtet ist. Das *Topic*-Argument grenzt den Bereich des *Stimulus*-Arguments ab. Die semantischen Rollen *Stimulus* und *Topic* werden bei Helbig als *Ursache* und *Inhalt* ausgedrückt. Dabei können die semantischen Rollen *Stimulus* und *Topic* in einem Satz realisiert werden. Die semantische Rolle *Experiencer* wird in diesem Satz impliziert aber extern nicht realisiert.

(3) „Wir können daher die Unterhaltung von Gebäuden und Einrichtungen *gezielt angehen*, ebenso aufgeschobene oder kostenintensive Maßnahmen", freute sich *Kessler*. Besonders *erfreulich daran*: Noch Anfang 2005 war man davon ausgegangen, dass in diesem Jahr neue Schulden unumgänglich werden. *„Stattdessen kommen wir voraussichtlich auch 2008 ohne Kreditaufnahme aus."*
(M07/JAN.06245 Mannheimer Morgen, 27.01.2007)

Das Adjektiv *erfreulich* in (3) verlangt zwei Argumente, die als *Stimulus* (*Stattdessen kommen wir voraussichtlich auch 2008 ohne Kreditaufnahme aus.*) und *Topic* (*daran* und *gezielt angehen*) realisert werden. Das *Experiencer*-Argument (*Kessler*) wird extern realisiert.

Der Unterframe *Desiring*[67] bezeichnet den emotionalen Zustand des *Experiencer*, der als Reaktion auf einen externen Reiz entstanden ist. Dabei wird im Prädikat das Verlangen nach diesem Reiz betont. Der *Experiencer* wünscht, dass ein bestimmter Sachverhalt eintritt, vorhanden ist oder stattfindet (*Event*). So wie auch im Frame *Emotion directed* kann der Reiz sowohl eine materiell existierende sinnlich wahrnehmbare Größe (*Focal participant*) als auch ein nicht materieller, sinnlich nicht wahrnehmbarer Sachverhalt (*Event*) sein. Die semantische Rolle *Focal participant* steht dabei für eine am Sachverhalt, welcher durch die semantische Rolle *Event* ausgedrückt wird, teilnehmende Größe. Die semantischen Rollen der Argumente in diesem Frame sind folglich *Experiencer*, *Event*, *Focal participant*. Die semantische Rolle *Event*, das hier als $K_{präp}$ auftritt, bezeichnet Fillmore als *Content*, Helbig als *Gegenstand psychischer Prozesse* und Lee als *Kausativ*.

(4) *Die Tiere wurden* sogar regelrecht *süchtig nach Kitzeln*, und passenderweise ließen sich die charakteristischen Rattenlacher auch durch Aktivierung des Belohnungssystems auslösen.
(SPK/J05.00378 spektrumdirekt, 31.03.2005)

Das Prädikat *süchtig* [*werden*] in (4) verlangt zwei Argumente, die auf der semantischen Ebene durch die semantischen Rollen *Experiencer* und *Event* realisiert werden. Auf der syntaktischen Ebene wird *Experiencer* durch das K_{sub} *die*

67 https://framenet2.icsi.berkeley.edu/fnReports/data/frameIndex.xml?frame=Desiring.

Tiere realisiert und bezeichnet die Größe, die den emotionalen Zustand erlebt, der vom *Event Kitzeln* verursacht wird. Das *Event*-Argument wird auf der syntaktischen Ebene durch das $K_{präp-nach}$ (*nach Kitzeln*) ausgedrückt.

Die Argumente im Unterframe *Emotion active*[68] nehmen ebenfalls die semantischen Rollen *Experiencer*, *Stimulus* und *Topic* ein. Die Prädikate in diesem Frame unterscheiden sich von den Prädikaten in *Desiring* und *Emotion directed* dadurch, dass hier die geistige Auseinandersetzung mit dem *Stimulus*- bzw. *Topic*-Argument in den Vordergrund tritt. Die Rollen *Stimulus* und *Topic* werden bei Fillmore als *Stimulus* und *Content*, bei Helbig als *Gegenstand psychischer Prozesse* und bei Lee als *Kausativ* bezeichnet. Durch diese Bedeutungskomponente ist dieser Frame mit dem Frame *Cogitation*[69] *verbunden.*

(5) *Simson ist* im Falle eines Zusammenschlusses *auf kartellrechtliche Probleme gefasst.*
(R99/SEP.70075 Frankfurter Rundschau, 02.09.1999)

Das Prädikat *gefasst* [*sein*] in (5) verlangt zwei Argumente, die auf der semantischen Ebene durch die semantischen Rollen *Experiencer* und *Stimulus* realisiert werden. Auf der syntaktischen Ebene wird *Experiencer* durch das K_{sub} *Simson* repräsentiert und bezeichnet die Größe, die den geistigen Zustand erlebt, der aufgrund der geistigen Auseinandersetzung mit dem durch das *Stimulus*-Argument entstandenen Sachverhalt vorhanden ist. Das *Stimulus*-Argument wird auf der syntaktischen Ebene durch das $K_{präp}$ *auf kartellrechtliche Probleme* realisiert und bezeichnet die Ursache des Zustandes von *Experiencer.*

Der Unterframe *Judgment*[70] umfasst die Prädikate, die ein positives oder negatives Urteil einer Größe (*Cognizer*) über eine andere Größe (*Evaluee*) bezüglich eines Sachverhaltes (*Reason*) ausdrücken. Die semantischen Rollen *Cognizer* und *Evaluee* werden in der Regel durch eine belebte Größe repräsentiert. Die Rolle *Evaluee* kann allerdings außer einem Lebewesen auch einen Sachverhalt, eine Denkkategorie und eine sinnlich wahrnehmbare, unbelebte und nicht zählbare Größe bezeichnen. Das *Reason*-Argument gibt den Grund für das von *Cognizer* gefällte Urteil an. Fillmore nennt diese semantische Rolle *Content*, Helbig *Inhalt* und Lee *Kausativ.*

---

68 https://framenet2.icsi.berkeley.edu/fnReports/data/frameIndex.xml?frame=Emotion_active.

69 *Cognizer* erlebt einen bestimmten geistigen Zustand, dessen Ursache ein *Topic*-Argument ist. Das *Topic*-Argument bezeichnet in der Regel einen abstrakten Sachverhaltsbereich. Als Reaktion auf das *Topic*-Argument kann das als *Cognizer* im Frame *Cogitation* realisierte Argument bestimmte Handlungen unternehmen.

70 https://framenet2.icsi.berkeley.edu/fnReports/data/frameIndex.xml?frame=Judgment.

(6) *Diese spekulativen Investments sind* allerdings *mit hohen Risiken behaftet.* (C98/OKT.04608 COMPUTER ZEITUNG, 15.10.1998)

Das Prädikat *behaftet* [*sein*] in (6) verlangt zwei Argumente, die auf der semantischen Ebene durch die semantischen Rollen *Evaluee* (*Diese spekulativen Investments*) und *Reason* (*mit hohen Risiken*) realisiert werden. Auf der syntaktischen Ebene wird *Evaluee* durch das K_{sub} *diese spekulativen Investments* ausgedrückt und steht für die Größe, über die *Cognizer* aufgrund des *Reason*-Arguments ein Urteil fällt. Das *Reason*-Argument wird auf der syntaktischen Ebene durch das $K_{präp}$ *mit hohen Risiken* realisiert und bezeichnet die Ursache für das Urteil von *Cognizer*. Das *Cognizer*-Argument wird extern realisiert oder mitgedacht. In (6) ist *Cognizer* der Autor des Artikels.

Zum Frame *Emotions* werden 30 der untersuchten Adjektive gezählt, die die Präpositionen *an*, *auf*, *mit* und *nach* regieren. Für das $K_{präp}$ sind in diesem Frame folgende syntaktische Realisierungsmöglichkeiten vorhanden: PP, IK, NS – *dass*, NS – *wie*. Die Einteilung in die Unterframes sieht wie folgt aus:

Tab. 1: Die Einteilung der Adjektive in die Unterframes im Frame Emotions

Desiring			**Emotion directed**		
Adjektiv	**$K_{präp}$**	**Kasus**	**Adjektiv**	**$K_{präp}$**	**Kasus**
begierig	auf	Akk.	ärgerlich	auf	Akk.
begierig	nach	Dat.	böse	auf	Akk.
erpicht	auf	Akk.	eifersüchtig	auf	Akk.
geil	auf	Akk.	erfreulich	an	Dat.
gierig	auf	Akk.	neidisch	auf	Akk.
gierig	nach	Dat.	sauer	auf	Akk.
heiß	auf	Akk.	stolz	auf	Akk.
hungrig	auf	Akk.	unglücklich	mit	Dat.
hungrig	nach	Dat.	unzufrieden	mit	Dat.
lüstern	nach	Dat.	wütend	auf	Akk.
scharf	auf	Akk.	zornig	auf	Akk.
süchtig	auf	Akk.	zufrieden	mit	Dat.
süchtig	nach	Dat.			
verrückt	nach	Dat.			
versessen	auf	Akk.			
wild	auf	Akk.			
Emotion active			**Judgment**		
Adjektiv	**$K_{präp}$**	**Kasus**	**Adjektiv**	**$K_{präp}$**	**Kasus**
gefasst	auf	Akk.	behaftet	mit	Dat.

Der Frame *Emotion directed* enthält Valenzträger mit sowohl fakultativen als auch obligatorischen $K_{präp}$. Wie bei den fakultativen so lässt sich auch bei den obligatorischen Komplementen ihre Fakultativität bzw. Obligatheit durch die Bedeutungs- und Formrelationen nachweisen und durch unterschiedliche TV ermitteln. Zu den Adjektiven mit obligatorischem $K_{präp}$ werden im Frame *Emotions* die folgenden gezählt: *ärgerlich auf, begierig auf, begierig nach, behaftet mit, böse auf, eifersüchtig auf, erpicht auf, geil auf, gefasst auf, gierig auf, gierig nach, heiß auf, hungrig auf, hungrig nach, lüstern nach, neidisch auf, scharf auf, stolz auf, süchtig auf, süchtig nach, verrückt nach, versessen auf, wild auf.* Die Gruppe der Adjektive mit fakultativem $K_{präp}$ umfasst folgende Adjektive *erfreulich an, sauer auf, unglücklich mit, unzufrieden mit, wütend auf, zornig auf, zufrieden mit.*

(7) US-Außenminister Colin Powell hatte zuvor gesagt, dass *die USA und ihre Partner in der Karibik* „nicht *erpicht*" *auf eine Entsendung von Truppen seien.* dpa/AP
(M04/FEB.11435 Mannheimer Morgen, 19.02.2004)
(7a) *[…], dass die USA und ihre Partner in der Karibik „nicht erpicht" seien.
(7b) *[…], dass die USA und ihre Partner in der Karibik „nicht erpicht" *über/durch/an* eine Entsendung von Truppen seien.
(7c) *[…], dass die die USA und ihre Partner in der Karibik „nicht erpicht" auf *einer* Entsendung von Truppen seien.
(7d) Die USA und ihre Partner in der Karibik sind *darauf* „nicht erpicht".
(7e) *Worauf* sind die USA und ihre Partner in der Karibik „nicht erpicht"?
(7f) Die USA und ihre Partner in der Karibik sind „nicht erpicht" *darauf, dass* die Entsendung von Truppen stattfindet.

In (7) ist *erpicht* [*sein*] das Prädikat, das zwei Argumente *Experiencer* (*die USA und ihre Partner in der Karibik*) und *Stimulus* (*auf eine Entsendung von Truppen*) verlangt. Bei der Reduktion der Phrase *auf eine Entsendung von Truppen* verliert der Satz seine Grammatikalität, weil der Ausdruck *erpicht* [*sein*] ohne das $K_{präp\text{-}auf}$ nicht verwendet wird (7a). Im Satz fehlt die Information über den Auslöser des Zustandes des *Experiencer*-Arguments. Der Satz behält also weder seine Grammatikalität noch ist er inhaltlich vollständig. Eine semantisch bedingte Leerstelle ist nicht ausgefüllt. Zwischen dem Adjektiv und dem $K_{präp}$ liegen die Bedeutungs- und Formrelationen +BET, ++FIX, +KONST vor.

(8) *Er war*, wie seine Künstlerkollegen auch, *versessen auf die Wahrnehmung der Dinge in der Realität.*
(M01/NOV.88386 Mannheimer Morgen, 19.11.2001)
(8a) Er war versessen.

(8b) *Er war versessen *durch/um/an* die Wahrnehmung der Dinge in der Realität.
(8c) *Er war versessen auf *der* Wahrnehmung der Dinge in der Realität.
(8d) Er war *darauf* versessen.
(8e) *Worauf* war er versessen?
(8f) Er war *darauf* versessen, *dass* die Dinge in der Realität wahrgenommen werden.

In (8a) wird durch die Eliminierung der PP *auf die Wahrnehmung der Dinge in der Realität* die Grammatikalität des Satzes verletzt. Es findet auch eine Modalisierung der Aussage statt. Das aQUa *versessen* bildet mit dem KV *sein* das Prädikat, welches zwei Argumente *Experiencer* (*Er*) und *Stimulus* (*auf die Wahrnehmung der Dinge in der Realität*) verlangt. Da der Satz bei der Eliminierung des *Stimulus*-Arguments zwar seine Grammatikalität verliert, der durch diese Eliminierung entstandene Ausdruck aber als eine Modalisierung des Prädikats verstanden werden kann (8a), wird das *Stimulus*-Argument als ein obligatorisches schwach fixiertes $K_{\text{präp}}$ aufgefasst. Zwischen dem Adjektiv und dem $K_{\text{präp}}$ sind die Bedeutungs- und Formelationen +BET, +FIX, +KONST nachgewiesen worden.

(9) Eine Zeitlang, meinen Wall-Street-Experten, *seien die Investoren* „geradezu *verrückt nach Internet-Aktien gewesen*", weil das Web eben enorme finanzielle Perspektiven bietet.
(C98/MAI.02143 COMPUTER ZEITUNG, 07.05.1998)
(9a) Die Investoren seien verrückt gewesen.
(9b) *Die Investoren seien verrückt *mit/zu/von* Internet- Aktien gewesen.
(9c) Die Investoren seien *danach* verrückt gewesen.
(9d) *Worauf* seien die Investoren verrückt gewesen?
(9e) *Die Investoren seien *danach* verrückt gewesen, *dass* Internet-Aktien [...].

In (9) liegt die zweite Möglichkeit für die Identifikation des obligatorischen Komplements vor. Nach der Eliminierung ergibt sich zwar ein grammatischer Satz, aber das Adjektiv ändert seine Bedeutung. Als lexisch-semantische Variante des Adjektivs *verrückt (krankhaft wirr im Denken u. Handeln, geistesgestört, ausgefallen, überspannt)* verlangt das aQUa *verrückt* in der Bedeutung *versessen auf jmdn., etw. sein, etwas unbedingt haben wollen* zwei Argumente, die durch die semantischen Rollen *Experiencer* (*die Investoren*) und *Stimulus* (*nach Internet-Aktien*) ausgedrückt werden. Bei der Eliminierung der Phrase *nach Internet-Aktien* entsteht eine andere Proposition (9a). Somit erweist sich die Phrase *nach Internet-Aktien* als absolut fixiert und wird deshalb als ein obligatorisches $K_{\text{präp-nach}}$ gedeutet. Zwischen dem Adjektiv und dem $K_{\text{präp}}$ liegen +BET, ++FIX, +KONST vor.

Als eine zusätzliche Bestätigung des Komplementstatus gelten die übrigen syntaktischen TV (7d, 7e, 7f, 8d, 8e, 8f, 9c, 9d, 9e), u.a. der KT (7b, 7c, 8b, 8c, 9b). Das Ermittlungskriterium des Komplementstatus ist die Verletzung der Grammatikalität des Satzes. Beim Austausch der Präposition durch andere Präpositionen wird der Satz ungrammatisch (7b, 8b und 9b). Auch der Austausch des Kasus (7c, 8c) führt zu einem ungrammatischen Satz. Die Verletzung der Grammatikalität weist auf die Festsetzung der Präposition durch die lexikalische Bedeutung des VT und auf die feste Kasusmarkierung der nachfolgenden NP in der PP hin. Dadurch erlangt die Phrase den Status eines Komplementkandidaten.

(10) *Einige Leute waren* schon so *wild auf den Büchermarkt*, [...].
(R98/JUL.60696 Frankfurter Rundschau, 30.07.1998)
(10a) Einige Leute waren wild.
(10b) Einige Leute waren wild auf *dem* Büchermarkt.
(10c) Einige Leute waren *darauf* wild.
(10d) *Worauf* waren einige Leute wild?
(10e) *Einige Leute waren wild *darauf*, *dass* der Büchermarkt [...].

Es liegen auch Fälle vor, in welchen die Phrase nach dem Austausch des Kasus als ein Supplementkandidat interpretiert werden kann (10b), weil die Präposition *auf* in ihrer direkten lokalen Bedeutung verwendet wird. Der Satz lässt sich als inhaltlich akzeptabel und grammatisch korrekt interpretieren. Im Vergleich mit (10) verändert aber das Adjektiv seine Bedeutung. Das aQUa *wild* in der Bedeutung *versessen auf jmdn., etw. sein* wird in der Bedeutung *unzivilisiert, nicht gesittet, wütend, rasend, tobend, erregt, nicht domestiziert, nicht kultiviert, wild lebend* verwendet (10a und 10b). Auch der PAT (10c) und der ET (10d) können den Status der relevanten Phrase nicht eindeutig ermitteln.

Im Frame *Emotions* können die *Stimulus*-Argumente auch als fakultative Komplemente realisiert werden. In diesem Fall ist zwischen dem Adjektiv und dem $K_{\text{präp}}$ die Bedeutungs- und Formrelation +MSKONST und +KONST vorhanden.

(11) *Christian Awuy ist* richtig *wütend auf die Behörden*, [...].
(SPK/J06.00529 spektrumdirekt, 08.05.2006)
(11a) Christian Awuy ist wütend.
(11b) *Christian Awuy ist wütend *an/durch/für* die Behörden.
(11c) Christian Awuy ist wütend auf *den* Behörden.
(11d) Christian Awuy ist *auf sie* wütend.
(11e) Christian Awuy ist *darauf* wütend.
(11f) *Auf wen* ist Christian Awuy wütend?

(11g) *Worauf* ist Christian Awuy wütend?
(11h) *Christian Awuy ist *auf sie* wütend, *dass* er [...].
(11i) *Christian Awuy ist *darauf* wütend, *dass* die Behörden [...].

(12) „Das war sicherlich unser bestes Saisonspiel", konstatierte *ein* endlich *mit seinem Team zufriedener Coach Robert Willig.*
(M01/JAN.04683 Mannheimer Morgen, 22.01.2001)
(12a) [...], konstatierte *ein* endlich *zufriedener Coach Robert Willig.*
(12b) *Coach Robert Willig ist *nach/zu/von* seinem Team zufrieden.
(12c) Coach Robert Willig ist *mit ihm* zufrieden.
(12d) *Mit wem* ist Coach Robert Willig zufrieden?
(12e) *Coach Robert Willig ist *damit* zufrieden, *dass* sein Team [...].

Die Phrasen *auf die Behörden* in (11) und *mit seinem Team* in (12) sind nicht fixiert und nehmen am Sachverhalt nicht teil. Die Sätze sind nach Eliminierung dieser Phrasen sowohl grammatisch korrekt als auch inhaltlich verständlich. Die Prädikate mit dem aQUa *wütend* und dem rQUa *zufrieden* verändern ihre Bedeutung nicht ((11a) und (12a)). Die Prädikate in (11a) und (12a) sind aber inhaltlich nicht vollständig, weil hier die Information über den Auslöser des Zustandes des *Experiencer* fehlt. Die Argumentstruktur der Prädikate im Unterframe *Emotion directed* sieht eine Stelle für den Auslöser des Prädikatszustandes vor. Diese Stelle wird durch die Phrasen *auf die Behörden* und *mit seinem Team* ausgefüllt.

So wie bei den Adjektiven mit den obligatorischen $K_{präp}$ dienen die übrigen syntaktischen TV bei fakultativen Komplementen lediglich nur der Ermittlung des Komplementstatus der relevanten Phrase. In (11b) und (12b) wird der Satz beim Austausch der Präposition ungrammatisch. Durch den Austausch des Kasus wird der Komplementkandidat zu einem Supplementkandidaten, was der KT (11c), der PAT (11e) und der ET (11g) ermitteln. In (12) ist der Austausch der Kasus nicht möglich, da die Präposition *mit* nur mit dem Dativ vorkommt. Der PAT (12c) und der ET (12d) können auf die Phrase *mit seinem Team* angewendet werden. Der ÜT ist wegen der semantischen Markierung des Nomens im $K_{präp}$ nicht anwendbar (12e).

Eine der möglichen Erklärungen für die schwache Assoziiertheit dieser Argumente mit der Prädikatsbedeutung und somit für ihren fakultativen Komplementstatus kann der relativ große Grad an Abstraktheit der Prädikate und die Eigenschaft des Arguments sein, in diesem konkreten Fall eine große Zahl der Kategorien der objektiven Wirklichkeit zu repräsentieren (Bündelung der semantischen Merkmale), was das Argument und das Prädikat eher voneinander entfernt als aneinander bindet. Eine weitere Erklärung ist die Präsenz der

Prädikate, die obligatorische Komplemente verlangen, in den Frames mit spezifischer Bedeutung. Dies ist bei Prädikaten, die fakultative Komplemente verlangen, eher nicht der Fall. Das ist z.B. im Unterframe *Desiring* und konkret mit den Adjektiven wie *versessen auf, wild auf, geil auf, verrückt nach, scharf auf* der Fall. In *Desiring* wird die primäre Bedeutung der Prädikate aus dem Frame *Emotions* konkretisiert. Laut *FrameNet* komme hier eine Spezifizierung der Prädikatsbedeutung zustande, und zwar wolle der *Experiencer*, dass eine Handlung stattfinde oder er wolle in Besitz eines Objektes kommen. Dabei zeige der Gebrauch der Prädikate aus diesem Unterframe an, dass die gewünschte Handlung oder die Inbesitznahme noch nicht eingetreten seien und es nicht bekannt sei, ob sie eintreten würden.[71]

Folglich werden die Prädikate mit den obligatorischen Komplementen in diesem Frame in drei Gruppen unterteilt:

- die Gruppe der Prädikate mit Bedeutungsänderung
- die Gruppe der Prädikate mit Grammatikalitätsverlust
- die Gruppe der Prädikate mit schwach fixierten Phrasen.

Zur Gruppe der Prädikate mit Bedeutungsänderung gehören sowohl das absolute aMPZ *ärgerlich auf* als auch die rQUa *geil auf, gierig auf, gierig nach, hungrig auf, hungrig nach* und die aQUa *gefasst auf, heiß auf, lüstern nach, scharf auf, süchtig auf, süchtig nach, verrückt nach, wild auf.* Die Gruppe der Prädikate mit Grammatikalitätsverlust umfasst die aMPZ *begierig auf, begierig nach* und die aQUa *behaftet mit, erpicht auf.* Die Gruppe der Prädikate mit schwach fixiertem $K_{präp}$ besteht aus den rQUa *böse auf, eifersüchtig auf,* und den aQUa *neidisch auf, stolz auf, versessen auf,* die einen Zustand des *Experiencer*-Arguments bezeichnen. Die Schwierigkeit der Zuordnung mancher Adjektive in diese Gruppe besteht in einer gewissen Bedeutungsänderung bei der Eliminierung des Komplements (vgl. Kapitel 2.4 und 4). Das Adjektiv kann nach der Komplementeliminierung als eine innewohnende Eigenschaft der Bezugsgröße interpretiert werden. Die Abgrenzung, wann ein und dasselbe Adjektiv eine Eigenschaft und wann es einen Zustand bezeichnet, erweist sich als schwierig und scheint mehr ontologischer als linguistischer Natur zu sein.

Die Prädikate mit den fakultativen Komplementen bilden nur eine Gruppe. Diese Adjektive bezeichnen immer den Zustand des *Experiencer*-Arguments. Es sind die aQUa *erfreulich an, sauer auf, unglücklich mit, wütend auf* und die rQUa *unzufrieden mit, zornig auf, zufrieden mit.* Bei Eliminierung des $K_{präp}$

71 https://framenet2.icsi.berkeley.edu/fnReports/data/frameIndex.xml?frame=Desiring.

verliert der Ausdruck weder seine Grammatikalität noch verändert das Prädikat seine Bedeutung. Der durch das Prädikat ausgedrückte Zustand bleibt nach der Eliminierung des Komplements der Zustand des *Experiencer*-Arguments und kann als ein grammatisch völlig korrekter Ausdruck verwendet werden.

7.4 Der Frame *Emphasizing*

Im Frame *Emphasizing*[72] drücken die Prädikate die Relevanz einer Größe in verschiedenen Bereichen für einen Sachverhalt oder eine real existierende Größe aus, die an einem übergeordneten Ereignis beteiligt ist oder eine Handlung vornimmt. Die Prädikate in diesem Frame eröffnen somit die Leerstellen für zwei Argumente, und zwar für das *Agent*- und das *Consideration*-Argument. Sowohl das *Agent*-Argument als auch das *Consideration*-Argument bezeichnen sinnlich wahrnehmbare als auch sinnlich nicht wahrnehmbare Größen. Die semantische Rolle *Agent* wird auf der syntaktischen Ebene als das K_{sub} und die semantische Rolle *Consideration* als das $K_{präp}$ realisiert. Die Rolle *Consideration* wird bei Fillmore als *Content* und bei Helbig als *Inhalt* bezeichnet. Dieser Frame basiert auf dem Frame *Importance*.[73]

Abb. 4: Die Framegruppe Emphasizing.

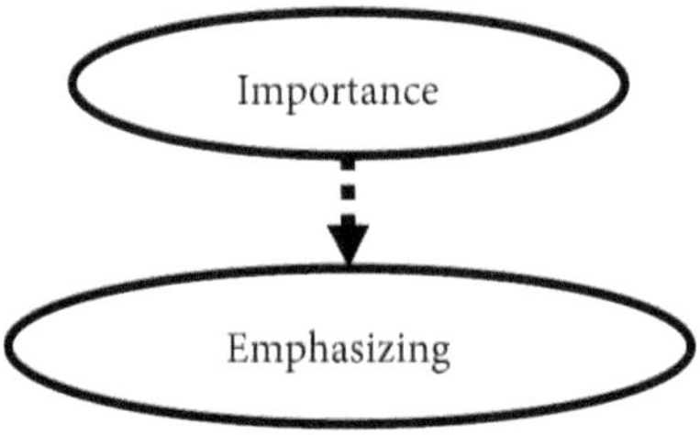

Zum Frame *Emphasizing* gehört eines der untersuchten Adjektive, und zwar das Adjektiv *orientiert* mit der regierten Präposition *an*. Neben der PP kann das $K_{präp-an}$ auch als der NS – *was*, NS – *wie viel* und als IK auftretten.

Das Adjektiv *orientiert an* ist ein aQUa und verlangt ein obligatorisches $K_{präp}$. Es handelt sich um ein absolut fixiertes $K_{präp}$, nach dessen Eliminierung der Satz seine Grammatikalität verliert und die Proposition unvollständig

72 https://framenet2.icsi.berkeley.edu/fnReports/data/frameIndex.xml?frame=Emphasizing.

73 https://framenet.icsi.berkeley.edu/fndrupal/FrameGrapher.

wird. Zwischen diesem Adjektiv und der $K_{präp}$ sind die Bedeutungs- und Formrelationen +BET und ++FIX, +KONST festgestellt worden.

(13) Intel weitet ihr bestehendes, eher *an den Bedürfnissen von Kleinbetrieben und Workgroups orientiertes Produktspektrum* nach oben hin aus: [...]. (C98/MAR.01064 COMPUTER ZEITUNG, 12.03.1998)
(13a) *Intel weitet ihr bestehendes, eher *orientiertes Produktspektrum* nach oben hin aus: [...].
(13b) Das Produktspektrum ist an den Bedürfnissen von Kleinbetrieben und Workgroups orientiert.
(13c) *Das Produktspektrum ist orientiert.
(13d) *Das Produktspektrum ist *auf/vor/über* den Bedürfnissen von Kleinbetrieben und Workgroups orientiert.
(13e) *Das Produktspektrum ist an *die* Bedürfnissen von Kleinbetrieben und Workgroups orientiert.
(13f) Das Produktspektrum ist *daran* orientiert.
(13g) *Woran* ist das Produktspektrum orientiert?
(13h) *Das Produktspektrum ist *daran* orientiert, *dass* die Bedürfnisse [...].

In (13b) ist *orientiert* [*sein*] das Prädikat, das die Argumente *Agent* (*Produktspektrum*) und *Consideration* (*an den Bedürfnissen von Kleinbetrieben und Workgroups*) verlangt. Bei der Reduktion der Phrase *an den Bedürfnissen von Kleinbetrieben und Workgroups* verliert der Satz seine Grammatikalität, weil der Ausdruck *orientiert* [*sein*] ohne das $K_{präp\text{-}an+Dat.}$ nicht verwendet wird (13a und 13c). Außerdem fehlt im Satz die im Prädikat vorangelegte Orientierungsgröße für die Rolle *Agent*. Der Satz behält also weder seine Grammatikalität noch ist er inhaltlich vollständig. Eine semantisch bedingte Leerstelle ist nicht ausgefüllt. Der Komplementstatus der Phrase *an den Bedürfnissen von Kleinbetrieben und Workgroups* wird auch durch die Tests KT, PAT, ET ermittelt. Sowohl beim Austausch der Präposition als auch des Kasus wird der Satz ungrammatisch, was auf die Konstanz der Präposition und des Kasus verweist (13d und 13e). Die Phrase kann auch mit dem Pronominaladverb ersetzt und mit dem Fragepronomen erfragt werden (13f und 13g). Wegen der semantischen Markierung der Phrase lässt sich der ÜT in diesem Fall nicht anwenden (13h).

7.5 Der Frame *Event*

Der Frame *Event*[74] ist ein Unterframe von *Change of state scenario*. Dem nicht lexikalisierten Frame *Change of state scenario* werden die Prädikate zugerechnet, die einen Veränderungsvorgang eines bestehenden Zustandes bezeichnen. Die an diesem Vorgang beteiligte Größe verändert sich im Laufe dieses Vorganges, um den in *Change of state endstate* ausgedrückten Zustand zu erreichen. Die für die vorliegende Untersuchung relevanten Frames von *Event* sind *Aiming, Being obligated, Guilt or innocence, Hostile encounter, Inhibit movement, Participation, Responsibility, Transfer*. Diese Frames befinden sich in einer komplexen Wechselbeziehung.

Abb. 5: Die Framegruppe Event *mit dem Frame* Participation.

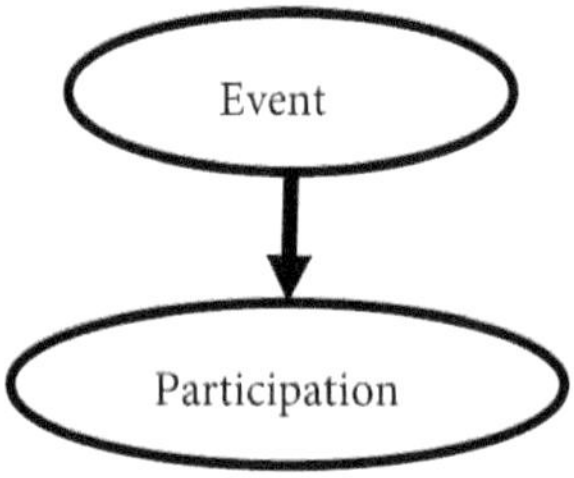

Aus den oben genannten Frames verwendet nur der Frame *Participation* die Daten direkt vom Frame *Event*.

Abb. 6: Die Framegruppe Event *mit dem Frame* Being obligated.

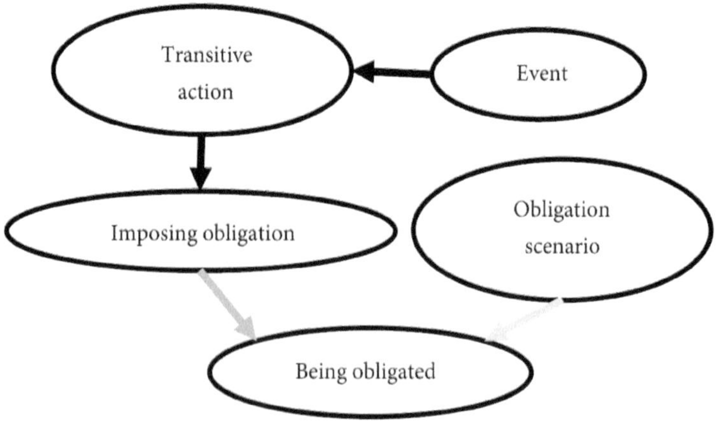

74 https://framenet2.icsi.berkeley.edu/fnReports/data/frameIndex.xml?frame=Event.

So hängt der Frame *Being obligated* vom Frame *Imposing obligation* ab, seinerseits übernimmt *Imposing obligation* die Daten von dem nicht lexikalisierten Frame *Transitive action*, welcher dann direkt die Daten von *Event* erhält. Dabei werden die Prädikate aus *Obligation scenario* im Frame *Being obligated* perspektiviert.

Abb. 7: Die Framegruppe Event *mit den Frames* Aiming, Hostile encounter, Inhibit movement *und* Responsibility.

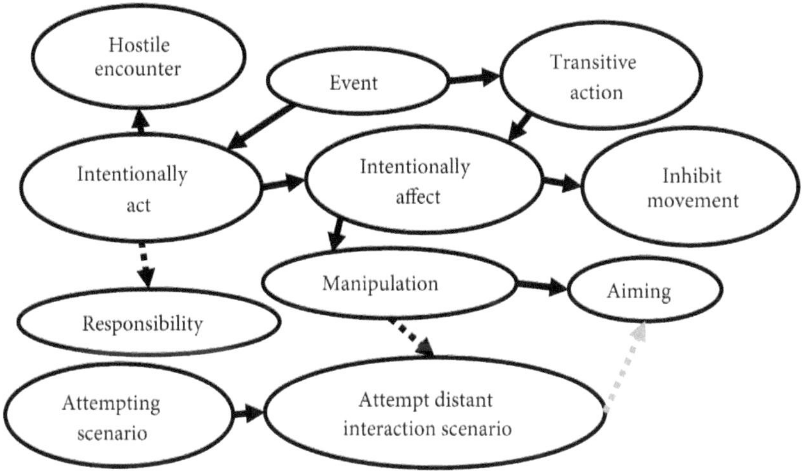

Weiterhin gehören die Frames *Aiming*, *Hostile encounter*, *Inhibit movement* und *Responsibility* zu einem Framebereich, und zwar zum Frame *Intentionally act*, welcher die Daten direkt von *Event* übernimmt. Während die Frames *Hostile encounter* und *Responsibility* direkt von *Intentionally act* abhängen, beziehen sich die Frames *Aiming* und *Inhibit movement* auf *Intentionally affect*, der seinerseits die Daten aus *Transitive action* benutzt. Dabei ist der Frame *Aiming* über den Frame *Manipulation* mit *Intentionally affect* verbunden. Darüber hinaus tritt der Frame *Aiming* als ein Unterframe von *Attempt distant interaction scenario* auf, welcher dann seinerseits die Daten vom Frame *Attempting scenario* aufnimmt. Zusätzlich benutzt der Frame *Manipulation* die Daten aus dem Frame *Attempt distant interaction scenario*. Der Frame *Intentionally affect* erhält im Folgeschritt die Daten von *Intentionally act*.

Abb. 8: Die Framegruppe Event *mit dem Frame* Transfer.

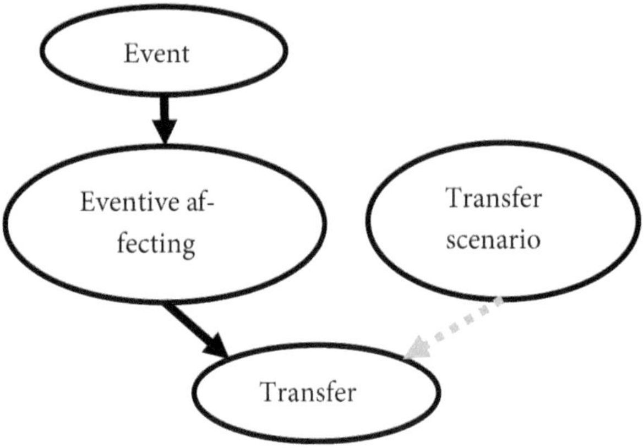

Weiterhin bezieht sich der Frame *Transfer* auf den Frame *Eventive affecting*, dieser übernimmt die Daten seinerseits von *Event*. Der Frame *Transfer* basiert auch auf dem nichtlexikalisierten Frame *Transfer scenario*.

Abb. 9: Die Framegruppe Event *mit dem Frame* Guilt or innocence.

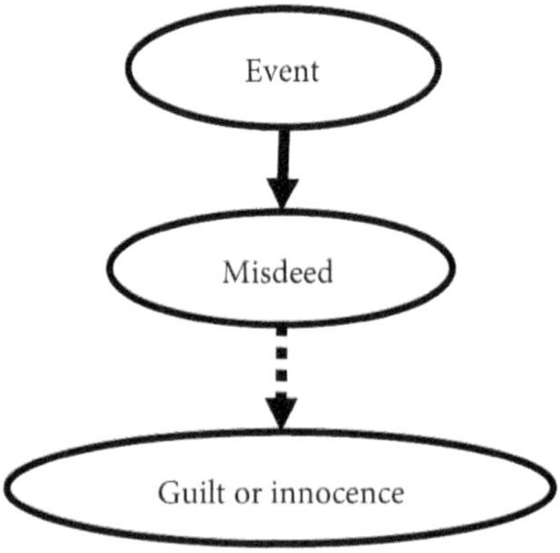

Auch der Frame *Guilt or innocence* hat keinen direkten Zugang zum Frame *Event*. *Guilt or innocence* benutzt die Daten vom Frame *Misdeed*, welcher sich dann auf *Event* bezieht.

Im Frame *Being obligated*[75] beschreiben die Prädikate einen Verpflichtungszustand einer Größe bezüglich eines gewissen Sachverhaltes. Folglich verlangen die Prädikate in diesem Frame zwei Argumente mit den semantischen Rollen *Responsible party* und *Duty*. Dieser Frame benutzt die Daten aus dem Frame *Obligation scenario*, in dem im Allgemeinen die Prädikate zusammengefasst werden, die eine Pflicht haben, auferlegen, ausführen oder ausführen müssen. Im Frame *Being obligated* findet folglich die Perspektivierung des *Duty*-Arguments statt. Die semantische Rolle *Duty* tritt bei Fillmore als *Content*, bei Helbig als *Gegenstand psychischer Prozesse* und bei Lee als *Kausativ* auf. Weiter wird die Prädikatsbedeutung in *Being obligated* als das Ergebnis der zum Frame *Imposing obligation* gehörenden Prädikate verstanden. Diese betonen ihrerseits den Verpflichtungsvorgang. Der Frame *Imposing obligation* benutzt seinerseits den abstrakten nicht lexikalisierten Frame *Transitive action*. Die Prädikate in diesem Frame beschreiben einen Vorgang, der von einer agierenden Größe (*Agent*) ausgeht und auf eine andere Größe (*Patient*) ausgerichtet ist, mit dem Ziel, die beeinflusste Größe zu einer Handlung zu bewegen oder sie in einen bestimmten Zustand zu bringen.

(14) *Den Kemalisten, die auf die weltliche Verfassungsordnung eingeschworen sind*, gilt es als Provokation, als Fahne des religiösen Fundamentalismus. (R99/MAI.35036 Frankfurter Rundschau, 04.05.1999)

Das Prädikat *eingeschworen [sein]* in (14) wird in der Bedeutung *zu etw. verpflichten, dazu bringen, jmdn. od. etw. nachdrücklich zu vertreten* verwendet. Es verlangt zwei Argumente, welche durch die semantischen Rollen *Responsible party* (*die Kemalisten*) und *Duty* (*auf die weltliche Verfassungsordnung*) realisiert werden. Das Adjektiv *eingeschworen* bezeichnet somit eine Verpflichtung von *Responsible party* gegenüber der durch *Duty* vertretenen Denkkategorie. Wer *Responsible party* die Verpflichtung auferlegt hat, ist aus diesem Frame nicht erkennbar. Die Rolle *Responsible party* umfasst somit überwiegend Lebewesen oder Institutionen, welche von diesen Lebewesen geschaffen worden sind und diese vertreten. Die semantische Rolle *Duty* dagegen steht für immaterielle, sinnlich nicht wahrnehmbare Dinge, in der Regel sind es bestimmte Denkkategorien und Sachverhalte. Auf syntaktischer Ebene werden sie entsprechend als K_{sub} und $K_{präp\text{-}auf}$ ausgedrückt.

75 https://framenet2.icsi.berkeley.edu/fnReports/data/frameIndex.xml?frame=Being_obligated.

Der Frame *Guilt or innocence*[76] benutzt die Daten aus dem Frame *Misdeed*. Während in *Guilt or innocence* neben dem Sachverhalt auch die Beurteilung dieses Sachverhaltes und alle daran beteiligten Größen genannt werden, umfassen die Prädikate im Frame *Misdeed* vor allem den als negativ wahrgenommenen Sachverhalt und die ausführende Größe. Die Prädikate in *Guilt or innocence* beschreiben konkret die Beurteilung einer bestimmten Größe bezüglich eines Sachverhaltes. Die Beurteilung wird in der Regel von einer dazu bevollmächtigten Größe vorgenommen. Auf diese Weise verlangen die Prädikate in diesem Frame drei Argumente, und zwar werden sie auf der semantischen Ebene durch *Judge*, *Accused* und *Misdeed* ausgedrückt. Die Rolle *Judge* bezeichnet in der Regel ein Lebewesen, das bevollmächtigt wurde, über ein anderes Lebewesen oder einen Sachverhalt (*Accused*) aufgrund der als negativ wahrgenommenen, von dieser Person oder dem Sachverhalt verursachten Geschehnisse (*Misdeed*) ein Urteil zu fällen. Die Rolle *Misdeed* bezeichnet Fillmore als *Content* und Helbig als *Inhalt*. Abhängig von der Konstruktion kann die Rolle *Judge* entweder implizit oder explizit ausgedrückt werden. So wird in der Konstruktion *jemanden Gen. schuldig [sprechen]* (16) die semantische Rolle *Judge* explizit ausgedrückt. In den Konstruktionen, wie *sich Gen. schuldig [machen]* (17) oder *schuldig [sein] an+Dat* (15) dagegen wird die Rolle *Judge* implizit ausgedrückt.

(15) „Das liegt auch oft daran, daß *die Jugendlichen* unterbewußt das Gefühl vermittelt bekommen, *sie seien* verantwortlich und *schuldig an der Vergangenheit*“, weiß Lohrbächer.
(M99/APR.24658 Mannheimer Morgen, 19.04.1999)

(16) Als *die Schwurkammer des Landgerichts Darmstadt* am Montag *den 33 Jahre alten Gastwirt aus Offenbach des heimtückischen Mordes an seinem Freund und Türsteher schuldig sprach* und eine lebenslange Freiheitsstrafe verhängte, verlor er die Beherrschung.
(R98/FEB.13296 Frankfurter Rundschau, 17.02.1998)

(17) Gleich *mehrerer Vergehen* mutmaßlich *schuldig gemacht hat sich* an *Heiligabend ein Autofahrer* in Bad Dürkheim.
(M07/DEZ.07181 Mannheimer Morgen, 28.12.2007)

In (15) verlangt das Prädikat *schuldig [sein]* in der Bedeutung *(an etw.) [die] Schuld tragend, in Bezug auf jmdn., etw. Schuld auf sich geladen habend* zwei

76 https://framenet2.icsi.berkeley.edu/fnReports/data/frameIndex.xml?frame=Guilt_or_innocence.

Argumente. Das erste Argument bezeichnet die Lebewesen, die eine Beurteilung von einer dazu bevollmächtigten Größe über sich ergehen lassen müssen, und wird durch die semantische Rolle *Accused* realisiert. Dabei wird die das Urteil fällende Größe *Judge* in (15) explizit nicht genannt. Der Sachverhalt, an dem das *Accused*-Argument mutmaßlich schuld ist, wird im *Misdeed*-Argument genannt. Dieses umfasst meistens die aktivischen Sachverhalte. Die semantische Rolle *Accused* wird in (15) als K_{sub} und die Rolle *Misdeed* als $K_{präp-an}$ realisiert.

Die Frames *Aiming*, *Hostile encounter*, *Inhibit movement* und *Responsibility* basieren auf dem abstrakten Frame *Intentionaly act*. In diesem Frame werden hauptsächlich die Prädikate zusammengefasst, die ein zweckbestimmtes Verhalten, in der Regel eines Lebewesens, ausdrücken. Im Frame *Hostile encounter*[77] bezeichnen die Prädikate eine Auseinandersetzung zwischen zwei Größen bezüglich eines Sachverhaltes, wobei die feindlichen Seiten durch die Auseinandersetzung ein bestimmtes Ziel erreichen wollen. Insgesamt sind in diesem Frame vier semantische Rollen vorhanden, und zwar *Side 1*, *Side 2*, *Issue* und *Purpose*. Die semantischen Rollen *Side 1* und *Side 2* stehen für die an der Auseinandersetzung beteiligten Größen. Die Rolle *Side 2*, welche als $K_{präp}$ ausgedrückt wird, bezeichnet sowohl Fillmore als auch Helbig als *Patiens*. Wenn die Ursache der Auseinandersetzung in den Vordergrund tritt, können *Side 1* und *Side 2* auch in der semantischen Rolle *Sides* ausgedrückt werden. Sowohl die Rolle *Issue* als auch *Purpose* bezeichnen die Ursache des Konflikts. Die Rolle *Issue* betont das ungelöste Problem und die Rolle *Purpose* das erwünschte Ziel. Abhängig von der Bedeutung des Prädikats übernehmen die Argumente die entsprechenden semantischen Rollen.

(18) Wenn *der Vater mit dem Sohne handgreiflich wird*, dann erlaubt er sich einen Scherz.
(R99/MAR.25990 Frankfurter Rundschau, 31.03.1999)

Das Prädikat *handgreiflich* [*werden*] in (18) bezeichnet einen tätlichen Angriff einer Größe auf eine andere. Die Ursache des Angriffs wird bei diesem Adjektiv nicht genannt. Somit enthält das Prädikat *handgreiflich* [*werden*] zwei Argumente, und zwar das *Side 1*- und das *Side 2*-Argument. Semantisch bezeichnen beide Argumente belebte Größen. Auf der syntaktischen Ebene werden sie entsprechend als K_{sub} und $K_{präp-mit}$ ausgedrückt.

77 https://framenet2.icsi.berkeley.edu/fnReports/data/frameIndex.xml?frame=Hostile_encounter.

Die Prädikate im Frame *Responsibility*[78] verlangen ein *Agent*-Argument, das eine durch das *Act*-Argument ausgedrückte Handlung bewusst vorgenommen hat. Da diese Handlung oft negativ bewertet wird, was in der Prädikatsbedeutung realisiert wird, muss das *Agent*-Argument für eine Entschädigung (*Theme*-Argument) sorgen. Die Rolle *Theme* wird bei Fillmore ebenfalls *Theme* und bei Helbig *Inhalt* genannt. Wenn das KV im Prädikat eine aktivische Bedeutung hat, kommt zusätzlich das *Patient*-Argument vor.

(19) *José Carreras wollte Hoffmann mit dessen Privatvermögen* für zwei Konzertgagen aus dem Jahr 1997 *haftbar machen*, weil bei der in Konkurs gegangenen GmbH Hoffmanns nichts mehr zu holen sein dürfte. (M02/DEZ.92158 Mannheimer Morgen, 07.12.2002)

In (19) wird das Adjektiv *haftbar* in der Bedeutung *jmdn. für etw. verantwortlich machen, zur Rechenschaft ziehen* verwendet und verlangt vier Argumente, welche durch die semantischen Rollen *Agent*, *Patient*, *Act* und *Theme* realisiert werden. Die Rolle *Agent* (*José Carreras*) bezeichnet eine handelnde Größe und wird syntaktisch durch das K_{sub} ausgedrückt. Das als das K_{akk} (*Hoffmann*) ausgedrückte *Patient*-Argument steht für die Größe, die nach der Meinung von *Agent* ein Vergehen begangen hat. Deshalb unternimmt *Agent* die im Prädikat kodierte Handlung *Patient* gegenüber. Das von *Patient* begangene Vergehen (das *Act*-Argument) wird als das $K_{präp\text{-}für}$ (*für zwei Konzertgagen*) realisiert. Das Ziel der von *Agent* unternommenen Handlung ist das Erhalten einer bestimmten Entschädigung (das *Theme*-Argument), ausgedrückt durch das $K_{präp\text{-}mit}$ (*mit dessen Privatvermögen*).

Die Bedeutungsstruktur der Prädikate im Frame *Intentionally affect*[79] ist auf die Frames *Event*, *Intentionally act* und *Transitive action* zurückzuführen. Somit bezeichnen die Prädikate in *Intentionally affect* das gewünschte oder erreichte Ergebnis einer Handlung an einer Größe (*Patient*), die von einem *Agent* ausgeführt wird. Darauf basierend bezeichnen die Prädikate in *Inhibit movement*[80] die von *Agent* unternommene Beschränkung von *Theme* auf ein bestimmtes Gebiet (*Holding Location*). Wie viele Argumente die Prädikate verlangen und welche semantischen Rollen diese übernehmen, hängt von der Perspektivierung des

78 https://framenet2.icsi.berkeley.edu/fnReports/data/frameIndex.xml?frame=Responsibility.

79 https://framenet2.icsi.berkeley.edu/fnReports/data/frameIndex.xml?frame=Intentionally_affect.

80 https://framenet2.icsi.berkeley.edu/fnReports/data/frameIndex.xml?frame=Inhibit_movement.

jeweiligen Prädikats ab. Bei Fillmore tritt die semantische Rolle *Holding Location* als *Goal* auf.

(20) So stimmt David Caplan vom Massachusetts General Hospital in Boston den Schlussfolgerungen der Autoren zu, dass *die Region* nicht *darauf beschränkt ist, Schallsignale zu verarbeiten.*
(SPK/J00.00803 spektrumdirekt, 06.12.2000; Ohne Worte)

In (20) verlangt das Prädikat *beschränkt* [*sein*] in der Bedeutung *eingeschränkt, begrenzt, eingeengt* zwei Argumente. Die Argumente benennen einerseits eine Größe, die von einer Handlung betroffen worden ist, und andererseits die Konkretisierung des gewünschten bzw. erreichten Ergebnisses der im Prädikat ausgedrückten Handlung. Während das semantisch als *Theme* realisierte Argument die betroffene Größe (*die Region*) bezeichnet, wird das zweite Argument semantisch als *Holding Location* realisiert und steht für die Konkretisierung des erhofften Ergebnisses (*darauf [...], Schallsignale zu verarbeiten = die Verarbeitung der Signale*). Das *Theme*-Argument wird auf der syntaktischen Ebene als K_{sub} und das *Holding Location*-Argument als $K_{präp\text{-}auf}$ realisiert. Die aktivische Größe, die die Veränderung des Zustandes von *Theme* verursacht hat, wird bei dem Adjektiv *beschränkt* mit der regierten Präposition *auf* nicht genannt.

In *Aiming*[81] verlangen die Prädikate das *Agent*-, das *Instrument*- und das *Target location*-Argument. Abhängig von der Struktur der Prädikatsbedeutung bezeichnen die Prädikate entweder die andauernde Handlung (*adressieren*) oder das Ergebnis dieser Handlung (*adressiert*). Dabei drücken die Prädikate aus, dass das *Agent*-Argument mithilfe des *Instrument*-Arguments das *Target location*-Argument zu erreichen beabsichtigt. Ob *Agent* das *Target location*-Argument erreicht, wird in diesem Frame nicht gesagt. Die Rolle *Target Location* bezeichnet Fillmore als *Goal*. Die Bedeutungsstruktur der Prädikate in *Aiming* kommt durch das Zusammenspiel von *Attempting scenario, Attempt distant interaction scenario, Manipulation* und *Intentionally affect* zustande. Während die Frames *Attempting scenario* und *Attempt distant interaction scenario* den Prädikaten in *Aiming* die Bedeutungskomponenten *räumlicher Abstand, Versuch, Wechselbeziehung zwischen zwei Größen mithilfe einer weiteren Größe* weitergeben, tragen die Frames *Manipulation* und *Intentionally affect* zur Bedeutungsstruktur der Prädikate in *Aiming* durch die Komponenten *bewusst, Einwirkung, Handlung, Ziel* bei.

---

81 https://framenet2.icsi.berkeley.edu/fnReports/data/frameIndex.xml?frame=Aiming.

(21) Mit eingeritzten Schriftzeichen *waren* hier *Scherben* von sehr feiner Keramik entweder direkt der Göttin Aphrodite zugedacht worden oder anonym *an die „Liebe" adressiert.*
(SPK/J00.00628 spektrumdirekt, 09.10.2000)

Das Prädikat *adressiert [sein]* in (21) bezeichnet das Ergebnis der von *Agent* ausgeführten Handlung und umfasst nur das *Instrument*- und das *Target location*-Argument. Das *Instrument*-Argument beschreibt die Größe, an der die in der Rolle *Agent* ausgedrückte Größe eine Handlung ausführt, damit diese das gewünschte Ziel erreicht. Das *Instrument*-Argument wird auf syntaktischer Ebene durch das K_{sub} (*Scherben*) ausgedrückt. Im *Target location*-Argument wird die Zielgröße genannt, die *Agent* mithilfe von *Instrument* erreichen will. Das *Target location*-Argument wird syntaktisch als das $K_{präp\text{-}an}$ (*an die „Liebe"*) ausgedrückt.

Die Prädikate im Frame *Participation*[82] drücken die Beteiligung von einer oder mehreren Größen an einem Sachverhalt aus. Folglich verlangen die Prädikate zwei Argumente, welche auf der semantischen Ebene als *Participant* und *Event* realisiert werden. Unter der Rolle *Participant* wird in der Regel eine Person, eine Gruppe von Personen, eine die Menschen repräsentierende Institution, seltener eine biologische aber nicht belebte Größe (24) oder eine nicht belebte, zählbare Größe (23) zusammengefasst. Diese treten alle als die aktiven Verursacher oder Ausführer einer durch die semantische Rolle *Event* ausgedrückten Handlung oder eines Sachverhaltes auf. Diese Rolle wird bei Fillmore als *Content* und bei Helbig als *Inhalt* bezeichnet.

(22) Nicht übersehen werden darf auch, daß die günstigen Prognosen der US-Börsianer auf dem *Übernahmefieber* basieren, das derzeit in fast allen Branchen grassiert. Auch *die Computerindustrie ist daran* stark *beteiligt.*
(C98/APR.02071 COMPUTER ZEITUNG, 30.04.1998)

(23) Seit Jahren beschäftigt Magnesium die Medizinforschung: *Das Bioelement* ist nämlich an unzähligen Enzymreaktionen und damit auch an dem Funktionieren des Herz-Kreislauf-Systems und der Muskulatur beteiligt.
(M07/MAR.01911 Mannheimer Morgen, 08.03.2007)

(24) Ihre Studie zeigt, wie *der Hippokampus* – ein maßgeblich an der Gedächtnisbildung beteiligtes *Hirnareal* – und die Großhirnrinde während

82 https://framenet2.icsi.berkeley.edu/fnReports/data/frameIndex.xml?frame=Participation.

bestimmter Traumphasen zusammenarbeiten, um Neugelerntes im Gehirn festzuschreiben.
(SPK/J06.01417 spektrumdirekt, 19.12.2006)

In (22) verlangt das Prädikat *beteiligt* [*sein*] das *Participant*- und das *Event*-Argument. Das *Participant*-Argument, syntaktisch als K_{sub} (*die Computerindustrie*) realisiert, bezeichnet einen Industriezweig, von dem eine aktivische Handlung ausgeht, die sich konkret im Teilnehmen und in der Mitwirkung an einem bestimmten Sachverhalt ausdrückt. Die aktivische Handlung setzt einen aktiven Ausführer voraus, somit wird die in (22) genannte Größe als eine verstanden, die aktive Ausführer, in der Regel Lebewesen, repräsentiert. Das *Event*-Argument tritt auf der syntaktischen Ebene als $K_{präp-an}$ auf. Es umfasst alle möglichen für *Participant* relevanten Einsatzbereiche bzw. Sachverhalte. Konkret handelt es sich in (22) um die Übernahme eines Unternehmens durch ein anderes.

Die Prädikate in *Eventive affecting*[83] beschreiben das Stattfinden eines Ereignisses (*Event*), von dem eine Größe, realisiert durch die semantische Rolle *Entity*, beinflusst wird. Der Frame *Transfer* übernimmt diese Bedeutungsstruktur und ergänzt sie durch ein weiteres Argument und die semantische Rolle *Donor*. Folglich verlangen die Prädikate in *Transfer* bis zu drei Argumente. Auf der semantischen Ebene werden sie durch die semantischen Rollen *Donor*, *Theme* und *Recipient* ausgedrückt. Die Rolle *Donor* bezeichnet eine Größe, die die durch *Theme* realisierte Größe besitzt und den Besitzwechsel von *Theme* an *Recipient* verursacht. In der Regel umfasst die Rolle *Theme* sinnlich nicht wahrnehmbare Dinge, abstrakte Sachverhalte oder Denkkategorien. Die Rolle *Recipient* beschreibt sowohl materielle Dinge als auch immaterielle Sachverhalte, die nach der von *Donor* ausgehenden Handlung *Theme* besitzen. Dabei hängt die Zahl der tatsächlich realisierten Argumente von der Bedeutungsstruktur des jeweiligen Prädikats ab. Die als $K_{präp}$ ausgedrückte Rolle *Recipient* tritt bei Fillmore als *Goal* auf.

(25) Man wolle überprüfen, ob *solche Modelle* auch *auf andere Bereiche und Berufe übertragbar seien*.
(M00/NOV.73645 Mannheimer Morgen, 29.11.2000)

Das Prädikat *übertragbar* [*sein*] in der Bedeutung *sich übertragen lassen; auf etw. anderes, ein anderes Gebiet anwenden* verlangt zwei Argumente, semantisch als

---

83 https://framenet2.icsi.berkeley.edu/fnReports/data/frameIndex.xml?frame=Eventive_affecting.

Theme und *Recipient* realisiert (25). Dabei wird bei dem Adjektiv *übertragbar* das *Recipient*-Argument (*auf andere Bereiche und Berufe*) betont. Es bezeichnet den immateriellen Bereich, welcher nach der Ausführung der Handlung die im *Theme*-Argument realisierte Größe benutzt oder sie besitzt. Syntaktisch tritt dieses Argument als $K_{präp\text{-}auf}$ auf. Die semantische Rolle *Theme*, syntaktisch als K_{sub} realisiert, bezeichnet eine immaterielle Denkkategorie (*solche Modelle*). Die aktivische Größe, die die im Prädikat ausgedrückte Handlung ausführt, wird in der Prädikat-Argument-Struktur von *übertragbar* nicht explizit genannt.

Zum Frame *Event* gehören 14 der untersuchten Adjektive. Sie regieren die Präpositionen *an*, *auf* und *mit*. Das $K_{präp}$ hat in diesem Frame folgende syntaktische Realisierungsmöglichkeiten: PP, IK, NS – *dass*. Die Einteilung in die Unterframes sieht wie folgt aus:

Tab. 2: Die Einteilung der Adjektive in die Unterframes im Frame Event

Aiming			**Inhibit movement**		
Adjektiv	**$K_{präp}$**	**Kasus**	**Adjektiv**	**$K_{präp}$**	**Kasus**
adressiert	an	Akk.	begrenzt	auf	Akk.
			beschränkt	auf	Akk.
Being obligated			**Participation**		
Adjektiv	**$K_{präp}$**	**Kasus**	**Adjektiv**	**$K_{präp}$**	**Kasus**
eingeschworen	auf	Akk.	beteiligt	an	Dat.
gebunden	an	Akk.	teilhaftig	an	Dat.
verwurzelt	mit	Dat.			
Guilt or innocence			**Responsibility**		
Adjektiv	**$K_{präp}$**	**Kasus**	**Adjektiv**	**$K_{präp}$**	**Kasus**
schuld	an	Dat.	haftbar	mit	Dat.
schuldig	an	Dat.			
unschuldig	an	Dat.			
Hostile encounter			**Transfer**		
Adjektiv	**$K_{präp}$**	**Kasus**	**Adjektiv**	**$K_{präp}$**	**Kasus**
handgreiflich	mit	Dat.	übertragbar	auf	Akk.

Folgende Adjektive verlangen im Frame *Event* ein obligatorisches $K_{präp}$ *beteiligt an*, *eingeschworen auf*, *gebunden an*[84], *schuld an*, *teilhaftig an*, *verwurzelt mit*. Die

84 In der Bedeutung: *Verpflichtet, etw. zu tun; festgelegt.*

Adjektive mit obligatorischem $K_{präp}$ gehören drei Gruppen an, und zwar der Gruppe der Adjektive mit Grammatikalitätsverlust, der Gruppe der Adjektive mit Bedeutungsänderung und der Gruppe der Adjektive mit schwach fixiertem $K_{präp}$. Die Gruppe der Prädikate mit Grammatikalitätsverlust umfasst die aQUa *eingeschworen auf*, *teilhaftig an* und *verwurzelt mit*. Zwischen dem Adjektiv aus dieser Gruppe und dem $K_{präp}$ sind die Bedeutungs- und Formrelationen +BET, ++FIX, +KONST festgestellt worden.

(26) Doch Dangel befürchtet, dass die Neuauflage des Maybach durch Daimler-Chrysler auch das Interesse jener Spezies Mensch an den alten Exemplaren beflügelt, die glaubt, mit dem Scheckbuch allein *werde man teilhaftig am Kult.*
(M02/MAI.39073 Mannheimer Morgen, 25.05.2002)
(26a) *Man wird teilhaftig.
(26b) *Man wird *von/mit/auf* (dem) Kult teilhaftig.
(26c) *Man wird an (*den*) Kult teilhaftig.
(26d) Man wird *daran* teilhaftig.
(26e) *Woran* wird man teilhaftig?
(26f) *Man wird *daran* teilhaftig, *dass* Kult[...].

Das Adjektiv *teilhaftig* wird in (26) in der Bedeutung *in den Besitz od. Genuss einer Sache gelangen, gelangt sein* verwendet. Das Prädikat *teilhaftig* [*werden*] eröffnet zwei Argumentstellen, die auf semantischer Ebene als die semantischen Rollen *Participant* und *Event* auftreten. Die Rolle *Participant* bezeichnet eine oder mehrere Lebewesen. Diese Lebewesen sind aktiv an einem Sachverhalt beteiligt. Auf der syntaktischen Ebene wird diese Rolle als das K_{sub} *man* realisiert. Die Rolle *Event* beschreibt den Sachverhalt oder das Objekt, an dem *Participant* interessiert ist. In (26) ist die sinnlich nicht wahrnehmbare Denkkategorie *Kult*. Diese wird von der Automarke *Maybach* repräsentiert, die wegen ihrer Eigenschaften ein hohes Ansehen erreicht hat. Die Rolle *Event* spezifiziert den Interessenbereich von *Participant*. Syntaktisch wird sie als das $K_{präp}$ *am Kult* ausgedrückt. Nach der Reduktion des $K_{präp}$ – und somit der semantischen Rolle *Event* – verliert der Satz seine Grammatikalität (26a). Einerseits ist die Konstruktion *teilhaftig* [*werden*] ohne das $K_{präp}$ nicht üblich, andererseits fehlt im Satz die Information zum Interessen- und Einsatzbereich von *Participant*. Die anderen syntaktischen TV KT, PAT und ET ermitteln den Komplementstatus der Phrase *am Kult*. Sowohl beim Austausch der Präposition als auch beim Austausch des Kasus wird der Satz ungrammatisch (26b und 26c). Die Phrase *am Kult* lässt sich auch problemlos durch das Pronominaladverb *daran* und durch das Fragepronomen *woran* ersetzen (26d und 26e). Wegen der semantischen

Markierung dieser Phrase ist es aber unmöglich, sie in einen Nebensatz mit Korrelat zu überführen, somit ist der ÜT in diesem Fall nicht anwendbar (26f).

Der Gruppe der Adjektive mit Bedeutungsänderung gehört das aQUa *gebunden an* an. Zwischen diesem Adjektiv und dem $K_{präp}$ liegen die Relationen +BET, ++FIX, +KONST vor.

(27) Der Entwurf kürzt auch die Größe der Vertretungen und die Freistellungen ihrer Mitglieder. *Frauenbeauftragte* müssen eventuelle Widersprüche begründen und *sind an Fristen gebunden*. Der Entwurf soll noch vor der Sommerpause verabschiedet werden.
(M99/MAI.31829 Mannheimer Morgen, 19.05.1999)

(27a) Der Entwurf kürzt auch die Größe der Vertretungen und die Freistellungen ihrer Mitglieder. *Frauenbeauftragte* müssen eventuelle Widersprüche begründen und *sind gebunden*. Der Entwurf soll noch vor der Sommerpause verabschiedet werden.

(27b) Frauenbeauftragte sind gebunden.

(27c) Frauenbeauftragte sind *an Personen/an das Netz/an den Rollstuhl* gebunden.

(27d) Frauenbeauftragte sind *an die Einhaltung der Fristen/an das Gesetz/an die Beschlüsse* gebunden.

(27e) *Frauenbeauftragte sind *über/für/auf* (die) *Fristen* gebunden.

(27f) *Frauenbeauftragte sind an (*den*) Fristen gebunden.

(27g) Frauenbeauftragte sind *daran* gebunden.

(27h) *Woran* sind Frauenbeauftragte gebunden?

(27i) Frauenbeauftragte sind *daran* gebunden, *dass* sie die Fristen […].

(28) Die USA haben auch das Nordamerikanische Freihandelsabkommen Nafta so gestaltet, daß *die Partner Mexiko und Kanada an die Blockade-Regeln gebunden sein sollen*. Diese leisten aber erheblichen Widerstand.
(R98/JAN.05040 Frankfurter Rundschau, 21.01.1998)

(28a) Die USA haben auch das Nordamerikanische Freihandelsabkommen Nafta so gestaltet, daß *die Partner Mexiko und Kanada gebunden sein sollen*. Diese leisten aber erheblichen Widerstand.

(28b) Die USA haben auch das Nordamerikanische Freihandelsabkommen Nafta so gestaltet, daß *die Partner Mexiko und Kanada an die Partner/an die Beschlüsse gebunden sein sollen*. Diese leisten aber erheblichen Widerstand.

In (27) verlangt das Prädikat *gebunden* [*sein*] in der Bedeutung *verpflichtet, etw. zu tun; festgelegt* das *Responsible party*- und das *Duty*-Argument. Das *Responsible party*-Argument beschreibt eine belebte Größe, die sich zu einer bestimmten Handlung oder einem bestimmten Verhalten verpflichtet fühlt. Dieses Verhalten oder die Handlung wird im *Duty*-Argument spezifiziert. In (27) geht es konkret um die belebten Größen *Frauenbeauftragte*, realisiert als K_{sub}, die innerhalb eines bestimmten zeitlichen Rahmens eine bestimmte Handlung, realisiert als $K_{präp}$ *an Fristen* vollenden müssen. Dabei wird im Prädikat *gebunden* [*sein*] nur die Verpflichtung betont. Das $K_{präp}$ ist bei dem Adjektiv *gebunden* in der Bedeutung *verpflichtet, etw. zu tun; festgelegt* ein obligatorisches Komplement, weil nach seiner Reduktion das Adjektiv auch unter Berücksichtigung der semantischen Markierung von K_{sub} nicht eindeutig als *verpflichtet, etw. zu tun; festgelegt* gedeutet wird (27a und 27b), sondern auch als *etw. mit etw. (z.B. Faden, Draht, Stoffstreifen, Weidenrute) so umgeben, dass es zusammenhält, durch Umwinden mit etw. zu etw. Festem, Einheitlichem zusammengefügt; zusammengebunden* interpretierbar ist (vgl. 27c, 27d und 28b). Das $K_{präp}$ ist bei *gebunden* auch kein schwach fixiertes Komplement, weil einerseits nach der Reduktion von $K_{präp}$ nicht deutlich ist, ob es sich um die Verpflichtung des *Responsible party*-Arguments bezüglich des im *Duty*-Argument ausgedrückten Sachverhaltes oder um die Verbindung von *Item*- und *Goal*-Argument handelt. Andererseits ist die Konstruktion *gebunden* [*sein*] ohne das zweite Argument in jeder ihrer Bedeutungen (*Duty*- oder *Goal*-Argument) nicht üblich (27a und 28a). Den Komplementstatus der Phrase *an Fristen* ermitteln die syntaktischen TV KT, PAT und ET (27e, 27f, 27g und 27h).

Zur Gruppe der Adjektive mit schwach fixiertem $K_{präp}$ gehört das aQUa *beteiligt an* und das aMPZ *schuld an*. Zwischen dem Adjektiv dieser Gruppe und dem $K_{präp}$ liegen die Bedeutungsrelation +BET und die Formrelationen +FIX, +KONST vor.

(29) Die Behauptung, diese Flagge sei vor allem bei der Marine „historisch nicht negativ belegt", kann ja wohl nur so verstanden werden, daß *die Marine* weniger oder gar nicht *an den Greueln, der Barbarei, der Aufrechterhaltung und Verlängerung des Angriffs- und Vernichtungskrieges beteiligt war.* (R98/JAN.00573 Frankfurter Rundschau, 05.01.1998)

(29a) Hätte doch dort (und in den Depots der Finanzdirektionen München und Ingolstadt und deren Bilderlager mit „Kunst" aus der NS-Zeit) anhand von Gemäldebeispielen und sonstigem Propagandagut den Verantwortlichen deutlich werden müssen, daß auch die Reichskriegsflagge mitnichten frei von Inanspruchnahme durch Nazis, Militär und Marine war. Die Behauptung, diese Flagge sei vor allem bei der Marine „historisch nicht negativ belegt", kann ja wohl nur so verstanden werden, daß *die Marine* weniger oder gar nicht *beteiligt war.*

(29b) Die Marine war weniger oder gar nicht beteiligt.

(29c) *Die Marine war weniger oder gar nicht *von/mit/auf* den Greueln, der Barbarei, der Aufrechterhaltung und Verlängerung des Angriffs- und Vernichtungskrieges beteiligt.

(29d) *Die Marine war weniger oder gar nicht an *die* Greueln, der Barbarei, der Aufrechterhaltung und Verlängerung des Angriffs- und Vernichtungskrieges beteiligt.

(29e) Die Marine war *daran* weniger oder gar nicht beteiligt.

(29f) *Woran* war die Marine weniger oder gar nicht beteiligt?

(29g) Die Marine war *daran* weniger oder gar nicht beteiligt, *dass* die Greuel, die Barbarei *ausgeübt wurden*, der Angriffs- und Vernichtungskrieg *aufrechterhalten und verlängert wurde.*

Das Prädikat *beteiligt* [*sein*] in (29) verlangt das *Participant*- und das *Event*-Argument. Sie werden auf der syntaktischen Ebene entsprechend als K_{sub} *die Marine* und $K_{präp}$ *an den Greueln, der Barbarei, der Aufrechterhaltung und Verlängerung des Angriffs- und Vernichtungskrieges* realisiert. Während das *Participant*-Argument die aktivische Größe nennt, wird im *Event*-Argument der Bereich spezifiziert, an dem *Participant* aktiv teilnimmt. Das $K_{präp}$ bei dem Adjektiv *beteiligt* wird als ein schwach fixiertes Komplement gedeutet, weil der Satz ohne dieses Komplement bei der Berücksichtigung des Kontextes immer noch grammatisch richtig ist und die Proposition seine Bedeutung nicht verändert (29a). Aus dem Kontext geht hervor, dass es sich um die Beteiligung der deutschen Marine an einem Krieg handelt. Bei der kontextfreien Deutung des Satzes ist die Bedeutung des Adjektivs *beteiligt* nicht mehr eindeutig. Das Adjektiv kann sowohl *als Teilnehmer sein, teilnehmen, mitwirken* als auch *als teilhaben lassen; jmdm. einen finanziellen Anteil an etw. geben* verstanden werden (29b). Folglich nimmt das *Event*-Argument bei dem Adjektiv *beteiligt* am Sachverhalt teil. Als eine zusätzliche syntaktische Bestätigung des Komplementstatus von $K_{präp}$ gilt das Merkmal +KONST. Sowohl beim Austausch der Präposition als auch des Kasus verliert der Satz seine Grammatikalität (29c und 29d). Zusätzlich wird der Komplementstatus von *an den Greueln, der Barbarei, der Aufrechterhaltung und Verlängerung des Angriffs- und Vernichtungskrieges* durch die TV PAT, ET und ÜT ermittelt (29e, 29f und 29g).

Die Gruppe der Adjektive mit fakultativem $K_{präp}$ umfasst die aQUa *adressiert an, begrenzt auf, beschränkt auf, schuldig an, übertragbar auf, unschuldig an* und die aMPZ *haftbar mit, handgreiflich mit*. Zwischen dem Adjektiv aus dieser Gruppe und dem $K_{präp}$ besteht die Bedeutungs- und Formrelation +MSKONST und +KONST.

(30) Sowohl *die Gesichtserkennung* als auch *deren emotionale Bewertung war* dabei – wie beim Menschen – *auf die rechte Hirnhälfte begrenzt.* (SPK/J04.01009 spektrumdirekt, 26.08.2004)

(30a) Die Gesichtserkennung als auch deren emotionale Bewertung war begrenzt.

(30b) Die Gesichtserkennung als auch deren emotionale Bewertung war *auf das Gehirn/auf das Nervensystem/auf drei Gesichtszüge/auf eine halbe Sekunde* begrenzt.

(30c) *Die Gesichtserkennung als auch deren emotionale Bewertung war *an/über/ohne* die rechte Hirnhälfte begrenzt.

(30d) *Die Gesichtserkennung als auch deren emotionale Bewertung war auf *der* rechte*n* Hirnhälfte begrenzt.

(30e) Die Gesichtserkennung als auch deren emotionale Bewertung war *darauf* begrenzt.

(30f) *Worauf* war die Gesichtserkennung als auch deren emotionale Bewertung begrenzt?

(30g) *Die Gesichtserkennung als auch deren emotionale Bewertung war *darauf* begrenzt, *dass* die rechte Hirnhälfte [...].

(31) Jedes Kind weiß, dass *die Erdölvorkommen* auf der Erde *begrenzt sind.* (SPK/J04.01017 spektrumdirekt, 27.08.2004)

(31a) Jedes Kind weiß, dass die Erdölvorkommen auf der Erde *auf 100.000.0000 Barrels/auf 100 Jahre/auf den arabischen Raum* begrenzt sind.

In (30) verlangt das Prädikat *begrenzt* [*sein*] in der Bedeutung *nicht unendlich groß, weit, umfassend; auf ein gewisses Maß beschränkt* zwei Argumente, welche auf der semantischen Ebene als die semantischen Rollen *Theme* und *Holding Location* auftreten. Auf der syntaktischen Ebene werden diese durch das K_{sub} (*die Gesichtserkennung* und *deren emotionale Bewertung*) und durch das $K_{präp-auf}$ (*auf die rechte Hirnhälfte*) ausgedrückt. Nach der Reduktion des $K_{präp}$ behält das Adjektiv *begrenzt* seine Bedeutung, und zwar bezeichnet es das Ergebnis der von *Agent* ausgeführten Handlung. Ohne das *Holding Location*-Argument bleibt der Satz semantisch verständlich, ist aber semantisch nicht vollständig, weil im Satz die Information über den Bereich der Beschränkung nicht genannt wird (30a). Die fehlende Information kann im Rahmen des FT durch die mit dem *Theme*-Argument semantisch kompatible Größen ergänzt werden (30b). Dass das *Holding Location*-Argument nicht am Sachverhalt beteiligt ist, sondern ihn nur mitkonstituiert, bestätigen auch die Fälle wie (31), in denen das Prädikat zur allgemeinen Beschreibung von *Theme* verwendet wird. Da außerdem das *Holding location*-Argument fast keine semantische Selektionsbeschränkung bezüglich des *Theme*-Arguments aufweist (30b und 31a), ist die schwache Assoziertheit mit der Prädikatsbedeutung ein weiterer Hinweis auf das Merkmal MSKONST und somit auf die Fakultativität des $K_{präp}$ bei dem Adjektiv *begrenzt*. Den Komplementstatus der Phrase *auf die rechte Hirnhälfte* ermitteln die TV KT, PAT und ET. Nach dem Austausch der Präposition (30c) und des Kasus (30d) wird der Satz ungrammatisch. Auch lässt sich die relevante Phrase durch das Pronominaladverb *darauf* und das Fragepronomen *worauf* ersetzen. Die Fakultativität des $K_{präp}$ wird auf der syntaktischen Ebene durch den RT ermittelt. Syntaktisch ist die Phrase *auf die rechte Hirnhälfte* nicht fixiert, weil der Satz nach ihrer Eliminierung grammatisch richtig bleibt (30a). Der ÜT ist nicht anwendbar (30g).

7.6 Der Frame *Gradable Attributes*

Der nicht lexikalisierte Frame *Gradable attributes*[85] umfasst 31 der untersuchten Adjektive. Er umfasst all die Unterframes, deren Prädikate generell eine Bewertung bestimmter Größen bezüglich bestimmter Eigenschaften dieser Größen ausdrücken. Im Frame *Gradable attributes* wird ein bestimmter beständiger Wert einer Eigenschaft implizit genannt, explizit erscheint die Größe, deren Eigenschaft im Prädikat ausgedrückt und diskutiert wird. Weiter wird explizit der Bereich genannt, in dessen Rahmen die im Prädikat ausgedrückten Eigenschaften bewertet werden. Die Konkretisierung der Prädikatsbedeutung findet in den Unterframes statt. Die für die vorliegende Untersuchung relevanten Unterframes sind *Be in agreement on assessment*, *Compatibility*, *Custom*, *Expertise*, *Medical conditions*, *Position on a scale*, *Similarity*.

Abb. 10: Die Framegruppe Gradable attributes.

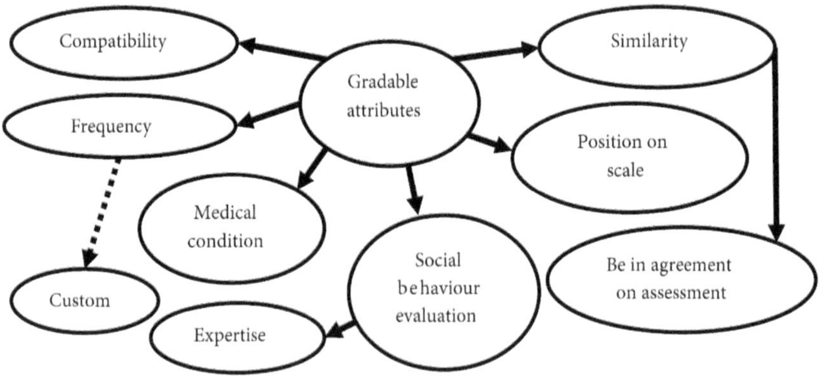

85 https://framenet2.icsi.berkeley.edu/fnReports/data/frameIndex.xml?frame=Gradable_attributes.

Der Unterframe *Be in agreement on assessment*[86] enthält Prädikate, die Meinungsähnlichkeit oder -verschiedenheit bestimmter in der Regel sinnlich wahrnehmbarer, real existierender Größen *Cognizers* (*Cognizer 1* und *Cognizer 2*) bezüglich eines Sachverhaltes (*Topic*) bezeichnen. Der Name des Frames *Be in agreement on assessment* verweist auf die Übereinstimmung bezüglich eines Sachverhaltes. Wenn aber die semantische Rolle *Cognizers* in *Cognizer 1* und *Cognizer 2* gespalten wird, wird die Rolle *Cognizer 2* als Bezugs- und Basisgröße für die Meinungsbildung von *Cognizer 1* bezüglich des *Topic* betont. Die Prädikate in diesem Frame verlangen folglich bis zu drei Argumente. Die Rolle *Cognizer 2*, welche durch das $K_{präp\text{-}mit}$ ausgedrückt wird, bezeichnet Helbig als *Relationsträger* und Lee als *Verhältnisträger*. Dabei wird beim Adjektiv *einverstanden* die semantische Rolle *Topic* als $K_{präp\text{-}mit}$ realisiert, welche bei Fillmore als *Content* und bei Helbig als *Inhalt* auftritt.

(32) Jetzt *sind die 155 Mitgliedsstaaten der IMO* erneut *über einen humanen Umgang mit den ungebetenen Mitreisenden einig.*
(R98/JAN.01460 Frankfurter Rundschau, 08.01.1998)

(33) *Kunstsinnige waren sich einig in ihrer Bewunderung für Lachenmanns musiktheatralischen Erstling* [...].
(R98/JAN.01488 Frankfurter Rundschau, 08.01.1998)

(34) *Der Klub ist sich mit dem englischen Premier-League-Verein Blackburn Rovers über einen Wechsel des norwegischen Abwehrspielers Tore Pedersen an den Main einig.*
(M98/OKT.84537 Mannheimer Morgen, 28.10.1998)

Das Prädikat *einig* [*sein*] in (32 und 33) verlangt zwei Argumente, die auf der semantischen Ebene durch die semantischen Rollen *Cognizers* und *Topic* realisiert werden. In (34) wird die semantische Rolle *Cognizers* in zwei Rollen *Cognizer 1* und *Cognizer 2* gespalten. Auf der syntaktischen Ebene wird in (32) *Cognizers* durch das K_{sub} *die 155 Mitgliedsstaaten der IMO* realisiert und bezeichnet die Größe, die sich in einem geistigen Zustand der Meinungsgleichheit bezüglich eines *Topic*, und zwar *über einen humanen Umgang mit den ungebetenen Mitreisenden*, befindet. Ähnliches gilt für (33). Wenn die semantische Rolle *Cognizers* gespalten wird (34), wird der zweite Beteiligte des Übereinstimmungszustands als $K_{präp\text{-}mit}$ (*mit dem englischen Premier-League-Verein Blackburn Rovers*) realisiert.

86 https://framenet2.icsi.berkeley.edu/fnReports/data/frameIndex.xml?frame=Perception_body.

Dabei wird der Standpunkt von *Cognizer 2* als Basis für die Meinungsbildung von *Cognizer 1* genommen und akzeptiert. Die semantische Rolle *Topic* wird auf der syntaktischen Ebene durch das $K_{präp\text{-}über}$ (*über einen humanen Umgang mit den ungebetenen Mitreisenden* und *über einen Wechsel des norwegischen Abwehrspielers Tore Pedersen an den Main*) oder das $K_{präp\text{-}in}$ (*in ihrer Bewunderung für Lachenmanns musiktheatralischen Erstling*) ausgedrückt.

Die Prädikate im Unterframe *Compatibility*[87] bezeichnen einen Zustand der Verträglichkeit bestimmter Größen (*Item 1* und *Item 2*). Wenn diese Größen miteinander in einem bestimmten Kontext existieren oder funktionieren, ohne dass zwischen ihnen Konflikte, Probleme oder unerwünschte Situationen entstehen, verweist das auf die Kompatibilität dieser Größen, also darauf, dass sie miteinander verträglich sind.[88] In der Regel wird der Kontext, in dem die Größen miteinander kompatibel sind, in *Item 1* und *Item 2* impliziert. Für *Item 1* und *Item 2* besteht auch die Möglichkeit, zusammen in der semantischen Rolle *Items* ausgedrückt zu werden. Die Rolle *Item 2* ist bei Helbig *Relationsträger* und bei Lee *Gleichsetzungsgröße*.

(35) *Das System ist kompatibel mit der Saugtechnik führender Kesselhersteller.* (M06/MAR.17034 Mannheimer Morgen, 01.03.2006)

(35a) *Beide Systeme* sind kompatibel.

In (35) ist das Prädikat *kompatibel* [*sein*], das zwei Argumente mit den semantischen Rollen *Item 1* (*Das System*) und *Item 2* (*mit der Saugtechnik führender Kesselhersteller*) verlangt. In (35a) werden beide Argumente in der semantischen Rolle *Items* vereint. Der Kontext, in dem die *Items* miteinander kompatibel sind, wird in (35) durch *Item 2* angedeutet. Es handelt sich hier um die technische Vereinbarkeit beider Systeme.

Die Argumente im Unterframe *Custom*[89] nehmen die semantischen Rollen *Behavior* und *Protagonist* ein. Die Rolle *Protagonist* bezeichnet in der Regel eine belebte Größe oder eine Institution, die sich aufgrund einer geistigen, emotionalen oder körperlichen Auseinandersetzung mit Verhaltensregeln, Situationen und Erfahrungen bekannt gemacht hat oder sich diese angeeignet hat, weswegen sie für *Protagonist* nicht mehr neu sind. Mit der semantischen Rolle *Behavior* wird der Bereich der Verhaltensregeln, der Situationen, der Erfahrungen

87 https://framenet2.icsi.berkeley.edu/fnReports/data/frameIndex.xml?frame=Compatibility.

88 https://framenet2.icsi.berkeley.edu/fnReports/data/frameIndex.xml?frame=Compatibility.

89 https://framenet2.icsi.berkeley.edu/fnReports/data/frameIndex.xml?frame=Custom.

u.ä. spezifiziert, mit denen *Protagonist* vertraut ist. Die Rolle *Behavior* tritt bei Fillmore als *Content* und bei Helbig als *Inhalt* auf.

(36) Mit dem Internet wird der *an Erfolg gewöhnte Softwareriese Microsoft* nicht glücklich.
(C98/MAR.01419 COMPUTER ZEITUNG, 26.03.1998)

Das Adjektiv *gewöhnt* verlangt in (36) zwei Argumente, die auf der semantischen Ebene durch die semantischen Rollen *Protagonist* und *Behavior* realisiert werden. Die semantische Rolle *Protagonist* wird durch das K_{sub} *Softwareriese Microsoft* ausgedrückt und bezeichnet die Größe, die bestimmte Erfahrungen gemacht und sich dadurch bestimmte Verhaltensmuster angeeignet hat. Das *Behavior*-Argument wird durch das $K_{präp\text{-}an}$ realisiert. In (36) ist das $K_{präp}$ *an Erfolg*. In *Behavior* werden die Erfahrung, die Verhaltensmuster u.ä. von *Protagonist* spezifiziert.

Der Unterframe *Expertise*[90] gehört zum nicht-lexikalisierten Oberframe *Gradable attributes*, darüber hinaus ist der Frame *Expertise* auch an einem weiteren nicht-lexikalisierten Frame, und zwar *Social bahavior evaluation*, beteiligt. Innerhalb des Frames *Social bahavior evaluation* werden die Prädikate aus dem Frame *Gradable attributes* und deren semantische Rollen spezifiziert. In *Social bahavior evaluation* liegen die Prädikate vor, die eine Bewertung des sozialen oder geistigen Zustandes oder Eigenschaften einer in der Regel belebten Größe (*Individual*) in Bezug auf einen sozialen oder geistigen Bereich (*Behavior*) ausdrücken. Die Bewertung wird von einer implizierten Größe (*Judge*) vorgenommen. Seinerseits spezifiziert der Frame *Expertise* den Bereich der sozialen oder geistigen Kompetenz der Bewertungsgröße. Dieser Frame enthält folglich die semantischen Rollen *Protagonist* und *Knowledge*. *Protagonist* steht in der Regel für die belebte Größe und bezeichnet die Bezugsgröße einer im Prädikat ausgedrückten Bewertung. *Knowledge* spezifiziert den Bereich, in dem *Protagonist* die soziale oder geistige Kompetenz besitzt, basierend auf der Bewertung durch die implizite semantische Rolle *Judge*. Die Rolle *Knowledge*, welche syntaktisch als $K_{präp}$ ausgedrückt wird, bezeichnet Fillmore als *Content* und Helbig als *Gegenstand psychischer Prozesse*.

(37) Aber *die Spitzklicker sind* nicht nur *auf dem politischen Parkett bewandert*, sie notieren auch ganz genau die Stärken und besonders die Schwächen im zwischenmenschlichen Bereich.
(M03/JAN.04394 Mannheimer Morgen, 22.01.2003)

---

90 https://framenet2.icsi.berkeley.edu/fnReports/data/frameIndex.xml?frame=Expertise.

In (37) verlangt das Prädikat *bewandert* [*sein*] die semantischen Rollen *Protagonist* und *Knowledge*. Auf der syntaktischen Ebene wird *Protagonist* durch das K_{sub} *die Spitzklicker* realisiert und bezeichnet eine Größe mit einer bestimmten sozialen oder geistigen Kompetenz. Die Art dieser Kompetenz wird in (37) durch das $K_{präp\text{-}auf}$ (*auf dem politischen Parkett*) konkretisiert.

Die Prädikate im Unterframe *Medical conditions*[91] drücken die Abweichung des physischen, geistigen oder emotionalen Zustandes einer Größe von einer bestimmten impliziten Norm aus. Konkret handelt es sich hier um die Krankheiten oder die medizinischen Zustände, in denen sich die Bezugsgröße befindet, welche diese Größe erleidet, von welchen sie geheilt wird oder an welchen sie gestorben ist. Dieser Frame umfasst die beiden semantischen Rollen *Patient* und *Ailment*. *Patient* ist in der Regel eine belebte Größe, die Rolle *Ailment* steht für jede mögliche Abweichung des *Patient*-Zustands vom impliziten Normalzustand. Die Rolle *Ailment* heißt bei Fillmore *Content* und bei Helbig *Inhalt*.

(38) Die über 120 Wissenschaftler um Bernie Devlin von der Universität Pittsburgh und Stephen Scherer vom Hospital for Sick Children in Toronto hatten mit Hilfe von Gen-Chips über 1100 Familien, in denen *mindestens zwei Mitglieder an Autismus erkrankt sind*, auf genetische Gemeinsamkeiten untersucht. (SPK/J07.00170 spektrumdirekt, 19.02.2007)

Die semantischen Rollen *Patient* und *Ailment* des Prädikats *erkrankt* [*sein*] werden auf der syntaktischen Ebene entsprechend durch das K_{sub} und das $K_{präp\text{-}an}$ realisiert. Die Rolle *Patient*, in (38) *mindestens zwei Mitglieder*, ist eine belebte Größe, die eine körperliche, geistige oder emotionale Abweichung von einer bestimmten impliziten Norm erleidet. Mit der Rolle *Ailment*, in (38) *an Autismus*, wird die Art der Abweichung spezifiziert.

Im Frame *Position on a scale*[92] findet die Bewertung einer bestimmten Größe bezüglich einer Eigenschaftsvariablen statt. Dieser Frame umfasst die beiden semantischen Rollen *Item* und *Variable*. Die Rolle *Item* steht sowohl für die belebten als auch unbelebten Größen, die bewertet werden. Mit der Rolle *Variable* wird der Bereich umrissen, in welchem die Bezugsgröße *Item* aufgrund dessen semantischer Füllung bewertet werden kann. Die syntaktisch als $K_{präp}$ ausgedrückte semantische Rolle *Variable* tritt bei Fillmore als *Content* und bei Helbig als *Inhalt* auf.

---

91 https://framenet2.icsi.berkeley.edu/fnReports/data/frameIndex.xml?frame=Medical_conditions.

92 https://framenet2.icsi.berkeley.edu/fnReports/data/frameIndex.xml?frame=Position_on_a_scale.

(39) Messersmiths Gruppe hatte nach diesem Vorbild ein ganz ähnliches Polymer synthetisch hergestellt, *das reich an der Aminosäure 3,4-L-Dihydroxyphenylalanin (DOPA) ist.*
(SPK/J07.00695 spektrumdirekt, 18.07.2007)

In (39) verlangt das Prädikat *reich* [*sein*] in der Bedeutung *etw. in großer Menge, Fülle haben* zwei Argumente mit den semantischen Rollen *Item* und *Variable.* Die semantische Rolle *Item* wird syntaktisch durch das K_{sub} realisiert. Sie bezeichnet die Bewertungsgröße *ein ganz ähnliches Polymer*, welche in Bezug auf die Eigenschaftsvariable *Aminosäure 3,4-L-Dihydroxyphenylalanin (DOPA)* charakterisiert wird. Diese Eigenschaftsvariable wird durch das $K_{präp}$ *an der Aminosäure 3,4-L-Dihydroxyphenylalanin (DOPA)* ausgedrückt.

Der Unterframe *Similarity*[93] umfasst die Prädikate, welche die Gleichheit, die Übereinstimmung oder die Ähnlichkeit einer gewissen Anzahl von Größen (*Entities*) bezüglich eines bestimmten Bereichs (*Dimension*) zum Ausdruck bringen. Der Bereich der Gleichheit, der Übereinstimmung oder der Ähnlichkeit wird oft im Prädikat selbst realisiert (40 und 42), seltener wird er außerhalb des Prädikats (41 und 44) genannt. Die semantische Rolle *Entities* (41, 42) kann in die Rollen *Entity 1* und *Entity 2* (40, 43 und 44) gespalten werden. *Entity 2* wird dann als die Basisgröße für die Feststellung des Gleichheits- oder Ungleichheitszustandes von *Entity 1* genutzt. Im Frame *Similarity* können die Prädikate folglich bis zu drei semantische Rollen haben: *Entities* bzw. *Entity 1* und *Entity 2* und *Dimension.* Die Rolle *Entity 2* erscheint bei Helbig als *Relationsträger* und bei Lee als *Verhältnisträger.*

(40) Walter Kempowski, 1929 in Rostock als Sohn eines Schiffsmaklers und einer Kaufmannstochter geboren, gehörte zur *Generation der Flakhelfer*, etwa *gleichaltrig mit Grass oder Walser.*
(M07/OKT.01259 Mannheimer Morgen, 06.10.2007)

(41) Und vielleicht wird dadurch ja auch ein Schritt in Richtung gesamteuropäische Schulausbildung gemacht, damit nicht mehr Äpfel mit Birnen verglichen werden müssen, sondern *alle Schulen in allen Ländern* zumindest *in ihren Grundzügen vergleichbar sind.*
(M05/JAN.05056 Mannheimer Morgen, 21.01.2005)

(42) „*Sie* waren *in ihrer Leistungsfähigkeit und Zuverlässigkeit gleichwertig mit Nichtbehinderten*", berichtet Petermann.
(R98/AUG.64463 Frankfurter Rundschau, 13.08.1998)

93 https://framenet2.icsi.berkeley.edu/fnReports/data/frameIndex.xml?frame=Similarity.

(43) „Bei La Roche *war* nach einer Expertenerhebung *die Datenbankstruktur der gelben Seiten* nicht mehr *identisch mit dem Organigramm des Unternehmens*", berichtet Probst.
(C98/NOV.05311 COMPUTER ZEITUNG, 26.11.1998)

(44) Selbst die Anordnung der einzelnen Werke scheint als Gesamtkunstwerk intendiert: Während *das Bild auf der schmalen Seite der Wand zwischen den beiden großen Fenstern der Wunderbar* den Betrachter mit warmen Rot- und Blautönen in Bann zieht, indem es an das angenehme und freundliche Farbspiel der untergehenden Sonne erinnert, kontrastiert auf der gegenüberliegenden Seite *das in Form und Größe identische Pendant* durch klare schwarz-weiß Töne.
(R98/FEB.09657 Frankfurter Rundschau, 05.02.1998)

Das Prädikat *identisch [sein]* in (43) eröffnet zwei Argumentstellen, die auf der semantischen Ebene durch die semantischen Rollen *Entity 1* und *Entity 2* realisiert werden. Auf der syntaktischen Ebene wird *Entity 1* durch das K_{sub} *die Datenbankstruktur der gelben Seiten* repräsentiert und bezeichnet die Größe, deren Ähnlichkeits- bzw. Übereinstimmungsgrad mit *Item 2* festgestellt wird. Die semantische Rolle *Item 2* wird auf der syntaktischen Ebene durch das $K_{präp}$ *mit dem Organigramm des Unternehmens* realisiert. Sie bezeichnet die Basis, auf deren Grundlage der Übereinstimmungsgrades mit *Item 1* festgestellt wird.

Zum Frame *Gradable Attributes* werden 31 der untersuchten Adjektive gezählt, die die Präpositionen *an*, *auf* und *mit* regieren. Das $K_{präp}$ hat in diesem Frame folgende syntaktische Realisierungsmöglichkeiten: PP, IK, NS – *dass*. Die Einteilung in die Unterframes sieht wie folgt aus:

Tab. 3: Die Einteilung der Adjektive in die Unterframes im Frame Gradable Attributes

Be in agreement on assessment			**Position on a scale**		
Adjektiv	**$K_{präp}$**	**Kasus**	**Adjektiv**	**$K_{präp}$**	**Kasus**
einig	mit	Dat.	arm	an	Dat.
einverstanden	mit	Dat.	jung	an	Dat.
uneinig	mit	Dat.	reich	an	Dat.
			reichhaltig	an	Dat.

Compatibility		
Adjektiv	**$K_{\text{präp}}$**	**Kasus**
kombinierbar	mit	Dat.
kompatibel	mit	Dat.
quitt	mit	Dat.
vereinbar	mit	Dat.
unvereinbar	mit	Dat.

Custom		
Adjektiv	**$K_{\text{präp}}$**	**Kasus**
gewohnt	an	Akk.
gewöhnt	an	Akk.

Expertise		
Adjektiv	**$K_{\text{präp}}$**	**Kasus**
bewandert	auf	Dat.
überlegen	an	Dat.
vertraut	mit	Dat.

Medical conditions		
Adjektiv	**$K_{\text{präp}}$**	**Kasus**
erkrankt	an	Dat.

Similarity		
Adjektiv	**$K_{\text{präp}}$**	**Kasus**
deckungsgleich	mit	Dat.
ebenbürtig	mit	Dat.
eins	mit	Dat.
gleichaltrig	mit	Dat.
gleichberechtigt	mit	Dat.
gleichrangig	mit	Dat.
gleichwertig	mit	Dat.
geistesverwandt	mit	Dat.
identisch	mit	Dat.
konform	mit	Dat.
solidarisch	mit	Dat.
vergleichbar	mit	Dat.
unvergleichbar	mit	Dat.

Im Frame *Gradable Attributes* liegen Adjektive mit fakultativen und obligatorischen $K_{\text{präp}}$ vor. Die Gruppe der Adjektive mit obligatorischem $K_{\text{präp}}$ umfasst folgende Adjektive: *arm an, bewandert auf, deckungsgleich mit, ebenbürtig mit, einig mit, eins mit, erkrankt an, gleichaltrig mit, gleichberechtigt mit, gleichrangig mit, gleichwertig mit, geistesverwandt mit, gewohnt an, gewöhnt an, identisch mit, kombinierbar mit, kompatibel mit, konform mit, quitt mit, reich an, solidarisch mit, vereinbar mit, vergleichbar mit, vertraut mit.* Zwischen dem Adjektiv und dem obligatorischen $K_{\text{präp}}$ sind die Bedeutungsrelation +BET und die Formrelationen ++FIX/+FIX, +KONST nachgewiesen worden. Zu den Adjektiven mit fakultativem $K_{\text{präp}}$ werden im Frame *Gradable Attributes* folgende gezählt: *einverstanden mit, jung an, reichhaltig an, überlegen an.*

(45) Auch der Filius von Johannes Faber wirkt bisweilen mit: *Joachim Deutschland* – so sein Künstlername – *soll* vor allem *auf dem Feld der Rock- und Popmusik bewandert sein.*
(M03/JUL.42608 Mannheimer Morgen, 01.07.2003)

(45a) *Joachim Deutschland ist bewandert.

(45b) *Joachim Deutschland [...] ist *über/nach/an* dem Feld der Rock- und Popmusik bewandert.
(45c) *Joachim Deutschland [...] ist auf *das* Feld der Rock- und Popmusik bewandert.
(45d) Joachim Deutschland ist *darauf* bewandert.
(45e) *Worauf* ist Joachim Deutschland bewandert?
(45f) *Joachim Deutschland ist *darauf* bewandert, dass das Feld der Rock- und Popmusik [...].

In (45) ist *bewandert* [*sein*] das Prädikat. Es verlangt zwei Argumente mit den semantischen Rollen *Protagonist* (*Joachim Deutschland*) und *Knowledge* (*auf dem Feld der Rock- und Popmusik*). Nach der Reduktion der Phrase *auf dem Feld der Rock- und Popmusik* verliert der Satz seine Grammatikalität, weil der Ausdruck *bewandert sein* ohne das $K_{\text{präp-auf}}$ in der deutschen Sprache nicht üblich ist (45a). Die Information über die Art der sozialen oder geistigen Kompetenz fehlt im Satz. Der Satz ist folglich weder grammatisch korrekt, noch ist er inhaltlich vollständig.

(46) *Der 23-Jährige ist an dem Zytomegali-Virus erkrankt*, das Fieber verursacht und innere Organe angreift.
(M02/OKT.79965 Mannheimer Morgen, 25.10.2002; Sport-Report)
(46a) Der 23-Jährige ist erkrankt.
(46b) *Der 23-Jährige ist *auf/nach/zu* dem Zytomegali-Virus erkrankt, [...].
(46c) *Der 23-Jährige ist an *das* Zytomegali-Virus erkrankt, [...].
(46d) Der 23-Jährige ist *daran* erkrankt.
(46e) *Woran* ist der 23-Jährige erkrankt?
(46f) *Der 23-Jährige ist *daran* erkrankt, dass das Zytomegali-Virus [...].

Das Adjektiv *erkrankt* verlangt auch ein obligatorisches $K_{\text{präp}}$, es weist aber eine schwache Fixiertheit auf. Das Prädikat in (46) ist *erkrankt* [*sein*]. Seine Argumente haben die semantischen Rollen *Patient* (*Der 23-Jährige*) und *Ailment* (*an dem Zytomegali-Virus*). Ohne das $K_{\text{präp}}$ ist die Aussage nicht vollständig und das Prädikat wird zur allgemeinen Charakterisierung des Zustandes des K_{sub} (*Der 23-Jährige*) eingesetzt (46a). Beim Weglassen des $K_{\text{präp}}$ (*an dem Zytomegali-Virus*) findet folglich eine Modalisierung der Aussage statt. Dabei tritt nicht die körperliche, geistige oder emotionale Abweichung von einer bestimmten impliziten Norm von *Patient* in den Vordergrund, sondern sein Zustand.

(47) Die Untersuchung an 3500 Personen belegt, dass *sexuell erfüllte Menschen* bis zu zehn Jahre jünger aussehen, ein gestärktes Immunsystem haben,

eine höhere Konzentrationsfähigkeit aufweisen und *reicher an Ideen sind* als Sexmuffel.
(M00/OKT.64295 Mannheimer Morgen, 19.10.2000; Von Tag zu Tag)

(47a) Sexuell erfüllte Menschen sind reich an Ideen.
(47b) Sexuell erfüllte Menschen sind reich.
(47c) *Sexuell erfüllte Menschen sind reich *auf/unter/von* Ideen.
(47d) *Sexuell erfüllte Menschen sind reich an *(die)* Ideen.
(47e) Sexuell erfüllte Menschen sind *daran* reich.
(47f) *Woran* sind sexuell erfüllte Menschen reich?
(47g) *Sexuell erfüllte Menschen sind *daran* reich, dass die Ideen [...].

In (47) und (47a) ist das Prädikat *reich* [*sein*], das zwei Komplemente K_{sub} (*sexuell erfüllte Menschen*) und $K_{präp}$ (*reich an Ideen*) verlangt. Hier liegt der Fall vor, in dem das Adjektiv nach der Reduktion seine Bedeutung ändert. Nach der Reduktion von $K_{präp}$ wird das Adjektiv *reich* nicht in der Bedeutung *durch eine Fülle von etw. gekennzeichnet, etw. in großer Menge, Fülle haben* wie in (47) und (47a), sondern in der Bedeutung *viel Geld u. materielle Güter besitzend, Überfluss daran habend* verwendet (47b). Da durch die Reduktion von $K_{präp}$ eine neue Proposition entsteht, die Phrase *an Ideen* als absolut fixiert (++FIX) und am Sachverhalt beteiligt (+BET) erwiesen wird, handelt es sich um ein obligatorisches $K_{präp\text{-}an}$.

Im Frame *Gradable Attributes* sind auch Adjektive mit fakultativen $K_{präp}$ vorhanden. In diesem Fall liegt zwischen dem Adjektiv und dem fakultativen $K_{präp}$ die Bedeutungs- und Formrelation +MSKONST und +KONST vor. In (48) verlangt das Prädikat *einverstanden* [*sein*] die zwei Argumente *Cognizers* (*Einige Aktionäre*) und *Topic* (*mit der Fusion* und *mit den Bedingungen*).

(48) *Einige Aktionäre waren* zwar *mit der Fusion* an sich *einverstanden*, nicht aber *mit den Bedingungen.*
(C98/NOV.05301 COMPUTER ZEITUNG, 26.11.1998)

(48a) Einige Aktionäre waren einverstanden.
(48b) *Einige Aktionäre waren zwar *nach/zu/von* der Fusion an sich einverstanden, nicht aber *nach/zu/von* den Bedingungen
(48c) Einige Aktionäre waren *damit* einverstanden.
(48d) *Womit* waren einige Aktionäre einverstanden?
(48e) Einige Aktionäre waren *damit* einverstanden, *dass* die Fusion *stattfindet.*
(48f) *Einige Aktionäre waren *damit* nicht einverstanden, *dass* die Bedingungen der Fusion [...].

Wenn das *Topic*-Argument aus der Proposition weggelassen wird, behält das Prädikat seine Bedeutung *etw. billigend; jmdm., einer Sache zustimmend,* und der Satz ist sowohl grammatisch richtig, als auch inhaltlich verständlich (48a). Da aber in der Proposition die Information über den Gegenstand der Übereinstimmung fehlt, ist der Satz inhaltlich nicht vollständig (vgl. 48a und 48). Die fehlende Information kann durch das *Topic*-Argument ergänzt werden, welches den Bereich der Übereinstimmung (vgl. semantische Merkmale des $K_{\text{präp}}$ von *einverstanden*) spezifiziert. Die Beibehaltung der Bedeutung, die Grammatikalität und die inhaltliche Verständlichkeit des Satzes verweisen darauf, dass das $K_{\text{präp}}$ nicht fixiert, am Sachverhalt nicht beteiligt ist und folglich als ein fakultatives $K_{\text{präp-mit}}$ auftritt.

Zusätzlich wird der Komplementstatus der relevanten Phrasen sowohl bei den Adjektiven mit obligatorischem als auch mit fakultativem Komplement durch die Tests KT (45c, 45d, 46b, 46c, 47c, 47d, 48b), PAT (45e, 46d, 47e, 48c), ET (45f, 46e, 47f, 48d), ÜT (48e) ermittelt.

Die Adjektive mit obligatorischem $K_{\text{präp}}$ werden in diesem Frame in drei Gruppen gegliedert. Zur Gruppe der Prädikate mit Grammatikalitätsverlust gehören: *bewandert auf, deckungsgleich mit, ebenbürtig mit, einig mit, eins mit, gleichberechtigt mit, gleichrangig mit, gleichwertig mit, geistesverwandt mit, gewohnt an, gewöhnt an, identisch mit, kombinierbar mit, kompatibel mit, konform mit, quitt mit, vereinbar mit, vergleichbar mit, vertraut mit, uneinig mit, unvereinbar mit, unvergleichbar mit.* Die Gruppe der Prädikate mit schwach fixiertem $K_{\text{präp}}$ umfasst *erkrankt an, gleichaltrig mit, solidarisch mit.* Zur Gruppe der Prädikate mit Bedeutungsänderung werden *arm an, reich an* gezählt.

Die Adjektive mit fakultativem $K_{\text{präp}}$ bezeichnen einen Zustand und bilden folglich nur eine Gruppe. Zu dieser Gruppe gehören: *einverstanden mit, jung an, reichhaltig an, überlegen an.*

7.7 Der Frame *People*

Der Frame *People*[94] umfasst im Allgemeinen Wörter, die Lebewesen, meistens Menschen, bezeichnen. Er basiert auf den Frames *Entity* und *Biological entity.* Für die vorliegende Untersuchung sind die Frames *Personal relationship* und *Residence* relevant.

94 https://framenet2.icsi.berkeley.edu/fnReports/data/frameIndex.xml?frame=People.

Abb. 11: Die Framegruppe People.

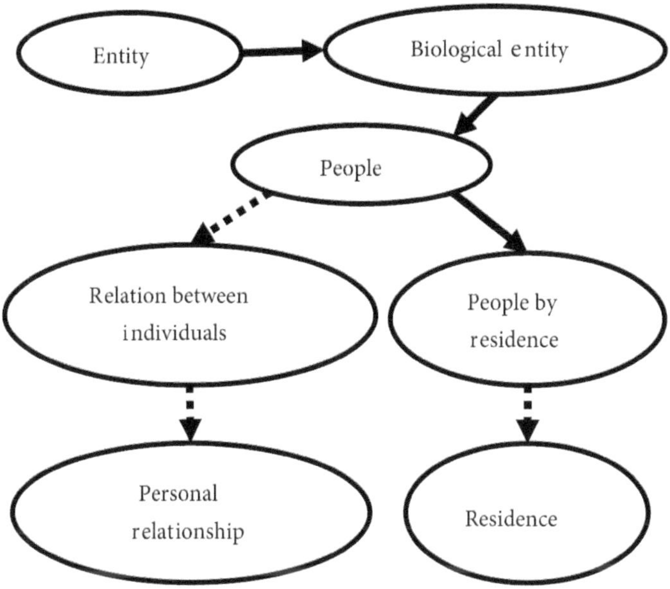

Der Frame *Personal relationship* hat keine direkte Verbindung zum Frame *People*, weil er sich zuerst auf den Frame *Relation between individuals* bezieht. Zu diesem Frame gehören Prädikate, die alle möglichen Beziehungen zwischen Lebewesen benennen. Zusätzlich benutzt dieser Frame die bereits beschriebenen Zusammenhänge zwischen den Größen aus dem Frame *Relation*. Der Frame *Residence* greift bei der Beschreibung der Verhältnisse zwischen seinen Größen zuerst auf den Frame *People by residence* und dann auf den Frame *People* zurück.

Die Prädikate im Frame *Personal relationship*[95] bezeichnen die Beziehungen zwischen bestimmten Größen. Diese Größen können sowohl belebte (49) als auch unbelebte, sinnlich wahrnehmbare Größen[96] (58) sein. Die bestehende Beziehung wird als das Ergebnis bestimmter von Menschen oder von den in den Argumenten enthaltenen Größen unternommenen Handlungen wahrgenommen. Dabei zeigt das Prädikat an, dass eine Veränderung eines bestimmten

95 https://framenet2.icsi.berkeley.edu/fnReports/data/frameIndex.xml?frame=Personal_relationship.

96 Das ist der Fall, wenn zur Beschreibung des Verhältnisses zwischen diesen Größen die zwischenmenschlichen Beziehungen metaphorisch verwendet werden.

Zustandes stattgefunden hat und die aktuelle, zwischen den Größen bestehende Beziehung als das Ergebnis dieser Veränderung auftritt. Die Prädikate verlangen in diesem Frame folglich zwei Argumente. Diese werden semantisch als *Partner 1* und *Partner 2* ausgedrückt. Wenn die Art der Beziehung zwischen den Größen betont wird, können *Partner 1* und *Partner 2* zu *Partners* verschmelzen. Die als $K_{präp}$ ausgedrückte Rolle *Partner 2* wird bei Helbig als *Relationsträger* und bei Lee als *Verhältnisträger* bezeichnet.

(49) Laut Polizei *war Lafave* in ihrer Wohnung und im Klassenzimmer *mit dem Jungen* mehrmals *intim*.
(M05/NOV.96835 Mannheimer Morgen, 24.11.2005)

In (49) ist das Prädikat *intim* [*werden*] in der Bedeutung *sexuell verkehren*. Es verlangt zwei Argumente, die als *Partner 1* (*Lafave*) und *Partner 2* (*mit dem Jungen*) realisiert werden. Auf der syntaktischen Ebene treten sie entsprechend als K_{sub} und $K_{präp\text{-}mit}$ in komitativer Bedeutung auf.

Im Frame *Residence*[97] werden die Prädikate zusammengefasst, welche Menschen und ihre ständigen oder vorübergehenden Aufenthaltsorte beschreiben. So verlangen die Prädikate in diesem Frame zwei Argumente, und zwar das *Resident*- und das *Location*-Argument. Die semantische Rolle *Resident* bezeichnet belebte Größen und wird syntaktisch als K_{sub} realisiert. Dabei besteht für die Rolle *Resident*, wenn sie mehr als ein Lebewesen bezeichnet, keine Möglichkeit, semantisch gespalten zu werden. So kann die Mehrzahl von Personen nur durch die Pluralform des Nomens oder Pronomens im K_{sub} ausgedrückt werden (50). Die semantische Rolle *Location* definiert im Allgemeinen den Aufenthaltsbereich von *Resident*. Diese Rolle wird syntaktisch als das K_{sit} realisiert. Helbig bezeichnet die semantische Rolle *Location* als *Lokativ*. Die Präposition im K_{sit} hängt von der semantischen Füllung des *Location*-Arguments ab. Somit ist die Präposition austauschbar. So erscheint in (51) die Präposition *in*, da *in* bei Städten, Gebäuden oder Parkanlagen verwendet wird. In (52) und (54) steht die Präposition *an*, welche bei Flüssen, Seen, Straßen und allgemein aufgrund der vertikalen Ausrichtung des Aufenthaltsortes von *Resident* verwendet wird. Die Präposition *auf* bezeichnet in ihrer direkten Bedeutung die horizontale Ausrichtung der Bewegung oder des Aufenthaltsortes (53).

(50) Traurige Tropen: *Die Pygmäen*, *die* hier *an der Straße sesshaft sind*, entsprechen auf trostlos perfekte Art dem Klischee von einem Volk, das zum Opfer des Fortschritts geworden ist.
(R99/AUG.69241 Frankfurter Rundschau, 30.08.1999)

---

97 https://framenet2.icsi.berkeley.edu/fnReports/data/frameIndex.xml?frame=Residence.

(51) Die Künstlerin, in Heidelbergs Partnerstadt Rehovot geboren und *in Yavne wohnhaft*, studierte an verschiedenen Hochschulen Israels Bildende Kunst, Textildruck, Textildesign und Bühnendesign, bevor sie ab 1975 selbst als Dozentin für Siebdruck, Malereitechnik und Bühnenbau an einer Kunstakademie sowie als Bühnen- und Kostümdesignerin an mehreren israelischen Theatern tätig war.
(M04/JUN.37470 Mannheimer Morgen, 05.06.2004)

(52) Karl Ganz, seit ewigen Zeiten vis à vis *an der Friedrich-Ebert-Straße 46 sesshaft*, hat schon alle Hebel in Bewegung gesetzt, um einen Verantwortlichen zu finden, der die instabile und inzwischen überflüssige Überdachung abreißt,- vergebliches Mühen. Keiner fühlt sich zuständig.
(M04/OKT.76471 Mannheimer Morgen, 29.10.2004)

(53) In einer Art „Cafeteria" boten sie zunächst den nicht-symbiotischen Insekten – also Arten, die in der Vegetation jagen und nicht dauerhaft *auf Akazien sesshaft werden* – Nektar von Myrmekophyten und Nicht-Myrmekophyten an, zudem Lösungen von Glukose, Fruktose und Saccharose sowie einen Cocktail aus diesen drei Zuckern.
(SPK/J05.00481 spektrumdirekt, 22.04.2005)

(54) Verarbeitet werden deshalb Holzarten, die wenig Wasser aufnehmen: zum Beispiel das Thujaholz; der Riesenbaum *ist an der amerikanischen Westküste beheimatet* und quillt kaum auf.
(M02/MAR.23678 Mannheimer Morgen, 26.03.2002)

Das Prädikat *sesshaft* [*werden*] in (50) verlangt zwei Argumente, die auf der semantischen Ebene durch die semantischen Rollen *Resident* und *Location* realisiert werden. Auf der syntaktischen Ebene wird *Resident* durch das K_{sub} *Die Pygmäen* ausgedrückt und steht für die Größe, der ein gewisser beständiger Aufenthaltsort aufgrund des *Location*-Arguments zugeschrieben wird. Das *Location*-Argument tritt auf der syntaktischen Ebene als das K_{sit} mit der Präposition *an* (*an der Straße*) auf.

(55) *In Deutschland* ist *sie an der Bergstraße* beheimatet, das mediterrane Klima macht dies möglich.
(M98/OKT.85224 Mannheimer Morgen, 31.10.1998)

(56) Wenn man nicht zuverlässig wüsste, dass die Cappella Istropolitana *in der slowakischen Hauptstadt an der Donau* beheimatet ist, wo man Walzer, keinen Tango tanzt, hätte man schwören können, die Musiker seien allesamt Argentinier.
(M06/OKT.79734 Mannheimer Morgen, 13.10.2006)

(57) Unter den rund 230 Gästen konnte der Vorsitzende Andreas Maier auch Stadtrat Ralf Eisenhauer begrüßen, außerdem Werner Eisen, den Hausherrn und Vorsitzenden der Interessengemeinschaft der Käfertaler Vereine, Mitglieder des Clubs der Film- und Fotofreunde Käfertal, die seit 1969 *im Vereinshaus des TV an der Wachenheimer Straße* beheimatet sind, sowie die Ehrenmitglieder des Vereins.
(M05/OKT.88909 Mannheimer Morgen, 29.10.2005)

In Sätzen wie (55) ist es schwierig, das K_{sit} und das Supplement eindeutig voneinander abzugrenzen. Beide Phrasen *In Deutschland* und *an der Bergstraße* bezeichnen den Aufenthaltsort von *Resident*. Zur Unterscheidung zwischen dem K_{sit} und dem Supplement kann der AT nicht eingesetzt werden, weil dieses TV beide Phrasen als Supplemente erschließt. Eine der Möglichkeiten, das K_{sit} und das Supplement voneinander zu unterscheiden, ist die Bestimmung der Sachverhaltskontextualisierung und der Prädikatsbezogenheit durch die allgemeine und die konkrete Positionsbeschreibung von *Resident*. Während die Phrase *In Deutschland* auf das Land verweist, in dem sich das K_{sub} aufhält, bezeichnet die Phrase *an der Bergstraße* die genaue Position des K_{sub} innerhalb dieses Landes. Die Phrase mit der genauen Positionsbeschreibung von *Resident* füllt die im Prädikat enthaltene Leerstelle für den Aufenthaltsort aus. Gleichzeitig dient die Phrase mit der allgemeinen Positionsbeschreibung zur Kontextualisierung des Sachverhalts. Eine PP kann auch als Attribut zu einer anderen PP auftreten. In diesem Fall bezieht sich diese PP auf das Nomen in der anderen PP und nicht auf das Prädikat (56 und 57).

Zum Frame *People* werden dreizehn der untersuchten Adjektive gezählt, die die Präpositionen *an*, *auf* und *mit* regieren. Das $K_{präp}$ wird in diesem Frame als PP realisiert. Das K_{sit} kommt als PP oder als Adverb vor. Die Einteilung in die Unterframes sieht wie folgt aus:

Tab. 4: Die Einteilung der Adjektive in die Unterframes im Frame People

Personal relationship			**Residence**		
Adjektiv	**$K_{präp}$**	**Kasus**	**Adjektiv**	**K_{sit}**	**Kasus**
befreundet	mit	Dat.	beheimatet	an	Dat.
bekannt	mit	Dat.	heimisch	an	Dat.
intim	mit	Dat.	heimisch	auf	Dat.
verheiratet	mit	Dat.	sesshaft	an	Dat.
verlobt	mit	Dat.	sesshaft	auf	Dat.
verwandt	mit	Dat.	verwurzelt	an	Dat.
			wohnhaft	an	Dat.

Im Frame *People* liegen Adjektive mit fakultativen und obligatorischen $K_{präp}$ vor. Die aQUa *befreundet mit, beheimatet an, bekannt mit, heimisch an, heimisch auf, intim mit, verwandt mit, wohnhaft an, verwurzelt an* verlangen ein obligatorisches $K_{präp}$. Sie werden in drei Gruppen unterteilt, und zwar in die Gruppe der Adjektive mit Grammatikalitätsverlust, in die Gruppe der Adjektive mit Bedeutungsänderung und in die Gruppe der Adjektive mit schwach fixiertem $K_{präp}$.

Zur Gruppe der Adjektive mit Grammatikalitätsverlust gehören *befreundet mit, beheimatet an, intim mit, verwandt mit, wohnhaft an, verwurzelt an.* Zwischen den Adjektiven *befreundet mit, intim mit, verwandt mit* und dem $K_{präp}$ sind die Bedeutungsrelation +BET und die Formrelationen ++FIX, +KONST festgestellt worden. Da die Adjektive *beheimatet an, wohnhaft an, verwurzelt an* ein K_{sit} verlangen, liegen zwischen diesen Adjektiven und dem K_{sit} die Bedeutungsrelationen +BET und +AUTOKOD und die Formrelation ++FIX vor.

(58) *XML ist mit der Internetseitenbeschreibungssprache HTML verwandt.* (C98/FEB.00627 COMPUTER ZEITUNG, 19.02.1998)
(58a) *XML ist verwandt.
(58b) *XML ist *von/zu/nach* der Internetseitenbeschreibungssprache HTML verwandt.
(58c) XML ist *damit* verwandt.
(58d) *Womit* ist XML verwandt?
(58e) *XML ist *damit* verwandt, *dass* die Internetseitenbeschreibungssprache HTML […].

Das Adjektiv *verwandt* wird in (58) in der Bedeutung *gleicher Herkunft, von ähnlicher Beschaffenheit, Art, ähnliche Eigenschaften, Züge, Merkmale aufweisend* verwendet. Das Prädikat *verwandt* [*sein*] eröffnet zwei Argumentstellen, die auf semantischer Ebene als die semantischen Rollen *Partner 1* und *Partner 2* auftreten. Die Rollen *Partner 1* und *Partner 2* bezeichnen nicht belebte, sinnlich wahrnehmbare Größen, und zwar die Programmiersprachen *XML* und *HTML.* Auf der syntaktischen Ebene werden diese Rollen entsprechend als das K_{sub} *XML* und das $K_{präp}$ *mit der Internetseitenbeschreibungssprache HTML* realisiert. Nach der Reduktion des $K_{präp}$ verliert der Satz seine Grammatikalität (58a). Einerseits ist die Konstruktion *verwandt* [*sein*] ohne das $K_{präp}$ nicht üblich, andererseits fehlt im Satz die Information zur Größe, die aufgrund ihrer Beschaffenheit, Eigenschaften und Merkmale als eine Vergleichs- und Bezugsbasis für das *Partner 1*-Argument auftritt. Der Komplementstatus des $K_{präp}$ *mit der Internetseitenbeschreibungssprache HTML* wird durch die Tests KT, PAT und ET bestätigt. Beim Austausch der Präposition wird der Satz ungrammatisch (58b). Da die

Präposition *mit* nur mit dem Kasus *Dativ* verwendet wird, lässt sich der Kasus in diesem Fall nicht austauschen. Die Phrase *mit der Internetseitenbeschreibungssprache HTML* lässt sich außerdem problemlos durch das Pronominaladverb *damit* und durch das Fragepronomen *womit* ersetzen (58c und 58d). Wegen der semantischen Markierung des *Partner 2*-Arguments ist es aber unmöglich, die Phrase in einen Nebensatz mit Korrelat zu überführen. Folglich ist der ÜT in diesem Fall nicht anwendbar (58e).

(59) In mehreren Schreiben an Oberbürgermeister Gerhard Widder und die für Mannheim zuständigen Abgeordneten in Bund und Land hatten sich *der Rechtsanwalt Manfred Gerstheimer sowie Wolfgang und Bärbel Müller, wohnhaft am Wachenheimer Weg*, ein Mindestmaß an Rücksichtnahme der amerikanischen Streitkräfte gegenüber der angrenzenden Zivilbevölkerung erbeten.
(M03/MAI.30428 Mannheimer Morgen, 09.05.2003)

(59a) *Der Rechtsanwalt Manfred Gerstheimer sowie Wolfgang und Bärbel Müller sind wohnhaft.

(59b) Der Rechtsanwalt Manfred Gerstheimer sowie Wolfgang und Bärbel Müller sind wohnhaft *in* Darmstadt.

(60) „Gesteine" lautet das neue Werk von *Peter Rothe*, Professor für Geologie an der Universität Mannheim und seit 30 Jahren *wohnhaft in Hirschberg.*
(M03/JAN.02343 Mannheimer Morgen, 13.01.2003)

(60a) *Peter Rothe, Professor für Geologie an der Universität Mannheim ist wohnhaft.

(60b) Peter Rothe, Professor für Geologie an der Universität Mannheim ist wohnhaft *am* Ulmer Weg.

Zur Gruppe der Adjektive mit Grammatikalitätsverlust gehören auch die Adjektive, die ein K_{sit} verlangen, wie z.B. *wohnhaft* (59) und (60). Nach Eliminierung der relevanten PP werden die Sätze ungrammatisch (59a) und (60a), sodass die PP im Satz als absolut fixiert einzustufen sind. Die Präposition kann im K_{sit}, begrenzt durch die semantische Selektionsbeschränkung des Prädikats (59b) und (60b), unterschiedlich sein. Syntaktisch gesehen wird bei Adjektiven wie *wohnhaft* das K_{sit} durch die lexikalisch-funktionale, nicht aber durch die lexikalisch-statusformale Rektion an das Adjektiv gebunden.

Zur Gruppe der Adjektive mit Bedeutungsänderung zählt nur das aQUa *bekannt mit*. So wie in der Gruppe der Adjektive mit Grammatikalitätsverlust sind in dieser Gruppe zwischen dem Adjektiv und dem $K_{präp}$ die Bedeutungsrelation +BET und die Formrelationen ++FIX, +KONST festgestellt worden.

(61) *Er war mit einem Redakteur des Blattes bekannt.*
(M01/FEB.11428 Mannheimer Morgen, 17.02.2001)
(61a) Er war bekannt.
(61b) *Er war *von/zu/nach* einem Redakteur des Blattes bekannt.
(61c) Er war *mit ihm* bekannt.
(61d) *Mit wem* war er bekannt?
(61e) *Er war *damit* bekannt, *dass* ein Redakteur des Blattes [...].

In (61) verlangt das Prädikat *bekannt* [*sein*] in der Bedeutung *mit jmdm., etw. vertraut sein* das *Partner 1*- und das *Partner 2*-Argument. Die beiden Argumente repräsentieren belebte Größen und zwar Personen. Zwischen diesen Größen besteht eine Beziehung, die aufgrund der im Prädikat *bekannt* [*machen*] *mit* ausgedrückten Handlung entstanden ist. Die beiden Argumente werden auf der syntaktischen Ebene entsprechend durch das K_{sub} *Er* und das $K_{präp}$ *mit einem Redakteur des Blattes* ausgedrückt. Nach der Reduktion des $K_{präp}$ verändert sich die Bedeutung des Adjektivs, wodurch eine andere Proposition entsteht (61a). In (61a) wird das Adjektiv in der Bedeutung *von vielen gekannt, gewusst, berühmt, weithin angesehen* verwendet. Das $K_{präp}$ wird somit als *absolut fixiert* und *am Sachverhalt beteiligt* erwiesen. Den Komplementstatus der Phrase *mit einem Redakteur des Blattes* ermitteln die syntaktischen TV KT, PAT, ET und ÜT (61b, 61c, 61d und 61e).

Das aQUa *heimisch an* gehört der Adjektivgruppe mit schwach fixiertem $K_{präp}$ an. Zwischen diesem Adjektiv und dem $K_{präp}$ sind die Bedeutungs- und Formrelationen +BET, +AUTOKOD und +FIX ermittelt worden.

(62) Als besonders einfallsreich erwies sich der chinesische Kaskadenfrosch Amolops tormotus, der an den schnell fließenden Gewässern der Heißen Quellen von Huangshan *heimisch ist*: [...].
(SPK/J06.00308 spektrumdirekt, 15.03.2006)
(63) Die Schnäppchenliste des Westens führt Wilhelmshaven an. *Wer an der Nordseeküste heimisch werden will*, muß 190 000 Mark berappen.
(R98/AUG.63149 Frankfurter Rundschau, 08.08.1998)
(63a) Die Schnäppchenliste des Westens führt Wilhelmshaven an. Wer *heimisch werden will*, muß 190 000 Mark berappen.
(63b) Wer *heimisch werden will*, muß 190 000 Mark berappen.
(63c) *Wer *in/um* der Nordseeküste heimisch werden will, muß 190 000 Mark berappen.
(63d) *Wer an *die* Nordseeküste heimisch werden will, muß 190 000 Mark berappen.
(63e) *Wo* will jemand heimisch werden?
(63f) *Jemand will *daran* heimisch werden, *dass* die Nordseeküste [...].

Das Prädikat *heimisch* [*sein*] in der Bedeutung *wie zu Hause, vertraut* in (63) verlangt das *Resident-* und das *Location*-Argument. Diese Argumente werden auf der syntaktischen Ebene entsprechend als das K_{sub} *Wer* und das K_{sit} *an der Nordseeküste* realisiert. Während das *Resident*-Argument eine belebte Größe nennt, wird im *Location*-Argument der Aufenthaltsort dieser Größe spezifiziert. Ob sich *Resident* aktuell oder in der Zukunft an dem genannten Aufenthaltsort befindet, hängt von dem KV im Prädikat ab (vgl. 62 und 63). Das *Location*-Argument nimmt bei dem Adjektiv *heimisch* am Sachverhalt teil und wird deshalb als ein obligatorisches K_{sit} gedeutet, weil die Proposition ohne es nicht vollständig ist. Hier fehlt die Information zum Ort, der als die mögliche Heimat auftritt (63b). Da der Satz beim Weglassen dieses K_{sit} bei der Berücksichtigung des Kontextes (Vorerwähntheit) grammatisch korrekt bleibt, die Proposition ihre Bedeutung nicht ändert und verständlich ist (vgl. 63 und 63a), wird das K_{sit} bei dem Adjektiv *heimisch* als ein schwach fixiertes obligatorisches Komplement eingestuft. Da das K_{sit} *an der Nordseeküste* nur durch die lexikalisch-funktionale Rektion an das Adjektiv *heimisch* gebunden ist und die Supplementeigenschaften aufweist, ist die Anwendung syntaktischer TV möglich, dennoch helfen diese TV bei der Bestätigung der Obligatheit des K_{sit} nicht (63c, 63d, 63e und 63f).

Vier der untersuchten Adjektive aus dem Frame *People* verlangen ein fakultatives $K_{präp}$. Es sind die aQUa *sesshaft an*, *sesshaft auf*, *verheiratet mit*, *verlobt mit*. Zwischen diesen Adjektiven und dem $K_{präp}$ sind die Bedeutungsrelation +MSKONST, +AUTOKOD und die Formrelationen +KONST ermittelt worden.

(64) In Kenia fand man zu heutigen Zeiten bei *Frauen, die mit mehreren Männern verheiratet sind*, ebenfalls einen prozentual geringeren Anteil an Jungengeburten.
(SPK/J04.01220 spektrumdirekt, 20.10.2004)
(64a) Die Frauen sind verheiratet.
(64b) Die Frauen sind *mit den Männern/mit den Sportlern/mit den Helden* verheiratet.
(64c) *Die Frauen sind *von/zu/nach* den Männern verheiratet.
(64d) Die Frauen sind *mit ihnen* verheiratet.
(64e) *Mit wem* sind die Frauen verheiratet?

In (64) verlangt das Prädikat *verheiratet* [*sein*] in der Bedeutung *in einer ehelichen Verbindung sein* zwei Argumente, welche auf der semantischen Ebene als die semantischen Rollen *Partner 1* und *Partner 2* auftreten. Auf der syntaktischen Ebene werden diese entsprechend durch das K_{sub} (*die Frauen*) und durch das $K_{präp-mit}$ (*mit mehreren Männern*) ausgedrückt. Syntaktisch ist die Phrase *mit mehreren Männern* nicht fixiert, weil der Satz nach ihrer Eliminierung grammatisch korrekt bleibt (64a). Nach der Reduktion des $K_{präp}$ behält das Adjektiv *verheiratet* seine Bedeutung und bezeichnet noch immer eine zwischenmenschliche Beziehung. Ohne das *Partner 2*-Argument bleibt der Satz semantisch verständlich, ist aber semantisch unvollständig, weil im Satz die für diese Größe vorangelegte Leerstelle nicht ausgefüllt ist. Diese Leerstelle kann im Rahmen des FT durch die mit dem *Partner 1*-Argument semantisch kompatiblen Größen ergänzt werden (64b). Den Komplementstatus der Phrase *mit mehreren Männern* ermitteln die Tests KT, PAT und ET (64c, 64d, 64e). Der ÜT ist aufgrund der semantischen Markierung des Nomens im $K_{präp}$ nicht anwendbar.

7.8 Der Frame *Reliance*

Das Adjektiv *angewiesen* mit der regierten Präposition *auf* in der Bedeutung *von jmdm., etw. abhängig sein* gehört zum Frame *Reliance*.[98] Dieser Frame basiert auf dem Frame *Needing*.[99]

Abb. 12: Die Framegruppe Reliance.

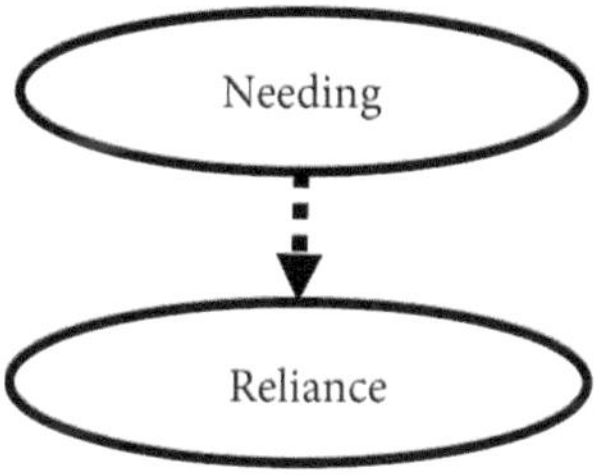

Die Prädikate in diesem Frame beschreiben im Allgemeinen einen Abhängigkeitszustand. Die Größe, die in Abhängigkeit zu einer anderen Größe steht, ist in der Regel eine belebte, sinnlich wahrnehmbare Größe und wird im *FrameNet* als das *Protagonist*-Argument beschrieben. Die deutsche Bezeichnung für diese Rolle ist *Tps*. Die zweite Größe der Abhängigkeitsbeziehung kann sowohl eine sinnlich wahrnehmbare belebte und unbelebte Größe als auch ein aktivischer Sachverhalt und eine Denkkatagorie sein. Diese Größe wird im *FrameNet* als ein *Instrument*-Argument bezeichnet. Dieser Rolle entspricht die deutsche Bezeichnung *Instrument*. Im Allgemeinen beschreibt es auch den *Gps*. Außer dem *Protagonist*- und dem *Instrument*-Argument eröffnen die Prädikate

98 https://framenet2.icsi.berkeley.edu/fnReports/data/frameIndex.xml?frame=Reliance.
99 https://framenet2.icsi.berkeley.edu/fnReports/data/frameIndex.xml?frame=Needing.

in diesem Frame laut *FrameNet* eine weitere Argumentstelle. Es handelt sich um das Argument, das die Rolle des eigentlichen Auslösers des Abhängigkeitszustands erfüllt. Das *Protagonist*-Argument beabsichtigt, eine Handlung auszuführen, und da diese Handlung ohne die Heranziehung fremder Hilfe oder anderer Hilfsmittel (das *Instrument*-Argument) nicht ausgeführt werden kann, entsteht zwischen dem *Protagonisten* und dem *Instrument* ein Abhängigkeitszustand. Das *Instrument*-Argument wird dabei als die Größe betrachtet, von der die erfolgreiche Durchführung der Handlung abhängt. Die beabsichtigte Handlung wird im *FrameNet* als das *Benefit*-Argument verankert und bezeichnet in der Regel aktivische Sachverhalte. Diese Rolle wird im Deutschen als *Modativ* umschrieben, weil sie den Grund für den Abhängigkeitszustand von *Protagonist* nennt. In diesem Sinne ist das im *FrameNet* als *Benefit* verankerte Argument deshalb auch nicht als Nutznießer des Abhängigkeitszustandes zu verstehen. Diese Argumente werden auf der syntaktischen Ebene als K_{sub} und $K_{präp}$ realisiert (65). Die semantische Rolle *Protagonist* wird als das K_{sub} (*Institut*), die Rolle *Instrument* als das $K_{präp\text{-}auf}$ (*auf die Zusammenarbeit mit Dritten*) und die Rolle *Benefit* als das $K_{präp\text{-}bei}$ (*bei deren Gestaltung*) ausgedrückt. Bei Fillmore und Helbig wird die als $K_{präp\text{-}auf}$ ausgedrückte semantische Rolle *Instrument* ebenfalls als *Instrument* bezeichnet.

Das Adjektiv *angewiesen* verlangt das $K_{präp\text{-}an}$. Das $K_{präp\text{-}an}$ kommt sowohl als PP als auch als NS – *dass* und als IK vor. Das rQUa *angewiesen auf* verlangt ein obligatorisches $K_{präp}$. Das Adjektiv wird zur Gruppe der Adjektive mit Bedeutungsänderung gezählt. Zwischen diesem Adjektiv und dem $K_{präp}$ sind die Bedeutungsrelation +BET und die Formrelationen ++FIX, +KONST nachgewiesen worden.

(65) *Bei deren Gestaltung* ist *das Institut auf die Zusammenarbeit mit Dritten* angewiesen: […].
(C98/APR.01972 COMPUTER ZEITUNG, 23.04.1998)

(66) *Ein Großteil der Kundschaft sowie rund 80 Prozent der Angestellten sind* jedoch *auf den Personennahverkehr angewiesen.*
(M01/JAN.03261 Mannheimer Morgen, 17.01.2001)

(66a) Ein Großteil der Kundschaft sowie rund 80 Prozent der Angestellten sind angewiesen.

(66b) *Ein Großteil der Kundschaft sowie rund 80 Prozent der Angestellten sind jedoch *an/um/durch* den Personennahverkehr angewiesen.

(66c) *Ein Großteil der Kundschaft sowie rund 80 Prozent der Angestellten sind jedoch auf *dem* Personennahverkehr angewiesen.

(66d) Ein Großteil der Kundschaft sowie rund 80 Prozent der Angestellten sind *darauf* angewiesen.

(66e) *Worauf* sind ein Großteil der Kundschaft sowie rund 80 Prozent der Angestellten angewiesen?

(66f) Ein Großteil der Kundschaft sowie rund 80 Prozent der Angestellten sind *darauf* angewiesen, *dass* der Personennahverkehr *vorhanden ist.*

In (66) verlangt das Prädikat *angewiesen* [*sein*] zwei Argumentstellen, das *Protagonist-* und das *Instrument*-Argument. Diese werden auf der syntaktischen Ebene als K_{sub} (*Ein Großteil der Kundschaft sowie rund 80 Prozent der Angestellten*) und $K_{präp-auf}$ (*auf den Personennahverkehr*) realisiert. Das *Instrument*-Argument spezifiziert die Größe, von der der Erfolg des Vorhabens von *Protagonist* abhängt. Dieses Vorhaben, welches durch *Modativ* ausgedrückt wird (z.B. *zur Erreichung ihres Arbeitsplatzes*), wird dabei in (66) nicht explizit genannt. Bei der Reduktion der Phrase *auf den Personennahverkehr* und somit der semantischen Rolle *Instrument* bleibt nur die Bezugsgröße des Abhängigkeitszustandes und die Beschreibung dieser Größe übrig, realisiert durch das Prädikat *angewiesen* [*sein*] (66a). Eine solche Konstruktion ist aber nicht üblich, was für die starke Fixiertheit der Phrase *auf den Personennahverkehr* spricht. Während die Konstruktion *angewiesen* [*auf*] in (66) in der Bedeutung *von jmdm., etw. abhängig sein* verwendet wird, kann das Prädikat in (66a) grammatisch als das Partizip II des Verbs *anweisen* und somit semantisch als *beauftragen, jmdm. etw. befehlen* verstanden werden. Dass das Adjektiv *angewiesen* ohne die Phrase *auf den Personennahverkehr* nicht mehr eindeutig als Adjektiv interpretierbar ist und durch die Reduktion eine neue Proposition entsteht, verweist das auf die Sachverhaltsbeteiligung der Phrase *auf den Personennahverkehr*. Folglich zeichnen die Kriterien *starke Fixiertheit* und *die Sachverhaltsbeteiligung* die Phrase *auf den Personennahverkehr* als ein obligatorisches $K_{präp}$ aus. Der KT, PAT, ET und ÜT dienen als zusätzliche Bestätigung des Komplementstatus des $K_{präp-auf}$. Es ist nicht möglich, die Präpositionen oder den Kasus zu wechseln, ohne dass der Satz ungrammatisch wird (66b und 66c). Die relevante Phrase lässt sich aber mit dem Pronominaladverb *darauf* umschreiben (66d) und durch das Fragepronomen *worauf* erfragen (66e). Die semantische Markierung des Nomens in der Phrase *auf den Personennahverkehr* lässt auch die Anwendung des ÜT zu (66f).

7.9 Der Frame *State*

Der Frame *State*[100] ist ein nicht lexikalisierter Oberframe, u.a. für die Frames *Abounding with*, *Activity done state*, *Attention* und *Being attached*. Dieser Frame

100 https://framenet2.icsi.berkeley.edu/fnReports/data/frameIndex.xml?frame=State.

umfasst die Prädikate, welche den allgemeinen beständigen Zustand einer konkreten oder abstrakten Größe bezeichnen.

Abb. 13: Die Framegruppe State.

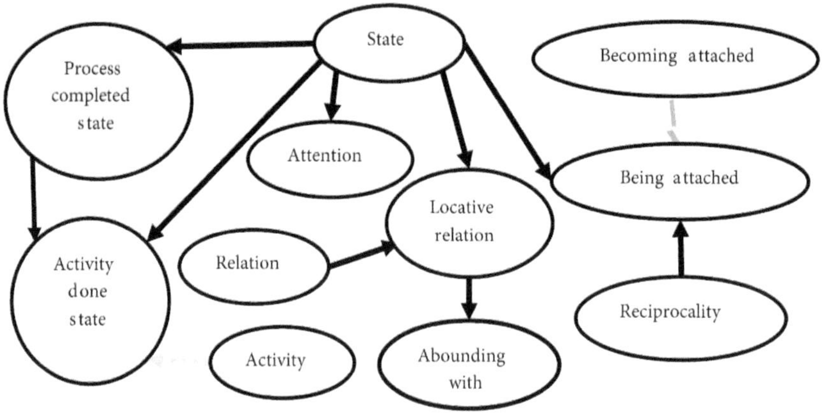

Während sich die Frames *Activity done state*, *Attention* und *Being attached* direkt auf den Frame *State* beziehen, greift der Frame *Abounding with* auch auf den Frame *Locative relation* zurück. Dieser Frame verwendet seinerseits bei der Beschreibung der Beziehungen zwischen seinen Bestandteilen den Frame *State* und *Relation*. Darüber hinaus baut der Frame *Activity done state* auf dem Frame *Process completed state* und *Activity* und der Frame *Being attached* auf dem nicht lexikalisierten Frame *Becoming attached* und *Reciprocality* auf.

Die Prädikate im Frame *Relation* beschreiben im Allgemeinen eine wechselseitige Beziehung zwischen bestimmten Größen. Im *Locative relation* findet die Verortung einer bestimmten Größe bezüglich einer anderen Größe statt, die als die Basis für den Verortungsvorgang auftritt. Auf diese Weise werden dem Frame *Locative relation* die Prädikate zugeordnet, die in der Regel eine räumliche Beziehung zwischen bestimmten Größen herstellen und einen andauernden Zustand dieser Größen beschreiben. Der Frame *Abounding with*[101] greift bei der Beschreibung der Zusammenhänge zwischen seinen Bestandteilen auf diesen Frame zurück und umfasst Prädikate mit einer Zustandsbeschreibung, welche als Ergebnis der wechselseitigen Beziehung zwischen den Argumenten des Prädikats entstanden ist. Die Prädikate in *Abounding with* verlangen zwei Argumente.

101 https://framenet2.icsi.berkeley.edu/fnReports/data/frameIndex.xml?frame=Abounding_with.

Diese werden durch die semantischen Rollen *Location* und *Theme* ausgedrückt. Dabei bezeichnet *Location* ein in der Wirklichkeit existierendes Objekt oder einen räumlichen Bereich und wird in der Regel als K_{sub} realisiert. Die semantische Rolle *Theme* steht für die sinnlich wahrnehmbaren Objekte, mit welchen die Rolle *Location* ausgefüllt ist, und tritt auf der syntaktischen Ebene als $K_{präp}$ auf. Die Rolle *Theme* bezeichnet Fillmore als *Content* und Helbig als *Inhalt*.

(67) *Das Land* draußen *ist voll mit jungen Soldaten und Soldatinnen.* (M03/MAI.28784 Mannheimer Morgen, 03.05.2003)

In (67) ist das Prädikat *voll* [*sein*] mit zwei Argumenten versehen, die semantisch als *Location* und *Theme* auftreten. Die semantische Rolle *Location* (*Das Land*) beschreibt den räumlichen Bereich, welcher durch *Theme* (*mit jungen Soldaten und Soldatinnen*) ausgefüllt wird. Die semantischen Rollen *Location* und *Theme* befinden sich in einer Beziehung zueinander, in welcher *Location* als die räumliche Basis für *Theme* definiert wird. Auf syntaktischer Ebene werden sie entsprechend als K_{sub} und $K_{präp\text{-}mit}$ ausgedrückt.

Der Frame *Activity done state*[102] bezieht sich direkt auf den Frame *State* und zusätzlich auf den Frame *Process completed state*. Während in *State* ein beständiger Zustand einer Größe in den Vordergrund tritt, drücken die Prädikate in *Process completed state* aus, dass ein Prozess oder eine Handlung abgeschlossen ist und nicht weiter fortgesetzt werden kann. So bezeichnen die Prädikate in *Activity done state* einen Zustand, der nach der Beendigung eines Vorgangs oder einer Handlung eingetreten ist. Dabei verlangen sie zwei Argumente, die durch die semantischen Rollen *Agent* und *Activity* repräsentiert werden. Die Rolle *Agent* ist in der Regel eine belebte handelnde Größe. Die Rolle *Activity* definiert den Bereich, mit dem sich *Agent* beschäftigt hat. Diese Rolle bezeichnet Fillmore als *Content* und Helbig als *Inhalt*.

(68) *Nur 15 Prozent der Unternehmen* erwarten, bis zum 1. Januar 1999 *mit den Arbeiten fertig* zu *sein*, hat Cap Gemini America ermittelt. (C98/AUG.03612 COMPUTER ZEITUNG, 20.08.1998)

Die Argumente des Prädikats *fertig* [*sein*] treten in (68) als *Agent* und *Activity* auf. Das Adjektiv *fertig* mit der regierten Präposition *mit* in der Bedeutung *so weit, dass nichts mehr zu tun übrig bleibt, zu Ende* bezeichnet einen andauernden Zustand, in dem sich *Agent* (*Nur 15 Prozent der Unternehmen*) befindet oder

102 https://framenet2.icsi.berkeley.edu/fnReports/data/frameIndex.xml?frame=Activity_done_state.

befinden wird, nachdem er eine bestimmte Handlung, repräsentiert durch die semantische Rolle *Activity* (*mit den Arbeiten*), abgeschlossen hat. Da *Agent* als die agierende Größe in der Proposition und als die Bezugsgröße des antretenden Zustandes auftritt, wird diese semantische Rolle syntaktisch als K_{sub} realisiert. Die ausgeführte Tätigkeit, realisiert in *Activity*, tritt als $K_{präp\text{-}mit}$ auf.

Die Prädikate aus dem Frame *Attention*[103] greifen direkt auf den Frame *State* zurück und bezeichnen einen Zustand der geistigen Anteilnahme von *Perceiver*, welcher auf *Figure* gerichtet ist. So verlangen die Prädikate in diesem Frame zwei Argumente. Das als *Perceiver* realisierte Argument ist in der Regel eine Person oder eine Institution und tritt auf der syntaktischen Ebene als K_{sub} auf. *Perceiver* richtet seine Aufmerksamkeit auf *Figure*, die den allgemeinen Bereich des Interesses von *Perceiver* darstellt. Für *Figure* bestehen so gut wie keine semantischen Selektionsbeschränkungen. Syntaktisch wird diese semantische Rolle als $K_{präp}$ realisiert. Die Rolle *Figure* tritt bei Fillmore als *Content* und bei Helbig als *Inhalt* auf.

(69) Besonders *neugierig waren die Zehntklässler darauf, was Mehler ihnen über den Krieg erzählen würde.*
(M01/MAR.14779 Mannheimer Morgen, 02.03.2001)

Das Prädikat *neugierig* [*sein*] in (69) verlangt zwei Argumente, die auf der semantischen Ebene durch die semantischen Rollen *Perceiver* und *Figure* realisiert werden. Auf der syntaktischen Ebene wird die Rolle *Perceiver* durch das K_{sub} *die Zehntklässler* repräsentiert und bezeichnet die Größe, die den Zustand der geistigen Anteilnahme erlebt. Die Rolle *Figure* wird auf syntaktischer Ebene durch das $K_{präp}$ in Form eines NS mit der Konjunktion *was* (*was Mehler ihnen über den Krieg erzählen würde*) realisiert. *Figure* definiert den Bereich, an dem *Perceiver* interessiert ist. In (69) sind es die Erinnerungen, Geschichten oder Berichte über den Krieg.

Der Frame *Being attached*[104] basiert auf den nicht lexikalisierten Frames *State* und *Reciprocality*. Während der Frame *Reciprocality* die Art der Beziehung zwischen zwei Größen (gleichwertig oder ungleichwertig) zum Ausdruck bringt, bezeichnet der Frame *State* den Zustand, in dem sich diese Größen befinden. So umfasst *Being attached* die Prädikate, die den Zustand der Gebundenheit zwischen den Prädikatsargumenten ausdrücken. Die Prädikate in *Being attached*

---

103 https://framenet2.icsi.berkeley.edu/fnReports/data/frameIndex.xml?frame=Attention.

104 https://framenet2.icsi.berkeley.edu/fnReports/data/frameIndex.xml?frame=Being_attached.

verlangen folglich zwei Argumente, welche auf semantischer Ebene durch *Item* and *Goal* ausgedrückt werden. In der semantischen Rolle *Item* werden sowohl real existierende als auch nicht materielle Größen bzw. Denkkategorien zusammengefasst. Diese Rolle wird syntaktisch als K_{sub} ausgedrückt. *Item* wird dann mit der semantischen Rolle *Goal* verbunden, welche auch sinnlich wahrnehmbare und sinnlich nicht wahrnehmbare Dinge umfasst. Auf der syntaktischen Ebene wird sie als $K_{präp}$ realisiert. Dabei wird *Goal* als eine Orientierungsgröße oder eine Existenzbasis für *Item* betrachtet (71 und 72). Auch Fillmore bezeichnet die semantische Rolle *Goal* als *Goal.*

(70) So entdeckte zum Beispiel Stamler selbst, daß *an Stickstoffmonoxid gebundenes Hämoglobin* die Blutgefäße erweitert.
(SPK/J99.00544 spektrumdirekt, 05.10.1999)

(71) Er und Vilbels Kämmerer Klaus Minkel (CDU) beziehen sich auf ein Gutachten des Frankfurter Gutachters Wolfgang Streim, Sachverständiger für Geotechnik, wonach *der Ton, an den das Arsen gebunden sei*, nicht vom Wind verweht werden könne.
(R98/JAN.06742 Frankfurter Rundschau, 27.01.1998)

(72) Der stellvertretende Ministerpräsident lobte die Schritte Hongkongs im Kampf gegen die Finanzkrise und bekräftigte, daß *der Hongkong-Dollar an den US-Dollar gebunden bleibe.*
(R98/JAN.03298 Frankfurter Rundschau, 15.01.1998)

Das Adjektiv *gebunden* wird in (70) in der Bedeutung *etw. mit etw. (z.B. Faden, Draht, Stoffstreifen, Weidenrute) so umgeben, dass es zusammenhält, durch Umwinden mit etw. zu etw. Festem, Einheitlichem zusammengefügt; zusammengebunden* verwendet. In (70) verlangt das Prädikat *gebunden* [*sein*] mit der regierten Präposition *an* zwei Argumente mit den semantischen Rollen *Item* und *Goal.* Die semantische Rolle *Item* wird syntaktisch als K_{sub} (*Hämoglobin*) realisiert. Die Rolle *Goal* tritt als $K_{präp-an}$ (*an Stickstoffmonoxid*) auf. Dabei wird *Goal* als die Bezugs- und Zielgröße für *Item* betrachtet, weil durch die Zugehörigkeit zu und die Gebundenheit an das *Goal*-Argument das *Item*-Argument die Eigenschaften erhält, die es ohne *Goal* nicht besitzen würde, nämlich die Erweiterung der Blutgefäße.

Zum Frame *State* werden elf der untersuchten Adjektive gezählt. Das $K_{präp}$ hat in diesem Frame folgende syntaktische Realisierungsmöglichkeiten: PP, IK, NS – *dass*, NS – *ob*, NS – *wann*, NS – *was*, NS – *welche*, NS – *wer*, NS – *wie*, NS – *wie viele.* Die Aufteilung der Adjektive in die Unterframes sieht wie folgt aus:

Tab. 5: Die Einteilung der Adjektive in die Unterframes im Frame State

Abounding with			**Attention**		
Adjektiv	**$K_{präp}$**	**Kasus**	**Adjektiv**	**$K_{präp}$**	**Kasus**
übervoll voll	mit mit	Dat. Dat.	aufmerksam bedacht desinteressiert gespannt interessiert neugierig uninteressiert	auf auf an auf an auf an	Akk. Akk. Dat. Akk. Dat. Akk. Dat.
Activity done state			**Being attached**		
Adjektiv	**$K_{präp}$**	**Kasus**	**Adjektiv**	**$K_{präp}$**	**Kasus**
fertig	mit	Dat.	gebunden	an	Akk.

Im Frame *State* verlangen folgende Adjektive ein obligatorisches $K_{präp}$: *aufmerksam auf, bedacht auf, fertig mit, gebunden an*[105]*, gespannt auf, neugierig auf.* Die Adjektive *desinteressiert an, interessiert an, uninteressiert an, übervoll mit, voll mit* verlangen ein fakultatives $K_{präp}$.

Die Adjektive mit obligatorischem $K_{präp}$ werden in diesem Frame in zwei Gruppen unterteilt: Die Gruppe der Adjektive mit Bedeutungsänderung und die Gruppe der Adjektive mit schwach fixiertem $K_{präp}$. Die Gruppe der Adjektive mit Bedeutungsänderung umfasst die aQUa *bedacht auf* und *gebunden an.* Zwischen dem Adjektiv aus dieser Gruppe und dem $K_{präp}$ sind die Bedeutungsrelation +BET und die Formrelationen ++FIX, +KONST ermittelt worden.

(73) Ich als Roter hoffe, dass bei der nächsten Bürgermeisterwahl *ein* mehr *auf Umwelt bedachter Mensch* gewählt wird.
(M03/JAN.05149 Mannheimer Morgen, 25.01.2003)

(73a) Ein bedachter Mensch

(73b) *Ein *über/durch/an* Umwelt bedachter Mensch

(73c) *Ein auf (*der*) Umwelt bedachter Mensch

(73d) Ein Mensch ist *darauf* bedacht.

(73e) *Worauf* ist ein Mensch bedacht?

(73f) *Ein Mensch ist *darauf* bedacht, *dass* die Umwelt [...].

105 In der Bedeutung: *Etw. mit etw. (z. B. Faden, Draht, Stoffstreifen, Weidenrute) so umgeben, dass es zusammenhält, durch Umwinden mit etw. zu etw. Festem, Einheitlichem zusammengefügt; zusammengebunden.*

In (73) wird das Adjektiv *bedacht* in der Bedeutung *auf etw. besonderen Wert legen, etw. sehr wichtig nehmen; auf etw. genau achten* verwendet. Es verlangt das $K_{präp-auf}$, in welchem der Bereich der Aufmerksamkeit von *Perceiver* spezifiziert ist. Als die Bezugsgröße für das Adjektiv tritt das K_{sub} *ein Mensch* auf. Bei der Reduktion der Phrase *auf Umwelt*, und somit der semantischen Rolle *Figure*, bleibt nur die Bezugsgröße und die Beschreibung dieser Größe, realisiert durch das Adjektiv *bedacht* (73a), stehen. Während die Konstruktion *bedacht auf* in (73) den geistigen Zustand der Bezugsgröße und durch das $K_{präp}$ den Interessenbereich definiert, auf den die Bezugsgröße ihre Aufmerksamkeit richtet, bezieht sich das Adjektiv *bedacht* in (73a) auf das K_{sub} und wird folglich als *besonnen, überlegt, umsichtig*, d.h. als die Eigenschaftsbeschreibung der Bezugsgröße interpretiert. Das Adjektiv wird somit in einer anderen Bedeutung verwendet. Da ohne das $K_{präp}$ das Adjektiv nicht als *auf etw. besonderen Wert legen, etw. sehr wichtig nehmen; auf etw. genau achten* interpretiert wird und die Proposition ihre Bedeutung ändert, nimmt das als das $K_{präp-auf}$ realisierte *Figure*-Argument am Sachverhalt teil und ist absolut fixiert. Das weist die Phrase *auf Umwelt* als ein obligatorisches $K_{präp}$ aus. Der KT, PAT und ET dienen als zusätzliche Bestätigung des Komplementstatus des $K_{präp}$ *auf Umwelt*. Es ist weder möglich die Präpositionen noch den Kasus zu wechseln, ohne dass der Satz ungrammatisch wird (73b und 73c). Dabei lässt sich die relevante Phrase *auf Umwelt* in das Pronominaladverb *darauf* verwandeln (73d) und durch das Fragepronomen *worauf* erfragen (73e). Der ÜT kann nicht angewendet werden. Die Phrase *auf Umwelt* lässt sich nicht in einen Nebensatz mit Korrelat überführen, weil die semantischen Merkmale des Nomens im $K_{präp}$ keine Handlung bzw. keinen aktivischen Sachverhalt ausdrücken.

Zur Gruppe der Prädikate mit schwach fixiertem $K_{präp}$ gehören die aQUa *aufmerksam auf, fertig mit* und die rQUa *gespannt auf, neugierig auf*. Zwischen diesen Adjektiven und dem $K_{präp}$ sind die Bedeutungs- und Formrelationen +BET und +FIX, +KONST nachgewiesen worden.

(74) *Die Angehörigen dieser Population sind* von Natur aus *neugierig auf die Nahrungsmittel, welche die Menschen auf das Eiland bringen.* (SPK/J05.00280 spektrumdirekt, 08.03.2005)

(74a) Die Angehörigen dieser Population sind neugierig.

(74b) *Die Angehörigen dieser Population sind *über/durch/an* die Nahrungsmittel neugierig.

(74c) Die Angehörigen dieser Population sind auf *den* Nahrungsmittel*n* neugierig.

(74d) Die Angehörigen dieser Population sind *darauf/dort* neugierig.

(74e) *Worauf*/ *Wo* sind die Angehörigen dieser Population neugierig?
(74f) *Die Angehörigen dieser Population sind *darauf* neugierig, *dass* die Nahrungsmittel [...].

Das Prädikat *neugierig* [*sein*] in (74) verlangt zwei Argumente mit den semantischen Rollen *Perceiver* und *Figure*. Das Adjektiv *neugierig* wird in der Bedeutung *voller Neugier, Neugier erkennen lassend; Beherrschtsein von dem Wunsch, etw. Bestimmtes zu erfahren, in Angelegenheiten, Bereiche einzudringen, die bes. andere Menschen u. deren Privatleben o. Ä. betreffen* verwendet. Es tritt als die Zustandsbezeichnung der durch das K_{sub} realisierten semantischen Rolle *Perceiver* (*Die Angehörigen dieser Population*) auf. Durch die Rolle *Figure* wird der Interessenbereich spezifiziert, der gleichzeitig als der Auslöser dieses Zustandes auftritt. Auf der syntaktischen Ebene tritt die Rolle *Figure* als das $K_{präp}$ (*auf die Nahrungsmittel, welche die Menschen auf das Eiland bringen*) auf. Trotz der Reduktion des $K_{präp}$ bleibt der Satz semantisch verständlich und grammatisch korrekt. Nach der Reduktion kann die Bedeutung von *neugierig* aber nicht mehr eindeutig als die Zustandsbezeichnung von *Perceiver* interpretiert werden, sondern kann auch als die der Bezugsgröße innewohnende Eigenschaft wahrgenommen werden (vgl. 74 und 74a). Da hier aber keine vollständige Änderung der Prädikatsbedeutung vorliegt, wie z. B. bei den Adjektiven *heiß auf* und *heiß*, *scharf auf* und *scharf*, und da der im Prädikat ausgedrückte Sachverhalt in (74a) außerdem als Generalisierung der Aussage verstanden werden kann, handelt es sich um ein obligatorisches schwach fixiertes Komplement mit der regierten Präposition *auf*. Während in (74b) und (74c) der KT den Komplementstatus der relevanten Phrase ermittelt, lässt sich der PAT und der ET auf diese Phrase kaum anwenden, weil darauf als ein lokales Adverb und worauf als ein Fragepronomen mit lokaler Bedeutung verstanden werden können (74d, 74e). Dabei kann im Rahmen des KT die relevante Phrase nach dem Kasusaustausch auch als ein Supplement aufgefasst werden (74c). Dies hat aber, wie oben gezeigt (Kapitel 5.7), auf die Zuerkennung des obligatorischen oder fakultativen Komplementstatus keinen Einfluss. Auch der ÜT ist auf die erwähnte Phrase wegen der semantischen Markierung des Nomens die Nahrungsmittel nicht anwendbar (74f).

Die $K_{präp}$ bei den Adjektiven *aufmerksam auf*, *gespannt auf*, *fertig mit* sind ebenfalls schwach fixiert und können u.a. bei Vorerwähntheit im Text oder Generalisierung der Aussage weggelassen werden (75a, 76a, 77a). Dies ist z. B. bei dem Adjektiv *fertig* mit dem $K_{präp\text{-}mit}$ in der Bedeutung *so weit, dass nichts mehr zu tun übrig bleibt; zu Ende* (75 und 75a) der Fall. Bei der Eliminierung des Pronominaladverbs *damit*, das auf den Sachverhalt im vorherigen Satz verweist (*die Botschaft aus ihm herausquetschen*), und unter Berücksichtigung des vorherigen

Satzes ändert sich die im Prädikat *fertig* [*sein*] mit dem $K_{präp\text{-}mit}$ ausgedrückte Proposition nicht (75a). Ähnlich ist es bei dem Adjektiv *gespannt* mit $K_{präp\text{-}auf}$ und dem Adjektiv *aufmerksam* mit $K_{präp\text{-}auf}$. Während in (76) der relevante Sachverhalt erst im nächsten Satz kommt, wird in (77) die relevante Phrase vorher erwähnt.

(75) Ohne zu zögern springen sofort ein paar Dutzend mächtige Inquisitoren auf ihn, um *die Botschaft aus ihm heraus zu quetschen*. Und *sind sie* endlich *damit fertig* und wissen alles, was sie brauchen, wird er wiederum gepackt – und ab mit dem Wicht auf die Halde, wo er erschöpft sein kurzes Leben aushaucht.
(SPK/J05.01241 spektrumdirekt, 26.09.2005)

(75a) Ohne zu zögern springen sofort ein paar Dutzend mächtige Inquisitoren auf ihn, um *die Botschaft aus ihm heraus zu quetschen*. Und *sind sie* endlich *fertig* und wissen alles, was sie brauchen, [...].

(76) Da bleibt ausreichend Zeit, um auf Geschenkesuche zu gehen oder schöne Dekorationsideen für die heimischen vier Wände zu ergattern. Auch die Enkel- oder Patenkinder *sind* schon jetzt *gespannt auf den Gang über den Messplatz*: An den vielen Ständen locken zahlreiche Spielwaren, bei Miniaturautos und Puppen fangen die Kinderaugen an zu leuchten.
(M03/APR.27093 Mannheimer Morgen, 25.04.2003)

(76a) Da bleibt ausreichend Zeit, um auf Geschenkesuche zu gehen oder schöne Dekorationsideen für die heimischen vier Wände zu ergattern. Auch die Enkel- oder Patenkinder sind schon jetzt *gespannt*: An den vielen Ständen locken zahlreiche Spielwaren, bei Miniaturautos und Puppen fangen die Kinderaugen an zu leuchten.

(77) Für die Marketing-People ist das okay. Die kleben *auf etwas Unbekanntes eben was drauf*, damit *die Leute aufmerksam werden*. Da wird ja immer wieder auch gesagt: „Mozart hat diesen Komponisten sehr geschätzt."
(M06/JUN.47440 Mannheimer Morgen, 20.06.2006)

(77a) Die kleben auf etwas Unbekanntes eben was drauf, damit die Leute *auf das Unbekannte* aufmerksam werden.

So wie bei anderen Adjektiven mit fakultativem $K_{präp}$ wird auch in *State* nur eine Gruppe der Prädikate mit fakultativem $K_{präp}$ unterschieden. Nach der Reduktion des $K_{präp}$ verändert sich weder die Bedeutung der Adjektive, noch ist der Satz nach der Reduktion ungrammatisch. Sowohl mit $K_{präp}$ als auch ohne bezeichnen sie einen Zustand der Bezugsgröße. Es sind die aQUa *desinteressiert an, interessiert an, uninteressiert an, übervoll mit, voll mit*. Zwischen diesen Adjektiven und dem $K_{präp}$ sind die Bedeutungsrelation +MSKONST und die Formrelation +KONST ermittelt worden.

(78) Die Ausstellung spiegelt so die Vielfalt und verstärkt den Eindruck, daß *die Russen der Rive gauche an der Ausbildung eines Gruppenstils desinteressiert waren.*
(R99/JUL.55223 Frankfurter Rundschau, 12.07.1999)

(78a) Die Russen der Rive gauche waren desinteressiert.

(78b) Die Russen der Rive gauche waren *an dem Leben/der Kunst/der Ausbildung/den Museen/den Autos* desinteressiert.

(78c) *Die Russen der Rive gauche waren *auf/mit/von der Ausbildung eines Gruppenstils* desinteressiert.

(78d) *Die Russen der Rive gauche waren an *die* Ausbildung eines Gruppenstils desinteressiert.

(78e) Die Russen der Rive gauche waren *daran* desinteressiert.

(78f) *Woran* waren die Russen der Rive gauche desinteressiert?

(78g) Die Russen der Rive gauche waren *daran* desinteressiert, *dass* ein Gruppenstil *ausgebildet wird.*

In (78) verlangt das Prädikat *desinteressiert* [*sein*] in der Bedeutung *ohne Interesse, unbeteiligt, gleichgültig* zwei Argumente, die auf der semantischen Ebene als *Perceiver* und *Figure* auftreten. Auf der syntaktischen Ebene werden diese durch das K_{sub} (*die Russen der Rive gauche*) und durch das $K_{präp\text{-}an}$ (*an der Ausbildung eines Gruppenstils*) ausgedrückt. Nach der Reduktion des $K_{präp}$ behält das Adjektiv *desinteressiert* seine Bedeutung, und zwar die Bezeichnung des Zustandes von *Perceiver* (78a), der aus einem Grund entstanden ist und auf etwas gerichtet ist. In (78a) wird das Interessengebiet von *Perceiver* nicht genannt. Eine semantisch bedingte Stelle in der Prädikat-Argument-Struktur ist nicht ausgefüllt. Gemäß der Anforderungen zur Durchführung des FT kann diese Stelle durch eine beliebige Phrase ausgefüllt werden, die den Interessenbereich von *Perceiver* repräsentiert, d.h. nicht gegen die semantische Selektionsbeschränkung der Argumente des Prädikats *desinteressiert* [*sein*] verstößt (78b). Syntaktisch gesehen ist die Phrase *an der Ausbildung eines Gruppenstils* nicht fixiert, weil der Satz nach ihrer Eliminierung grammatisch korrekt bleibt. So muss der Komplementstatus von $K_{präp}$ durch weitere syntaktische TV (KT, PAT, ET, ÜT) ermittelt werden. Die übrigen vier syntaktischen TV zeigen, dass die Phrase *an der Ausbildung eines Gruppenstils* ein Komplement ist. Nach dem Austausch der Präposition und des Kasus wird der Satz ungrammatisch (78c und 78d.). Das $K_{präp}$ lässt sich durch das Pronominaladverb ersetzen und durch das Fragepronomen erfragen (78e und 78f). Die TV PAT und ET sind hier aber nur eingeschränkt einsetzbar, weil *daran* und *woran* entsprechend auch als ein lokales Adverb und ein Fragepronomen verstanden werden können. Das *Figure*-Argument drückt einen aktivischen Sachverhalt aus, somit ist es auch möglich, die relevante Phrase in einen NS mit Korrelat zu überführen (78g).

7.10 Der Frame *Work*

Der Frame *Work*[106], zu welchem das Adjektiv *beschäftigt mit* gerechnet wird, gehört zum *Attempting scenario* und bezieht sich im Folgeschritt auf den Frame *Attempt*.

Abb. 14: Die Framegruppe Work.

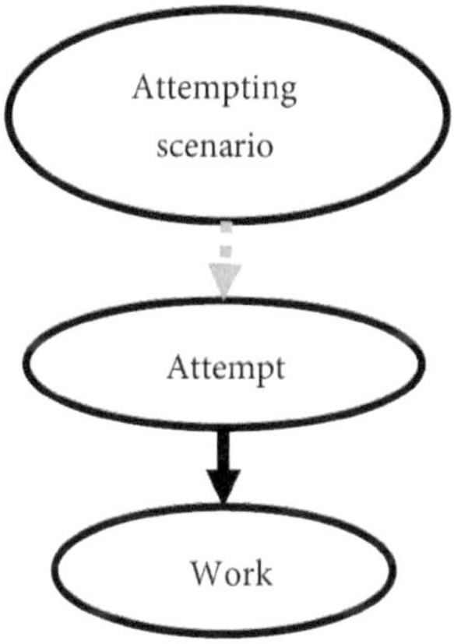

Die im *Attempting scenario* nicht lexikalisierte Prädikat-Argument-Struktur, bestehend unmittelbar aus dem Prädikat, dem *Agent*- und *Goal*-Argument, wird im Frame *Attempt* lexikalisert. Die Bedeutung der Prädikate beschreibt in diesem Frame somit den Versuch vom *Agent*-Argument das *Goal*-Argument zu erreichen. Ob die in der Rolle *Agent* enthaltene Größe *Goal* erreicht, erschließt sich in den weiteren Frames, so wie z.B. im Frame *Seeking to achieve*. Die Prädikate im Frame *Work* bezeichnen, basierend auf dem Frame *Attempt*, die Auseinandersetzung von *Agent* mit *Goal*. Dabei betonen die Prädikate in diesem Frame lediglich nur den Zustand der Auseinandersetzung von *Agent* mit einer Größe. Es ist nicht klar, ob *Agent* sein Ziel erreichen wird. Die

106 https://framenet2.icsi.berkeley.edu/fnReports/data/frameIndex.xml?frame=Work.

Agent- und *Goal*-Argumente aus dem Frame *Work* werden auf der syntaktischen Ebene entsprechend als K_{sub} und $K_{präp}$ realisiert.

Das $K_{präp-mit}$ beim Adjektiv *beschäftigt* kann neben der PP und IK auch als NS – *dass* und NS – *ob* auftretten. Das aQUa *beschäftigt mit* verlangt ein obligatorisches schwach fixiertes $K_{präp}$. Zwischen diesem Adjektiv und dem $K_{präp}$ sind folgende Bedeutungs- und Formrelationen +BET und +FIX, +KONST ermittelt worden.

(79) Vor der Alten Oper sah es am ersten Morgen des neuen Jahres besonders verheerend aus. *Elf FES-Mitarbeiter waren* allein dort vier Stunden lang *mit den Aufräumarbeiten beschäftigt.*
(R98/JAN.00334 Frankfurter Rundschau, 03.01.1998)

(79a) Vor der Alten Oper sah es am ersten Morgen des neuen Jahres besonders verheerend aus. Elf FES-Mitarbeiter waren allein dort vier Stunden lang beschäftigt.

(79b) Elf FES-Mitarbeiter waren allein dort vier Stunden lang beschäftigt.

(79c) *Elf FES-Mitarbeiter waren allein dort vier Stunden lang *zu/von/aus* den Aufräumarbeiten beschäftigt.

(79d) Elf FES-Mitarbeiter waren allein dort vier Stunden lang *damit* beschäftigt.

(79e) *omit* waren elf FES-Mitarbeiter allein dort vier Stunden lang beschäftigt?

(79f) Elf FES-Mitarbeiter waren allein dort vier Stunden lang *damit* beschäftigt, *dass* die Aufräumarbeiten durchgeführt werden/sie aufräumten.

In (79) verlangt das Prädikat *beschäftigt* [*sein*] in der Bedeutung *etw. zum Gegenstand seiner Tätigkeit machen; jmdm., einer Sache seine Zeit widmen* zwei Argumente, die auf der semantischen Ebene als *Agent* und *Goal* auftreten. Auf der syntaktischen Ebene werden diese durch das K_{sub} (*Elf FES-Mitarbeiter*) und durch das $K_{präp-mit}$ (*mit den Aufräumarbeiten*) ausgedrückt. Nach der Reduktion von $K_{präp}$ wird der Gegenstand der Beschäftigung von *Agent* nicht genannt (79a). Eine semantisch bedingte Stelle in der Prädikat-Argument-Struktur ist nicht ausgefüllt. Nach der Reduktion der Phrase *mit den Aufräumarbeiten* bleibt der Satz aber semantisch verständlich und grammatisch korrekt (79b). Das Adjektiv *beschäftigt* behält seine Bedeutung, und zwar die Bezeichnung des Beschäftigungszustandes von *Agent*. Ohne das $K_{präp}$ kann der im Prädikat ausgedrückte Sachverhalt einerseits als die Generalisierung der Aussage aufgefasst werden (79b), andererseits ist die fehlende Information aus dem Kontext erschliessbar (79a). Kontextfrei ist die Konstruktion *beschäftigt* [*sein*] semantisch nicht vollständig und grammatisch falsch. Der Komplementstatus von der Phrase *mit den Aufräumarbeiten* muss mit den weiteren syntaktischen TV ermittelt werden. Die Tests KT, PAT, ET und ÜT erweisen die Phrase *mit den Aufräumarbeiten* als ein

$K_{präp}$. Nach dem Austausch der Präposition wird der Satz ungrammatisch (79c). Der Kasus kann nicht ausgetauscht werden, weil die Präposition *mit* nur mit dem Kasus *Dativ* verwendbar ist. Das $K_{präp}$ lässt sich durch das Pronominaladverb ersetzen und durch das Fragepronomen erfragen (79d und 79e). Die semantische Markierung des Nomens *die Aufräumarbeiten* lässt die Anwendung des ÜT zu (79f).

Das nächste Kapitel ist das abschließende Kapitel dieser Arbeit. Hier werden die Ergebnisse der empirischen Untersuchung zusammengefasst und diskutiert, ihre Relevanz für die Grammatikforschung thematisiert und kritisch ausgewertet.

8. Zusammenfassung

In diesem Kapitel erfolgt neben einer Zusammenfassung und Auswertung der Ergebnisse der empirischen Untersuchung auch die Darstellung der erreichten Ziele. Hier wird auch der Beitrag zur aktuellen Grammatikforschung dargelegt. Im Folgeschritt werden in einem Ausblick die Perspektiven für die Anwendung der Resultate aufgezeigt. Zum Schluss erfolgt kritische Gesamtschau der ganzen Arbeit.

8.1 Auswertung der Ergebnisse

Aus der umfangreichen empirischen Untersuchung der Sprachdaten lassen sich folgende Schlussfolgerungen ziehen: Die in der vorliegenden Arbeit untersuchten Adjektive gehören insgesamt zu 30 Frames, die in zehn Framegruppen eingeteilt werden: *Alliance*, *Being employed*, *Emotions*, *Emphasizing*, *Event*, *Gradable attributes*, *People*, *Reliance*, *State*, *Work*. Die Argumente, welche auf der syntaktischen Ebene als $K_{präp-an}$, $K_{präp-auf}$, $K_{präp-mit}$ oder $K_{präp-nach}$ realisiert werden, haben folgende semantische Rollen:

Tab. 1: Die semantischen Rollen in der Untersuchung

<table>
<tr><th>Semantische Rolle</th><th>$K_{präp}$</th><th>Frame</th></tr>
<tr><td>Adressat (Ad)</td><td>$K_{präp-an}$, $K_{präp-auf}$, $K_{präp-mit}$</td><td>Aiming, Being attached, Inhibit movement, Transfer, Work</td></tr>
<tr><td colspan="3">Diese Rolle bezeichnet die Größe, auf die die im Prädikat ausgedrückte Handlung oder der Zustand gerichtet ist.</td></tr>
<tr><td>Inhalt (Inh)</td><td>$K_{präp-an}$, $K_{präp-auf}$, $K_{präp-mit}$</td><td>Abounding with, Activity done state, Attention, Be in agreement on assessment, Being obligated, Custom, Emotion active, Emphasizing, Guilt or innocence, Judgement, Medical condition, Participation, Position on a scale, Responsibility</td></tr>
<tr><td colspan="3">Mit dieser semantischen Rolle wird der Inhalt der im Prädikat ausgedrückten Handlung oder des Zustands beschrieben. Diese Rolle spezifiziert sowohl materielle Gegenstände als auch den Bereich der Verhaltensregeln, der Situationen, der Erfahrungen, Zustände u.ä., welche wegen der im Prädikat ausgedrückten Sachverhaltes für das als das K_{sub} realisierte Argument wichtig sind.</td></tr>
</table>

<table>
<tr><th>Semantische Rolle</th><th>$K_{\text{präp}}$</th><th>Frame</th></tr>
<tr><td>Instrument (Inst)</td><td>$K_{\text{präp-auf}}$</td><td>Reliance</td></tr>
<tr><td colspan="3">Diese Rolle beschreibt die Größe, an bzw. mit der die in der Rolle Agent ausgedrückte Größe eine Handlung ausführt, damit das Agent-Argument das gewünschte Ziel erreicht.</td></tr>
<tr><td>Gegenstand (und Auslöser) psychischer Prozesse (GpP)</td><td>$K_{\text{präp-an}}$, $K_{\text{präp-auf}}$, $K_{\text{präp-mit}}$, $K_{\text{präp-nach}}$</td><td>Emotion directed, Desiring</td></tr>
<tr><td colspan="3">Diese Rolle bezeichnet die Größe, die die geistige oder emotionale Reaktion des im K_{sub} ausgedrückten Arguments auslöst und auf die diese Reaktion gleichzeitig gerichtet ist. Diese Größe kann sowohl sinnlich wahrnehmbar als auch ein abstrakter Sachverhalt sein.</td></tr>
<tr><td>Lokativ (Lok)</td><td>$K_{\text{präp-an}}$, $K_{\text{präp-auf}}$</td><td>Residence</td></tr>
<tr><td colspan="3">Diese semantische Rolle bezeichnet den Ort, Platz, die Stelle, wo sich das als K_{sub} ausgedrückte Argument befindet oder wohin es sich begibt.</td></tr>
<tr><td>Modativ (Mod)</td><td>$K_{\text{präp-mit}}$</td><td>Being employed</td></tr>
<tr><td colspan="3">Diese semantische Rolle drückt die Art und Weise, wie etwas gemacht wird oder stattfindet, aus.</td></tr>
<tr><td>Patiens (Pat)</td><td>$K_{\text{präp-mit}}$</td><td>Hostile encounter</td></tr>
<tr><td colspan="3">Diese semantische Rolle bezeichnet eine Größe, auf die das durch das K_{sub} ausgedrückte Agent-Argument einwirkt, mit dem Ziel, diese Größe bzw. den Zustand, in dem sich diese Größe befindet, zu verändern.</td></tr>
<tr><td>Verhältnisträger (Vht)</td><td>$K_{\text{präp-mit}}$</td><td>Alliance, Be in agreement on assessment, Compatibility, Personal relationship, Similarity</td></tr>
<tr><td colspan="3">Diese semantische Rolle bezeichnet einen von zwei oder mehreren Beteiligten an dem im Prädikat ausgedrückten Sachverhalt. Dieses Sachverhalt ist in der Regel eine abstrakte Größe, z.B. ein Verhältnis, eine Beziehung, ein Abkommen usw. Das mit dieser Rolle ausgedrückte Argument tritt als eine Orientierungs- bzw. Bezugsgröße für das als K_{sub} realisierte Argument auf. Wenn sich aus der Bedeutung des Prädikats auf eine Ungleichwertigkeit der beteiligten Parteien schließen lässt, tritt eine Partei des Sachverhaltes als das dominierende Glied und die andere als das untergeordnete Glied des Sachverhaltes auf.</td></tr>
</table>

Es liegen insgesamt acht semantische Rollen vor, mit welchen sich die als $K_{\text{präp}}$ ausgedrückten Argumente beschreiben lassen. Welche semantische Funktion das syntaktisch als $K_{\text{präp}}$ realisierte Argument erfüllt, hängt von der Bedeutung des Prädikats ab. So hat das Argument die semantische Rolle *Adressat*, wenn die Zielgröße einer Handlung ausgedrückt werden soll (u.a. Kapitel 7.5 Beispiel

21, 25 und Kapitel 7.9 Beispiel 70). Die Rolle *Instrument* wird verwendet, wenn es darum geht, das Mittel zu benennen, mit dem das *Agent*-Argument das gewünschte Ziel erreichen will. Dabei muss dieses Mittel nicht unbedingt ein sinnlich wahrnehmbarer Gegenstand sein, sondern es kann auch ein abstrakter Sachverhalt bzw. eine sinnlich nicht wahrnehmbare Größe sein (Kapitel 7.8 Beispiel 65, 66). Während das *Inhalt*-Argument den allgemeinen Handlungs- bzw. Interessensbereich von dem als K_{sub} realisierten Argument des im Prädikat ausgedrückten Sachverhaltes (u.a. Kapitel 7.3 Beispiel 5; Kapitel 7.5 Beispiel 14 und 19; Kapitel 7.6 Beispiel 37, Kapitel 7.9 Beispiel 67) abgrenzt, drückt die Rolle *Gegenstand (und Auslöser) psychischer Prozesse* auch den Interessensbereich des *Träger psychischer Prozesse*-Argumentes aus, dabei wird diese Größe aber auch als der Auslöser und die Zielgröße dieses psychischen Zustandes betrachtet (u.a. Kapitel 7.3 Beispiel 4, 7). Die semantischen Rollen *Modativ* und *Lokativ* werden zur Bezeichnung der Argumente verwendet, die die Art und Weise der Ausführung der Handlung oder die räumliche Lage umschreiben (u.a. Kapitel 7.2 Beispiel 2; Kapitel 7.7 Beispiel 50, 51, 54). Die Rolle *Patiens* steht für eine *affizierte* Größe (Helbig 2001: 470), d.h. die Größe, auf die das *Agent*-Argument einwirkt, damit sich diese verändert, etwas empfindet oder zu einer Handlung veranlasst wird (u.a. Kapitel 7.5 Beispiel 18). Die semantische Rolle *Verhältnisträger* wird in der Regel syntaktisch als das $K_{präp}$ mit der Präposition *mit* in komitativer Bedeutung realisiert und bezeichnet die Bezugsgröße in einer gleich- oder ungleichwertigen Beziehung (u.a. Kapitel 7.1 Beispiel 1; Kapitel 7.6 Beispiel 32, 35; Kapitel 7.7 Beispiel 49).

Neben dem PO sind weitere Realisierungsmöglichkeiten für die in Frage kommenden Argumente auf der syntaktischen Ebene Adverb, IK, NS – *dass*, NS – *ob*, NS – *wann*, NS – *was*, NS – *welche*, NS – *wer*, NS – *wie*, NS – *wie viel*, NS – *wieviele*. Die jeweilige Realisierungsmöglichkeit hängt von der semantischen Selektionsbeschränkung des Arguments ab. Die Tabelle der semantischen Selektionsbeschränkungen des jeweiligen $K_{präp}$ wird im Anhang 2 angeführt. Je mehr semantische Merkmale das entsprechende Argument umfasst, desto größer ist die Möglichkeit, dass es nicht nur als PO, sondern auch beispielweise als NS oder eine IK auftritt (vgl. u.a. Kapitel 6.1 Beispiel 2, 3, 4 und 5). Genaue Angaben zu den syntaktischen Realisierungsmöglichkeiten des jeweiligen $K_{präp}$ liegen im Anhang 2 vor.

Wie die empirische Untersuchung bestätigt hat, sind die Kriterien *grammatisch korrekt*, *inhaltlich verständlich* und *inhaltlich vollständig* auch auf die Valenz der Adjektive anwendbar und die sich aus diesen Kriterien ergebenden Relationen ++FIX, +FIX, -FIX, +KONST, +BET, +MSKONST für ein $K_{präp}$ und -FIX,

-KONST, +AUTOKOD für ein Supplement durch die entsprechenden TV *Reduktionstest, Folgerungstest, Anschlusstest, Pronominaladverbtest, Erfragbarkeitstest, Test der Überführung in einen Nebensatz mit Korrelat* und *Konstanztest* überprüfbar bzw. nachweisbar. Zwischen dem $K_{präp}$ und dem Valenzträger bestehen aber nicht alle oben genannten Relationen. Die Zahl der zwischen ihnen vorhandenen Relationen hängt sowohl von syntaktischen als auch semantischen und auch kognitiven Aspekten ab. Abhängig davon, wie viele und welche Relationen zwischen dem Valenzträger und dem $K_{präp}$ ermittelbar sind, lassen sich die $K_{präp}$ in obligatorische und fakultative einteilen. Diese werden in folgende Gruppen unterteilt:

- Gruppe der Adjektive mit einem obligatorischen, absolut fixierten, am Sachverhalt beteiligten $K_{präp}$ mit konstanter Präposition (++FIX, +KONST, +BET);
  Hier werden zwei Untergruppen unterschieden:
  (a) Gruppe der Adjektive mit Grammatikalitätsverlust nach Eliminierung des $K_{präp}$: *alliiert mit, befreundet mit, begierig auf, begierig nach, behaftet mit, beheimatet an, bewandert auf, deckungsgleich mit, ebenbürtig mit, einig mit, eins mit, eingeschworen auf, erpicht auf, gleichberechtigt mit, gleichrangig mit, gleichwertig mit, geistesverwandt mit, gewohnt an, gewöhnt an, identisch mit, intim mit, kombinierbar mit, kompatibel mit, konform mit, orientiert an, quitt mit, teilhaftig an, uneinig mit, unvereinbar mit, unvergleichbar mit, vereinbar mit, vergleichbar mit, vertraut mit, verwandt mit, verwurzelt an, verwurzelt mit, wohnhaft an.*
  (b) Gruppe der Adjektive mit Bedeutungsänderung nach Eliminierung des $K_{präp}$: *angewiesen auf, ärgerlich auf, arm an, bedacht auf, bekannt mit, gebunden an*[107]*, gebunden an*[108]*, geil auf, gefasst auf, gierig auf, gierig nach, heiß auf, hungrig auf, hungrig nach, lüstern nach, reich an, scharf auf, süchtig auf, süchtig nach, verrückt nach, wild auf.*
- Gruppe der Adjektive mit einem obligatorischen, schwach fixierten, am Sachverhalt beteiligten $K_{präp}$ mit konstanter Präposition (+FIX, +KONST, +BET): *aufmerksam auf, beschäftigt mit, beteiligt an, böse auf, eifersüchtig auf, erkrankt an, fertig mit, gespannt auf, heimisch an, heimisch auf, gleichaltrig mit, neidisch auf, neugierig auf, schuld an, solidarisch mit, stolz auf, versessen auf.*

---

107 In der Bedeutung: *Verpflichtet, etw. zu tun; festgelegt.*

108 In der Bedeutung: *Etw. mit etw. (z.B. Faden, Draht, Stoffstreifen, Weidenrute) so umgeben, dass es zusammenhält, durch Umwinden mit etw. zu etw. Festem, Einheitlichem zusammengefügt; zusammengebunden.*

- Gruppe der Adjektive mit einem fakultativen, den Sachverhalt mit konstituierenden $K_{präp}$ mit konstanter Präposition (+MSKONST, +KONST):
  adressiert an, angestellt mit, begrenzt auf, beschränkt auf, desinteressiert an, einverstanden mit, erfreulich an, haftbar mit, handgreiflich mit, interessiert an, jung an, reichhaltig an, sauer auf, sesshaft an, sesshaft auf, schuldig an, überlegen an, übertragbar auf, übervoll mit, unglücklich mit, uninteressiert an, unschuldig an, unzufrieden mit, verheiratet mit, verlobt mit, voll mit, wütend auf, zornig auf, zufrieden mit.

Mit der Einteilung in obligatorische und fakultative $K_{präp}$ hängt eine weitere Schlussfolgerung zusammen, und zwar die Einteilung der Komplemente in *Komplemente im Kernbereich* und *Komplemente im Randbereich*, welche unter anderem aus Zifonun et al. (1997: 1055–1060) bekannt ist. Dabei handelt es sich bei den *Komplementen im Kernbereich* um die Komplemente, die den RT, FT und AT bestehen, also um obligatorische Komplemente mit unterschiedlicher Fixiertheit, welche am Sachverhalt beteiligt sind, und um fakultative Komplemente, welche sowohl den FT als auch den AT bestehen, nicht fixiert sind, aber den Sachverhalt mit konstituieren und eine konstante Präposition haben. Als *Komplemente im Randbereich* gelten die Komplemente, welche zwar den Reduktions- und FT bestehen, aber nach dem AT nur beschränkt als Komplemente aufgefasst werden können, da sie adverbiale Eigenschaften aufweisen und folglich den Sachverhalt kontextualisieren (Zifonun et al. 1997: 1043–1060). Die syntaktischen TV ermitteln lediglich die relevante Phrase als $K_{präp}$, sie helfen bei der Ermittlung der Obligatheit und Fakultativität dieser Phrase nicht weiter. Bezogen auf die in dieser Arbeit untersuchten Adjektive handelt es sich um die Adjektive, welche das $K_{präp\text{-}mit}$ in modaler Bedeutung verlangen. Wie das Beispiel in (Kapitel 7.2 Beispiel 2) zeigt, sind es fakultative Komplemente, welche den Sachverhalt mitkonstituieren und eine konstante Präposition haben. Sie weisen aber auch deutliche adverbiale Eigenschaften auf und werden deshalb als *Komplemente im Randbereich* betrachtet.

Die vorliegende empirische Untersuchung bestätigt außerdem, dass die PP mit lokaler Bedeutung, also das prototypische Supplement, als K_{sit} auftritt, wenn das Prädikat eine Leerstelle für ein Argument eröffnet, welches mit der Phrase mit lokaler Bedeutung ausgefüllt werden muss (Kapitel 7.7 Beispiel 59, 60 und 63). Ein solches K_{sit} tritt in der Regel als obligatorisches Komplement mit absoluter oder schwacher Fixiertheit auf. Das K_{sit} gehört zur Gruppe der Adjektive mit Grammatikalitätsverlust nach Eliminierung dieses Komplements, wenn es stark fixiert und am Sachverhalt beteiligt ist (Kapitel 7.7 Beispiel 59 und 60). Die Präposition im K_{sit} kann abhängig von der semantischen Selektionsbeschränkung des Prädikats unterschiedlich sein (Kapitel 7.7 Beispiel 59b und 60b). Auf der syntaktischen Ebene wird das K_{sit} durch die lexikalisch-statusformale Rektion an das Adjektiv gebunden. Wenn das K_{sit} am Sachverhalt beteiligt ist, aber die Proposition nach Eliminierung von K_{sit} unter semantisch-pragmatischen Bedingungen weglassbar ist, so gehört das Adjektiv mit einem solchen K_{sit} zur Gruppe der Adjektive mit schwach fixiertem Komplement (Kapitel 7.7 Beispiel 63). Hier soll auch darauf hingewiesen werden, dass die syntaktischen TV auf solche PP anwendbar sind, da sie aber widersprüchliche Ergebnisse liefern, ist von der Anwendung dieser TV abzuraten.

Mit der Feststellung der Obligatheit bzw. Fakultativität des $K_{präp}$ hängt außerdem die Beobachtung zusammen, dass die schwache Assoziiertheit eines Arguments mit der Prädikatsbedeutung und somit die daraus folgende Fakultativität des $K_{präp}$ mit dem relativ großen Grad an Abstraktheit des Prädikats und mit der Eigenschaft des Arguments, eine große Zahl der semantischen Merkmale zu bündeln, und somit mit der dadurch verursachten Repräsentation vieler Kategorien der objektiven Wirklichkeit zusammenhängt. Das führt dazu, dass sowohl das Argument als auch das Prädikat lose miteinander verbunden sind. Eine weitere Erklärung dafür ergibt sich aus der Untersuchung der Zusammensetzung der Prädikatsbedeutung innerhalb der Framegruppen: Das Prädikat, welches ein obligatorisches Komplement verlangt, kommt meistens in dem Frame mit spezifischer Bedeutung, also in dem so genannten *child-frame* vor. Dies ist bei dem Prädikat mit einem fakultativen $K_{präp}$ eher nicht der Fall (vgl. Kapitel 7.3).

Eine weitere Beobachtung ist die Obligatheit der $K_{präp\text{-}mit}$ in komitativer Bedeutung bzw. diese $K_{präp}$ werden in dieser Arbeit als solche wahrgenommen (u.a. Kapitel 7.6 Beispiel 32, 33, 34, 35). Die Obligatheit dieser $K_{präp}$ basiert vor allem auf der absoluten Fixiertheit dieser Komplemente und auf ihrer Beteiligung am Sachverhalt. Ihre Obligatheit wird auch durch die entsprechenden TV bestätigt. Die Besonderheit dieser $K_{präp}$ besteht aber darin, dass sie im Rahmen der Valenzreduktion mit dem K_{sub} verschmelzen können, weil in diesem Fall das durch das $K_{präp\text{-}mit}$ ausgedrückte Argument eine der beiden Parteien bzw. Beteiligten des im Prädikat ausgedrückten Sachverhalts ist und diese ohne weiteres in einer semantischen Rolle *Verhältnisträger* zusammengefasst werden können (u.a. Kapitel 7.6 Beispiel 32 und 33). Das Prädikat eröffnet aber drei Leerstellen, zwei für die am Sachverhalt beteiligten Parteien und eine für die semantische Rolle *Inhalt*, also den Interessensbereich der *Verhältnisträger* des im Prädikat ausgedrückten Sachverhaltes (Kapitel 7.6 Beispiel 34). Deshalb wird das $K_{präp\text{-}mit}$ hier als ein am Sachverhalt beteiligtes Argument und damit als ein obligatorisches Komplement aufgefasst.

Bei einem quantitativen und qualitativen Vergleich[109] der Ergebnisse der vorliegenden Untersuchung mit den umfangreichsten Untersuchungen zur Valenz der Adjektive (Sommerfeldt/Schreiber (1983) und Lee (1994)) ergibt sich Folgendes. Zahlenmäßig kann die vorliegende Untersuchung mit der Arbeit von Lee (1994) nicht verglichen werden, weil Lee keine Liste der Adjektive anführt, mit denen er in seiner Untersuchung gearbeitet hat. Im Gegensatz dazu sind in der Arbeit von Sommerfeldt/Schreiber (1983) 20 der hier untersuchten Adjektiven vertreten, und zwar die folgenden: *ärgerlich auf, arm an, aufmerksam auf, begierig auf, begierig nach, behaftet mit, bekannt mit, bewandert auf, böse auf, eingeschworen auf, einverstanden mit, fertig mit, gefasst auf, gespannt auf, heimisch an, hungrig nach, reich an, scharf auf, stolz auf, verwurzelt mit, wild auf.* Die Adjektive *beschränkt, hungrig, gewohnt, schuldig, verwurzelt, einig, haftbar, voll* werden im Wörterbuch zwar erwähnt, aber anders als in der vorliegenden Arbeit beschrieben. Auf den Unterschied wird unten eingegangen. Während es wegen der Unterschiede bei der Abgrenzung der Wortart Adjektiv erklärbar ist, warum Zustandsreflexive und Partizipien nicht berücksichtigt werden, ist nicht klar, warum zum Beispiel die Adjektive *eifersüchtig auf, erpicht auf, neugierig auf, überlegen an, identisch mit, verrückt nach* und viele mehr nicht in das Wörterbuch aufgenommen worden sind.

Im Rahmen des qualitativen Vergleiches kann diese Arbeit nur in Bezug auf die semantischen Rollen mit der Arbeit von Lee verglichen werden. Der Vergleich bezüglich der quantitativen und qualitativen Valenz ist nicht möglich, weil bei Lee zum einen keine Liste der Adjektive vorliegt, die er systematisch auf die Wertigkeit und auf die formale und funktionale Realisierung der Komplemente untersucht, und zum anderen der Schwerpunkt bei seiner Beschreibung der syntaktischen Valenz im Unterschied zur vorliegenden Arbeit auf den Satzbauplänen liegt. Die Beschreibung der semantischen Merkmale der Argumente beschränkt Lee auf einige Beispiele. Eine systematische Untersuchung führt er hier ebenfalls nicht durch. Da Lee Obligatheit und Fakultativität der Komplemente in seiner Untersuchung nicht berücksichtigt, kann auch dieser Vergleich nicht vorgenommen werden. Bezüglich des Vergleiches der semantischen Rollen beider Arbeiten wird Folgendes festgehalten: Laut Lee entsprechen dem $K_{präp\text{-}an}$ auf der semantischen Ebene die Rollen *Objektiv, Kausativ* und *Geltungsbereich.* In der vorliegenden Untersuchung stellen das $K_{präp\text{-}an}$ und das K_{sit} die syntaktische Realisierung

109 Unter dem quantitativen Vergleich ist hier ein zahlenmäßiger Vergleich zu verstehen. Der qualitative Vergleich umfasst den Vergleich der quantitativen und qualitativen Valenz, der semantischen Valenz und der Angaben zu Obligatheit und Fakultativität der Komplemente.

für *Adressat, Inhalt, Gegenstand (und Auslöser) psychischer Prozesse* und *Lokativ* dar. Das $K_{präp\text{-}auf}$ tritt laut Lee als Realisierung für *Finativ*, *Geltungsbereich* und *Kausativ* dar. Die Ergebnisse dieser Untersuchung weisen das $K_{präp\text{-}auf}$ und das K_{sit} als Realisierung für *Adressat, Inhalt, Instrument, Gegenstand (und Auslöser) psychischer Prozesse* und *Lokativ* aus. Laut Lee können die Rollen *Finativ, Gleichsetzungsgröße, Objektiv, Possessiv, Resultativ, Kausativ* als $K_{präp\text{-}mit}$ auftreten. In dieser Arbeit sind es die Rollen *Adressat, Inhalt, Gegenstand (und Auslöser) psychischer Prozesse, Modativ, Patiens* und *Verhältnisträger*. Lee nennt nur die Rolle *Kausativ*, die als $K_{präp\text{-}nach}$ erscheint. Laut der vorliegenden Untersuchung ist es *Gegenstand (und Auslöser) psychischer Prozesse*. Die semantischen Rollen *Lokativ, Temporativ* und *Modativ* können in der Arbeit von Lee auch als Adverbien realisiert werden. Gemäß der Ergebnisse dieser Untersuchung tritt das *Lokativ*-Argument bei den Adjektiven *beheimatet* und *sesshaft* auf der syntaktischen Ebene auch als ein Adverb auf. Die Unterschiede sind zum einen darin begründet, dass Lee allem Anschein nach aufgrund der geringen Anzahl der untersuchten Adjektive mit $K_{präp}$ die semantischen Rollen nicht präzise bestimmt, zum anderen, dass sich die vorliegende Untersuchung nur auf vier $K_{präp}$ beschränkt und semantische Rollen, die als hier nicht untersuchten $K_{präp}$ auftreten, nicht berücksichtigt.

Der qualitative Vergleich dieser Untersuchung mit der Arbeit von Sommerfeldt/ Schreiber (1983) kann im Bereich der quantitativen und qualitativen Valenz und der Obligatheit und Fakultativität der Komplemente durchgeführt werden. Die Beschreibung der semantischen Merkmale bei Sommerfeldt/ Schreiber ist sehr allgemein. Diese Autoren verwenden lediglich die Merkmale [Abstr], [Anim] und [Hum]. Somit ist der Vergleich der semantischen Merkmale der Komplemente in beiden Arbeiten wenig sinnvoll, da alle Angaben von Sommerfeldt/Schreiber auch in der vorliegenden Untersuchung vorhanden sind. Die semantischen Rollen der $K_{präp}$ in beiden Arbeiten können nicht verglichen werden, weil Sommerfeldt/Schreiber diese Rollen bei der Beschreibung der Adjektive nicht angeben. Bezüglich der quantitativen Valenz bestätigen die Ergebnisse der vorliegenden Untersuchung die Angaben in der Arbeit von Sommerfeldt/ Schreiber. Die meisten Adjektive sind zweiwertig. Nur das Adjektiv *verwurzelt* ist dreiwertig. Es liegen aber auch Unterschiede zwischen beiden Arbeiten vor: Laut Sommerfeldt/Schreiber (1983) ist das Adjektiv *beschränkt* einwertig. Die Adjektive *einig* und *haftbar* sind bei Sommerfeldt/Schreiber (1983) als zweiwertig beschrieben, in dieser Untersuchung sind sie aber dreiwertig. Das Adjektiv *einig* verlangt laut Sommerfeldt/Schreiber (1983) ein K_{sub} und ein $K_{präp\text{-}in}$, das $K_{präp\text{-}mit}$ wird bei diesem Adjektiv als $K_{präp}$ nicht erwähnt. Das Adjektiv *haftbar* eröffnet keine Leerstelle für das $K_{präp\text{-}mit}$ und steht nur mit K_{sub} und $K_{präp\text{-}für}$. Die

Beschreibung der qualitativen Valenz fällt bei Sommerfeldt/Schreiber (1983) auch knapp aus. Sie fügen die Angaben zur formalen und funktionalen Struktur des $K_{präp}$ unter der Bezeichnung pSa oder pSd (präpositionales Substantiv im Akkusativ oder im Dativ) zusammen. Auch in der vorliegenden Untersuchung haben die $K_{präp}$ diese Struktur und Funktion. Zu den weiteren Realisierungsmöglichkeiten der $K_{präp}$ stellen sie fest, dass IK und NS die $K_{präp}$ ersetzen können, aber da dies bei manchen Adjektiven generell der Fall ist, werden sie nicht überall als mögliche Varianten angeführt (Sommerfeldt/Schreiber 1983: 36). Außerdem geben Sommerfeldt/Schreiber beim Adjektiv *verwurzelt* als eine der möglichen Realisierungsformen das Adverb an. Die Korpusuntersuchung bestätigt aber diese Annahme nicht. Weitere Unterschiede sind: Das Adjektiv *hungrig* verlangt nur die PP mit der Präposition *nach* aber nicht mit der Präposition *auf*. Das Adjektiv *gewohnt* verlangt nur K_{akk} aber kein $K_{präp-an}$. Das Adjektiv *schuldig* regiert nur K_{gen}. Das Adjektiv *verwurzelt* ist dreiwertig und kann zwei $K_{präp}$ verlangen, von denen eines ein $K_{präp-mit}$ ist, aber das $K_{präp-an}$ bei *verwurzelt* wird in ihrer Arbeit nicht erwähnt. Das Adjektiv *voll* wird zwar als zweiwertig beschrieben, verlangt aber nur ein K_{gen} und kein $K_{präp-von}$. Bezüglich der Obligatheit und Fakultativität der $K_{präp}$ lassen sich nur bei Adjektiven *ärgerlich auf*, *gespannt auf*, *stolz auf* und *einverstanden mit* Unterschiede feststellen. Bei Sommerfeldt/Schreiber sind die $K_{präp-auf}$ bei *ärgerlich*, *gespannt* und *stolz* fakultativ, in der vorliegenden Untersuchung aber obligatorisch. Und umgekehrt ist das $K_{präp-mit}$ bei *einverstanden* bei Sommerfeldt/Schreiber obligatorisch und hier fakultativ.

8.2 Schlussfolgerungen

Im Hinblick auf die in der Einleitung formulierten Fragestellungen und Ziele lässt sich Folgendes zusammenfassen:

1. Aus Sicht der qualitativen Valenz treten die $K_{präp}$ bei den untersuchten Adjektiven am häufigsten als PO auf, alternativ können manche $K_{präp}$ auch als NS oder IK ausgedrückt werden. Die funktionale Realisierung des $K_{präp}$ hängt mit der Bedeutungsstruktur und dem semantischen Gehalt des Prädikats zusammen. Als mögliche NS kommen die NS mit den Konnektoren *dass*, *ob*, *wann*, *was*, *welche*, *wer*, *wie*, *wie viel*, *wie viele* vor. Quantitativ gesehen werden bei den untersuchten Adjektiven die Gruppe der zwei-, drei- und vierwertigen Adjektive unterschieden. Bei manchen zwei- und dreiwertigen Adjektiven liegen zu dem untersuchten $K_{präp}$ alternative Termkomplemente vor. Es werden drei Gruppen unterschieden: Die erste Gruppe umfasst die zweiwertigen Adjektive mit einem $K_{präp}$ oder K_{obj} als Alternativform zum untersuchten $K_{präp}$. Die zweite Gruppe enthält die zweiwertigen Adjektive, welche ebenfalls ein $K_{präp}$ oder ein K_{obj} als

Alternativform zum untersuchten $K_{präp}$ verlangen können. Der Unterschied zwischen der ersten und der zweiten Gruppe besteht darin, dass Adjektive in der ersten Gruppe nur eine Alternativform zum untersuchten $K_{präp}$ an sich binden können, und zwar entweder ein $K_{präp}$ oder ein K_{obj}, während in der zweiten Gruppe sowohl $K_{präp}$ als auch K_{obj} Alternativformen sind (vgl. Kapitel 6.2). Zur dritten Gruppe werden dreiwertige Adjektive gezählt, welche neben dem untersuchten $K_{präp}$ und dem K_{sub} noch eine Leerstelle für ein weiteres Komplement eröffnen. Dieses Komplement kann sowohl ein anderes $K_{präp}$ als auch ein K_{obj} sein. Als Alternativform zum untersuchten $K_{präp}$ tritt ein anderes $K_{präp}$ auf.

Bezüglich der Rektionsbeziehungen in den Sätzen mit komplexem Prädikat, dessen Bestandteil ein Adjektiv ist, wird festgehalten, dass das Subjekt durch die kategorial-funktionale Rektion und durch die semantischen Merkmale an das Prädikat gebunden ist und deshalb auch als Komplement betrachtet werden soll. Zwischen dem $K_{präp}$ und dem Prädikat besteht die lexikalisch-statusformale (Adjektiv → Präposition), die lexikalisch-kasusformale (Präposition → NP) und die lexikalisch-funktionale Rektion (Adjektiv → PO).

Hinsichtlich der semantischen Valenz werden bei den untersuchten Adjektiven insgesamt acht semantische Rollen unterschieden: *Adressat*, *Inhalt*, *Instrument*, *Gegenstand (und Auslöser) psychischer Prozesse*, *Lokativ*, *Modativ*, *Patiens*, *Verhältnisträger*. Die Abgrenzung dieser Rollen ist auf Grundlage der umfassenden Auseinandersetzung mit den theoretischen Arbeiten zu semantischen Rollen durchgeführt worden. Auch bereits vorliegende Untersuchungen zur semantischen Rolle der $K_{präp}$ bei Adjektiven, Bedeutungswörterbücher und das *FrameNet*-Projekt sind Ausgangspunkte der Arbeit. Wie die empirische Untersuchung gezeigt hat, hängt der semantische Gehalt der als $K_{präp}$ auftretenden Phrase sowohl vom Prädikat als auch von der semantischen Rolle ab, die dieses $K_{präp}$ im Satz erfüllt. Die detaillierte Beschreibung der semantischen Merkmale der untersuchten $K_{präp}$ ist im Anhang 2 angeführt. Darüber hinaus sind im Anhang 2 auch die semantischen Merkmale des K_{sub} der untersuchten Adjektive aufgelistet, um dessen Bindung an das Adjektiv als inhaltlicher Valenzträger im Satz zu verdeutlichen.

2. Leitend für die vorliegende Untersuchung ist die Behauptung gewesen, dass Valenz ein mehrdimensionales Gebilde darstellt. Dieses ist nicht nur auf der morphosyntaktischen und semantischen Ebene vorhanden, sondern auch theoretisch auf der logischen bzw. kognitiven Ebene nachweisbar. Letztere tritt vielmehr als die Basisebene für die semantische und – darauf aufbauend – für die syntaktische Ebene auf. Obwohl Valenz auf der logischen bzw. kognitiven Ebene in der Forschungsliteratur nicht explizit thematisiert wird, wird in zahlreichen

Untersuchungen (vgl. Kapitel 2.2) auf die valenzähnlichen Konstruktionsprinzipien menschlicher Kognition, zum Beispiel im Rahmen des Ereignisbegriffs nach Klix und van der Meer oder der Ergänzungsbedürftigkeit eines Prädikats durch Argumente im Rahmen der Propositionsbildung (vgl. Kapitel 2.1.1.1.1), hingewiesen. Für die Valenz der Adjektive mit $K_{präp}$ und auch generell für die Valenz heißt es folglich, dass bei der Suche nach zufriedenstellenden Antworten zu Wertigkeit, zu Komplement- und Supplementstatus der in Frage kommenden Phrasen und zu Obligatheit und Fakultativität der Komplemente die kognitive Ebene in Betracht gezogen werden muss. Ein solcher Versuch ist in der vorliegenden Arbeit unternommen worden, u.a. durch die Miteinbeziehung des im Rahmen der Frametheorie und konkret durch das *FrameNet*-Projekt ausgearbeiteten Instrumentariums. Durch die Miteinbeziehung des *FrameNet*-Projektes ist die Bedeutungsstruktur der untersuchten Adjektive verständlicher geworden. Dadurch ist unter anderem eine bessere Zuweisung und Abgrenzung der semantischen Rollen der Prädikatsargumente möglich geworden. Der Bezug auf die Bedeutungsstruktur des Adjektivs hat unter anderem den Vorteil, dass die Argumentstruktur des Prädikats eine Bezugsgröße erhält. So kann eine fundierte Entscheidung getroffen werden, welche Phrase tatsächlich ein Argument des Prädikats und welche ein Adjunkt ist. Weiterhin konnten mithilfe des netzwerkartigen Verfahrens, das die Verbindungen zwischen den Frames darstellt, die Adjektive entsprechend ihrer Bedeutung eingeteilt werden. Das ist besonders dort hilfreich gewesen, wo die semantische Einteilung von Trost und die Befragung von Muttersprachlern zu widersprüchlichen Ergebnissen geführt haben.

Da die Ausarbeitung der kognitiven Kriterien zur Unterscheidung zwischen Argumenten und Adjunkten einer eigenständigen, umfassenden und vielmehr einer interdisziplinären Untersuchung bedarf, hat sich die vorliegende Arbeit bei der Darstellung der kognitiven Ebene nur auf die Zusammenfassung einiger Aspekte konzentriert, mithilfe derer nach solchen Kriterien geforscht werden kann, wie z. B. die Primitivprädikate, der Ereignisbegriff, die IBR und ZBR nach Klix (1991, 1992, 1993). In dieser Untersuchung sind vielmehr die semantischen und syntaktischen Unterscheidungskriterien in Betracht gezogen worden. Es handelt sich um die Kriterien *inhaltlich verständlich*, *inhaltlich vollständig* und *grammatisch korrekt*. Für die Ermittlung dieser Kriterien sind bestimmte Bedeutungs- und Formrelationen ausgearbeitet worden. In Bezug auf die untersuchten Adjektive lässt sich dementsprechend festhalten, dass das relevante $K_{präp}$ ein obligatorisches Komplement ist, wenn es absolut oder schwach fixiert ist, über eine konstante Präposition verfügt, am Sachverhalt beteiligt ist und in manchen Fällen eine autonome Kodierung aufweist. Das $K_{präp}$ ist als ein fakultatives Komplement zu betrachten, wenn es nicht fixiert ist, eine konstante Präposition hat, den Sachverhalt mit konstituiert und in manchen Fällen autonom kodiert ist. Zur Bestätigung des entsprechenden Status des relevanten $K_{präp}$ – sowie auch des Komplements generell – reicht die Betrachtung der Relationen auf einer Ebene meist nicht aus. Es geht vielmehr um die Wechselbeziehung zwischen den semantischen und syntaktischen Relationen. Somit schließt sich diese Untersuchung an die Annahme der IDS-Grammatik an, die besagt: Je mehr Relationen zwischen dem Valenzträger und der relevanten Phrase vorhanden sind, desto stärker spricht dies für den entsprechenden Status dieser Phrase (Zifonun et al: 1997: 1031).

3. Sowohl die Untersuchungskriterien als auch das Vorhandensein der Form- und Bedeutungsrelationen können mit TV ermittelt und überprüft werden. In dieser Arbeit ist mit sieben TV gearbeitet worden. Die TV RT, PAT, ET, ÜT, KT sind eingesetzt worden, um den Komplementstatus der relevanten PP festzustellen, also um die Kriterien *grammatisch korrekt* und *inhaltlich verständlich* zu ermitteln. Während RT, PAT, ET, ÜT, KT syntaktische TV sind, handelt es sich bei FT und AT um semantische TV. Der FT ist verwendet worden, um festzustellen, ob die relevante Phrase den Sachverhalt mit konstituiert Er ermittelt das Kriterium *inhaltlich vollständig*. Der AT ist vor allem auf die Abgrenzung der Supplemente ausgerichtet. Er hilft aber auch, die fakultativen Komplemente im Randbereich festzumachen. Aufgrund der drei Unterscheidungskriterien, den Form- und Bedeutungsrelationen und den TV haben sich die untersuchten Adjektive in drei Gruppen einteilen lassen. Die erste Gruppe umfasst die Adjektive mit einem obligatorischen, absolut fixierten, am Sachverhalt beteiligten $K_{präp}$ mit konstanter Präposition. Diese Gruppe lässt sich in zwei weitere Untergruppen aufteilen, und zwar in die Gruppe der Adjektive mit Grammatikalitätsverlust nach Eliminierung des $K_{präp}$ und in die Gruppe der Adjektive mit Bedeutungsänderung nach Eliminierung des $K_{präp}$. Zur zweiten Gruppe gehören die Adjektive mit einem obligatorischen, schwach fixierten, am Sachverhalt beteiligten $K_{präp}$ mit konstanter Präposition. Die dritte Gruppe setzt sich aus den Adjektiven zusammen, die ein fakultatives, den Sachverhalt mit konstituierendes $K_{präp}$ mit konstanter Präposition verlangen.

Vor diesem Hintergrund wird der substantielle Beitrag dieser Arbeit zur Grammatikforschung deutlich:

a) In der vorliegenden Untersuchung sind zum ersten Mal in der Forschung zur Adjektivvalenz die in der Forschungsliteratur mehrfach genannten Unterscheidungskriterien explizit auf obligatorische, fakultative Komplemente und Supplemente bei Adjektiven angewendet worden.
b) Das bezieht sich auch auf die Form- und Bedeutungsrelationen, die bei der Unterscheidung zwischen obligatorischen und fakultativen $K_{präp}$ und

Supplementen eingesetzt worden sind. Wenn in den anderen Arbeiten zur Valenz der Adjektive Fragen nach Obligatheit und Fakultativität, nach Unterscheidungskriterien und Relationen behandelt worden sind, dann nur am Rande (vgl. Kapitel 2.5.3).

c) Die Überprüfung der Unterscheidungskriterien und der Form- und Bedeutungsrelationen ist mithilfe der syntaktischen und semantischen TV systematisch unternommen worden. Das hat bisher in keiner Arbeit zur Valenz der Adjektive stattgefunden.

d) Dadurch war es möglich, eine Einteilung der $K_{präp}$ bei Adjektiven in die Gruppen gemäß ihrer Obligatheit und Fakultativität durchzuführen, welche aus keiner bisher erschienenen Arbeit bekannt ist.

e) Diese systematische Herangehensweise hat gezeigt, dass die Wertigkeit der Adjektive neu betrachtet und diskutiert werden muss, denn, wie die Ergebnisse der Untersuchung verdeutlichen, verlangen Adjektive mehr Komplemente als bislang in der Grammatikforschung behauptet worden ist.

f) In der vorliegenden Arbeit ist eine korpusbasierte Untersuchung der Adjektive mit $K_{präp}$ durchgeführt worden. Der Vorteil dieser Methode ist, dass die Untersuchung auf real existierenden Sprachdaten und nicht auf konstruierten Expertenbeispielen beruht. Dies ist bisher im Bereich der Adjektivvalenz in sehr geringem Umfang geschehen (vgl. Kapitel 2.5.3).

g) Der Beitrag zur aktuellen Forschung besteht auch in der Untersuchung der Adjektive im Rahmen der Frametheorie. Das in der Untersuchung benutzte *FrameNet*-Projekt hat sich u. a. auch bei der Zuordnung der Adjektive in Framegruppen und bei der Neudiskussion der semantischen Rollen der $K_{präp}$ bei Adjektiven als hilfreich erwiesen. Die Motivation für die Miteinbeziehung der Frametheorie und konkret des *FrameNet*-Projektes ist u. a. die Annahme, dass im Rahmen eines zusammenhängenden Netzwerkes (*FrameNet*) die Bedeutungsstruktur des Adjektivs und folglich die Argumentstruktur des Prädikats, sowie die Zuweisung der semantischen Rollen zu den Argumenten besser nachvollzogen und festgehalten werden können. Wie die Framebeschreibungen im empirischen Teil gezeigt haben, ist diese Annahme gerechtfertigt und bei weiteren Untersuchungen im Rahmen der Adjektivvalenz sollte auf sie zurückgegriffen werden.

Die Untersuchungsergebnisse dieser Arbeit können in unterschiedlichen Bereichen Anwendung finden. Vor allem können sie aufgrund der neuen Erkenntnisse im Bereich der Adjektivvalenz in den Grammatiken der deutschen Sprache, vor allem in der kategorialen Grammatik, angewendet werden, um das bestehende Wissen zur Adjektivvalenz kritisch zu hinterfragen und eventuell zu ergänzen. Das bezieht sich nicht nur auf die quantitative Valenz, da durch die vorliegenden Ergebnisse neue Aussagen über die Wertigkeit der Adjektive gemacht werden können, sondern auch auf die semantische Beschreibung der $K_{präp}$ bei Adjektiven. Dort könnten die beschriebenen semantischen Selektionsbeschränkungen der $K_{präp}$ und die Angaben über die Zuweisung und Abgrenzung der semantischen Rollen die Diskussion über die semantische Valenz wesentlich ergänzen. Darüber hinaus stellen die in dieser Arbeit gewonnenen Ergebnisse hinsichtlich des Komplementstatus der PP bei Adjektiven, ihrer Obligatheit oder Fakultativität, die TV und die vorgenommene Einteilung in die entsprechenden Gruppen einen wesentlichen Beitrag zur Beschreibung der Adjektivvalenz und zur Ausarbeitung der für die Obligatheit und Fakultativität der $K_{präp}$ bei Adjektiven eigenen Gesetzmäßigkeiten dar. Ein weiterer Bereich, in dem die Ergebnisse Anwendung finden können ist der DaF-Unterricht. Hier wäre neben dem Einsatz der Unterscheidungsverfahren zur Abgrenzung der Komplemente und Supplemente, die Verwendung der Satzbaupläne mit dem Adjektiv als Valenzträger zur Einprägung der Satzstrukturen mit einem komplexen Prädikat denkbar. Außerdem könnten Übungsmaterialien zur Aneignung der Adjektivrektion und der semantischen Selektionsbeschränkungen der Komplemente des Adjektivs im gegebenen Ausdruck ausgearbeitet werden. Darüber hinaus könnten die Untersuchungsergebnisse im Bereich der Lexikographie gebraucht werden, und zwar sowohl bei Print- als auch bei Onlinevalenzwörterbüchern. Hier sind die Angaben zu Obligatheit und Fakultativität sowie zu den semantischen Rollen und der semantischen Selektionsbeschränkung der $K_{präp}$ wertvoll. Da die Ergebnisse durch zahlreiche Korpusbelege validiert sind, steigert es ihren Wert für die Wörterbücher. Auch ein mehrsprachiges Wörterbuch der Adjektivvalenz kann auf Grundlage der vorliegenden Ergebnisse entwickelt werden. Ein solches Wörterbuch wäre nicht nur der Vorwand für eine umfassende Untersuchung der Adjektivkomplemente unter der Berücksichtigung des hier ausgearbeiteten theoretischen Hintergrundes, sondern auch ein wesentlicher Beitrag zur kontrastiven Valenzforschung. Die Ergebnisse der Untersuchung können auch für die weitere Forschung verwendet werden. Es ist zum Beispiel sinnvoll, verstärkt den semantischen Netzen, die im Bereich der künstlichen Intelligenz zur Wissensrepräsentation verwendet werden, und ihrem Stellenwert bei der Untersuchung der Adjektivvalenz und der Prädikatsstruktur der Adjektive nachzugehen. Interessant ist auch eine vergleichende Untersuchung zu Phrasen, deren Bestandteil ein Adjektiv ist, im Rahmen der Valenztheorie und Konstruktionsgrammatik.

8.3 Kritische Gesamtschau

In der kritischen Gesamtschau der Untersuchungsergebnisse lassen sich aber trotzdem einige Versäumnisse bzw. Verbesserungsvorschläge oder auch Anhaltspunkte zur weiteren Forschung nennen. Aus Platz- und Zeitgründen sind in der vorliegenden Arbeit lediglich die $K_{präp}$ mit den Präpositionen *an*, *auf*, *mit*, und *nach* untersucht worden. Der Anhaltspunkt für die zukünftige Forschung im Bereich der $K_{präp}$ bei Adjektiven wäre folglich die Auseinandersetzung mit $K_{präp}$ mit weiteren regierten Präpositionen. Des Weiteren ist die Ausweitung des in dieser Arbeit gewählten empirischen Untersuchungsansatzes und theoretischen Hintergrunds auf alle Komplemente des Adjektivs zu bedenken. Die $K_{präp}$ bei Adjektiven sind basierend auf einem umfangreichen Korpus, dargestellten Unterscheidungskriterien, Bedeutungs- und Formrelationen und TV für ihre Unterscheidung von Supplementen und für die Ermittlung der Obligatheit und Fakultativität der $K_{präp}$ bisher noch nie behandelt worden. Die in dieser Arbeit gewählte Vorgehensweise hat zu neuen wissenschaftlichen Erkenntnissen vor allem im Bereich der Obligatheit und der Fakultativität der Komplemente, der Wertigkeit und der Argumentstruktur des Prädikats mit dem Adjektiv als Hauptvalenzträger geführt. Dabei geht es vor allem um die sogenannten Komplemente im Randbereich, die adverbiale Eigenschaften aufweisen, aber laut der vorliegenden Untersuchung immer noch als Komplemente betrachtet werden, weil sie den Sachverhalt mit konstituieren und im Fall der $K_{präp}$ eine konstante Präposition haben. Es ist anzunehmen, dass eine umfassende Untersuchung der Komplemente des Adjektivs unter Berücksichtigung des hier ausgearbeiteten theoretischen Hintergrunds bestätigt, dass im Vergleich mit anderen Untersuchungen zur Adjektivvalenz die Wertigkeit bestimmter Adjektive um mindestens eine Position steigt.

Einen weiteren Anhaltspunkt stellt die Argumenthaftigkeit des Prädikats mit dem Adjektiv als Hauptvalenzträger dar. Wie in dieser Untersuchung gezeigt worden ist, kann die Entscheidung, ob die Phrase ein Komplement oder ein Supplement ist und ob sie ein obligatorisches oder ein fakultatives Komplement ist, nicht ausschließlich auf der syntaktischen oder der semantischen Ebene getroffen werden. Damit hängt auch ein weiteres Versäumnis dieser Arbeit bzw. ein Anhaltspunkt für eine weitere Untersuchung zusammen, da die besten Ergebnisse im interdisziplinären Kontext erzielt werden könnten. Die kognitive Psychologie scheint mit ihren Untersuchungen im Bereich der Wissensstrukturierung, der Begriffsbildung und mit ihrer stark ausgeprägten und empirisch basierten Herangehensweise am besten für eine solche Untersuchung geeignet zu sein. Die Fragen, die in diesem Zusammenhang gestellt werden könnten, sind:

- Kann die logische bzw. kognitive Ebene tatsächlich als die Basisebene der Valenz oder als Ebene, auf der das Wissen nach dem valenzähnlichen Prinzip strukturiert wird, betrachtet werden?

Wenn die Antwort positiv ist:

- Wie findet dieser Prozess statt, und zwar:
  - Wie entsteht das Prädikat?
  - Aus welchen Bestandteilen setzt sich das Prädikat zusammen?
  - Wie sieht die innere Struktur des Prädikats aus?
  - Liegt eine begrenzte Zahl der Bauelemente des Prädikats vor oder ist diese Zahl unbegrenzt?

In den Kapiteln 2.1.1.1 und 2.2 sind diese Fragen angeschnitten worden, aber aus Platz- und Zeitgründen sowie vor allem aus Mangel an dem dazu notwendigen interdisziplinären Wissen leider unbefriedigend beantwortet geblieben. Das hier zur Rate gezogene *FrameNet*-Projekt bietet zwar ein gutes Instrumentarium, aber es bleibt im Wesentlichen eine umfangreiche Datenbank des linguistischen Expertenwissens, welches zwar korpusbasiert und gründlich durchdacht, bisher aber durch keine Experimente überprüft worden ist und deshalb einen Grad an Subjektivität aufrechterhält.

Die Zuweisung der semantischen Rolle zum $K_{präp}$ hat gezeigt, dass ohne die Miteinbeziehung der kognitiven Ebene – hier konkret der Gesetzmäßigkeiten der Prädikatsbildung – die Zuweisung und die Benennung der semantischen Rollen des Prädikats schwerfällt. Die in dieser Arbeit den Argumenten zugewiesenen semantischen Rollen unterschieden sich in manchen Fällen von den Ergebnissen anderer Studien. Dass ein und demselben Argument verschiedene Rollen zugewiesen werden, lässt sich auf die unterschiedlichen Herangehensweisen an die Deutung des Terminus *semantische Rolle* zurückführen. Der Vorteil des *FrameNet*-Projektes ist, dass hier bei der Abgrenzung der semantischen Rollen nicht nur die Prädikatsbedeutung im gegebenen Satz, sondern auch die Prädikatsstruktur miteinbezogen wird. Durch den Einbezug der Prädikatsstruktur ist die Ausgangsgröße des gegebenen Prädikats feststellbar und es lässt sich somit eine genauere Aussage über die Funktion des Arguments im gegebenen Ausdruck machen. Im Vergleich dazu wird in der Arbeit von Lee (1994) nur die gegebene Bedeutung des Prädikats berücksichtigt. Auch bei Sommerfeldt (1981) wird vor allem die Bedeutung der Argumente selbst als Bezugsgröße für die Abgrenzung der semantischen Rolle betrachtet. Die Schwierigkeiten mit der Abgrenzung und der Zuweisung der semantischen Rollen sind nicht neu und sind im Kapitel 2.1.1.2.1 diskutiert worden.

Ein weiterer Kritikpunkt dieser Arbeit ist die Benutzung des *FrameNet*-Projektes selbst. Obwohl das *FrameNet* bei der Ermittlung der Bedeutungsstruktur der Adjektive, der Abgrenzung und der Zuweisung der semantischen Rollen der $K_{präp}$ sehr behilflich gewesen ist, hat die intensive Auseinandersetzung mit dem *FrameNet* auch viele Fragen aufgeworfen, die einer Erklärung bedürfen. Es fällt manchmal schwer, mit linguistischen Mitteln festzustellen, zu welchem Frame das jeweilige Adjektiv gehört, weil die Antwort eher im ontologischen als im linguistischen Bereich liegt. So wie beim Adjektiv *geil*, bei dem zu ermitteln gilt, ob dieser Zustand psychologischer oder biologischer Natur ist. Abgesehen von der Beschreibung der semantischen Rollen im *FrameNet*[110] gehört hierher u. a. die Frage nach den VA zwischen den Frames und den damit verbundenen Prinzipien des Aufbaus des gegebenen Frames und generell des Framenetzwerkes. Wie bereits im Kapitel 2.3 besprochen, fehlen im *FrameNet* trotz einer ausführlichen Beschreibung der VA die Angaben zu den Abgrenzungskriterien derselbigen. Bei der Einordnung der Adjektive in die Frames und vor allem bei der Zuordnung der Frames in die Framegruppen ist dieser Mangel sehr deutlich geworden, z. B. bei den Adjektiven und Frames in der Framegruppe *Emotions* (vgl. Kapitel 7.3). Hinsichtlich des Aufbaus des Framenetzwerkes sind es eben die VA zwischen den Frames, die hinterfragt werden sollen, nicht nur, weil sich manche Beschreibungen der VA, so wie bei *Vererbung* und *Nutzung von* überschneiden, sondern auch, weil die Kriterien bzw. Prinzipien, nach denen diese ausgearbeitet worden sind, unklar bleiben.

Das in dieser Arbeit verwendete Korpus spiegelt einen zeitlich begrenzten und auf eine Textsorte beschränkten Gebrauch der geschriebenen deutschen Sprache. Somit sind die Ergebnisse dieser Untersuchung ausgehend von Aufbaubedingungen des Korpus als eingeschränkt repräsentativ zu betrachten. Um die gewonnenen Ergebnisse zu überprüfen und zu bestätigen, ist die Benutzung eines weiteren bzw. einiger weiteren Korpora zu empfehlen, die nicht nur den Gebrauch der geschriebenen deutschen Sprache in anderen Textsorten und weiteren zeitlichen Rahmen, sondern auch den Gebrauch der gesprochenen deutschen Sprache umfassen. Trotz der sorgfältigen Arbeit mit dem Korpus, die neben den Korpusoperationen eine Reihe von statistischen Verfahren zur Handhabung der Korpusdaten beinhaltet hat, sollen die Ergebnisse dieser Untersuchung als eingeschränkt repräsentativ betrachtet werden. Dies ist einerseits, wie schon oben erwähnt, darauf zurückzuführen, dass ein Korpus die

110 Zu den Nachteilen des im *FrameNet* benutzten Ansatzes zur Abgrenzung der semantischen Rollen siehe Kapitel 2.3.

Grundgesamtheit, in diesem Fall die deutsche Sprache, nie vollständig repräsentieren kann und andererseits liegt es an dem Umfang des hier benutzten Korpus. Gerade die für die Aufbereitung der Daten benutzten statistischen Verfahren sind ein Grund für die eingeschränkte Repräsentativität der Ergebnisse. Während die Adjektive mit niedriger und mittlerer Frequenz vollständig analysiert werden konnten, ist das bei den Adjektiven mit hoher Frequenz aus Zeitgründen unmöglich gewesen. Die Analyse dieser Adjektive hat sich deshalb nur auf die durch die statistischen Operationen ausgewählten Belege beschränkt. Das hat nicht nur möglicherweise die Erfassung der semantischen Selektionsbeschränkung der $K_{präp}$ bei diesen Adjektiven beeinflusst, sondern auch generell Angaben zu Obligatheit und Fakultativität der $K_{präp}$ verfälscht, weil die Entscheidung über den Komplementstatus der relevanten Phrase aufgrund der vorliegenden Korpusbelege vorgenommen worden ist. Ob eine Verfälschung der Ergebnisse stattgefunden hat, ist durch weitere Untersuchungen mit Einbeziehung von anderen Korpora festzustellen.

Neben neuen Erkenntnissen hat die vorliegende Arbeit auch viele ungeklärte Fragen offengelegt, was nach Meinung des Autors zu einer der Errungenschaften dieser Arbeit zählt. Der Autor betrachtet die vorliegende Arbeit deshalb in erster Linie als eine Basis für weitere Forschung, und zwar nicht nur im Bereich der Adjektivvalenz, sondern auch in anderen linguistischen Themenbereichen, solchen wie die Argumenthaftigkeit der Prädikats, die semantische Struktur der Argumente und die linguistische Frametheorie.

9. Literatur

Abdulhabi, Khaireddin (2004): Die Valenz der Adjektive im Deutschen und im Arabischen. Eine kontrastive Studie. Erlangen.

Admoni, Vladimir G. (1966): Der deutsche Sprachbau. Posobie po kursy teoretičeskoj grammatiki dlja studentov pedagogičeskich institutov (na nemeckom jazyke). 2. izd. Moskva.

Ágel, Vilmos (2000): Valenztheorie. Tübingen.

Anderson, John M. (1971): The grammar of case. Towards a localistic theory. Cambridge.

Anderson, John R./Bower, G. H. (1973): Human associative memory. Washington.

Anderson, John R. (1983): The architecture of cognition. Cambridge.

Anderson, John R. (1996): Kognitive Psychologie. 2. Aufl. Heidelberg (u.a.).

Anderson, John R. (2005): Cognitive Psychology and Its Implications. 6th Edition. New York.

Arche, Maria J. (2006): Individuals in Time. Tense, aspect and the individual/stage distinction. Amsterdam/Philadelphia.

Barsalou, Lawrence W. (1992a): Cognitive psychology: An overview for cognitive scientists. Hillsdale/New Jersey.

Barsalou, Lawrence W. (1992b): Frames, Concepts, and Conceptual Fields. In: Lehrer, A./Kittay, E. F. (eds.): Frames, Fields, and Contrasts. New Essays in Semantic and Lexical Organization. Hillsdale/New Jersey, S. 21–74.

Bartlett, Frederic C. (1932): Remembering: A study in experimental and social psychology. Cambridge.

Bassola, Peter (2007): Stellung der Komplemente des prädikativen Adjektivs. In: Di Meola, C./Gaeta, L./Hornung, A. /Rega, L. (Hrsg.): Perspektiven Zwei. Akten der 2. Tagung Deutsche Sprachwissenschaft in Italien Rom: Istituto Italiano di Studi Germanici (Italienische Studien zur deutschen Sprache 3). Roma, S. 147–158.

Bech, Gunnar (1955): Studien über das deutsche Verbum infinitivum. Kopenhagen.

Blake, Frank R. (1930): A Semantic Analysis of Case. In: Language Monograph No. 7 Curme Volume of Linguistic Studies. Washington, S. 34–49.

Boas, Hans C. (2001): Frame Semantics as a framework for describing polysemy and syntactic structures of English and German motion verbs in contrastive computational lexicography. In: Rayson, P./Wilson, A./McEnery, T./Hardie, A./Khoja, S. (eds.): Proceedings of Corpus Linguistics, S. 64–73.

Boas, Hans C. (2005a): From theory to practice: Frame Semantics and the design of FrameNet. In: Langer, S./Schnorbusch, D. (eds.): Semantik im Lexikon. Tübingen, S. 129–160.

Boas, Hans C. (2005b): Semantic frames as interlingual representations for multilingual lexical databases. In: International Journal of Lexicography 18 (4), S. 445–478.

Boas, Hans C. (2013): Wie viel Wissen steckt in Wörterbüchern? Eine framesemantische Perspektive. In: Zeitschrift für angewandte Linguistik 58, S. 75–97.

Bobrow, Daniel G./Winograd, Terry (1977): An overview of KRL: a Knowledge Representation Language. In: Cognitive Science 1:1, S. 3–45.

Bondzio, Wilhelm (1969): Das Wesen der Valenz und ihre Stellung im Rahmen der Satzstruktur. In: Wissenschaftliche Zeitschrift der Humboldt-Universität zu Berlin. Gesellschafts- und sprachwissenschaftliche Reihe 18.2. Berlin, S. 233–240.

Bondzio, Wilhelm (1971): Valenz, Bedeutung und Satzmodelle. In: Helbig, G. (Hrsg.): Beiträge. The Hague/Paris, S. 85–103.

Bondzio, Wilhelm (1979): Zu einigen Problemen der Adjektiv- und Adverbsyntax aus der Sicht eines valenzorientierten syntaktischen Modells. In: Linguistische Studien. Reihe A: Lexik und Grammatik des Deutschen und Russischen. Arbeitsberichte. Bd. 57. Berlin, S. 5–12.

Bortz, Jürgen/Schuster, Christof (2010): Statistik für Human- und Sozialwissenschaftler. 7., vollst. überarb. und erw. Aufl. Berlin [u.a.].

Borsley, Robert D. (1997): Syntax-Theory. Ein zusammengefaßter Zugang. Tübingen.

Brinkmann, Hennig (1962): Die deutsche Sprache. Düsseldorf.

Busse, Dietrich (2012): Frame-Semantik. Ein Kompendium. Berlin/Boston.

Buttler, Günter/Fickel, Norman (2002): Einführung in die Statistik. Hamburg.

Chomsky, Noam (1957): Syntactic structures. S'-Gravenhage.

Chomsky, Noam (1965a): Aspects of the theory of syntax. 2. print. Cambridge.

Chomsky, Noam (1965b): Syntactic structures. 5. print. London [u.a.].

Coseriu, Eugenio/Geckeler, Horst (1974): Linguistics and Semantics. Linguistic, especially Functional, Semantics. In: Sebeok, Th. A. (ed.): Current Trends in Linguistics. Linguistics and Adjacent Arts and Sciences. Vol. XII. The Hague, S. 103–171.

Dirven, René/Radden, Günter (1987): Fillmore's Case Grammar. A Reader. Heidelberg.

Dowty, David R. (1979): Word meaning and Montague grammar. The semantics of verbs and times in generative semantics and in Montague's PTQ. Dordrecht (u.a.).

Dowty, David R (1991): Thematic Proto-Roles and Argument Selection. In: Language 67. Washington, S. 547–619.

Duden (1998): Duden – Grammatik der deutschen Gegenwartssprache. 6., neu bearb. Aufl. Mannheim (u.a.).

Duden (2009): Die Grammatik. 8., überarb. Aufl. Mannheim (u.a.).

Eichinger, Ludwig M. (1979): Überlegungen zum Adverb. In: Sprachwissenschaft 4.1. Heidelberg, S. 82–92.

Eisenberg, Peter (1994): Grundriß der deutschen Grammatik. 3., überarb. Aufl. Stuttgart.

Eisenberg, Peter (2004): Grundriß der deutschen Grammatik. Bd. 1: Das Wort. 2., überarb. und aktualisierte Aufl. Stuttgart.

Eisenberg, Peter (2004): Grundriß der deutschen Grammatik. Bd. 2: Der Satz. 2., überarb. und aktualisierte Aufl. Stuttgart.

Eisenberg, Peter (2006): Grundriß der deutschen Grammatik. Bd. 1: Das Wort. 3., durchgesehene Aufl. Stuttgart.

Eisenberg, Peter (2006): Grundriß der deutschen Grammatik. Bd. 2: Der Satz. 3., durchgesehene Aufl. Stuttgart.

Engel, Ulrich (1982): Syntax der deutschen Gegenwartssprache. 2., überarb. Aufl. Berlin.

Engel, Ulrich (1988): Deutsche Grammatik. Heidelberg (u.a.).

Engel, Ulrich (1991): Deutsche Grammatik. 2., verb. Aufl. Heidelberg (u.a.).

Engel, Ulrich (1994): Syntax der deutschen Gegenwartssprache. 3., völlig neu bearb. Aufl. Berlin.

Engel, Ulrich (2004): Deutsche Grammatik. Neubearbeitung. München.

Erben, Johannes (1964): Abriss der deutschen Grammatik. 7., neubearb. Aufl. Berlin.

Erben, Johannes (1972): Deutsche Grammatik. Ein Abriß. 11., völlig neubearb. Aufl. München.

Eroms, Hans-Werner (1981): Valenz Kasus und Präpositionen. Untersuchungen zur Syntax und Semantik präpositionaler Konstruktionen in der deutschen Gegenwartssprache. Heidelberg.

Eroms, Hans-Werner (2000): Syntax der deutschen Sprache. Berlin (u.a.).

Fillmore, Charles J. (1968): The case for case. In: Bach, E./Fillmore, C. J.: Universals in linguistic theory. New York (u.a.), S. 1–88.

Fillmore, Charles J. (1971a): Some problems for case grammar. In: O'Brien, R. J.: Linguistics. Developments of the sixties – viewpoints for the seventies. Washington, S. 35–56.

Fillmore, Charles J. (1971b): Types of lexical information. In: Steinberg et al.: Semantics. An Interdisciplinary Reader in Philosophy, Linguistics and Psychology. Cambridge, S. 370–392.

Fillmore, Charles J. (1975): Space. In: Santa Cruz Lectures on Deixis. 1971. Bloomington, S. 16–27.

Fillmore, Charles J. (1977a): The case for case reopened. In: Cole, P./Sadock, J. M. (eds.): Syntax and semantics: Grammatical relations. Bd. 8. New York/London, S. 59–81.

Fillmore, Charles J. (1977b): Topics in Lexical Semantics. In: Cole, R. W. (ed.): Current Issues in Lingustic Theory. Blommington, S. 76–138.

Fillmore, Charles J. (1985): Frames and the semantics of understanding. In: Quaderni di Semantica 6, S. 222–255.

Fillmore, Charles J. (2003): Valency and Semantic Roles: the Concept of Deep Structure Case. In: Ágel, Vilmos u.a. (Hrsg.): Dependenz und Valenz. Ein internationales Handbuch der zeitgenössischen Forschung (Handbücher zur Sprach- und Kommunikationswissenschaft. Bd. 25.1). Berlin/New York, S. 457–475.

Fillmore, Charles J. (2007): Valency issues in FrameNet. In: Herbst, T./Götz-Vetteler, K. (eds.): Valency: theoretical, descriptive and cognitive issues. Berlin/New York, S. 129–160.

Fillmore, Charles J./Abraham, Werner (1977): Kasustheorie. 2., korr. Aufl. Wiesbaden.

Fillmore, Charles J./Atkins, Beryl T. (1992): Toward a Frame-Based Lexicon: The Semantics of RISK and its Neighbors. In: Lehrer, A./Kittay, E. F. (eds.): Frames, Fields, and Contrasts. New Essays in Semantic and Lexical Organization. Hillsdale/New Jersey, S. 75–102.

Fillmore, Charles J./Baker, Collin (2010): A frames approach to semantic analysis. In: Heine, B./Narrog, H. (eds.): The Oxford Handbook of Linguistic Analysis. Oxford, S. 313–340.

Fodor, Jerry A. (1983): The Modularity of Mind. Cambridge.

Fodor, Jerry A. (2000): The Mind Doesn't Work That Way. Cambridge.

Fraas, Claudia (1996): Gebrauchswandel und Bedeutungsvarianz in Textnetzen – Die Konzepte IDENTITÄT und DEUTSCHE im Diskurs zur deutschen Einheit. Tübingen.

Gansel, Christina (1983): Zur Semantik und Valenz deutscher Adjektive des Vergleichens. Güstrow.

Gansel, Christina (1987): Zur Semantik und Valenz deutscher Adjektive des Vergleichens. In: Fleischer, W./Grosse, R./Lercher, G. (Hrsg.): Beiträge zur Erforschung der deutschen Sprache. Bd. 7. Leipzig, S. 19–32.

Gansel, Christina (2003): Valenz und Kognition. In: Ágel, V. u.a. (Hrsg.): Dependenz und Valenz. Ein internationales Handbuch der zeitgenössischen Forschung (Handbücher zur Sprach- und Kommunikationswissenschaft. Bd. 25.1). Berlin/New York, S. 422–444.

Glück, Helmut (Hrsg.) (2000): Metzler Lexikon Sprache. Stuttgart.

Gondolph, Nadia (2011): Zur Lexikographischen Darstellung der Adjektivsyntax in neueren einsprachigen Wörterbüchern des Deutschen. In: Finnische Beiträge zur Germanistik. Frankfurt am Main.

Götze, Lutz (1979): Valenzstrukturen deutscher Verben und Adjektive. Eine didaktische Darstellung für das Fach Deutsch als Fremdsprache. In: Heutiges Deutsch. Linguistische und didaktische Beiträge für den deutschen Sprachunterricht. Reihe 3 Linguistisch-didaktische Untersuchungen des Goethe-Instituts. Ismaning.

Groß, Thomas M. (1996a): Strukturelle Valenz in adjektivalen Sätzen. In: Bochumer Jahrbuch für Ostasienforschung. Bochum, S. 195–210.

Groß, Thomas M. (1996b): Zur Valenzbeschreibung japanischer Adjektive. In: Akten des 10. Japanologentags. München, S. 90–107.

Groß, Thomas M. (1999): Aspekte und Probleme in der kontrastiven Valenzbeschreibung deutscher und japanischer Adjektive. In: Nitta, H./Shigeto, M./Wienold, G. (Hrsg.): Kontrastive Studien zur Beschreibung des Japanischen und des Deutschen. Takashi Sengoku zu seinem 70. Geburtstag am 9. August 1999. München, S. 115–132.

Groß, Thomas M. (2003): The Valency of Non-Verbal Word Classes: the Adjective. In: Ágel, Vilmos u.a. (Hrsg.): Dependenz und Valenz. Ein internationales Handbuch der zeitgenössischen Forschung (Handbücher zur Sprach- und Kommunikationswissenschaft. Bd. 25.1). Berlin/New York, S. 835–842.

Hayes, Patrick J. (1987): What the Frame Problem Is and Isn't. In: Pylyshyn, Z. W. (ed.): The Robot's Dilemma: The Frame Problem in Artificial Intelligence. Norwood, S. 123–137.

Helbig, Gerhard (1965): Der Begriff der Valenz der strukturellen Sprachbeschreibung des Fremdsprachenunterrichts. In: Deutsch als Fremdsprache 2. Berlin, S. 10–23.

Helbig, Gerhard (1979): Zum Status der Valenz und der semantischen Kasus. In: Deutsch als Fremdsprache 16. Berlin, S. 65–78.

Helbig, Gerhard (1982): Valenz, Satzglieder, semantische Kasus, Satzmodelle. Leipzig.

Helbig, Gerhard (1992): Probleme der Valenz- und Kasustheorie. Tübingen.

Helbig, Gerhard (2001): Deutsche Grammatik: ein Handbuch für den Ausländerunterricht. Berlin (u.a.).

Herbst, Thomas (1983): Untersuchungen zur Valenz englischer Adjektive und ihrer Nominalisierungen. Tübingen.

Heringer, Hans Jürgen (1973): Theorie der deutschen Syntax. 2. Aufl. München.

Heringer, Hans Jürgen (1984): Neues von der Verbszene. In: Stickel, G. (ed.): Pragmatik in der Grammatik. Jahrbuch 1983 des Instituts für deutsche Sprache. Düsseldorf, S. 34–64.

Heringer, Hans Jürgen (1985): The Verb and its Semantic Power. Association as a Basis for Valency Theory. In: Journal of Semantics 4, S. 74–99.

Heringer, Hans Jürgen (1996): Deutsche Syntax dependentiell. Tübingen.

Hida, Yoshifumi/Asada, Hideko (1991): Gendai Keiyōshi Yōhō Jiten (Workbook on the usage of contemporary adjectives). Tokyo.

Hjemslev, Louis (1943): Omkring Sprogteoriens Grundlaeggelse. Kopenhagen.

Hörmann, Hans (1967): Psychologie der Sprache. Berlin (u.a.).

Jackendoff, Ray (1987): Consciousness and the computational mind. Cambridge.

Jackendoff, Ray (1989): Consciousness and the computational mind. 2. print. Cambridge.

Jackendoff, Ray (1990): Semantic structures. Cambridge.

Jacobs, Joachim (1992): Informationsstruktur und Grammatik. Opladen.

Jacobs, Joachim [1994]: Kontra Valenz. Trier.

Jacobs, Joachim (2003): Die Problematik der Valenzebenen. In: Ágel, Vilmos u.a. (Hrsg.): Dependenz und Valenz. Ein internationales Handbuch der zeitgenössischen Forschung (Handbücher zur Sprach- und Kommunikationswissenschaft. Bd. 25.1). Berlin/New York, S. 379–399.

Jacobs, Joachim (2009): Valenzbindung oder Konstruktionsbindung? Eine Grundfrage der Grammatiktheorie. In: Zeitschrift für germanistische Linguistik 37, S. 490–513.

Jakobson, Roman (1931): *K xarakteristike evrazijskogo jazykogo sojuza.* In: Travaux du Cercle Linguistique de Prague 4. Paris, S. 234–240.

Junker, Klaus (1970): Untersuchungen zur Syntax des Adjektivs unter dem besonderen Aspekt der Valenz. Diss. Berlin.

Katz, Jerrold J./Fodor, Jerry A. (1963): The Structure of a Semantic Theory. In: Language Vol. 39, No. 2.. Washington, S. 170–210.

Klix, Friedhart (1991): Über notwendige Kriterien eines psychologisch relevanten Modells der Wissenrepräsentation. In: Zeitschrift für Psychologie Suppl. 11, S. 175–186.

Klix, Friedhart (1992): Die Natur des Verstandes. Göttingen.

Klix, Friedhart (1993): Analytische Betrachtungen über Struktur und Funktion von Inferenzen. In: Zeitschrift für Psychologie 201, S. 393–414.

Klix, Friedhart (1994): Wissenselemente. Bausteine für Gedächtnis und Sprache. In: Kornadt, H.-J./Grabowski, J./Mangold-Allwin, R. (Hrsg.): Sprache und Kognition. Heidelberg, S. 133–160.

Klix, Friedhart (1998): Wissen. Göttingen.

Klix, Friedhart/van der Meer, Elke/Preuß, Mathias/Wolf, M (1987): Über Prozeß und Strukturkomponenten der Wissensrepräsentation beim Meschen. In: Zeitschrift für Psychologie 195. 133–160.

Koniuszaniec, Gabriela (1986): Zur adverbalen Funktion der *für*-Phrase aus kontrastiver Sicht. In: Bzdęga, A. Z.: Studia Germanica Posnaniensia XV. Poznań, S. 67–75.

Koniuszaniec, Gabriela (1987): Präpositionale Rektion und Valenz im Deutschen und Polnischen. Poznań.

Konerding, Klaus-Peter (1993): Frames und lexikalisches Bedeutungswissen. Untersuchungen zur linguistischen Grundlegung einer Frametheorie und zu ihrer Anwendung in der Lexikographie. Tübingen.

Korb, Kevin B. (1998): The Frame Problem: An AI fairly Tale. Minds and Machines 8, S. 317–351.

Kotschi, Thomas (1974): Probleme der Beschreibung lexikalischer Strukturen. Untersuchungen am Beispiel des französischen Verbs. Tübingen.

Lakoff, George (1971): Linguistik und natürliche Logik. Frankfurt am Main.

Lakoff, George (1972): Hedges. A study in meaning criteria and the logic fuzzy concepts. The 8th Regional Meeting of the Chicago Linguistic Society, S. 183–228.

Lamb, Sidney (1964): The sememic approach to structural semantics. In: Kimbal, R. A./D'Andrade, R. G. (eds.): Transcultural Studies in Cognition. Menasha, S. 57–78.

Lee, Sun-Muk (1994): Untersuchungen zur Valenz des Adjektivs in der deutschen Gegenwartssprache. Die morphosyntaktische und logisch-semantische Bestimmung der Ergänzungen zum Adjektiv (Europäische Hochschulschriften. Reihe 1: Deutsche Sprache und Literatur. Bd. 1429). Frankfurt am Main (u.a.).

Lehmann, Christian (1983): Rektion und syntaktische Relationen. In: Folia Linguistica 17, S. 339–378.

Lehrer, Adrienne/Kittay, Eva Feder (eds.) (1992): Frames, fields, and contrasts. New essays in semantic and lexical organization. Hillsdale.

Löbner, Sebastian (2003): Semantik. Eine Einführung. Berlin (u.a.).

Lönneker, Birte (2003): Konzeptframes und Relationen: Extraktion, Annotation und Analyse französicher Corpora aus dem World Wide Web. Berlin.

Lowe, John B./Baker, Collin F./Fillmore, Charles J. (1997): A Frame-Semantic Approach to Semantic Annotation. In: Light, M. (ed.): Proceedings of the SIGLEX Workshop. Washington, D. C., S. 18–24.

Majorin, Mariikka (2008): Zur Sättigung der Valenz in den «Kleinen Meldungen» des Typus Notiz. Eine pragmatisch fundierte Analyse. Frankfurt am Main.

McCawley, James D. (1970a): English as a VSO Language. In: Language 46. Washington, S. 286–299.

McCawley, James D. (1970b): Where Do Noun Phrases Come From? In: Jacobs, R. A./Rosenbaum, P. (eds.): Readings in English Transformational Grammar. Waltham, S. 166–183.

Meiner, Johann Werner (1781): Versuch einer an der menschlichen Sprache abgebildeten Vernunftlehre oder Philosophische und allgemeine Sprachlehre. In: Brekle, Herbert (Hrsg.) (1971). Grammatika Universalis 6. Stuttgart-Bad Cannstadt.

Minsky, Marvin (1977): Frame-system theory. In: Johnson-Laird, P. N./Wason, P. C.: Thinking. Readings in Cognitive Science. Cambridge, S. 355–376.

Moravcsik, Edith A. (1993a): Government. In: Jacobs, Joachim u.a. (Hrsg.): Syntax. Ein internationales Handbuch der zeitgenössischen Forschung (Handbücher zur Sprach- und Kommunikationswissenschaft. Bd. 9.1). Berlin/New York, S. 705–721.

Moravcsik, Edith A. (1993b): Why is syntax complicated? In: Eid, M./Iverson, G. K. (eds.): Principles and prediction. The analysis of natural language. Amsterdam/Philadelphia, S. 73–92.

Mourelatos, Alexander P. D. (1981): Events, Processes and States. In: Tedeschi, P. J./Zaenen, A. (eds.): Tense and Aspect. New York, S. 191–212.

Mudersbach, Klaus (2002): Struktur und Strukturierung in der Lexikologie. In: Cruse, D. Alan u.a. (Hrsg.): Lexikologie. Ein internationales Handbuch zur Natur und Struktur von Wörtern und Wortschätzen, 1. Halbband (Handbücher zur Sprach- und Kommunikationswissenschaft. Bd. 21). Berlin/New York, S. 45–59.

Nida, Eugene Albert (1964): Toward a science of translating. With special reference to principles and procedures involved in Bible translating. Leiden.

Nida, Eugene Albert (1975a): Componential analysis of meaning. An introduction to semantic structures. The Hague (u.a.).

Nida, Eugene Albert (1975b): Exploring semantic structures. München.

Nishio, Toraya (1992): Keiyōshi no Imi. Yōhō no Kijutsuteki Kenkyū (Descriptive research on meaning and usage of adjectives). Tokyo.

Noë, Alva (2004): Action in Perception. Cambridge.

Opwis, Klaus/Lüer, Gerd (1996): Modelle der Repräsentation von Wissen. In: Albert, D./Stapf, K.-H. (Hrsg.): Enzyklopädie der Psychologie. Kognition, Bd. 4, Gedächtnis. Göttingen, S. 339–433.

Oštir, Alja L. (1998): Analytischer und synthetischer Genetiv im Deutschen - ein diachroner Vergleich. In: Linguistica 38, S. 87–113.

Petruck, Miriam R. L. (1996): Frame Semantics. In: Verschueren, J./Östman, *J.-O./Blommaert, J./Bulcaen, C.* (eds.): Handbook of Pragmatics. Amsterdam, S. 1–13.

Petruck, Miriam R. L./Fillmore, Charles J./Baker, Collin F./Ellsworth, Michael/ Ruppenhofer, Josef (2004): Reframing FrameNet data. In: Williams, G./Vessier, S. (eds): Proceedings of the 11th EURALEX International Congress. Lorient, S. 405–416.

Piitulainen, Marja-Leena (1983): Zu den valenzgebundenen Bestimmungen des Adjektivs im Deutschen und im Finnischen. Tampere.

Raible, Wolfgang (1981): Sem-Problem oder: Gibt es semantische Merkmale? In: Romanistisches Jahrbuch 32, S. 27–40.

Raphael, Bertram (1971): The Frame Problem in Problem-Solving Systems. In: Findler, N. V./Meltzer, B. (eds): Artificial Intelligence and Heuristic Programming. Edinburgh, S. 159–169.

Rieger, Burghard B. (1979): Repräsentativität. Von der Unangemessenheit eines Begriffs zur Kennzeichnung eines Problems linguistischer Korpusbildung. In: Bergenholtz, H./Schaeder, B. (Hrsg.): Empirische Textwissenschaft. Aufbau und Auswertung von Text-Corpora. Königstein im Taunus, S. 52–70.

Růžička, Rudolf (1978): Three Aspects of Valence. In: Abraham, W. (Hrsg.): Valence, Semantic Case, and Grammatical Relations. Amsterdam, S. 47–53.

Sadziński, Roman (2003): Diathesen und Konversen. In: Ágel, Vilmos u. a. (Hrsg.): Dependenz und Valenz. Ein internationales Handbuch der zeitgenössischen Forschung (Handbücher zur Sprach- und Kommunikationswissenschaft. Bd. 25.1). Berlin/New York, S. 963–973.

Sandau, Hannelore (1975): Zur semantischen Gruppierung zweistelliger Adjektive. In: Linguistische Studien 14/A, S. 117–123.

Sandau, Hannelore (1979): Semantische Satztypen deutscher Adjektivsätze. In: Linguistische und methodische Grundlagen des fachbezogenen Fremdsprachenunterrichts. Beitrag zur V. Internationalen Konferenz „Angewandte Sprachwissenschaft und fachsprachliche Ausbildung“ im September 1977 in Berlin. Berlin, S. 81–86.

Sandau, Hannelore (1981): Semantik und Valenz zweiwertiger deutscher Adjektive. In: Mühlner, W./Sommerfeldt, K.-E.: Semantik, Valenz und Sprachkonfrontation des Russischen mit dem Deutschen. Ein Sammelband. Leipzig, S. 61–77.

Schierholz, Stefan (2001): Präpositionalattribute. Syntaktische und semantische Analysen. Tübingen.

Schumacher, Helmut (1976): Untersuchungen zur Verbvalenz. Eine Dokumentation über die Arbeit an einem deutschen Valenzlexikon. Tübingen.

Shank, Roger C./Abelson, Robert P. (1977): Scripts, plans, goals and understanding. Hillsdale.

Shank, Roger C. (1972): Conceptual Dependency: A Theory of Natural Language Understanding. In: Cognitive Psychology, S. 552–631.

Sommerfeldt, Karl-Ernst (1971a): Untersuchungen zur syntaktischen und semantischen Valenz deutscher Adjektive. In: Deutsch als Fremdsprache 8. Berlin, S. 287–293.

Sommerfeldt, Karl-Ernst (1971b): Zur Valenz des Adjektivs. In: Deutsch als Fremdsprache 2. Berlin, S. 113–117.

Sommerfeldt, Karl-Ernst (1981a): Einführung in die Grammatik und Orthographie der deutschen Gegenwartssprache. Leipzig.

Sommerfeldt, Karl-Ernst (1981b): Zu den Kontextsemen deutscher Adjektive. In: Mühlner, W./Sommerfeldt, K.-E. (Hrsg.): Semantik, Valenz und Sprachkonfrontation des Russischen mit dem Deutschen. Leipzig, S. 15–32.

Sommerfeldt, Karl-Ernst/Schreiber, Herbert (1971): Untersuchungen zur syntaktischen und semantischen Valenz deutscher Adjektive. In: Deutsch als Fremdsprache 8. Berlin, S. 227–231.

Starke, Günter (1973): Satzmodelle mit prädikativem Adjektiv im Deutschen. In: Deutsch als Fremdsprache 10. Berlin, S. 138–147.

Tarvainen, Kalevi (1981): Einführung in die Dependenzgrammatik. Tübingen.

Tesnière, Lucien (1959): Èlements de syntaxe structurale. Paris.

Teubert, Wolfgang (1979): Valenz des Substantivs. Attributive Ergänzungen und Angaben. Düsseldorf.

Thielemann, Werner (1994): Valenz, Kasus, Frames. In: Thielemann, W./Welke, K. (Hrsg.): Valenztheorie – Werden und Wirkung. Münster, S. 195–226.

Trost, Igor (2006): Das deutsche Adjektiv. Untersuchungen zur Semantik, Komparation, Wortbildung und Syntax. Hamburg.

van der Meer, Elke (1993): Mentale Repräsentationen von Alltagstexten. In: Zeitschrift für Psychologie 201, S. 375–391.

von Polenz, Peter (2008): Deutsche Satzsemantik. Grundbegriffe des Zwischen-den-Zeilen-Lesens. 3., unver. Aufl. Berlin/New York.

Weinreich, Uriel (1963): Languages in contact. Findings and problems. 2. print. The Hague.

Weinreich, Uriel (1966): Languages in contact. Findings and problems. 4. print. London (u.a.).

Welke, Klaus (1988): Einführung in die Valenz- und Kasustheorie. Leipzig.

Welke, Klaus (1995): Dependenz, Valenz und Konstituenz. In: Eichinger, L. M./ Eroms, H.-W. (eds.): Dependenz und Valenz. Hamburg, S. 163–175.

Wiegand, Herbert Ernst (1996): Über primäre, von Substantiven "regierte" Präpositionen in Präpositionalattributkonstruktionen. In: Harras, G./Bierwisch, M. (eds.): Wenn die Semantik arbeitet. Klaus Baumgärtner zum 65. Geburtstag. Tübingen, S. 109–147.

Wotjak, Gerd (1975): Semantische Merkmalanalyse und Valenzmodelle. In: Vox Romanica 34, S. 1–26.

Zhu, Jin (2004): Valenz des Adjektivs im Deutschen und im Chinesischen. Marburg.

Ziem, Alexander (2008): Frames und sprachliches Wissen. Kognitive Aspekte der semantischen Kompetenz. Berlin.

Zifonun, Gisela/Hoffmann, Ludger/Strecker, Bruno (1997): Grammatik der deutschen Sprache. Berlin (u.a.).

Internetquellen

http://www.cs.ust.hk/~hltc/BiFrameNet/ – BiFrameNet

http://hypermedia.ids-mannheim.de – Das Institut für Deutsche Sprache

http://www.duden.de/woerterbuch – Duden-Universalwörterbuch

https://framenet.icsi.berkeley.edu – FrameNet

http://www.ufjf.br/framenetbr-eng/ – FrameNet Brazil

http://www.laits.utexas.edu/gframenet/links.html – German FrameNet

http://www.merriam-webster.com/dictionary/ – Merriam Webster Dictionary http://courses.media.mit.edu/2004spring/mas966/Minsky%201974%20Framework%20for%20knowledge.pdf – Minsky, Marvin (1974): A Framework for Representing Knowledge. MIT-AI Laboratory Memo 306.

http://www.oxforddictionaries.com/translate/german-english/ – Oxford Dictionary, Deutsch-Englisch

http://www.oxforddictionaries.com/ – Oxford Dictionary of English

https://framenet2.icsi.berkeley.edu/docs/r1.5/book.pdf – Ruppenhofer, Josef et al. [2010]: FrameNet II: Extended Theory and Practice.

http://gemini.uab.es/SFN – Spanish FrameNet (SFN)

http://spraakbanken.gu.se/eng/swefn – Svenskt frasnät++ (SweFN++)

http://www.coli.uni-saarland.de/projects/salsa – The Saarbrücken Lexical Semantics Acquisition Project (SALSA II)

http://jfn.st.hc.keio.ac.jp – フレームネット (Japanese FrameNet)

Übungsgrammatiken der deutschen Sprache

Dreyer, Hilke/Schmitt, Richard/Heidermann, Werner (2005): Lehr- und Übungsbuch der deutschen Grammatik. Neubearb. Ismaning.

Földeak, Hans (2005): Sag's besser! Ein Arbeitsbuch für Fortgeschrittene. 2. Aufl. Ismaning/München.

Hall, Karin/Schreiner, Barbara (2005): Übungsgrammatik für Fortgeschrittene. Deutsch als Fremdsprache. 5. Aufl. Ismaning.

Helbig, Gerhard/Buscha, Joachim (2000): Übungsgrammatik Deutsch. Berlin/München.

Hering, Axel/Matussek, Magdalena/Perlmann-Balme, Michaela (2009): Übungsgrammatik für die Mittelstufe. Ismaning.

Rug, Wolfgang/Tomaszewski, Andreas (2001): Grammatik mit Sinn und Verstand. Übungsgrammatik Mittel- und Oberstufe. Neubearb. Stuttgart.

Wörterbücher

Agricola, Erhard/Görner, Herbert/Küfner, Ruth (1972): Wörter und Wendungen: Wörterbuch zum deutschen Sprachgebrauch. 5., überarb. u. erw. Aufl. Leipzig.

Bußmann, Hadumod (2002): Lexikon der Sprachwissenschaft. 3., aktual. Aufl. Stuttgart.

Bußmann, Hadumod (2008): Lexikon der Sprachwissenschaft. 4., durchgesehene und bibliographisch ergänzte Aufl. Stuttgart.

Engel, Ulrich/Schumacher, Helmut (1976): Kleines Valenzlexikon deutscher Verben. Tübingen.

Helbig, Gerhard/Schenkel, Wolfgang (1969): Wörterbuch zur Valenz und Distribution deutscher Verben. Leipzig.

Helbig, Gerhard/Schenkel, Wolfgang (1973): Wörterbuch zur Valenz und Distribution deutscher Verben. 2., überarb. u. erw. Aufl. Leipzig.

Helbig, Gerhard/Schenkel, Wolfgang (1983): Wörterbuch zur Valenz und Distribution deutscher Verben. 7., unveränd. Aufl. Leipzig.

Duden (2006): Duden – Deutsches Universalwörterbuch. 6., überarb. und erw. Aufl. Mannheim (u.a.).

Duden (2011): Duden – Deutsches Universalwörterbuch. 7., überarb. und erw. Aufl. Mannheim (u.a.).

Schumacher, Helmut (1986): Verben in Feldern. Valenzwörterbuch zur Syntax und Semantik deutscher Verben. Berlin.

Schumacher, Helmut/Kubczak, Jacqueline /Schmidt, Renate /de Ruiter, Vera (2004): VALBU. Valenzwörterbuch deutscher Verben. Tübingen.

Sommerfeldt, Karl-Ernst/Schreiber, Herbert (1974): Wörterbuch zur Valenz und Distribution deutscher Adjektive. Leipzig.

Sommerfeldt, Karl-Ernst/Schreiber, Herbert (1977): Wörterbuch zur Valenz und Distribution deutscher Adjektive. 2., überarb. Aufl. Leipzig.

Sommerfeldt, Karl-Ernst/Schreiber, Herbert (1983): Wörterbuch zur Valenz und Distribution deutscher Adjektive. Lizenzausg. nach d. 3., unveränd. Aufl. Tübingen.

Anhang 1

Frequenz der untersuchten Adjektive im Korpus

Die Adjektive mit dem $K_{präp\text{-}auf}$:

Adjektiv		Präposition	Frequenz		
			niedrig	normal	hoch
1.	angewiesen	auf			+
2.	ärgerlich	auf	+		
3.	aufmerksam	auf		+	
4.	bedacht	auf		+	
5.	begierig	auf		+	
6.	begrenzt	auf		+	
7.	beschränkt	auf			+
8.	bewandert	auf	+		
9.	böse	auf		+	
10.	eifersüchtig	auf		+	
11.	eingeschworen	auf		+	
12.	erpicht	auf		+	
13.	gefasst	auf		+	
14.	geil	auf		+	
15.	gespannt	auf		+	
16.	gierig	auf		+	
17.	heimisch	auf		+	
18.	heiß	auf		+	
19.	hungrig	auf		+	
20.	neidisch	auf		+	
21.	neugierig	auf		+	
22.	sauer	auf		+	
23.	scharf	auf		+	
24.	sesshaft	auf	+		
25.	stolz	auf			+

Adjektiv		Präposition	Frequenz		
			niedrig	normal	hoch
26.	süchtig	auf	+		
27.	übertragbar	auf		+	
28.	versessen	auf		+	
29.	wild	auf		+	
30.	wütend	auf		+	
31.	zornig	auf		+	

Die Adjektive mit dem $K_{\text{prär-an}}$:

Adjektiv		Präposition	Frequenz		
			niedrig	normal	hoch
32.	adressiert	an		+	
33.	arm	an		+	
34.	beheimatet	an		+	
35.	beteiligt	an			+
36.	desinteressiert	an		+	
37.	erfreulich	an		+	
38.	erkrankt	an			+
39.	gebunden[111]	an			+
40.	gebunden[112]	an			+
41.	gewöhnt	an		+	
42.	gewohnt	an		+	
43.	heimisch	an		+	
44.	interessiert	an			+
45.	jung	an		+	
46.	orientiert	an			+
47.	reich	an		+	

111 In der Bedeutung: *Verpflichtet, etw. zu tun; festgelegt.*

112 In der Bedeutung: *Etw. mit etw. (z. B. Faden, Draht, Stoffstreifen, Weidenrute) so umgeben, dass es zusammenhält, durch Umwinden mit etw. zu etw. Festem, Einheitlichem zusammengefügt; zusammengebunden.*

Adjektiv		Präposition	Frequenz		
			niedrig	normal	hoch
48.	reichhaltig	an		+	
49.	sesshaft	an	+		
50.	schuld	an			+
51.	schuldig	an		+	
52.	teilhaftig	an	+		
53.	überlegen	an		+	
54.	uninteressiert	an	+		
55.	unschuldig	an		+	
56.	verwurzelt	an	+		
57.	wohnhaft	an	+		

Die Adjektive mit dem $K_{\text{präp-mit}}$:

Adjektiv		Präposition	Frequenz		
			niedrig	normal	hoch
58.	alliiert	mit	+		
59.	angestellt	mit		+	
60.	befreundet	mit		+	
61.	behaftet	mit		+	
62.	bekannt	mit		+	
63.	beschäftigt	mit			+
64.	deckungsgleich	mit		+	
65.	ebenbürtig	mit		+	
66.	einig	mit			+
67.	eins	mit		+	
68.	einverstanden	mit		+	
69.	fertig	mit			+
70.	geistesverwandt	mit	+		
71.	gleichaltrig	mit	+		
72.	gleichberechtigt	mit		+	
73.	gleichrangig	mit		+	

Adjektiv		Präposition	Frequenz		
			niedrig	normal	hoch
74.	gleichwertig	mit		+	
75.	haftbar	mit	+		
76.	handgreiflich (werden)	mit	+		
77.	identisch	mit		+	
78.	intim	mit		+	
79.	kombinierbar	mit		+	
80.	kompatibel	mit		+	
81.	konform (konform gehen mit)	mit		+	
82.	quitt	mit	+		
83.	solidarisch	mit		+	
84.	übervoll	mit	+		
85.	uneinig	mit	+		
86.	unglücklich	mit		+	
87.	unvereinbar	mit		+	
88.	unvergleichbar	mit	+		
89.	unzufrieden	mit			+
90.	vereinbar	mit		+	
91.	vergleichbar	mit		+	
92.	verheiratet	mit		+	
93.	verlobt	mit		+	
94.	vertraut	mit			+
95.	verwandt	mit		+	
96.	verwurzelt	mit		+	
97.	voll	mit		+	
98.	zufrieden	mit			+

Die Adjektive mit dem $K_{präp\text{-}nach}$:

Adjektiv		Präposition	Frequenz		
			niedrig	normal	hoch
99.	begierig	nach	+		
100.	gierig	nach		+	
101.	hungrig	nach		+	
102.	lüstern	nach	+		
103.	süchtig	nach		+	
104.	verrückt	nach		+	

Anhang 2

Semantische Selektionsbeschränkung und syntaktische Realisierungsmöglichkeiten der $K_{präp}$

► Der Frame *Alliance*

Alliance			**Semantische Merkmale der Komplemente**		**Syntaktische Realisierung des $K_{präp}$**
Adjektiv	**Präposition**	**Kasus**	K_{sub}	$K_{präp}$	
alliiert	mit	Dat.	+mat,+hum, +inst	+mat, +hum, +inst	PP – *mit der Sowjetunion* (R99/OKT.82880 Frankfurter Rundschau, 14.10.1999)

► Der Frame *Being employed*

Being employed			**Semantische Merkmale der Komplemente**		**Syntaktische Realisierung des $K_{präp}$**
Adjektiv	**Präposition**	**Kasus**	K_{sub}	$K_{präp}$	
angestellt	mit	Dat.	+mat, +hum	+mat, +geg, +immat, +intell	PP – *mit einer halben Stelle* (R98/JAN.03508 Frankfurter Rundschau, 15.01.1998)

► Der Frame *Emotions*

→ Das $K_{präp-an}$

Adjektiv	**Präposition**	**Kasus**	**Semantische Merkmale der Komplemente**	
			K_{sub}	$K_{präp}$
erfreulich	an	Dat.	+immat, +sachv, +akt;	+immat, +sachv, +akt

Syntaktische Realisierung des $K_{präp}$
erfreulich
PP - *daran*: „Wir können daher die Unterhaltung von Gebäuden und Einrichtungen *gezielt angehen*, ebenso aufgeschobene oder kostenintensive Maßnahmen", freute sich *Kessler*.[113] (M07/JAN.06245 Mannheimer Morgen, 27.01.2007)

→ Das $K_{präp\text{-}auf}$

Adjektiv	Präpositon	Kasus	Semantische Merkmale der Komplemente	
			K_{sub}	$K_{präp}$
ärgerlich	auf	Akk.	+mat, +hum, +inst	+mat, +hum
begierig	auf	Akk.	+mat, +hum, +inst	+mat, +geg, +immat, +sachv, +akt
böse	auf	Akk.	+mat, +hum, +immat, +intell	+mat, +hum, +geg, +inst
eifersüchtig	auf	Akk.	+mat, +hum, +zool	+mat, +hum, +mas, +immat, +sachv, +akt, +intell
erpicht	auf	Akk.	+mat, +hum, +inst, +zool +immat, +intell	+mat, +hum, +geg, +mas, +inst +immat, +sachv, +akt, +stat
gefasst	auf	Akk	+mat, +hum, +inst	+immat, +sachv, +akt, +stat, +intell
geil	auf	Akk.	+mat, +geg, +inst	+immat, +sachv, +akt, +stat
gierig	auf	Akk.	+mat, +hum, +zool	+mat, +plant, +geg, +mas +immat, +sachv, +akt
heiß	auf	Akk.	+mat, +hum, +inst	+mat, +inst, +geg, +mas +immat, +intell, +sachv, +akt

113 Originalbeleg: „*Wir können daher die Unterhaltung von Gebäuden und Einrichtungen gezielt angehen, ebenso aufgeschobene oder kostenintensive Maßnahmen", freute sich Kessler.* Besonders erfreulich daran: Noch Anfang 2005 war man davon ausgegangen, dass in diesem Jahr neue Schulden unumgänglich werden. „Stattdessen kommen wir voraussichtlich auch 2008 ohne Kreditaufnahme aus." (M07/JAN.06245 Mannheimer Morgen, 27.01.2007).

Adjektiv	Präpositon	Kasus	Semantische Merkmale der Komplemente	
			K_{sub}	$K_{präp}$
hungrig	auf	Akk.	+mat, +hum, +immat, +sachv, +akt	+mat, +zool, +immat, +sachv, +akt, +intell
neidisch	auf	Akk.	+mat, +hum, +inst	+mat, +hum, +inst, +mas, +geg +immat, +sachv, +stat, +akt
sauer	auf	Akk.	+mat, +hum, +inst	+mat, +hum, +inst
scharf	auf	Akk.	+mat, +hum, +inst, +zool	+mat, +hum, +mas +immat, +sachv, +akt, +intell
stolz	auf	Akk.	+mat, +hum, +inst	+mat, +hum +immat, +sachv, +stat, +akt, +intell
süchtig	auf	Akk.	+mat, +geg, +inst	+mat, +mas, +immat, +sachv, +akt
versessen	auf	Akk.	+mat, +hum, +zool +immat, +sachv, +akt	+mat, +hum, +geg, +inst, +mas, +plant, +immat, +sachv, +stat, +akt
wild	auf	Akk.	+mat, +hum, +inst	+mat, +geg, +inst, +hum, +mas +immat, +sachv, +akt
wütend	auf	Akk.	+mat, +hum	+mat, +inst, +hum
zornig	auf	Akk.	+mat, +hum	+mat, +hum, +inst, +immat, +intell

Syntaktische Realisierung des $K_{präp}$	
ärgerlich	
PP – *auf Herrn Brick* (M01/JUL.55706 Mannheimer Morgen, 28.07.2001)	
begierig	
PP – *auf ihre Künste* (R99/AUG.64546 Frankfurter Rundschau, 14.08.1999)	IK – darauf, *zu* fliehen (M04/DEZ.86674 Mannheimer Morgen, 02.12.2004)

<table>
<tr><th colspan="6">Syntaktische Realisierung des $K_{präp}$</th></tr>
<tr><td colspan="6">böse</td></tr>
<tr><td colspan="6">PP
– auf Panathinaikos
(M01/SEP.73098 Mannheimer Morgen, 28.09.2001)</td></tr>
<tr><td colspan="6">eifersüchtig</td></tr>
<tr><td colspan="6">PP
– auf den Erfolg
(R98/JAN.03060 Frankfurter Rundschau, 14.01.1998)</td></tr>
<tr><td colspan="6">erpicht</td></tr>
<tr><td colspan="3">PP
– auf das Mitgefühl eines Herrn Hundt
(R98/MAR.20603 Frankfurter Rundschau, 13.03.1998)</td><td colspan="3">IK
– […], in das Verfahren einzusteigen und es hinter uns zu bringen.
(M07/JUL.05271 Mannheimer Morgen, 24.07.2007)</td></tr>
<tr><td colspan="6">gefasst</td></tr>
<tr><td colspan="2">PP
– auf Schadensersatzforderungen der Kunden
(M03/MAR.13645 Mannheimer Morgen, 03.03.2003)</td><td colspan="2">NS – dass
– darauf […], dass es ins Glas regnet.
(M06/DEZ.99531 Mannheimer Morgen, 30.12.2006)</td><td colspan="2">IK
– darauf […], jeden Moment wieder live auf den Sender geschaltet zu werden“, erklärt Heeg nach seinem Statement auf RTL.
(M06/SEP.71674 Mannheimer Morgen, 12.09.2006)</td></tr>
<tr><td colspan="6">geil</td></tr>
<tr><td colspan="6">PP
– auf den Erfolg
(M05/AUG.62816 Mannheimer Morgen, 01.08.2005)</td></tr>
<tr><td colspan="6">gierig</td></tr>
<tr><td colspan="6">PP
– auf einen Anteil am kontinentalen Werbekuchen
(R99/MAI.37584 Frankfurter Rundschau, 14.05.1999)</td></tr>
<tr><td colspan="6">heiß</td></tr>
<tr><td colspan="3">PP
– auf die Revanche
(R98/MAR.17870 Frankfurter Rundschau, 04.03.1998)</td><td colspan="3">IK
– darauf, sich mit Gerrard und den anderen Stars bei Liverpool zu messen.
(M05/JUL.56844 Mannheimer Morgen, 12.07.2005)</td></tr>
</table>

<table>
<tr><th colspan="6">Syntaktische Realisierung des $K_{präp}$</th></tr>
<tr><td colspan="6">hungrig</td></tr>
<tr><td colspan="3">PP
– auf sehr große Beute
(SPK/J07.00051 spektrumdirekt, 16.01.2007)</td><td colspan="3">IK
– darauf, zur Startformation zu gehören […].
(M06/AUG.61632 Mannheimer Morgen, 05.08.2006)</td></tr>
<tr><td colspan="6">neidisch</td></tr>
<tr><td colspan="6">PP
– auf die große Reise ihres kleinen Bruders nach Fernost
(M02/AUG.57138 Mannheimer Morgen, 01.08.2002)</td></tr>
<tr><td colspan="6">sauer</td></tr>
<tr><td colspan="3">PP
– auf den BMW-Konzern
(M00/MAR.03371 Mannheimer Morgen, 20.03.2000)</td><td colspan="3">NS – dass
– […], daß die 2500jährige Skulptur auf Dauer im Darmstädter Landesmuseum landet.
(R98/JAN.02276 Frankfurter Rundschau, 10.01.1998)</td></tr>
<tr><td colspan="6">scharf</td></tr>
<tr><td colspan="2">PP
– auf Geld und Ruhm
(R98/FEB.11992 Frankfurter Rundschau, 12.02.1998)</td><td colspan="2">IK
– darauf, es einmal zu fahren
(R98/JAN.07526 Frankfurter Rundschau, 29.01.1998)</td><td colspan="2">NS – dass
– darauf, daß Fremdes sich anpaßt, unterwirft, unkenntlich macht.
(R98/JUL.54789 Frankfurter Rundschau, 10.07.1998)</td></tr>
<tr><td colspan="6">stolz</td></tr>
<tr><td colspan="2">PP
– auf seine uralte Kultur
(SPK/J04.01148 spektrumdirekt, 01.10.2004)</td><td colspan="2">IK
– darauf, erkannt zu haben, was ein Protein zum Protein macht
(SPK/J06.00741 spektrumdirekt, 28.06.2006)</td><td colspan="2">NS – dass
– darauf, dass wir die ersten waren, die die Sequenzen veröffentlicht haben.
(SPK/J06.00472 spektrumdirekt, 21.04.2006)</td></tr>
<tr><td colspan="6">süchtig</td></tr>
<tr><td colspan="6">PP
– auf mehr Sport
(R98/JAN.03952 Frankfurter Rundschau, 16.01.1998)</td></tr>
</table>

<table>
<tr><th colspan="6">Syntaktische Realisierung des $K_{\text{präp}}$</th></tr>
<tr><td colspan="6">versessen</td></tr>
<tr><td colspan="3">PP
– *auf den technischen Fortschritt*
(R99/AUG.66715 Frankfurter Rundschau, 21.08.1999)</td><td colspan="3">IK
– darauf, den Zufall in eine Quote *zu* pressen
(M05/JAN.01462 Mannheimer Morgen, 08.01.2005)</td></tr>
<tr><td colspan="6">wild</td></tr>
<tr><td colspan="2">PP
– *auf Süßigkeiten*
(SPK/J99.00340 spektrumdirekt, 27.06.1999)</td><td colspan="2">IK
– darauf, sich mit ihm ablichten *zu* lassen.
(M00/SEP.59519 Mannheimer Morgen, 28.09.2000)</td><td colspan="2">NS – *dass*
– darauf, *dass* es weitergeht
(R99/AUG.69568 Frankfurter Rundschau, 31.08.1999)</td></tr>
<tr><td colspan="6">wütend</td></tr>
<tr><td colspan="6">PP
– *auf die Behörden*
(SPK/J06.00529 spektrumdirekt, 08.05.2006)</td></tr>
<tr><td colspan="6">zornig</td></tr>
<tr><td colspan="6">PP
– *auf meinen Gott*
(M07/OKT.04745 Mannheimer Morgen, 20.10.2007)</td></tr>
</table>

→ Das $K_{\text{präp-mit}}$

Adjektiv	**Präposition**	**Kasus**	**Semantische Merkmale der Komplemente**	
			K_{sub}	**$K_{\text{präp}}$**
behaftet	mit	Dat.	+mat, +hum, +mas, +immat, +sachv, +akt, +intell	+mat, +zool,+immat, +intell
unglücklich	mit	.Dat.	+mat, +hum	+mat, +hum, +immat, +sachv, +akt
unzufrieden	mit	Dat.	+mat, +inst, +hum	+mat, +hum, +mas, +geg, +immat, +sachv, +akt, +stat, +intell
zufrieden	mit	Dat.	+mat, +hum, +inst, +zool	+mat, +hum, +mas, +geg, +immat, +sachv, +akt, +stat, +intell

<table>
<tr><th colspan="12">Syntaktische Realisierung des $K_{\text{präp}}$</th></tr>
<tr><td colspan="12" align="center">behaftet</td></tr>
<tr><td colspan="12">PP
– mit magisch-märchenhaften Vorstellungen
(M06/OKT.79546 Mannheimer Morgen, 12.10.2006)</td></tr>
<tr><td colspan="12" align="center">unglücklich</td></tr>
<tr><td colspan="12">PP
– mit der späten Geburt von NT 6.0
(C98/JUN.02788 COMPUTER ZEITUNG, 18.06.1998)</td></tr>
<tr><td colspan="12" align="center">unzufrieden</td></tr>
<tr><td colspan="4">PP
– mit ihrer Stimme
(M00/NOV.72872 Mannheimer Morgen, 24.11.2000)</td><td colspan="4">NS – dass
– damit, dass das Heer den größten Anteil an den geplanten Einsparungen tragen muss.
(M04/JAN.04454 Mannheimer Morgen, 21.01.2004)</td><td colspan="4">NS – wie
– damit, wie die Politik Familien behandelt
(M03/SEP.61785 Mannheimer Morgen, 20.09.2003)</td></tr>
<tr><td colspan="12" align="center">zufrieden</td></tr>
<tr><td colspan="3">PP
– ein mit sich selbst zufriedenes Leben
(M99/FEB.07190 Mannheimer Morgen, 04.02.1999)</td><td colspan="3">IK
– damit […], folkloristisches Material zu rekonstruieren.
(R98/MAR.17263 Frankfurter Rundschau, 02.03.1998)</td><td colspan="3">NS – dass
– damit, daß über eine Stunde lang zu viel „Hektik und Nervosität“ herrschte.
(R98/FEB.13168 Frankfurter Rundschau, 17.02.1998)</td><td colspan="3">NS – wie
– damit, wie es derzeit läuft
(M01/SEP.65543 Mannheimer Morgen, 04.09.2001)</td></tr>
</table>

→ Das $K_{\text{präp-nach}}$

Adjektiv	**Präposition**	**Kasus**	**Semantische Merkmale der Komplemente**	
			K_{sub}	$K_{\text{präp}}$
begierig	nach	Dat..	+mat, +hum, +inst, +geg	+immat, +sachv, +akt, +intell
gierig	nach	Dat.	+mat, +hum, +zool, +inst	+mat, +mas, +hum, +immat, +sachv, +akt, +stat, +intell
hungrig	nach	Dat.	+mat, +hum, +inst, +mas	+mat, +hum, +mas, +geg, +immat, +sachv, +akt, +intell
lüstern	nach	Dat.	+mat, +hum	+mat, +hum

Adjektiv	Präposition	Kasus	Semantische Merkmale der Komplemente	
			K_{sub}	$K_{präp}$
süchtig	nach	Dat.	+mat, +geg, +hum, +inst, +mas, +zool	+mat, +geg, +hum, +mas, +immat, +sachv, +akt, +intell
verrückt	nach	Dat.	+mat, +hum, +zool	+mat, +mas, +geg, +immat, +intell

Syntaktische Realisierung des $K_{präp}$	
begierig	
PP – *nach der Macht* (M03/DEZ.87355 Mannheimer Morgen, 29.12.2003)	
gierig	
PP – *nach radikalen Herausforderungen* (M02/JAN.02577 Mannheimer Morgen, 11.01.2002)	
hungrig	
PP – *nach Freiheit und Informationen* (M04/JUL.44059 Mannheimer Morgen, 03.07.2004)	
lüstern	
PP – *nach Christenmädchen* (R98/MAI.40491 Frankfurter Rundschau, 22.05.1998)	
süchtig	
PP – *nach Essen oder Sex* (M07/JUL.04342 Mannheimer Morgen, 20.07.2007)	
verrückt	
PP – *nach Nachrichten* (R98/FEB.15022 Frankfurter Rundschau, 23.02.1998)	IK – danach [...], woanders Tango *zu* erleben (R98/APR.30703 Frankfurter Rundschau, 17.04.1998)

Die semantische Selektionsbeschränkungen der vier Adjektive, die parallel zwei Präpositionen regieren, sehen in der Gegenüberstellung folgendermaßen aus:

Adjektiv	Semantische Merkmale des Komplements	Semantische Merkmale des Komplements	Adjektiv
begierig auf	K_{sub}: +mat, +hum, +inst $K_{präp}$: +mat, +geg, +immat, +sachv, +akt	K_{sub}: +mat, +hum, +inst, +geg $K_{präp}$: +immat, +sachv, +akt, +intell	begierig nach
gierig auf	K_{sub}: +mat, +hum, +zool $K_{präp}$: +mat, +plant, +geg, +mas +immat, +sachv, +akt	K_{sub}: +mat, +hum, +zool, +inst $K_{präp}$: +mat, +mas, +hum, +immat, +sachv, +akt +stat, +intell	gierig nach
hungrig auf	K_{sub}: +mat, +hum +immat, +sachv, +akt $K_{präp}$: +mat, +zool, +immat, +sachv, +akt, +intell	K_{sub}: +mat, +hum, +inst, +mas $K_{präp}$: +mat, +hum, +mas, +geg +immat, +sachv, +akt, +intell	hungrig nach
süchtig auf	K_{sub}: +mat, +geg, +inst $K_{präp}$: +mat, +mas, +immat, +sachv, +akt	K_{sub}: +mat, +geg, +hum, +inst,+mas, +zool $K_{präp}$: +mat, +geg, +hum, +mas +immat, +sachv, +akt, +intell	süchtig nach

▶ Der Frame *Emphasizing*

Emphasizing			Semantische Merkmale der Komplemente	
Adjektiv	**Präposition**	**Kasus**	K_{sub}	$K_{präp}$
orientiert	an	Dat.	+mat, +hum, +geg, +immat, +intell, +sachv, +akt	+mat, +hum, +immat, +intell, +sachv, +akt

Syntaktische Realisierung des $K_{präp}$			
PP – *an den Kosten* (R98/JAN.00897 Frankfurter Rundschau, 06.01.1998)	NS – *was* – daran[...],*was* auch die Kommission empfehle. (M99/ AUG.50638 Mannheimer Morgen, 03.08.1999)	NS – *wieviel* – daran[...],*wieviel* Geld im Verkehrsbereich fehle. (M98/MAI.42177 Mannheimer Morgen, 20.05.1998)	IK – daran[...], Kosten *zu* sparen. (R99/ AUG.67496 Frankfurter Rundschau, 25.08.1999)

▶ Der Frame *Event*

→ Das $K_{präp\text{-}an}$

Adjektiv	Präposition	Kasus	Semantische Merkmale der Komplemente	
			K_{sub}	$K_{präp}$
adressiert	an	Akk.	+mat, +geg, +mas, +immat, +sachv, +akt, +intell	+mat, +hum, +inst, +geg
gebunden	an	Akk.	+mat, +inst, +hum, +immat, +sachv, +akt, +intell	+mat, +geg, +immat, +sachv, +akt, +intell

Syntaktische Realisierung des $K_{präp}$		
adressiert		
PP – *an eine belgische Firma* (M07/SEP.07436 Mannheimer Morgen, 29.09.2007)		
gebunden		
PP – *an ihre Unterschrift* (R98/JAN.04388 Frankfurter Rundschau, 19.01.1998)	IK – daran [...], die Rechte ihres zukünftigen Kindes *zu* wahren. (R99/JAN.05026 Frankfurter Rundschau, 21.01.1999)	NS – *dass* – daran [...], *dass* Krankenkasse und Rentenversicherungsträger ein sozialversicherungspflichtiges Beschäftigungsverhältnis anerkannt haben. (M04/APR.23017 Mannheimer Morgen, 03.04.2004)

→ Das $K_{präp-an}$

Adjektiv	Präposition	Kasus	Semantische Merkmale der Komplemente	
			K_{sub}	$K_{präp}$
beteiligt	an	Dat.	+mat, +hum, +inst, +geg, +mas	+mat, +inst, +geg, +immat, +intell, +sachv, +akt
schuld	an	Dat.	+mat, +hum, +zool, +plant, +inst, +geg, +immat, +sachv, +akt, +intell	+mat, +geg, +immat, +sachv, +akt, +intell
schuldig	an	Dat.	+mat, +hum, +geg	+immat, +intell, +sachv, +akt
teilhaftig	an	Dat.	+mat, +hum	+immat, +intell, +sachv, +akt
unschuldig	an	Dat.	+mat, +hum, +inst, +geg, +mas, +immat, +intell, +sachv, +stat	+immat, +intell, +sachv, +akt

Syntaktische Realisierung des $K_{präp}$		
beteiligt		
PP – *an unzähligen Enzymreaktionen* (M07/MAR.01911 Mannheimer Morgen, 08.03.2007)	IK – daran […], die Verfügbarkeit von Kohlenstoff in der Atmosphäre und so auch indirekt die Bildung von Treibhausgasen *zu* regulieren. (SPK/J06.00153 spektrumdirekt, 06.02.2006)	NS – *dass* – daran […], *daß* der Große Preis von Deutschland für Motorräder erstmals 1957 nach Hockenheim kam. (R98/JAN.00939 Frankfurter Rundschau, 06.01.1998)
schuld		
PP – *an der Überfischung der Meere* (SPK/J06.00703 spektrumdirekt, 20.06.2006)	NS – *dass* – daran, *daß* die Branche händeringend Personal sucht. (C98/NOV.05008 COMPUTER ZEITUNG, 12.11.1998)	
schuldig		
PP – *an der Niederlagenserie* (R98/JAN.07305 Frankfurter Rundschau, 29.01.1998)		

Syntaktische Realisierung des $K_{präp}$	
teilhaftig	
PP – *am Kult* (M02/MAI.39073 Mannheimer Morgen, 25.05.2002)	
unschuldig	
PP – *an diesen Deutungen* (R99/JAN.06071 Frankfurter Rundschau, 25.01.1999)	NS – *dass* – daran, *dass* selbst das schöne Wort von der Familie noch an Weihnachten einen unheiligen Beiklang bekommt in Zeiten des schleichenden politischen Vatermordes einer pubertierenden CDU an ihrem Übervater Helmut Kohl. (R99/DEZ.105119 Frankfurter Rundschau, 27.12.1999)

→ Das $K_{präp\text{-}auf}$

Adjektiv	Präposition	Kasus	Semantische Merkmale der Komplemente	
			K_{sub}	$K_{präp}$
begrenzt	auf	Akk.	+mat, +geg, +mas, +immat, +intell, +sachv, +akt	+mat, +hum, +inst, +geg, +immat, +intell
beschränkt	auf	Akk.	+mat, +hum, +zool, +mas, +immat, +intell, +sachv, +akt	+mat, +inst, +geg, +immat, +intell, +sachv, +akt
eingeschworen	auf	Akk.	+mat, +hum, +inst, +zool, +immat, +sachv, +akt	+mat, +hum, +geg, +mas, +immat, +intell, +sachv, +akt
übertragbar	auf	Akk.	+mat, +inst, +geg, +mas +immat, +intell, +sachv, +akt	+mat, +hum, +inst, +immat, +intell

Syntaktische Realisierung des $K_{präp}$
begrenzt
PP – *auf einen engen Wellenlängenbereich um 509,6 Nanometer* (SPK/J03.00070 spektrumdirekt, 15.01.2003)

Syntaktische Realisierung des $K_{präp}$	
beschränkt	
PP - *auf die USA* (C98/MAR.00964 COMPUTER ZEITUNG, 12.03.1998)	IK - darauf [...], Schallsignale *zu* verarbeiten. (SPK/J00.00803 spektrumdirekt, 06.12.2000)
eingeschworen	
PP - *auf Linksverkehr* (M03/JUN.41987 Mannheimer Morgen, 28.06.2003)	
übertragbar	
PP - *auf ein derartiges Konzept* (SPK/J07.00316 spektrumdirekt, 31.03.2007)	

→ Das $K_{präp\text{-}mit}$

Adjektiv	**Präposition**	**Kasus**	**Semantische Merkmale der Komplemente**	
			K_{sub}	$K_{präp}$
haftbar	mit	Dat.	+mat, +hum, +geg	+mat, +mas
handgreiflich	mit	Dat.	+mat, +hum	+mat, +hum
verwurzelt	mit	Dat.	+mat, +hum, +geg, +immat, +intell	+mat, +mas, +inst, +geg, +immat, +intell

Syntaktische Realisierung des $K_{präp}$
haftbar
PP - *mit seinem Privatvermögen* (M99/OKT.66054 Mannheimer Morgen, 02.10.1999)
handgreiflich
PP - *mit dem Sohne* (R99/MAR.25990 Frankfurter Rundschau, 31.03.1999)PP
verwurzelt
PP - *mit dem Geschäft* (M04/DEZ.88879 Mannheimer Morgen, 09.12.2004)

▶ Der Frame *Gradable Attributes*

→ Das $K_{präp}$

Adjektiv	Präposition	Kasus	Semantische Merkmale der Komplemente	
			K_{sub}	$K_{präp}$
gewohnt	an	Akk.	+mat, +hum	+immat, +sachv, +akt, +intell
gewöhnt	an	Akk.	+mat, +hum, +inst	+mat, +geg, +immat, +sachv, +akt, +intell

Syntaktische Realisierung des $K_{präp}$	
gewohnt	
PP – *an Umfragen gewohnte Israelis* (R98/APR.34037 Frankfurter Rundschau, 29.04.1998)	IK – daran gewohnt, einiges ein*zu*stecken. (R99/SEP.78459 Frankfurter Rundschau, 29.09.1999)
gewöhnt	
PP – *an das Zentrum* (M00/DEZ.74340 Mannheimer Morgen, 01.12.2000)	IK – daran gewöhnt, Nadeln *zu* fressen. (C98/NOV.05203 COMPUTER ZEITUNG, 26.11.1998)

→ Das $K_{präp-an}$

Adjektiv	Präpositon	Kasus	Semantische Merkmale der Komplemente	
			K_{sub}	$K_{präp}$
arm	an	Dat.	+mat, +hum, +inst, +geg, +mas, +immat, +intell	+immat, +sachv, +akt, +stat, +intell, +mat, +hum, +mas, +geg
erkrankt	an	Dat.	+mat, +hum, +zool	+immat, +intell
jung	an	Dat.	+mat, +hum	+immat, +intell
reich	an	Dat.	+mat, +hum, +geg, +plant, +mas, +immat, +intell, +sachv, +aktiv	+mat, +mas, +zool, +immat, +sachv, +akt, +intell
reichhaltig	an	Dat.	+mat, +inst	+mat, +geg
überlegen	an	Dat.	+mat, +hum, +zool, +inst	+immat, +sachv, +akt, +intell

Syntaktische Realisierung des $K_{präp}$
arm
PP – *an Genen* (SPK/J05.00313 spektrumdirekt, 16.03.2005)
erkrankt
PP – *an einem Krebs* (M07/DEZ.02570 Mannheimer Morgen, 10.12.2007)
jung
PP – *an Jahren* (M02/MAR.20342 Mannheimer Morgen, 15.03.2002)
reich
PP – *an der Aminosäure 3,4-L-Dihydroxyphenylalanin (DOPA)* (SPK/J07.00695 spektrumdirekt, 18.07.2007)
reichhaltig
PP – *an Sehenswürdigkeiten* (M98/JUN.47499 Mannheimer Morgen, 12.06.1998)
überlegen
PP – *an finanzieller Potenz* (R98/JAN.07793 Frankfurter Rundschau, 30.01.1998)

→ Das $K_{präp\text{-}auf}$

Adjektiv	Präposition	Kasus	Semantische Merkmale der Komplemente	
			K_{sub}	$K_{präp}$
bewandert	auf	Dat.	+mat, +hum	+immat, +intell

Syntaktische Realisierung des $K_{präp}$
bewandert
PP – *auf dem politischen Parkett* (M03/JAN.04394 Mannheimer Morgen, 22.01.2003)

→ Das $K_{präp\text{-}mit}$

Adjektiv	Präposition	Kasus	Semantische Merkmale der Komplemente	
			K_{sub}	$K_{präp}$
deckungsgleich	mit	Dat.	+mat, +inst, +geg, +immat, +intell, +stat	+mat, +mas, +inst, +geg, +immat, +intell
ebenbürtig	mit	Dat.	+mat, +hum, +inst, +geg, +immat, +intell, +sachv, +akt	+mat, +hum, +inst, +geg, +immat, +intell, +sachv, +akt
einig	mit	Dat.	+mat, +hum, +inst	+mat, +hum, +inst
eins	mit	Dat.	+mat, +hum	+immat, +intell
einverstanden	mit	Dat.	+mat, +hum, +inst	+mat, +inst, +mas, +immat, +sachv, +akt, +stat, +intell
geistesverwandt	mit	Dat.	+mat, +mas, +immat, +intell	+mat, +hum, +immat, +intell
gleichaltrig	mit	Dat.	+mat, +hum	+mat, +hum
gleichberechtigt	mit	Dat.	+mat, +hum, +inst, +mas, +immat, +sachv, +akt, +intell	+mat, +hum, +inst, +mas, +immat, +sachv, +akt, +intell
gleichrangig	mit	Dat.	+mat, +hum, +geg, +immat, +intell, +sachv, +akt	+mat, +geg, +hum, +immat, +sachv, +akt
gleichwertig	mit	Dat.	+mat, +hum, +inst, +geg, +mas, +immat, +intell, +sachv, +akt	+mat, +hum, +inst, +geg, +immat, +sachv, +akt, +intell
identisch	mit	Dat.	+mat, +hum, +inst, +geg, +immat, +sachv, +akt, +intell	+mat, +hum, +inst, +geg, +immat, +intell, +sachv, +akt
kombinierbar	mit	Dat.	+mat, +geg, +plant, +immat, +sachv, +akt, +intell	+mat, +geg, +immat, +sachv, +akt, +stat, +intell
kompatibel	mit	Dat.	+mat, +hum, +inst, +zool, +geg, +immat, +intell, +sachv, +akt	+mat, +hum, +inst, +geg, +immat, +sachv, +akt, +intell
konform	mit	Dat.	+mat, +hum, +inst, +mas, +geg, +immat, +sachv, +akt, +intell	+mat, +hum, +immat, +intell, +sachv, +akt

Adjektiv	Präposition	Kasus	Semantische Merkmale der Komplemente	
			K_{sub}	$K_{präp}$
quitt	mit	Dat.	+mat, +hum	+mat, +hum, +inst
solidarisch	mit	Dat.	+mat, +hum, +inst	+mat, +hum, +inst, +immat, +sachv, +akt, +intell
vereinbar	mit	Dat.	+mat, +hum, +mas, +immat, +sachv, +akt, +intell	+immat, +sachv, +akt, +intell
vergleichbar	mit	Dat.	+mat, +hum, +inst, +geg, +mas, +immat, +sachv, +stat, +akt, +intell	+mat, +hum, +inst, +geg, +mas, +immat, +sachv, +akt, +intell
vertraut	mit	Dat.	+mat, +hum, +immat, +intell	+mat, +inst, +immat, +intell, +sachv, +akt
uneinig	mit	Dat.	+mat, +hum, +inst	+mat, +hum, +inst
unvereinbar	mit	Dat.	+mat, +hum, +mas, +immat, +sachv, +akt, +intell	+immat, +sachv, +akt, +intell
unvergleichbar	mit	Dat.	+mat, +hum, +inst, +geg, +mas, +immat, +sachv, +stat, +akt, +intell	+mat, +hum, +inst, +geg, +mas, +immat, +sachv, +akt, +intell

Syntaktische Realisierung des $K_{präp}$
deckungsgleich
PP – *mit den aufgrund der Klimaerwärmung gut hundert Kilometer nach Norden verlagerten Isothermen.* (SPK/J99.00317 spektrumdirekt, 16.06.1999)
ebenbürtig
PP – *mit den Aktienmärkten London und Frankfurt* (R98/JUL.57511 Frankfurter Rundschau, 20.07.1998)

<table>
<tr><th colspan="3">Syntaktische Realisierung des $K_{präp}$</th></tr>
<tr><td colspan="3">einig</td></tr>
<tr><td colspan="3">PP
– mit dem Heidelberger Intendanten Volkmar Clauß
(M98/NOV.90011 Mannheimer Morgen, 25.11.1998)</td></tr>
<tr><td colspan="3">eins</td></tr>
<tr><td colspan="3">PP
– mit der Nation
(M01/OKT.75467 Mannheimer Morgen, 08.10.2001)</td></tr>
<tr><td colspan="3">einverstanden</td></tr>
<tr><td>PP
-mit dem Logo der britischen EU-Ratspräsidentschaft
(R98/JAN.06546 Frankfurter Rundschau, 27.01.1998)</td><td>IK
– damit einverstanden, das Mädchen auf die Hauptschule zu schicken.
(R98/APR.32304 Frankfurter Rundschau, 23.04.1998)</td><td>NS – dass
– damit einverstanden, dass ihre Aufnahmen im Zusammenhang mit dem Fotowettbewerb honorarfrei veröffentlicht werden.
(M00/JUL.40702 Mannheimer Morgen, 25.07.2000)</td></tr>
<tr><td colspan="3">gleichaltrig</td></tr>
<tr><td colspan="3">PP
– mit Grass oder Walser
(M07/OKT.01259 Mannheimer Morgen, 06.10.2007)</td></tr>
<tr><td colspan="3">gleichberechtigt</td></tr>
<tr><td colspan="3">PP
– mit den Landesrundfunkanstalten der ARD
(M99/APR.26537 Mannheimer Morgen, 28.04.1999)</td></tr>
<tr><td colspan="3">gleichrangig</td></tr>
<tr><td colspan="3">PP
– mit der Förderung der Ausbildungsreife als Schlüsselqualifikation im Mittelpunkt der schulischen Arbeit
(M07/SEP.05099 Mannheimer Morgen, 21.09.2007)</td></tr>
</table>

Syntaktische Realisierung des $K_{präp}$
gleichwertig
PP – *mit dem deutschen Diplom* (R98/MAR.22381 Frankfurter Rundschau, 19.03.1998)
geistesverwandt
PP – *mit der meditativen Lyrik Martha Saalfelds* (M00/JUN.33214 Mannheimer Morgen, 29.06.2000)
identisch
PP – *mit den Geräten der Summit-Serie* (C98/OKT.04588 COMPUTER ZEITUNG, 15.10.1998)
kombinierbar
PP – *mit GPS* (SPK/J05.01549 spektrumdirekt, 09.12.2005)
kompatibel
PP – *der Firewall-1 von Checkpoint* (C98/NOV.05273 COMPUTER ZEITUNG)
konform
PP – *mit dem Wettbewerbsrecht* (M03/FEB.07832 Mannheimer Morgen, 05.02.2003)
quitt
PP – *mit Washington* (R99/JUN.44606 Frankfurter Rundschau, 07.06.1999)
solidarisch
PP – *mit der Lebenshilfe* (M98/MAR.28937 Mannheimer Morgen, 31.03.1998)
vereinbar
PP – *mit dem Wettbewerb und den Verträgen der EU* (R98/JAN.02130 Frankfurter Rundschau, 10.01.1998)

<table>
<tr><th colspan="2">Syntaktische Realisierung des $K_{präp}$</th></tr>
<tr><td colspan="2">vergleichbar</td></tr>
<tr><td>PP
– mit einer regelmäßig auf- und zugehenden Bremse
(R98/JAN.00208 Frankfurter Rundschau, 02.01.1998)</td><td>NS – dass
– damit vergleichbar,
dass es trotz zahlloser Fernsehprogramme gelingt, die deutschen Fernsehzuschauer an einem Abend alle bei Gottschalk zu versammeln.
M01/NOV.85248 Mannheimer Morgen, 08.11.2001)</td></tr>
<tr><td colspan="2">vertraut</td></tr>
<tr><td>PP
– mit der konfuzianischen Ethik
(R98/JAN.01181 Frankfurter Rundschau, 07.01.1998)</td><td>NS – dass
– damit vertraut machen,
daß zwischen Elbestraße und Lerchesberg ein kleiner Unterschied besteht.
(R98/JAN.04498 Frankfurter Rundschau, 19.01.1998)</td></tr>
<tr><td colspan="2">uneinig</td></tr>
<tr><td colspan="2">PP
– mit Denkmalschützern
(M06/JUN.49834 Mannheimer Morgen, 28.06.2006)</td></tr>
<tr><td colspan="2">unvereinbar</td></tr>
<tr><td colspan="2">PP
– mit dem Begriff der Menschenwürde
(SPK/J03.00003 spektrumdirekt, 02.01.2003)</td></tr>
<tr><td colspan="2">unvergleichbar</td></tr>
<tr><td colspan="2">PP
– mit dem bisherigen Elend
(R99/MAR.25186 Frankfurter Rundschau, 29.03.1999)</td></tr>
</table>

▶ Der Frame *People*

→ Das $K_{präp\text{-}an}$

Adjektiv	Präposition	Kasus	Semantische Merkmale der Komplemente	
			K_{sub}	$K_{präp}$
beheimatet	an	Dat.	+mat, +hum, +inst, +plant	+mat, +geg
heimisch	an	Dat.	+mat, +hum, +zool	+mat, +geg

Adjektiv	Präposition	Kasus	Semantische Merkmale der Komplemente	
			K_{sub}	$K_{präp}$
sesshaft	an	Dat.	+mat, +hum	+mat, +geg
verwurzelt	an	Dat.	+mat, +hum, +immat,+intell	+mat, +geg
wohnhaft	an	Dat.	+mat, +hum	+mat, +geg

<table>
<tr><th colspan="2">Syntaktische Realisierung des $K_{präp}$</th></tr>
<tr><td colspan="2">beheimatet</td></tr>
<tr><td>PP
– an Universitäten
(SPK/J05.00728 spektrumdirekt, 12.06.2005)</td><td>Adverb
– Marktstände säumten einst die mittlere Rathausstraße. Die Geschäfte, die dort beheimatet sind, [...]
(M03/MAI.30729 Mannheimer Morgen, 10.05.2003)</td></tr>
<tr><td colspan="2">heimisch</td></tr>
<tr><td colspan="2">PP
– an den schnell fließenden Gewässern der Heißen Quellen von Huangshan
(SPK/J06.00308 spektrumdirekt, 15.03.2006)</td></tr>
<tr><td colspan="2">sesshaft</td></tr>
<tr><td>PP
– an der Straße
(R99/AUG.69241 Frankfurter Rundschau, 30.08.1999)</td><td>Adverb
– Die Pygmäen, die hier an der Straße sesshaft sind [...].
(R99/AUG.69241 Frankfurter Rundschau, 30.08.1999)</td></tr>
<tr><td colspan="2">verwurzelt</td></tr>
<tr><td colspan="2">PP
– an einem bestimmten Ort auf der Erde
(R98/APR.27126 Frankfurter Rundschau, 03.04.1998)</td></tr>
<tr><td colspan="2">wohnhaft</td></tr>
<tr><td colspan="2">PP
– am Wachenheimer Weg
(M03/MAI.30428 Mannheimer Morgen, 09.05.2003)</td></tr>
</table>

→ Das $K_{präp\text{-}auf}$

Adjektiv	Präposition	Kasus	Semantische Merkmale der Komplemente	
			K_{sub}	$K_{präp}$
heimisch	auf	Dat.	+mat, +hum, +zool	+mat, +geg
sesshaft	auf	Dat.	+mat, +hum	+mat, +geg

Syntaktische Realisierung des $K_{präp}$
heimisch
PP – […] Kühen und Schafen, die *auf dem Kontinent* ursprünglich nicht heimisch waren […]. (M07/JAN.04384 Mannheimer Morgen, 20.01.2007)
sesshaft
PP – *auf Akazien* (SPK/J05.00481 spektrumdirekt, 22.04.2005)

→ Das $K_{präp\text{-}mit}$

Adjektiv	Präposition	Kasus	Semantische Merkmale der Komplemente	
			K_{sub}	$K_{präp}$
befreundet	mit	Dat.	+mat, +hum, +inst	+mat, +inst, +hum
bekannt	mit	Dat.	+mat, +hum	+mat, +hum
intim	mit	Dat.	+mat, +hum	+mat, +hum
verheiratet	mit	Dat.	+mat, +hum	+mat, +hum
verlobt	mit	Dat.	+mat, +hum	+mat, +hum
verwandt	mit	Dat.	+mat, +hum, +inst, +zool, +plant, +geg, +immat, +intell, +sachv, +akt	+mat, +hum, +inst, +zool, +plant, +geg, +immat, +intell, +sachv, +stat

Syntaktische Realisierung des $K_{präp}$
befreundet
PP – *mit einer arabischen Bürokollegin* (M07/NOV.05480 Mannheimer Morgen, 20.11.2007)

Syntaktische Realisierung des $K_{präp}$
bekannt
PP – *mit dem Angeklagten* (M01/MAI.38111 Mannheimer Morgen, 22.05.2001)
intim
PP – *mit einer der Frauen* (M00/APR.11784 Mannheimer Morgen, 18.04.2000)
verheiratet
PP – *mit einer Britin* (C98/APR.02013 COMPUTER ZEITUNG, 30.04.1998)
verlobt
PP – *mit dem Neffen des Chefredakteurs* (M06/AUG.63652 Mannheimer Morgen, 12.08.2006)
verwandt
PP – *mit dem Teestrauch* (M01/MAR.21174 Mannheimer Morgen, 23.03.2001)

► Der Frame *Relliance*

Reliance			Semantische Merkmale der Komplemente	
Adjektiv	**Präposition**	**Kasus**	K_{sub}	$K_{präp}$
angewiesen	auf	Akk.	+mat, +hum, +inst, +zool, +plant	+mat, +hum, +geg, +mas, +immat, +intell, +sachv, +akt

Syntaktische Realisierung des $K_{präp}$		
PP – *auf Inanspruchnahme externer Dienstleistungen* (C98/JAN.00261 COMPUTER ZEITUNG, 22.01.1998)	NS – *dass* – darauf[…],*dass* die Gesellschaft ihnen unter die Arme greift, […]. (M01/APR.25380 Mannheimer Morgen, 06.04.2001)	IK – darauf[…], die nötigen Informationen aus der Muttersprache *zu* filtern. (SPK/J07.00069 spektrumdirekt, 19.01.2007)

▶ Der Frame *State*

→ Das $K_{präp-an}$

Adjektiv	**Präposition**	**Kasus**	**Semantische Merkmale der Komplemente**	
			K_{sub}	**$K_{präp}$**
gebunden	an	Akk.	+mat, +hum, +inst, +geg, +zool, +immat, +sachv, +akt, +intell	+immat, +sachv, +akt, +intell, +mat, +zool, +inst, +geg

Syntaktische Realisierung des $K_{präp}$	
gebunden	
PP – *an das Metallatom* (SPK/J07.00843 spektrumdirekt, 27.08.2007)	NS – *dass* – daran […], *dass* nur Schulkinder transportiert werden […]. (M06/NOV.88656 Mannheimer Morgen, 16.11.2006)

→ Das $K_{präp-an}$

Adjektiv	**Präposition**	**Kasus**	**Semantische Merkmale der Komplemente**	
			K_{sub}	**$K_{präp}$**
desinteressiert	an	Dat.	+mat, +hum, +inst	+mat, +hum, +geg, +immat, +sachv, +akt, +intell
interessiert	an	Dat.	+mat, +hum, +inst	+mat, +geg, +immat, +intell, +sachv, +akt
uninteressiert	an	Dat.	+mat, +hum	+immat, +intell, +sachv, +akt

Syntaktische Realisierung des $K_{präp}$
desinteressiert
PP – *an unserer Arbeit* (R98/FEB.11990 Frankfurter Rundschau, 12.02.1998)

interessiert	
PP – *an politischen und gesellschaftlichen Themen* (M07/JUN.01201 Mannheimer Morgen, 29.06.2007)	IK – daran [...], den Anonymus ausfindig *zu* machen [...] (R98/JAN.04691 Frankfurter Rundschau, 20.01.1998).
uninteressiert	
PP – *an Volkes Meinung* (M01/JUL.51008 Mannheimer Morgen, 12.07.2001)	

→ Das $K_{präp\text{-}auf}$

Adjektiv	**Präposition**	**Kasus**	**Semantische Merkmale der Komplemente**	
			K_{sub}	$K_{präp}$
aufmerksam	auf	Akk.	+mat, +hum, +inst, +immat, +intell,+sachv, +akt	+mat, +hum, +inst, +geg, +immat, +intell, +sachv, +akt
bedacht	auf	Akk.	+mat, +hum, +inst, +geg, +immat, +intell	+immat, +intell, +sachv, +akt
gespannt	auf	Akk.	+mat; +hum; +inst	+mat; +hum; +mas, +immat; +sachv; +akt; +intell
neugierig	auf	Akk.	+mat; +hum; +inst	+mat; +mas; +geg, +immat; +sachv; +stat; +intell

Syntaktische Realisierung des $K_{präp}$	
aufmerksam	
PP – *auf ein Förderprogramm der Europäischen Union* (C98/NOV.04971 COMPUTER ZEITUNG, 12.11.1998)	
bedacht	
PP – *auf eine enge Partnerschaft* (C98/APR.01602 COMPUTER ZEITUNG, 02.04.1998)	IK – darauf [...], einem Zauberwort*zu* folgen [...]. (R98/AUG.65424 Frankfurter Rundschau, 17.08.1998)

<table>
<tr><th colspan="4">Syntaktische Realisierung des $K_{\text{präp}}$</th></tr>
<tr><td colspan="4">gespannt</td></tr>
<tr>
<td>PP
– auf Unterschiede
(SPK/J07.00080 spektrumdirekt, 23.01.2007)

IK
– darauf, nach weiteren Gasen zu suchen […].
(SPK/J99.00072 spektrumdirekt, 08.02.1999)</td>
<td>NS – wer
– darauf ist, wer der Schurke / Schurkin in dem Schmierenstück sein wird.
(R98/JAN.05809 Frankfurter Rundschau, 23.01.1998)

NS – wie
– darauf […], wie die Teilnehmer nachher an der Bahn reagieren […].
(M04/JUN.35931 Mannheimer Morgen, 01.06.2004)</td>
<td>NS – ob
– darauf […],ob die „Flucht nach vorn“ nur ein Ablenkungsmanöver war […].
(R98/JUL.53126 Frankfurter Rundschau, 04.07.1998)

NS – was
– darauf, was der Herbst nun bringt.
(M04/AUG.56127 Mannheimer Morgen, 18.08.2004)</td>
<td>NS – wann
– darauf, wann sie gefunden wird und wann sie nationenübergreifend zum Einsatz kommt.
(C98/JUL.03112 COMPUTER ZEITUNG, 09.07.1998).

NS – welche
– darauf, welche Ideen Sie haben […].
(M07/OKT.04912 Mannheimer Morgen, 20.10.2007)</td>
</tr>
<tr><td colspan="4">neugierig</td></tr>
<tr>
<td colspan="2">PP
– auf die Nahrungsmittel
(SPK/J05.00280 spektrumdirekt, 08.03.2005)

IK
– darauf, Menschen der Partnergemeinde kennen zu lernen […].
(M05/AUG.67974 Mannheimer Morgen, 20.08.2005)</td>
<td>NS – wie
– darauf, wie der handballerische Neuanfang im traditionsreichen Verein aussehen soll.
(M07/APR.00479 Mannheimer Morgen, 03.04.2007)

NS – was
– darauf, was Mehler ihnen über den Krieg erzählen würde.
(M01/MAR.14779 Mannheimer Morgen, 02.03.2001)</td>
<td>NS – wie viele
– darauf, wie viele Linien menschlicher Vorfahren demnächst noch entdeckt werden.
(M01/MAR.20714 Mannheimer Morgen, 22.03.2001)</td>
</tr>
</table>

→ Das $K_{präp-mit}$

Adjektiv	Präposition	Kasus	Semantische Merkmale der Komplemente	
			K_{sub}	$K_{präp}$
fertig	mit	Dat.	+mat, +hum, +inst, +geg	+mat, +geg, +immat, +intell, +sachv, +akt
übervoll	mit	Dat.	+mat, +inst, +geg, +immat, +sachv, +akt	+mat, +hum, +geg, +immat, +intell
voll	mit	Dat.	+mat, +inst, +geg	+mat, +hum, +geg, +immat, +intell

Syntaktische Realisierung des $K_{präp}$
fertig
PP – *mit den Arbeiten* (C98/AUG.03612 COMPUTER ZEITUNG, 20.08.1998)
übervoll
PP – *mit unzähligen Motiven von Enten* (M06/MAI.35210 Mannheimer Morgen, 06.05.2006)
voll
PP – *mit Äpfeln, Mandarinen und Lebkuchen* (R98/JAN.01328 Frankfurter Rundschau, 07.01.1998)

→ Der Frame *Work*

Work			**Semantische Merkmale der Komplemente**	
Adjektiv	**Präposition**	**Kasus**	$\mathbf{K_{sub}}$	$\mathbf{K_{präp}}$
beschäftigt	mit	Dat.	+mat, +hum, +inst	+mat, +hum +immat, +sachv, +akt

Syntaktische Realisierung des $\mathbf{K_{präp}}$			
PP – *mit dem Aufbau ihrer Intranets* (C98/NOV.04982 COMPUTER ZEITUNG, 12.11.1998)	IK – damit[…], der Probandin Zweifel ein*zu*flüstern. (SPK/J07.00505 spektrumdirekt, 24.05.2007)	NS – *dass* damit […], *daß* keine Stellen gestrichen werden, daß man da nicht durchkommt. (R99/FEB.10954 Frankfurter Rundschau, 10.02.1999)	NS – *ob* – damit […], *ob* als sie als Zweiter oder Letzter oder mit dem rechten oder dem linken Fuß den Ring betreten. (R98/NOV.91059 Frankfurter Rundschau, 13.11.1998)

Wort- und Terminologieregister

W

Z

SPRACHE – SYSTEM UND TÄTIGKEIT

Herausgegeben von Hajo Diekmannshenke, Horst Ehrhardt, Iris Kleinbub, Inge Pohl, Karl-Ernst Sommerfeldt und Stephan Stein

Band 1 Karl-Ernst Sommerfeldt (Hrsg.): Sprachwissenschaft und Sprachkultur. Tagungsband der Konferenz in Neubrandenburg am 10. und 11. Mai 1990. 1991.

Band 2 Inge Pohl / Gerhard Bartels (Hrsg.): Festschrift zum 65. Geburtstag von Professor Dr. phil. habil. Karl-Ernst Sommerfeldt. 1991.

Band 3 Karl-Ernst Sommerfeldt: Zur Integration von Lexik und Grammatik. Probleme einer funktional-semantischen Beschreibung des Deutschen. 1991.

Band 4 Gerhard Bartels / Inge Pohl (Hrsg.): Studien zur Semantik. 1992.

Band 5 Christina Gansel: Semantik deutscher Verben in kognitionspsychologischer Sicht. 1992.

Band 6 Kerstin Möller: Die Form als reine Formsache? Probleme der Formkongruenz in der deutschen Sprache der Gegenwart. 1992.

Band 7 Karl-Ernst Sommerfeldt (Hrsg.): Vom Satz zum Text. 1992.

Band 8 Werner Mühlner / Karl-Ernst Sommerfeldt (Hrsg.): Wortarten und Satztypen des Deutschen und Russischen. 1993.

Band 9 Gerhard Bartels / Birgit Tarnow: Von *à* bis *zwischen*. Das Beziehungswort der deutschen Gegenwartssprache. 1993.

Band 10 Gerhard Bartels / Inge Pohl (Hrsg.): Wortschatz – Satz – Text. Beiträge der Konferenzen in Greifswald und Neubrandenburg 1992. 1993.

Band 11 Xuan Chen: Semantik und Syntax deutscher und chinesischer Verben des Existierens. Ein Beitrag zur semantischen Valenztheorie. 1994.

Band 12 Frank Jürgens: Zur Entwicklung substantivischer Wortgruppen in wissenschaftlichen Texten des 19. und 20. Jahrhunderts. 1994.

Band 13 Karl-Ernst Sommerfeldt (Hrsg.): Sprache im Alltag. Beobachtungen zur Sprachkultur. 1994.

Band 14 Inge Pohl (Hrsg.): Semantik von Wort, Satz und Text. Beiträge des Kolloquiums "Semantik von Wort, Satz und Text" in Rostock (1994). 1995.

Band 15 Petra Ewald / Karl-Ernst Sommerfeldt (Hrsg.): Beiträge zur Schriftlinguistik. Festschrift zum 60. Geburtstag von Professor Dr. phil. habil. Dieter Nerius. 1995.

Band 16 Diana Hartung: Soziokulturelles Hintergrundwissen als bedeutungskonstitutiver Faktor bei der Erschließung literarischer Texte. 1995.

Band 17 Angelika Feine / Karl-Ernst Sommerfeldt (Hrsg.): Sprache und Stil in Texten für junge Leser. Festschrift für Hans-Joachim Siebert zum 65. Geburtstag. 1995.

Band 18 Jürgen Scharnhorst (Hrsg.): Sprachsituation und Sprachkultur im internationalen Vergleich. Aktuelle Sprachprobleme in Europa. Mit einem Geleitwort von Erika Ising. 1995.

Band 19 Angelika Feine / Hans-Joachim Siebert (Hrsg.): Beiträge zur Text- und Stilanalyse. 1996.

Band 20 Christine Keßler / Karl-Ernst Sommerfeldt (Hrsg.): Sprachsystem – Text – Stil. Festschrift für Georg Michel und Günter Starke zum 70. Geburtstag. 1997.

Band 21 Karl-Heinz Siehr / Horst Ehrhardt / Elisabeth Berner (Hrsg.): Funktionale Sprachbeschreibung in der DDR zwischen 1960 und 1990. Beiträge zur Bilanz und Kritik der "Potsdamer Richtung". 1997.

Band 22 Inge Pohl (Hrsg.): Methodologische Aspekte der Semantikforschung. Beiträge der Konferenz "Methodologische Aspekte der Semantikforschung" an der Universität Koblenz-Landau/ Abteilung Landau (1996). 1997.

Band 23 Irmtraud Rösler / Karl-Ernst Sommerfeldt (Hrsg.): Probleme der Sprache nach der Wende. Beiträge des Kolloquiums in Rostock am 16. November 1996. 1997. 2., korr. Auflage 1998.

Band 24 Inge Pohl / Jürgen Pohl (Hrsg.): Texte über Texte – Interdisziplinäre Zugänge. 1998.

Band 25 Karl-Ernst Sommerfeldt: Textsorten in der Regionalpresse. Bemerkungen zu ihrer Gestaltung und Entwicklung. 1998.

Band 26 Michael Hoffmann / Christine Keßler (Hrsg.): Beiträge zur Persuasionsforschung. Unter besonderer Berücksichtigung textlinguistischer und stilistischer Aspekte. 1998.

Band 27 Lenka Vaňková: Die frühneuhochdeutsche Kanzleisprache des Kuhländchens. 1999.

Band 28 Brigitte Döring / Angelika Feine / Wilhelm Schellenberg (Hrsg.): Über Sprachhandeln im Spannungsfeld von Reflektieren und Benennen. 1999.

Band 29 Inge Pohl (Hrsg.): Interdisziplinarität und Methodenpluralismus in der Semantikforschung. Beiträge zur Konferenz "Interdisziplinarität und Methodenpluralismus in der Semantikforschung" an der Universität Koblenz-Landau/Abteilung Landau 1998. 1999.

Band 30 Jürgen Scharnhorst (Hrsg.): Sprachkultur und Sprachgeschichte. Herausbildung und Förderung von Sprachbewußtsein und wissenschaftlicher Sprachpflege in Europa. 2., durchges. Auflage 2002.

Band 31 Elke Rößler: Intertextualität und Rezeption. Linguistische Untersuchungen zur Rolle von Text – Text – Kontakten im Textverstehen aktueller Zeitungstexte. 1999.

Band 32 Ingo Warnke (Hrsg.): Schnittstelle Text: Diskurs. 2000.

Band 33 Wolf-Dieter Krause (Hrsg.): Textsorten. Kommunikationslinguistische und konfrontative Aspekte. 2000.

Band 34 Dieter Nerius: Beiträge zur deutschen Orthographie. Herausgegeben von Petra Ewald und Bernd Skibitzki anlässlich des 65. Geburtstages von Dieter Nerius. 2000.

Band 35 Karl-Ernst Sommerfeldt / Herbert Schreiber: Wie Schüler die Welt sehen. Zu Inhalt und Sprache von Schülerzeitungen. 2000.

Band 36 Helmut Schönfeld unter Mitarbeit von Ruth Reiher und Sabine Grünert: Berlinisch heute. Kompetenz – Verwendung – Bewertung. 2001.

Band 37 Kunibert Baldauf: Prädikate und Prädikationen in Gegenstandsbeschreibungen. Satzsemantische Analyse und stildidaktische Anwendung. 2001.

Band 38 Georg Michel: Stilistische Textanalyse. Eine Einführung. Herausgegeben von Karl-Heinz Siehr und Christine Keßler. 2001.

Band 39 Karl-Ernst Sommerfeldt / Herbert Schreiber (Hrsg.): Textsorten des Alltags und ihre typischen sprachlichen Mittel. 2001.

Band 40 Inge Pohl (Hrsg.): Prozesse der Bedeutungskonstruktion. 2002.

Band 41 Ahmed Rafik Trad: Tabuthemen in der interkulturellen Kommunikation. Ein Beitrag zur Landeskundedidaktik im DaF-Studium. 2002.

Band 42 Wilhelm Bondzio: Modifikatoren – Wortbildung – Pronomen. Studien zur semantischen Valenztheorie. 2002.

Band 43 Wolf-Dieter Krause / Uta Sändig: Testen und Bewerten kommunikativer Leistungen im Unterricht Deutsch als Fremdsprache. Linguistische Grundlagen und didaktische Angebote. 2002.

Band 44 Inge Pohl (Hrsg.): Semantische Aspekte öffentlicher Kommunikation. 2002.

Band 45 Karl-Ernst Sommerfeldt (Hrsg.): Textsorten und Textsortenvarianten. 2003.

Band 46 Günter Starke / Tadeusz Zuchewicz: Wissenschaftliches Schreiben im Studium von Deutsch als Fremdsprache. 2003.

Band 47 Michael Hoffmann / Christine Keßler (Hrsg.): Berührungsbeziehungen zwischen Linguistik und Literaturwissenschaft. 2003.

Band 48 Karl-Ernst Sommerfeldt: Beiträge zur regionalen Namenkunde. Namen in Mecklenburg-Vorpommern. 2004.

Band 49 József Tóth (Hrsg.): Quo vadis Wortfeldforschung? 2004.

Band 50 Jürgen Scharnhorst (Hrsg.): Sprachkultur und Lexikographie. Von der Forschung zur Nutzung von Wörterbüchern. 2004.

Band 51 Snježana Žuljević: Welches Jugoslawien? Eine Diskursanalyse journalistischer Texte aus den Jahren 1988/89. 2004.

Band 52 Inge Pohl / Klaus-Peter Konerding (Hrsg.): Stabilität und Flexibilität in der Semantik. Strukturelle, kognitive, pragmatische und historische Perspektiven. 2004.

Band 53 Michail L. Kotin / Piotr Krycki / Marek Laskowski / Tadeusz Zuchewicz (Hrsg.): Das Deutsche als Forschungsobjekt und als Studienfach. Synchronie – Diachronie – Sprachkontrast – Glottodidaktik. Akten der Internationalen Fachtagung anlässlich des 30jährigen Bestehens der Germanistik in Zielona Góra/Grünberg. 2006.

Band 54 Karl-Ernst Sommerfeldt: Skizze einer kommunikativen Sprachgeschichte. 2005.

Band 55 Horst Ehrhardt / Marina Zorman (Hrsg.): Semantische Probleme des Slowenischen und des Deutschen. 2005.

Band 56 Joachim Buscha / Renate Freudenberg-Findeisen (Hrsg.): Feldergrammatik in der Diskussion. Funktionaler Grammatikansatz in Sprachbeschreibung und Sprachvermittlung. 2007.

Band 57 Detlev Blanke / Jürgen Scharnhorst (Hrsg.): Sprachenpolitik und Sprachkultur. 2., durchges. Auflage. 2009.

Band 58 Karl-Ernst Sommerfeldt: Bezeichnungen im Umkreis des Menschen und ihr Wandel. 2008.

Band 59 Inge Pohl (Hrsg.): Semantik und Pragmatik – Schnittstellen. 2008.

Band 60 Karl-Ernst Sommerfeldt: Was ist dem Bürger zuzumuten? Sprachpflege im 21. Jahrhundert. 2009.

Band 61 Inge Pohl (Hrsg.): Semantische Unbestimmtheit im Lexikon. 2010.

Band 62 Eva Cieślarová: Phraseologismen im Wörterbuch und im deutschen und tschechischen Sprachgebrauch. Am Beispiel von Phraseologismen mit dem Bild von Mann und Frau. 2010.

Band 63 Horst Ehrhardt (Hrsg.): Sprache und Kreativität. 2011.

Band 64 Inge Pohl / Horst Ehrhardt (Hrsg.): Sprache und Emotion in öffentlicher Kommunikation. 2012.

Band 65 Inge Pohl / Wilhelm Schellenberg (Hrsg.): Linguistische Untersuchungen jugendliterarischer Texte im Rahmen einer relationalen Stilistik. 2015.

Band 66 Lyubomyr Matsekh-Ukrayinskyy: Adjektivvalenz und präpositionale Komplemente. Eine framebasierte Untersuchung zu Syntax und Semantik der präpositionalen Komplemente bei Adjektiven. 2015.

www.peterlang.com

www.ingramcontent.com/pod-product-compliance
Ingram Content Group UK Ltd.
Pitfield, Milton Keynes, MK11 3LW, UK
UKHW041825290926
8980IPUK00002B/78

9 783631 658956